安徽省高等学校人文社会科学重点研究基地
淮北师范大学安徽文献整理与研究中心　主办

安徽文献研究集刊

第五卷

牛继清　主编

黄山书社

图书在版编目(CIP)数据

安徽文献研究集刊·第5卷/牛继清主编．—合肥：黄山书社，2013.1
ISBN 978-7-5461-3400-0

Ⅰ.①发… Ⅱ.①牛… Ⅲ.①地方文献-研究-安徽省-丛刊 Ⅳ.①Z122.54

中国版本图书馆CIP数据核字(2013)第009893号

本书得到安徽省古籍整理出版基金会资助

安徽文献研究集刊（第五卷） 牛继清◎主编

出 版 人：任耕耘 责任编辑：周振华
责任印制：李 磊 装帧设计：谢育智

出版发行：时代出版传媒股份有限公司（http://www.press-mart.com）
黄山书社（http://www.hsbook.cn/index.asp）
（合肥市翡翠路1118号出版传媒广场7层 邮编：230071）
印 制：合肥锐达印务有限责任公司 厂家电话：0551-62827094

开 本：787×1092 1/16 印 张：19 字 数：350千
版 次：2013年1月第1版 2013年1月第1次印刷
书 号：978-7-5461-3400-0 定 价：58.00元

皖籍学者研究

年谱研究

安徽历史文化研究

书评书讯

资料

文献学研究

《隋志》、两《唐志》著录风水文献笺证*

范春义

一 《隋志》著录风水文献笺证

清儒王鸣盛尝言:"目录之学,学中第一紧要事。必从此问途,方能得其门而入。"①对于风水研究,目录的作用主要体现在两个方面:一是"辨章学术,考镜源流",就是通过在目录分类中的分笼并合,考察风水典籍的流传,研究风水的学术地位的升降起伏。同时目录也是风水文献辨伪和断代的有力工具。二是风水文献的信息检索功能,通过目录获得风水文献的相关信息。《隋书·经籍志》著录了汉代到隋代的十一部风水典籍,是考察汉代到隋代风水发展的基本依据。《隋书·经籍志》中,风水类内容主要见于五行类,有:庾季才撰《地形志》八十卷;《宅吉凶论》三卷;《相宅图》八卷;《五姓墓图》一卷梁有《冢书》、《黄帝葬山图》各四卷;《五音相墓书》五卷;《五音图墓书》九十一卷;《五姓图山龙》及《科墓葬不传》各一卷;《杂相墓书》四十五卷,亡;《相书》四十六卷;《刘潜泉图记》三卷。另《白泽图》一卷,内容也与风水有关。到目前为止,关于其中的风水文献的考察,姚振宗《隋书经籍志考证》的研究最为深入,笔者的研究在此基础上展开。《旧唐书·经籍志》与《新唐书·艺文志》均收录了多种风水文献,这些文献成为唐代风水发展的真实记录,也是给其他散佚文献断

* 本文为2010年国家社科基金项目《旧题郭璞〈葬书〉研究》(编号10CZJ014)、2010年全国高校古委会项目《〈葬书〉辑校注评》(编号1052)、2011年山西省青年学术带头人项目阶段性成果。

① 治风水亦当如此,事实上很多学者也是这样做的,例如王玉德首先注意到这一问题,见《神秘的风水》第111—119页。杨文衡《中国风水十讲》等给予响应。此段引文见王鸣盛《十七史商榷》,《续修四库全书》本,第192页。

代的坐标依据。对其进行研究,对于风水史、风水文献的研究均具有重要意义。这些文献现在已经全部亡佚,但在历史上留下了吉光片羽,本文在前人研究基础上对其进行考察,尽量恢复新旧《唐志》著录风水文献的本来面目。

(一)《地形志》八十七卷 庾季才撰

姚振宗曰:“钱氏《隋书考异》曰:‘《经籍志》中一书而两出者,如庾季才《地形志》两收于五行类,而前云八十七卷,后云八十卷。’案:前载八十七卷,见第九类中。《通志略》以此书列五行葬书类之首。”①

笺证:庾季才《隋书》卷七十八有传,著述颇丰,“撰《灵台秘苑》一百二十卷,《垂象志》一百四十二卷,《地形志》八十七卷,并行于世”②。可知《地形志》本为八十七卷,八十卷当是脱“七”字而误,《通志》卷六十八著录亦可参证。《地形志》的内容与成书过程,南宋王应麟《玉海》卷十五有详细的记载:“高祖令庾季才与其子质撰《垂象志》一百四十二卷,《地形志》八十七卷,《经籍志·五行类》八十卷,季才撰。隋《大业拾遗》曰:大业初,敕秘书学士十八人修《十郡志》,虞世基总检。先令学士各序一郡风俗,拟奏请体式,付世基择善用之。乃钞《吴郡序》为体式及图志第一副本。新成八百卷奏之,帝以部帙太少,重修成一千二百卷。卷头有图,别造新样,纸卷长二尺,叙山川则卷首有山水图,叙郡国则有郭邑图,叙城隍则有公馆图。其图上山水城邑题书字极细,并用欧阳肃书。”③可以看出,《地形志》当是从一千二百卷中析出内容,按照《隋志》归类,属于今天自然地理的成分要多一些。

(二)《宅吉凶论》三卷

姚振宗曰:“不著撰人。案:《论衡·四讳》篇曰:‘俗有大讳四:一曰讳西益宅,西益宅谓之不祥,不祥必有死亡相惧。以此故世莫敢西益宅,防禁所从来者远矣。’又曰:‘诸工伎之家说吉凶之占皆有事状,宅家言治宅犯凶神,人不避忌,有病死之祸。’是当西汉之时,已有言宅舍之吉凶者。此三卷大抵所论不一,其人故不著姓名。”④

笺证:姚氏所言“防禁所从来者远矣”为确论,其他论述失误有二:第一,‘西益宅’之禁忌至迟起于春秋而非西汉。《淮南子》卷十八:“鲁哀公欲西益宅,史争之,以为西益宅不祥。哀公作色而怒,左右数谏不听,乃以问其傅宰折睢曰:‘吾欲益宅,而史以为不祥,子以为何如?’宰折睢曰:‘天下有三不祥,西

---

① (清)姚振宗著:《隋书经籍志考证》,《二十五史补编》本,第588页。

② (唐)魏徵、令狐德棻撰:《隋书》,中华书局1973年版,第1767页

③ (南宋)王应麟著:《玉海》,江苏古籍出版社、上海书店联合出版1987年版,第288页。

④ (清)姚振宗著:《隋书经籍志考证》,第588页。

益宅不与焉。'”第二,以《论衡·四讳》篇解释《宅吉凶论》并不恰当。此本《宅吉凶论》已佚,具体内容难详,但从题目可推知其内容当是关于住宅凶吉的理论性文章。关于住宅吉凶的辩论到晋代才成为重要的话题,张邈作《宅无吉凶摄生论》,嵇康著《难张辽叔宅无吉凶摄生论》;张邈又作《释嵇叔夜难宅无吉凶摄生论》,嵇康再作《答张辽叔释难宅无吉凶摄生论》作答。诸篇就当时社会普遍关心的住宅吉凶问题、宅与命的关系进行了辩论,反映了宅术与占卜术、禄命术的竞争关系,从中也可以看出富有神秘色彩的住宅风水发展已经达到一定程度,要求在理论上给予辩护,是住宅风水发展的结果和兴盛的前兆。这些内容与王充记载的“西益宅”类的具体禁忌类技术明显不同。《隋志》著录之《宅吉凶论》当是此类文章的结集,嵇康、张邈的文章很有可能就包含在里面,由于是多人的辩论文的结集,所以难以具名。《通志》卷六十八著录与《隋志》卷数相同。

(三)《相宅图》八卷

姚振宗案:“《周礼》大司徒之职:‘以土宜之法,辨十又二土之名物,以相民宅,而知其利害,以阜人民。’注云:‘相,占视也。’疏云:‘使之得所也。’此言相宅之始。《续汉·百官志》注:‘《汉官仪》曰:“太史待诏三十七人,庐宅四人。”’则汉时亦设官,属于太史,盖亦史卜之官之一家。《论衡·诘术》篇两引《图宅术》云:‘宅有八术,以六甲之名数而第之,第定名立,宫商殊别。宅有五音,姓有五声。’《汉书·扬雄传》注:‘堪舆,神名,造图宅书者。’则相宅之术始于堪舆家。堪舆为术家之最古,故亦托之黄帝。今相传有《黄帝宅经》二卷,分二十四路考寻休咎,以阴阳相得者为吉,疑出古堪舆书。张氏《名画记》叙古来秘画珍图,有《周公成坏吉凶图》、《相宅园地图》、《阴阳宅相图》各一卷,疑出是书。又萧吉有《宅经》八卷,疑亦即是此书”①。

笺证:姚说失误有四:一是相民宅始于《周礼》,仅从追溯词源这一点来看是正确的,但是以之为实际开始则大误。相地而居,乃人之本能,不过时代不同,所用技术不同而已。二是堪舆非术家之最古,故相宅之术非始于堪舆家。作为“据式以择日之属”,堪舆家是阴阳五行观念高度技术化的产物,是后起的预测技术,绝非术家之最古者。最古之术家,有人认为当属星占。《汉书·艺文志》曰:“天文者,序二十八宿,步五星日月,以纪吉凶之象”②。《周易·乾》:“初九,潜龙毋用。”“上九,亢龙有悔。”李镜池认为皆属于星占。也有人认为是龟卜。《汉志》曰:“蓍龟者,圣人之所用也。《书》曰:‘女则有大疑,谋及卜

① (清)姚振宗著:《隋书经籍志考证》,第588—589页。
② (东汉)班固:《汉书》,中华书局1962年版,第1765页。

筮。'《易》曰:'定天下之吉凶,成天下之亹亹者,莫善于蓍龟。'是故君子将有为也,将有行也,问焉而以言其受命也,如向无有远近幽深,遂知来物,非天下之至精,其孰能与于此。"[①]杂术当中,首推梦占,《汉书·艺文志》曰:"众占非一,而梦为大。"[②]住宅风水的一大来源是日书,主要体现为时间与方位禁忌,最初当为星占之遗留。而文献记载最早的是龟占,卜辞中多有记载,相宅源于堪舆说显然不确。三是张彦远《历代名画记叙》之记录纯粹是后人附会《周礼》、《尚书》、《诗经》中的相地记录而作,绝不可信。仅举一例可证,《太保相宅图》中,画相地者手持水罗盘进行方向观测。《周礼》记载当时的测量技术用土圭法或是土宜之法,战国时代才出现指南车,唐以后方才出现罗盘。其次,画面上测量结果的记录载体是纸,而纸的发明现存的最早证据不超过西汉。当然这些古画也就不能作为真实史料来看,不能如实反映周公"体国经野,辨正方位"的择地实践。所以,《周公成坏吉凶图》、《相宅园地图》、《阴阳宅相图》三图绝不可能出于《隋志》之《相宅图》。四是与萧吉《宅经》八卷之关系,姚说仍可商。长孙无忌等人修《隋书》时,距隋灭亡时间不长,《隋书·萧吉传》卷七十八:"著《金海》三十卷、《相经要录》一卷、《宅经》八卷、《葬经》六卷、《乐谱》十二卷及《帝王养生方》二卷、《相手版要决》一卷、《太一立成》一卷,并行于世。"[③]可见其时作品归属是明确的,而《相宅图》不在其中。故《相宅图》即萧吉之《宅经》的可能性不大[④]。《相宅图》已佚,具体内容难详。在敦煌卷子中,有《五音相宅图》多种。而当时相宅技术不一,难以确定是否即其卷中内容。《通志》卷六十八与《隋志》著录相同。

(四)《五姓墓图》一卷

梁有《冢书》、《黄帝葬山图》各四卷;《五音相墓书》五卷;《五音图墓书》九十一卷;《五姓图山龙》及《科墓葬不传》各一卷;《杂相墓书》四十五卷[⑤]。

姚振宗先引《唐书·吕才传》,次引《四库总目》郭璞《葬书》提要,并案:"《周礼·春官·宗伯》之属,'冢人掌公墓之地,辨其兆域而为之图'。注曰:'图谓画其地形及丘垄所处而藏之。'又曰:'墓大夫掌凡邦墓之地域,为之图。'注曰:'凡邦中之墓地,民所葬也。'是图墓周有其官,所由来者远,特无所谓五音五姓之法术耳。《抱朴子·极言篇》曰:'黄帝相地理,则书青乌之说。'

① (东汉)班固:《汉书》,第1771页。

② (东汉)班固:《汉书》,第1773页。

③ (唐)魏徵、令狐德棻撰:《隋书》,第1777页。

④ 注:《隋志》著录萧吉的《乐论》一卷,《金海》三十卷,《乐谱集》二十卷,《相经要录》二卷,《帝王养生要方》二卷,无论是卷数还是作品名称,与本传记载差别较大,原因待考。

⑤ 姚振宗此处进行综合考察,并集中在《图墓书》方面,而未进行单独考释,下文将依次展开。

《御览·人事·圣人篇》引《图墓书》曰:‘青乌乃默皆圣人也,记人生死所由。’又《礼仪·冢墓篇》引《图墓书》五条,《艺文类聚·地部》亦引《图墓书》二条,似皆《七录》所载《五音图墓书》九十一卷之遗。本志著录《五姓墓图》一卷,亦似其残佚仅存者。《旧》、《新唐志》载《青乌子》以下十二种,皆与本志不合,大抵亦是九十一卷及《杂相墓书》四十五卷之佚存。今相传青乌子《葬经》一卷乃后人依托,《四库存目》言之详矣。”①

笺证:姚氏认为周有图墓之官,现出土《兆域图》可证,五音五姓之法乃后起可为定论。然可议者仍有二:第一,《五姓墓图》一卷与《五音图墓书》九十一卷之关系。作为技术性书籍,各家记述不同,具体针对对象不同,各有法门,造成百端拘忌,令人无所适从,若不会通,就会有失误,所以会抄是风水文献成书的重要方式。因此,可以说《五姓墓图》一卷是《五音图墓书》九十一卷可能的资料来源,前者为后者之基础,本末不能颠倒。第二,《青乌子》以及类书所引之《图墓书》之关系。由于时代和资料限制,姚氏未能看到《地理新书》以及敦煌遗书中的风水资料,对于五音相墓择地认识不深。事实上,《青乌子》及类书所引《图墓书》之技术与五音择地法很不相同,故其推论难以成立。它与新、旧《唐志》著录的内容上一致性是可以确定的,但其直接传承恐怕还要再加论证。

《旧唐书》卷四十七《五姓墓图要诀》五卷,孙氏撰。《新唐书》卷五十九:郭氏《五姓墓图要诀》五卷。《通志》卷六十八:郭氏《五姓墓图要诀》五卷。在《地理新书》中作“郭氏”。在敦煌卷子中,P2250v 号为此类内容,黄正建推测“有图的葬书或许有关”②。当时五音择地术盛行,此类书籍必有很多,内容上很有可能相关,但未必有直接的传承关系。

(五)《冢书》四卷

笺证:《冢书》书名与前后书籍不同,缺少具体内涵的提示。从《隋志》分类来看,属于阴宅占卜之属。然《隋志》之著录,未必名副其实。《冢书》之性质,还可能是记载名人冢墓位置及其传说的专门书籍。清人孙冯翼辑《皇览》一卷,其中“冢墓记”类六十七则,不确指三则③。主要记圣贤名人墓的位置,并描述墓的情况。《北堂书钞》、《艺文类聚》中都有类似内容。《冢书》为此类著作亦有可能。

(六)《黄帝葬山图》四卷

笺证:山指陵寝,坟墓。《汉书·地理志下》:“后世世徙吏二千石、高訾富

---

① (清)姚振宗著:《隋书经籍志考证》,第 589 页。

② 黄正建著:《敦煌占卜文书与唐五代占卜研究》,学苑出版社 2001 年版,第 88 页。

③ (清)孙冯翼辑《皇览》一卷,《续修四库全书》,第 1212 册,第 7 页。

人及豪杰并兼之家于诸陵,盖亦以强干弱支,非独为奉山园也。"颜师古注引如淳曰:"《黄图》谓陵冢为山。"[①]北魏郦道元《水经注·渭水三》:"又东径长陵南,亦曰长山也。秦名天子冢曰山,汉曰陵,故通曰山陵矣。"[②]民俗称人死为归山,坟墓就是墓山,墓门为山门,卜卦算命的人称为山人。此书是托名黄帝的一部择墓术书籍。

(七)《五音相墓书》五卷

(八)《五姓图山龙》一卷

(九)《五音图墓书》九十一卷

笺证:以上三种皆为五音择地之属。《五音图墓书》卷数庞大,显然是汇编性作品。

(十)《科墓葬不传》一卷

笺证:书名怪异,难以推测其内容。疑"不传"为附注文字之混入正文者。

(十一)《杂相墓书》四十五卷

笺证:当是各种相墓技术的汇集。隋唐时期,除了盛行的五音择地术外,还有阴阳、望气、九宫飞白等多种技术。

二 两《唐志》著录风水文献笺证

(一)《五姓宅经》二卷

笺证:王充《论衡·诘术篇》引《图宅术》云:"宅有八术,以六甲之名数而第之,第定名立,宫商殊别。宅有五音,姓有五声,宅不宜其姓,姓与宅相贼,则疾病死亡,犯罪遇祸。"[③]此为关于五姓宅法的最早记录。《汉书·艺文志》载有专书《五音定名》十五卷,专门解决姓音的五行属性问题。五姓择地的基本原理就是在原先的地形选择方面,再加上五姓这一变量,推定特定地点对于特定姓氏的凶吉。在敦煌卷子中,五姓择地占据主流地位。张齐明对五姓宅法有系统考述[④],可参。

---

① (东汉)班固:《汉书》,第1642—1643页。

② (北魏)郦道元:《水经注》卷十九,《四部丛刊》本。

③ (东汉)王充撰,刘盼遂集解:《论衡集解》,古籍出版社1957年版,第499页。

④ 张齐明撰:《风水"五音"流变述考》,《文史》2007年第4期。

（二）《青乌子》三卷

笺证：两《唐志》皆著录为三卷，《日本国见在书目》著录为十三卷，可能原因在于传入日本之《青乌子》为汇编性的作品。因为在唐宋类书中，有《青乌子》（《艺文类聚》卷七之《相冢书》引，《初学记》卷十四引）、《青乌子葬书》（《北堂书钞》卷一百四十六引，《太平御览》卷七百零二引）《青乌子相冢书》（六臣注《文选》卷二十三《庐陵王墓下作诗》注引，《世说新语》卷下之上，刘孝标注引）不同的称呼，而且所用技术不一。

青乌子之名，首见《风俗通》："青乌子善数术。"其人后被列入道教人物之中，成为专门相地理的风水术士。《青乌子》是隋代之前影响最大的风水典籍，而且传到了日本。但是《青乌子》三卷已经佚失，现存《青乌先生葬经》，《四库全书总目》曰："已不知为真古书否？"①其实该书实为假托之作。从其内容与传世的佚文比较就可知道。

（三）《葬经》八卷，又十卷，又二卷，萧吉撰

笺证：《隋书·萧吉传》载："有《葬经》六卷。"②《旧唐书·经籍志》记载《葬经》卷数与本传记载均不合。这里面有两种可能，一是"八"为"六"之形近而讹。二是在流传过程中卷数发生了变化。《葬经》作为技术性知识，编者往往各取所需，或是删减或是添加，十卷本、二卷本当是这一行为的产物。从卷次差异看，萧吉《葬经》经过多次改写，可证在当时影响较大。

（四）《葬书地脉经》一卷

笺证：地脉与命运首次联系起来，见于《史记·蒙恬列传》："（蒙恬）徐曰：'恬罪固当死矣。起临洮属之辽东，城堑万余里，此其中不能无绝地脉哉？此乃恬之罪也。'"③地脉与人联系此条最早，且不利后果指向断脉者本人。《说文解字》："血理分衺行体者，流四支也。从𠂢从血。亦作脉。"④《周礼·天官·疡医》："以咸养脉。"注："咸，水味，水之流行地中似脉。"⑤《国语》卷一："阳气俱烝，土膏其动，弗震弗渝，脉其满眚，谷乃不殖。"注："言阳俱升，土膏欲动，当即发动，变泻其气，不然则脉满气结，更为灾病，谷乃不殖。"⑥可见地脉观念出现很早。但是上述地脉源于原始的生产经验，没有神秘性可言。后

---

① （清）纪昀等编修：《钦定四库全书总目》，中华书局整理本，1997年，第1459页。

② （唐）魏徵、令狐德棻撰：《隋书》，中华书局1973年版，第1777页。

③ （西汉）司马迁撰：《史记》卷九十一，中华书局1992年版，第2570页。

④ （东汉）许慎撰：《说文解字》，中华书局1963年版，第240页。

⑤ 《周礼注疏》，（清）阮元《十三经注疏》本，中华书局，第668页。

⑥ （清）董增龄：《国语正义》，巴蜀书社1985年版，第67页。

代受大地有机体观念的影响,主要指地理中的山脉而言。根据书名推测,其内容当是言山水形势与葬地吉凶,黄正建推测“S5645《司马头陀地脉诀》或许与此有关”①。

（五）《墓书五阴》一卷

笺证:五阴谓《易》剥卦中重叠的五个阴爻。中医称手太阴、手少阴、足太阴、足少阴、厥阴五条经络为“五阴”。《灵枢经·经脉》:“五阴气俱绝,则目系转,转则目运。”风水书中未见《墓书五阴》之类材料。

（六）《杂墓图》一卷

笺证:当是以图示方式说明风水内容,与《墓图立成》属于一类,看图便知如何操作,是典型的实用性指南。

（七）《墓图立成》一卷

笺证:“立成”取其迅速之意,不用推算,属于见图可知,绕开推算,直接告知结果的技术。风水文献中,多有以“立成”命名之作。《墓图立成》当是直接标明择墓方式的指南。

（八）《六甲冢名杂忌要诀》二卷

笺证:天干地支相配计算时日,其中有甲子、甲戌、甲申、甲午、甲辰、甲寅,故称六甲。六甲用于风水术,最早见于王充之记载②。在葬术中,根据死者的姓氏来确定冢墓吉凶,并各有不同禁忌。在王洙主编《地理新书》、《大汉原陵秘葬经》中,对于此术有详细阐释。

（九）《坛中伏尸》一卷

笺证:《坛中伏尸》当是记录二次葬过程中风水选择的著作。二次葬通常先将死者放入棺材,等其腐烂,然后捡出骨头放入坛中或瓮中,再行二次安葬。《隋书·南蛮传》谓林邑国“王死七日而葬,有官者三日,庶人一日。皆以函盛尸,鼓舞导从,舆至水次,积薪焚之。收其余骨,王则内金瓮中,沉之于海;有官者以铜瓮,沉之于海口;庶人以瓦,送之于江”③。这一葬法并不普遍,一般是拾骨再安葬于地下。

（十）《玄女弹五音相冢经》一卷,胡君撰

笺证:玄女为传说中的天上神女,曾授黄帝兵法,以制服蚩尤。亦称九天玄女,为道教所奉之神。《史记·五帝本纪》:“蚩尤最为暴,莫能伐。”裴骃《集

---

① 黄正建著:《敦煌占卜文书与唐五代占卜研究》,第88页。

② (东汉)王充撰,刘盼遂集解:《论衡集解》,第499页。

③ (唐)魏徵、令狐德棻撰:《隋书》,第1832页。

解》引《龙鱼河图》:"天遣玄女授黄帝兵信神符,制伏蚩尤。"①唐杨炯《唐右将军魏哲神道碑》载:"研几册府,金縢玉版之书;索隐兵钤,玄女黄公之法。"②后代多有托名玄女之风水著作,如《九天玄女青囊海角经》就为理气派风水名著。在墓葬实践中也有反映,《格府君志文并序》:"左山右水,玄女筮从。"③《玄女弹五音相冢经》当是胡君撰写的记录假托玄女传授的风水书籍。胡君本人不可考。

(十一)《新撰阴阳书》三十卷,王粲撰

笺证:此书卷数较大,性质应该与吕才撰《阴阳书》性质相同,属于综合性数术书籍。编者托名王粲亦有说法。王粲,建安七子之一,诗赋均有成就,正史不见有数术活动记载,但在笔记中有相关传说。《异苑》云:"魏武北征蹋顿,升岭眺瞩,见一山冈不生草木。王粲曰:'必是古冢,此人在世,服生矾石,死而石气蒸出外,故卉木焦灭。'即令凿看,果得大墓,有矾石满茔。仲宣博识强记,皆此类也。一说粲在荆州,从刘表登障山而见此异,魏武之平乌桓,粲犹在江南,此言为谲。"④此是王粲精通形法的一个例子。从《异苑》两载看,这一传说在其时传布较广。三国时期,刘表所在地是重要的数术中心,在《开元占经》⑤中,刘表所在地区有《荆州占》等天文著作,王粲亦曾活动于刘表统治地区,附会到王粲身上也可能出于此因。

(十二)《阴阳书》五十卷,吕才撰

笺证:吕才,唐代著名阴阳家,《旧唐书·吕才传》曰:"少好学,善阴阳方伎之书。""太宗以阴阳书近代以来渐致讹伪,穿凿既甚,拘忌亦多。遂命才与学者十余人共加刊正,削其浅俗,存其可用者。勒成五十三卷,并旧书四十七卷,十五年书成,诏颁行之。"⑥所以吕书具有"其理虽为术者所短,然颇合经义"的特点。关于卷数,编纂初成时共计一百卷。但新旧《唐志》中,均著录为五十卷,极有可能是进行了卷次合并。到了《宋史·艺文志》中,已经变成《阴阳书》一卷。《阴阳书》的具体内容除了《唐志》以及吕才本传的表奏,现存已经无多,可参马国翰辑本。

---

① (西汉)司马迁撰:《史记》卷九十一,第4页。

② 李雪著:《九天玄女管窥》对九天玄女进行了系统考证,可以参看。四川大学2005年硕士论文。

③ 周绍良、赵超主编:《唐代墓志汇编续集》,上海古籍出版社2001年版,第373页。

④ (南朝宋)刘敬叔撰:《异苑》卷七,文渊阁四库全书本,第533页。

⑤ 《开元占经》是唐代编写的星占类数术典籍大全,采用了类书的编纂体例,保存了唐前丰富的天文方面的资料。

⑥ (五代)刘昫等编撰:《旧唐书》,第2720页。

关于吕才《阴阳书》的性质，赵益将《阴阳书》五十卷划入“选择与时日禁忌”类，只有部分道理。吕才所编《阴阳书》包罗甚广。《吕才传》中列举了《宅经》、《禄命》、《葬书》三类，内容应该还要多一些，因为《旧唐书》编者明言：“今略载其数篇。”这种汇编的体例见于敦煌卷子，P2534 号卷尾标“《阴阳书》卷十三，葬事”可证。在《地理新书》中，明确表明吕才《阴阳书》中有八卷为风水类内容，而《新唐书·艺文志》收录吕才《大唐地理书》十卷，黄正建认为：“份量很大，可能包括许多内容。”[①]应该可信。吕才八卷《地理书》卷数与《大唐地理书》卷数不同，存在两种可能：一是把吕才《阴阳书》的地理内容重新划分篇次，把八卷分为十卷。一是《大唐地理书》压根与吕才《阴阳书》无关，而是假托吕才之名的他人汇编之作。吕才遭到假托，见于敦煌卷子 P3492《诸杂推五姓等阴阳宅图经》，黄正建辨析属于伪托，可信[②]。而在《宋史·艺文志》中，著录吕才《阴阳书》一卷，据马国翰辑本，确属“选择与时日禁忌”类内容。之所以出现这种情况，就在于吕才所编《阴阳书》具有数术百科全书的性质，适合于国家机构阴阳人使用，对于民间普通术士并不适合。所以按照不同的需求单独析出，成为便携利用的工作本，属于郑樵所说名亡而实不亡之例，似不能据此得出《阴阳书》衰落的结论。

关于唐代的《阴阳书》，罗振玉为 P2534 文书所作叙录进行了较为详尽的辨析：“夫云《阴阳书》近代渐讹，则《阴阳书》自是六朝旧著，吕才虽奉诏撰定《新书》五十三卷，而旧书四十七卷亦并行不废。乃《隋书·经籍志》未著录，《唐书·艺文志》则于吕才《阴阳书》五十三卷外（《旧志》作五十卷，殆夺三字），别出《王璨新撰阴阳》三十卷（旧志作王集撰）。王璨不知何人，而《新志》远列于吕才书之前（《旧志》列吕才书之后），殆为唐以前人。其书三十卷，与《吕才传》所谓旧书四十七卷数不合，是各为一书，则在唐时《阴阳书》有三家矣。此卷不知出于何人，初疑为吕才书，乃审谛再三，书迹不类唐人，卷中不讳‘丙’字，必唐以前人所作，其为王璨所著，抑为吕才传所谓旧书，盖不可漫定矣”[③]。罗氏此言基本合乎当时实情，只是应注意者有三：一、根据通行版本，《王璨新撰阴阳》当即本文第 11 条王粲所撰《新撰阴阳书》，作者王粲见该条所考。二、《新撰阴阳书》与吕才《阴阳书》之关系尚难判定，根据风水书籍的编纂规律，二者很可能有内容重合部分，体例上或存在某种借鉴。三、吕才《阴阳书》的卷数五十卷除了夺字之外，合并改编亦是可能原因。

---

① 黄正建著：《敦煌占卜文书与唐五代占卜研究》，第 88 页。

② 黄正建著：《敦煌占卜文书与唐五代占卜研究》，第 72 页。

③ 黄永武编：《敦煌古籍叙录新编》，台北新文丰出版公司 1985 年版，第 1 页。

（十三）《五音地理经》十五卷，僧一行撰

笺证：晁公武《郡斋读书志》卷十四："《五音地理新书》三十卷，右唐僧一行撰，以人姓五音，验八山三十八将吉凶之方，其学今世不行。"[①]胡玉缙认为："考音姓相属，《唐书·吕才传》载才《卜宅篇》，力擗其谬，而晁公武《郡斋读书志》有僧一行《五音地理新书》三十卷，以人姓五音，验八山三十八将吉凶之方。丁氏《宝书阁著录》亦载之，今未之见。此类是否本于一行，无从考核。"[②]一行《地理新书》今已不存，但是部分内容保存在《地理新书》中。关于一行《地理新书》，宿白认为："一行书，宋以后轶，其内容就《晁志》所记知与王洙等《地理新书》相似。""仁宗时王洙等人奉敕编纂之书，必曾因袭一行之说，或就一行书有所增删，故彼此内容、立论相似，且沿其书名而不改也。"[③]宿白考论甚确。唯与《地理新书》关系尚可作进一步研究。从总体类目设置上，《地理新书》袭取孙季邕《葬范》，在具体内容上，部分吸取了一行《地理经》的内容。一行《地理新书》影响很大。宿白指出一行之说于《地理新书》编纂之前极为流行，北宋皇室曾一再根据其说选择陵地。《宋会要辑稿·礼》三七载，乾兴元年（1022 年）六月"十六日，王曾等上言：得司天监主簿侯道宁状……又一行《葬经》皇堂下深八十一尺，合九九之数，今请用一行之说……"真宗景德元年（1004 年）"五月二十五日按行使刘承珪言得司天监史序状……其地西稍高，地势不平，按一行《地里经》地有垄不平，壅塞风水，宜平治之"[④]。一行《地理新书》在宋代民间也有影响，《张子全书》卷八记载："西方用一行，尤无义理。"不过已经受到批判，到晁公武时代民间已经不再流行。

（十四）由吾公裕《葬经》三卷

笺证：由吾公裕是北宋时期影响较大的术士，但正史无传。其所著《葬经》为朝廷采用，《宋会要辑稿·礼》三七载："（六月）十六日，王曾等上言：得司天监主簿侯道宁状，按由吾《葬经》，天子皇堂深九十尺，下通三泉。"[⑤]其书主体部分存于《茔原总录》，或者由吾公裕《葬经》乃《茔原总录》之别称。零星内容保存在《地理新书》卷十一"加临吉凶"条；卷十二"天覆地载法图"条等。从记载内容推测，该《葬经》是以五姓与六壬结合进行葬时推算与方位选择的技术，这也符合《唐六典》记载的占卜方法。

---

① （南宋）晁公武撰，孙猛校证：《郡斋读书志校证》，上海古籍出版社 1990 年版，第 615 页。
② 胡玉缙撰，吴格整理：《续四库提要三种》，上海书店出版社 2002 年版，第 174 页。
③ 宿白撰：《白沙宋墓》，文物出版社 2002 年版，第 108 页。
④ 宿白撰：《白沙宋墓》，第 108 页。
⑤ （清）徐松编：《宋会要辑稿》卷三七，中华书局 1957 年版，1323 页。

（十五）孙季邕《葬范》三卷

笺证：《新唐书·艺文志》著录为三卷；《崇文总目》著录为三卷（注明阙）；《宋史·艺文志》著录为五卷，《通志》著录为三卷。此后不见于著录，但到金代尚存，盖亡于元代。《宋史·艺文志》作五卷，或与"三"字形近而讹。该书《旧唐书》不载于志，且其思想与吕才一致，成书当在开元以后。唐宋时代，《葬范》被社会广泛接受，在社会上发挥作用。宋苏颂《职方员外郎郭君墓志铭》："视冢者曰：'旧茔地洿下而土疏恶，占宜改宅。'去茔之北十里而近，得今新域，于是合公、夫人之柩厝大穴，而郎中洎职方君妇孙昭穆以从祔。习《士礼》与通《葬范》者皆曰宜称。"①《寿州霍丘县主簿宋君墓志铭》："买地于京岘北原，元丰壬戌六月辛酉既襄事矣，而相冢者曰：'山高远地，水与风逆，神灵弗居。'育复询求他师，遍求陵阪，得今崇德里焦石山之东南原。地合《葬范》。"②可见在宋代的丧葬实践中，《葬范》仍是人们奉行的标准。另一方面，《葬范》的条目体例为后来的《地理新书》所采用，说明社会上对该书价值的高度认可。

孙季邕还有《会元经》二十四卷，《郡斋读书志》卷十四："《会元经》二十四卷，右孙季邕撰。未详何代人，集诸家相地书，芟其鄙陋无验者成是书。"《葬范》与《会元经》二书之关系，可以推测《葬范》或是《会元经》之精编本。顾名思义，孙季邕撰写《葬范》的目的就是为墓葬选择确定一个规范，而《会元经》也体现了这种努力。

（作者：范春义，男，副教授，山西师范大学文学院）

① （宋）苏颂撰，王同策、管成学、颜中其等点校：《苏魏公文集》，中华书局1988年版，第904页。
② （宋）苏颂撰，王同策、管成学、颜中其等点校：《苏魏公文集》，第849页。

从“菓”、“菓”之异试谈黄刊明道本《国语》及其覆刻本的版本系统

郭万青

黄刊明道本，即黄丕烈（1763—1825）嘉庆庚申（1800年）读未见书斋刊天圣明道本。关于这个版本的定名，徐复观先生（1903—1982）、张以仁先生（1930—2009）有过讨论①，实际上“天圣明道本”也只是一个习惯称谓。就《国语》公序本和明道本系统而言，明道本系统相对更加单纯。钱谦益（1582—1664）绛云楼所藏影抄本秘不示人，后又付之一炬，陆心源（1834—1894）皕宋楼藏本又舶载而东，且两本皆未付梓，何焯（1661—1722）虽见传本而亦未付梓，故其详亦皆未能为世所知。雕刻行世者，则唯黄丕烈读未见书斋刊本，又称士礼居本。后世明道本之覆刻亦莫不以黄刊为宗。然细检明道各本，仍看见其系统内部之不同。张以仁《国语斠证·齐语》“击菓除田”案云：“‘菓’乃‘菓’之误。韦解作‘菓’可证。金、秦、董、日、时、崇皆作‘菓’。《管子·小匡篇》则作‘槀’。《补音》谓‘菓通作槀’。”②根据张氏《国语斠证》前言，张氏所用《国语》众本为世界书局影印嘉庆庚申读未见书斋重雕天圣明道本也即《国语斠证》的底本、微波榭本宋庠（996—1066）《国语补音》、涵芬楼影印金李

① 徐复观先生经考察认定黄丕烈之前只称“明道本”或“明道二年本”，黄氏重新刊印时在扉页加上“天圣明道”之名，认为黄氏此举“是为了便于转售取利”故而主张称“明道二年重雕”。张以仁先生检讨了徐复观先生的说法，谓“何义门的‘跋国语’，附题即为‘旧钞天圣明道本’，竟连何氏也称‘天圣明道本’，而又远在黄丕烈重刻本之前”，并称之为“明道本”，实亦近日习见之称谓。张说见《浅谈国语的传本》，《孔孟月刊》第21卷第3期（1982年11月），第21—23页。徐说见所著《两汉思想史》附录二《释“版本”的“本”及士礼居本〈国语〉辨名》，《两汉思想史》第一卷，华东师范大学出版社2004年版，第242—247页。张氏所云何义门即清人何焯，《跋国语旧钞天圣明道本》一文见于所著《义门先生集》卷九，《续修四库全书》影北大图书馆藏清道光三十年（1850年）姑苏刻本，上海古籍出版社2002年版，第1420册，第230页下。

② 张以仁：《国语斠证》，台湾商务印书馆1969年版，第181页。

本[①]、日本秦鼎(1761—1831)《国语定本》[②]、日本重刊天圣明道本、广州时务书局重雕天圣明道本、湖北崇文书局重雕天圣明道本和清中期南浔学者董增龄的《国语正义》。

根据我们的考查,宋本《太平御览》卷822引《齐语》本句作"击槁除田",北京国家图书馆藏宋刻宋元递修本、《四部丛刊》影明金李泽远堂本、明张一鲲刻本、明穆文熙《国语评苑》本、闵齐伋(1575—1656)《国语裁注》本、清文渊阁四库本、清《四库荟要》本、清董增龄《国语正义》、日本秦鼎《国语定本》、清钞本洪迈(1123—1202)《经子法语》等《国语》公序本系列版本皆作"菒"。《说文·木部》:"槀,木枯也。"唐释玄应《众经音义》卷一五"槀草"注云:"《说文》:槀,秆也。即干草也。"唐释慧琳《一切经音义》卷三六"槀秆"注引顾野王(519—581)云:"槀即禾槀草也。"又引《考声》云:"槀,禾黍茎也。"宋王观国《学林》卷九云:"亦枯槀也,后世移其木于旁为槁。"[③]审《故训汇纂》"槁"字故训,唯多训作"木枯"、"叶落",不及草。"菒"字不见于《说文》,《故训汇纂》唯

---

① 即上海商务印书馆《四部丛刊·史部》所收,借杭州叶景葵藏本影印。

② 日本学者秦鼎《国语定本》,全称《春秋外传国语定本》,秦鼎《定本》于日本文化六年(1806年)年刊行,此后文化七年(1807年)、文政二年(1819年)、文政六年(1823年)、天保十三年(1842年)、嘉永七年(1854年)、明治十七年(1884年)续有刊行,多为日本大阪、名古屋等地的书铺刻本,皆依据秦氏沧浪居原刊翻刻。据笔者看到的三种本子而言,文政二年刊本每册卷数与文化七年、嘉永七年等本不同,这个区别乃本于明清《国语》刻本册卷之例,内容则无异。中国国家图书馆普通古籍阅览室收有秦鼎《国语定本》三种,据中国国家图书馆门户网站,其一标注为日本嘉永七年(1854年)刊行本,每半叶10行20字白口四周单边单鱼尾,有朱笔校注,索书号为70467;其二标注为日本文化七年(1810年)刊行,书名页及书签题春秋外传国语定本,10行上下两栏上栏小字双行6字下栏20字小字双行同白口四周单边单鱼尾,索书号为70428;其三标注为日本嘉永七年(1811年)刊行本,叙录题国语补音;10行20字小字双行同白口四周单边单鱼尾,钤"村山文库"印,索书号为4545。第一种和第三种颇为矛盾,同为嘉永七年,何以一在1854一在1811?审日本嘉永年号在弘化之后安政之前,弘化年号自1844年到1847年,安政年号自1855年到1859年,弘化5年2月28日(阳历1848年4月1日)新皇登基改元为嘉永,嘉永7年11月27日(阳历1855年1月15日)改元为安政。由此可知国家图书馆网站标注为"嘉永七年(1811)"是错误的。又关于日本学者秦鼎,黄遵宪(1848—1905)《日本杂事诗》自注有载,云:"余外则林孺(字长孺,号鹤梁,江户人)……秦鼎(字士铉,号沧浪,尾张人)……"(黄遵宪著、吴振清等编校整理:《黄遵宪集》,天津人民出版社2003年版,第34—35页)此亦当是秦鼎名字在华人著述中首见。拙稿《〈国语补音〉三种版本校异(吴语、越语部分)》(《中华人文社会学报》2010年9月1日第13期,第66—88页)一文已言及之。

③ (东汉)许慎:《说文解字》,中华书局1963年影陈昌治覆刻平津馆本,第119页下。(唐)玄应:《众经音义》,《续修四库全书》影清道光二十五年(1845年)《海山仙馆丛书》本,上海古籍出版社2002年版,第198册,第175页上。(唐)慧琳:《一切经音义》,《续修四库全书》影日本元文三年(1738年)至延亨三年(1746年)狮谷莲社刻本,上海古籍出版社2002年版,第197册,第43页下。(南宋)王观国:《学林》,台北新文丰出版公司1985年版《丛书集成新编》第12册,第81页下。

录韦注、《广韵》、《类篇》①,《国语》韦昭(204—273)注云:"枯草也。"《广韵·皓韵》云:"菓,干草。"《类篇·艹部》云:"菓,秆也。"《集韵·皓韵》云:"槀藁菓蒿,《说文》秆也,或作藁菓蒿。"又"槀"字注云:"《说文》木枯也,或书作槁。"②《集韵》引《说文》"秆也"之释出《说文·禾部》"槀"字之注,非为"槀"字注文,玄应《众经音义》亦引误。就"槀"、"藁"、"菓"、"蒿"这几个字而言,其共同义素皆表干枯,四者同源。"菓"字则唐以前文献中似唯《齐语》有之,各书亦唯引《齐语》。敦煌文献之斯3880号《二十四气时令诗》中有"菓"字,云:"菓邀客。"③则"菓"字晚出。《御览》引用"槁"字,今传公序本《国语》皆用"菓"字,或其所据本不同也。

再看明道本各本,黄丕烈读未见书斋刻本、上海博古斋1913年石印本、上海扫叶山房1924年石印本、吴曾祺《国语韦解补正》、《四部备要》本皆作"菓"不作"菓",审汪远孙(1789—1835)《国语发正》之道光丙午(1846年)本与《续清经解》本、湖北崇文书局同治己巳(1869年)重雕天圣明道本本、上海蜚英馆光绪三年(1878年)石印《士礼居丛书》本、上海锦章书局石印天圣明道本则字皆作"菓"不作"菓"。非如张氏所云崇文本作"菓"也。新出之《士礼居丛书》以上海蜚英馆石印本流通最广,故台湾世界书局影印本、上海古籍出版社1992年《四部精要》所影《国语》、扬州广陵书社2010年影印《士礼居丛书》本、瀚堂典藏所收录之士礼居本实皆蜚英馆石印本,非黄氏原本。汪远孙《发正》刻在道光丙午,为作"菓"字之始。然看《发正》以及《考异》等汪氏著作,是汪氏以其为"菓"字无疑。黄丕烈《札记》作"菓",引惠栋(1697—1758)云:"《管子》'槀'。"④汪远孙《考异》亦不云黄氏作"菓",径云:"《旧音》:菓音杲。《补音》云:通作槀。按《管子》正作槀。"⑤徐元诰云:"菓即槀,《管子·小匡篇》正作'槀'。"⑥是黄、汪并以字作"菓"字之明证。"菓"为"果"之异体字,与"菓"字义绝不相同,然二字形体却相似,故易造成误书。《发正》之所以作"菓"字,实刻工误书。崇文本不审,沿袭《发正》之误,遂使蜚英馆本亦沿误。可见黄氏读

---

① 宗福邦等主编:《故训汇纂》,商务印书馆2003年版,第1943页。

② (北宋)陈彭年等:《宋本广韵》,中国书店1982年影张氏泽存堂本,第283页。(北宋)司马光编:《类篇》,上海古籍出版社1988年影汲古阁影抄本,第27页上。(北宋)丁度等:《宋刻集韵》,中华书局1988年影北图藏宋本,第115页下。

③ 黄永武主编:《敦煌宝藏》第32册,台北新文丰出版公司1982年版,第106页。

④ (清)黄丕烈:《国语明道本札记》,商务印书馆1958年《国学基本丛书》本《国语》后附,第250页。黄氏读未见书斋刊本、蜚英馆本、博古斋本、锦章书局本、崇文本《札记》并同。

⑤ (清)汪远孙:《国语明道本考异》,商务印书馆1958年《国学基本丛书》本《国语》后附,第294页。道光丙午振绮堂刻本同。

⑥ 徐元诰撰,王树民、沈长云点校:《国语集解》(修订本),中华书局2006年版,第221页。

未见书斋《国语》各本在内部版本系统上还具有一定差别,并非完全依据黄氏原刻。同作“菓”字的黄氏读未见书斋本、博古斋本以及同一版本系统的蜚英馆本在版刻字体上亦有不同之处。故张氏所谓世界书局影嘉庆庚申黄氏读未见书斋刻本实是蜚英馆本的石印本,非真黄氏士礼居本也。则蜚英馆石印本实际是覆刻自崇文本,而非真根据黄氏读未见书斋本也。审《中国丛书综录》,黄丕烈士礼居丛书之后世刻本有光绪十三年(1887 年)上海蜚英馆石印本、民国四年(1915 年)上海石竹山房石印本、民国十一年(1922 年)上海博古斋增辑影印本三种①。黄氏之丛书嘉庆道光年间刻成,耗时较久,依据时间先后为嘉庆五年(1800 年)刻《国语》和《汲古阁珍秘书目》②、嘉庆八年(1803 年)刻《战国策》、嘉庆九年(1804 年)刻《博物志》、嘉庆十年(1805 年)刻《延令宋板书目》和《百宋一廛赋》、嘉庆十一年(1806 年)刻《梁公九谏》、嘉庆十三年(1808 年)刻《焦氏易林》、嘉庆十六年(1811 年)刻《藏书纪要》、嘉庆二十年(1815 年)刻《仪礼》、嘉庆二十一年(1816 年)刻《汪本隶释刊误》、嘉庆二十二年(1817 年)刻《船山诗草选》、嘉庆二十三年(1818 年)刻《周礼》、嘉庆二十四年(1819 年)刻《洪氏集验方》、道光元年(1821 年)刻《夏小正戴氏传四卷校录一卷》和《夏小正经传集解》、道光三年(1823 年)刻《伤寒总病论六卷伤寒论音训一卷修治药法一卷札记一卷》、道光四年(1824 年)刻《同人唱和诗》,《宣和遗事》无具体刊刻年代,据该书后附学山海居主人所撰《重刊宋本宣和遗事跋》,此书得之于戊辰冬,己巳春游杭州又得一本,因动开雕之想③,己巳为 1789 年,此书之刻或亦当在嘉庆年间,检缪荃孙《士礼居藏书题跋记书后》标注为庚午,则《宣和遗事》之刊刻为嘉庆十五年(1810 年)。从嘉庆五年(1800 年)到道光

---

① 上海图书馆编:《中国丛书综录》(一),上海古籍出版社 1982 年版,第 964—966 页。

② 黄刊明道本《国语》书端明题为“嘉庆庚申”,嘉庆庚申明为嘉庆五年(1800),而姚伯岳《黄丕烈评传》则为“嘉庆四年”,未知何据。姚说见所著《黄丕烈评传》,南京大学出版社 1998 年版,第 216 页。

③ 据博古斋影《士礼居丛书》本《宣和遗事》后附。按:此跋未见收于黄氏《士礼居藏书题跋记》与《黄氏士礼居藏书题跋记续》。审学山海居主人有二,一为明人李开先(1502—1568),一为黄丕烈自号。黄氏自号甚多,缪荃孙(1844—1919)《艺风堂文续集》卷六《士礼居藏书题跋记书后》记云:“先生别号曰荛夫,曰荛翁,曰老荛,更号复翁,曰复初氏,曰宋廛一翁,曰求古居士,曰求古居主人,曰读未见书斋主人,曰听拟轩主人,曰秋清逸士,曰廿止醒人,曰见独学人,曰陶陶轩主,曰复见心翁,曰学山海居主人,曰抱守老人,曰长梧子,曰知非子,曰半恕道人,曰民山山民,曰民山一民,曰员峤山人,曰佞宋主人。”(缪荃孙:《艺风堂文续集》,上海古籍出版社 2002 年版《续修四库全书》第 1574 册,第 250 页上)又江标(1860—1899)《黄尧圃先生年谱》云:“(十三年戊辰)冬,得《宣和遗事》二册,系述古旧藏物。”“(十四年己巳)春,游杭州,登城隍山,于坊间又得《宣和遗事》,遂校付刊。”(江标撰、王大隆补、冯惠民点校:《黄丕烈年谱》,中华书局 1988 年版,第 48、49 页)所言二事即根据《重刊宋本宣和遗事跋》。可见学山海居主人即黄丕烈自号,《重刊宋本宣和遗事跋》亦为黄氏之文,《士礼居藏书题跋记》当补入此文。

四年(1824年)计25年为士礼居丛书的刊刻时间。既然博古斋可以补辑,说明黄氏生时尚无一个丛书的整体观念,尤其是《国语》和《战国策》并不署士礼居而是署读未见书斋,可见其亦未要求一致,则行世亦非一时而是逐渐刻印。后世辑印,因目寻书,而非以黄氏原刻全部丛书影印,故有以崇文书局本《国语》代士礼居原本者如蜚英馆刻本即是。

观黄氏读未见书斋嘉庆庚申(1800年)刻本、崇文书局同治八年(1869年)重雕本、上海蜚英馆光绪三年(1878年)石印本、上海博古斋1913年石印本、上海锦章图书局石印本、上海鸿宝斋1912年石印本、上海扫叶山房1924年石印本《国语》文本唯"菓"、"菒"之异,他则基本能守黄氏读未见书斋刻本之旧。或据此可分黄刊明道本版本系统为两个分支:其一即为崇本书局本系列,如崇文本、蜚英馆本、锦章书局本、扫叶山房本即是;其二即为黄氏原刊系列,如黄氏读未见书斋刻本、博古斋本、吴曾祺《国语韦解补正》、《四部备要》本即是。其祖本皆为黄丕烈读未见书斋刻本。张以仁《国语斠证》所参据之时务书局本与日本重刊本皆未见,疑亦博古斋本之类。

(作者:郭万青,男,副教授,唐山师范学院中文系)

方志“史”“地”之属的分野与弥合*

——章学诚安徽两志与与洪亮吉《泾县志》之比较

王嘉炜

一　章学诚安徽两志与洪亮吉《泾县志》的内容体系

乾隆三十八年(1773)二月,经著名学者朱筠介绍,章学诚应和州知州刘长城之聘编修《和州志》,该志纪、表、图、书、传一应俱全。下列《和州志》内容结构:

(1)皇言纪
(2)官师表
(3)选举表　先详制度,后列题名。
(4)氏族表　每姓推所自出,详入籍之世代。科甲仕宦为目。无科甲仕宦,不为立表。科甲仕宦之族,旁支皆齐民,则及分支之人而止;虽有科甲仕宦而无谱者,阙之。
(5)舆地图　一曰舆地,二曰建置,三曰营汛,四曰水利。
(6)田赋书　具录田赋颠末,附采私门著述,官府文移,有关田赋利病者。
(7)艺文书　部次,条例,治其要删。
(8)政　略　次比政事,编著功猷。凡三篇。
(9)列　传　以正史通裁,特标列传;旁推互证,勒为专家;上裨古史遗文,下备后人采录。
(10)阙访列传　标名略著,事实难征,世远年湮,不可寻访者归之。

* 本文是安徽省教育厅人文社会科学重点研究基地项目“洪亮吉与嘉庆《泾县志》研究”(编号2011SK759)阶段性成果。

(11)前志列传　历叙前志,存其规模。

以上是胡适依据前人相关资料罗列的《和州志》内容结构[①]《和州志》是章学诚平生第一次用自己的方志理论独立开展的修志实践,基本体现他提出的"志者,史之一隅"[②]的构想。而且,胡适先生在他的年谱里还推断说,十一部并不完全:"据刘刻本《和州志》考察……书之总数最少亦有六……图最少有四,可知也。故可谓为共分十八部。"[③]从以上所列体例结构看,志书和古代传统的史书似乎并无二致。十分明确地充分体现了他的方志"史学"理念。

乾隆五十四年(1789年)十月,为亳州知州裴振所请,章学诚主修《亳州志》,于次年二月修成。由于各种原因,《亳州志》稿并未刊印而导致散佚,今所见仅有《掌故例议》和《人物表例议》各三篇,对于一部内容浩瀚的志书来说,今所存"掌故"与"人物表"内容和篇幅并不足以展示志书内容之大概,但有一点是明确的,章氏对其史学义例的阐发是不留余地的。对于《亳州志》,章学诚十分得意,他后来说:"此志拟之于史,当与陈、范抗行;义理之精,则又《文史通义》中最上乘也。"认为在史学义理上可以与陈寿、范晔相提并论,甚至比自己的《文史通义》更为精妙[④]。

作为方志学创立者,无论是早期的《和州志》,还是思想成熟时期所修的《亳州志》,在体例上是一以贯之的,充分体现了章学诚"志乃史体"的思想[⑤]

乾嘉时期是中国方志发展历史上一个重要的阶段,所修方志数量远超前代,最主要的是名志迭出,名地有名家、名家出名志的现象也远超以前诸代。与章学诚"志乃史体"观不同的是,当时以戴震为首的一批学者认为:方志乃地理学之属。双方在方志的属性问题上分歧很大,甚至还出现了"章戴之争"[⑥]这样的学术论战。

---

① 胡适:《章实斋年谱》,安徽教育出版社1999年版,第66页。

② (清)章学诚:《章学诚遗书》外编《志隅自叙》,文物出版社1985年版。

③ 胡适:《章实斋年谱·乾隆三十八年》,安徽教育出版社1999年版,第66页。

④ (清)章学诚:《与周永清论文》,张树棻纂辑,朱士嘉校订:《章实斋方志论文集》,山东省地方志编纂委员会1983年11月印刷,第311页。

⑤ 参见拙作《章学诚"志乃史体"观的逐步成熟——章学诚安徽两志与〈湖北通志〉的比较,发表于《安徽文献整理与研究集刊》第四卷,黄山书社2011年版。

⑥ 乾隆三十八年夏天,章学诚与戴震在宁波相遇,二人就方志属性展开激烈论争,双方从方志开始,在国史与方志、体例与文献等问题上展开激烈争论,最终因为双方的固执己见结束,由于双方分歧太大,关于方志属性并没有达成一致意见。这场意见相左的论战发生在两位史学大师之间,给后世带来了很大的影响,后世学者一直将这场论战定位为方志地理学派和方志历史学派的第一次直接交锋。

难能可贵的是,关于方志的属性之争并没有影响当时方志的编纂风潮,持方志历史属性的学者和方志地理属性的学者都投入了巨大的精力参与修志活动。章学诚同时代的著名学者洪亮吉所撰《泾县志》为当时名志之一。

洪亮吉(1746—1809),江苏阳湖人,字君直,一字稚存,号北江,经学家、文学家、方志学家。乾隆五十五年(1790年)进士,曾任翰林院编修,国史馆纂修等职。通经史,历史地理的研究尤为精深,其《三国疆域志》、《东晋疆域志》、《十六国疆域志》、《乾隆府厅州县图志》都是历史地理名作;作为方志学家的洪亮吉,一生修纂过《泾县志》、《宁国府志》、《澄城县志》、《登封县志》、《淳化县志》、《延安府志》、《长武府志》、《固始县志》等多部方志,这些方志历来都被志家视为方志佳作。今人了解他,更多是因为他的人口理论,有"中国马尔萨斯"之誉。洪亮吉生于乾隆十一年(1746年),比章学诚年龄稍小。和章学诚方志为历史之属的认识异途,洪亮吉主张方志为地理之属,是方志地理学派的主要代表之一。在他纂修的九部方志中,以《淳化县志》和《泾县志》最有特色。

嘉庆九年(1804年),安徽泾县知事李德淦聘请洪亮吉担任总纂,学者三十余人参与纂修,其中就包括赵绍祖、左暄、朱瑛等泾县当地学者。此时,洪亮吉年近六旬,早已修纂过多部方志,无论是修志的实践经验,还是修志的思想体系都已完全成熟。《泾县志》的修纂进度非常快,前后历时一年多,于嘉庆十一年(1806年)秋宣告修成。一般认为,《泾县志》是代表洪亮吉在修志理论成熟时期的思想体系和修志水平的最佳方志。

《泾县志》前有洪亮吉序,李德淦序,次列凡例十四则、目录、图十四幅、正文三十二卷。卷次目录如下:卷一:沿革(括星野、疆域、形胜、风俗);卷二:城池(括故城、街巷、坊表、乡都、市镇、桥梁、津渡、邮递);卷三:山水(括山);卷四:山水(括水、陂泽、湖池、井泉);卷五:食货(括蠲赈、恩赉、田赋、杂税、户口、徭役、积贮、盐法、马政、屯田、囚田、物产、兵防);卷六:学校(括学宫源流);卷七:学校(括明伦堂、学署、学田);卷八:书院;卷九:坛庙;卷十:官署;卷十一:古迹(括冢墓);卷十二:金石;卷十三:职官;卷十四:选举表(括荐辟);卷十五:选举表(括例仕、吏仕、武进士、武职、赠封、荫袭、戚畹、乡宾);卷十六:名宦;卷十七:人物(括名宦、宦业、忠节);卷十八:人物(括孝友、儒林、文苑、武功);卷十九:人物(括懿行);卷二十:人物(括尚义、五世同堂、百岁、隐逸、艺术、寓贤);卷二十一:列女(括烈妇、贞女、旌表节妇、孝妇、寿妇);卷二十二:列女(括旧志所载待旌节妇);卷二十三:列女(括新增待载已故节妇);卷二十四:列女(括新增待旌现存节妇);卷二十五:寺观(括仙释附、仙释);卷二十六:艺文(括经类、史类、子类、集类);卷二十七:杂识(括纪事、灾祥、轶事、异闻);卷二十八:辨证;卷二十九:旧志源流;卷三十:词赋(括宦寓与本县诸贤诗);卷三十一:词赋(括唐宋以来宦寓诸贤诗);卷三十二:词赋(括唐宋以来本县诸贤诗)。通观全书,志、表、传俱全,与传统史书体例相类。

二 章学诚安徽两志与《泾县志》之异同

1. 异:“史”、“地”之属的明确侧重

前面说过,洪亮吉的方志思想的基础是传统的方志沿革地理,以时兴的考据方法为基本方法,这一特点在全志的体例上就很是明显。《泾县志》先列门类,然后以类相从,内容包括政治、经济、军事、文化、教育、社会、日常生活、古迹、疆域、人物、地理、沿革、杂事,传统方志的一贯体系与门类,尽括其中。他的理论基点就是“一方之志,沿革最要”。作为考据学家的洪亮吉,沿袭了清代考据学家重视沿革地理的一贯做法,他的方志十分注重地理沿革的记载。《泾县志》的地理部分旁证博引,占用大量笔墨,关于舆地之书,采录甚多,除了历代正史地理志之外,还广收李吉甫《元和郡县志》、乐史《太平寰宇记》、王存《元丰九域志》、欧阳忞《舆地广记》、祝穆《方舆胜览》,这些沿革地理志书中的地理内容,都大量录入。前四卷括星野、疆域、形胜、风俗、城池、故城、街基、坊表、乡都、市镇、桥梁、津渡、邮递、山水、山、水、陂泽、湖池、井泉,这些均为沿革地理的内容。在“山水”一目中说:“一方之志,山水最要。……旧志未免简略,今一一考其发源所在,及所入之大水,条分缕析,不使混淆。凡唐宋以前诸图经、地志所载者,无不录入,并加以考证,庶后人有所依据。”①洪亮吉对于山水部分记载十分重视,山水单列两卷,记山一百五十六座、水道二十九条、潭九口、二百三十九陂,塘池井泉也收录其中,诸条载明详细位置所在,交代水泉历史源流,并附载相关传世文篇。在《泾县志》中,属于地理方面的记载有沿革、城池、山水、形胜等八卷,为全书四分之一还要多。资料征引广博,充分体现传统沿革地理的学术特征。

再从类目上看,《泾县志》有沿革、疆域、形胜、山水、官署、名宦、职官、选举、田赋、杂税、摇役、盐法、屯田、囚田、学田、物产、城池、兵防、马政、武举、文教、学校、书院、儒林、文苑、艺术、词赋、金石、风俗、轶事、异闻诸目,对泾县的

---

① (清)李德淦修,洪亮吉纂:《泾县志·凡例》,黄山书社2008年版,第16页。

自然状况分类细密，于一方社会诸方面的情况多有关注，从以上诸目内容看，对于人文资源极为重视，且颇下功夫，这在以前传统的方志中，并不多见。但是与传统的方志体例相较，去之不远。此外，洪亮吉《泾县志》中，提出了这样“一方之志，贵在传信”①的观点，实际修志中，把史事的真实视为第一生命，重视搜集材料，重视史事的考辨，力求繁简适度，详略得体。无论是在纲目设计还是在学术方法上，和传统的沿革地理方志派修志方法并无二致。

在章学诚的志书中，无论是《和州志》，还是《亳州志》，都没有如洪亮吉《泾县志》那样做到把一地所有情况全部列出且横排门类。在“志乃史体”的基本原则下，章学诚在安排志书的内容时，仿照史书尤其是《史记》、《汉书》的体例，在稍微作变动的基础上，以纪、表、图、书、略、列传、文征等体例作志。“纪”以纪皇朝恩典，“传”书人述事，“书”载典章制度，“略”纪宦绩，“文征”存原始文献。这种理论体系下的纲目设计，体现了章学诚方志为地方史的理念，这和传统的志书差别很大，而与史书的体例比较靠近。至于在具体内容的阐发中，也体现了章学诚的史法，在前文叙述中，多有涉及，在此不作多论。

所以，无论是修志体例的基本出发点上，还是在具体类目的安排上，《泾县志》坚持了传统志书修纂的体例和模式，而《和州志》、《亳州志》则处处体现章学诚以史入志的目标。章学诚《和州志》、《亳州志》与洪亮吉《泾县志》两者相较，在基本体例上和纲目安排上，“史”、“地”之属区别明显。

2. 同：“史”“地”之属的实际弥合

章学诚与戴震的方志论争说明在修志的传统观念与新理念上有着很大的分歧，方志属“史”属“地”需要辩明。尽管传统的方志地理派并不认同章学诚的“方志就是地方史”的说法，但是在具体的修志过程中，却并不能绕开志书的历史特性，洪亮吉的《泾县志》亦是如此。

《泾县志》每一类目的论述都在时间上统合古今，“沿革”目追溯到三代时期，“学校”、选举”、“艺文”、“词赋”等目从唐代开始，“书院”、“坛庙”、“例仕”三卷始于明代，“职官”始于汉，“名宦”始于吴，“田赋”、“徭役”始于清。最具有代表性的是志书中篇幅最多的“人物”，共分八卷，记载泾县古今人物数百名，“文苑”共包括唐宋元明清五代一百零三人。“宦业”所记载的一百二十二人中，宋代九人、元代一人，明代四十六人（附录八人），清代四十人（附录十八人），从人物传记的角度考虑，虽然是以记载明清人物为主，和传统的史书“传记”并无二致，而且这种“详今略古”的记载方法完全和史书的方法契合。

① （清）李德淦修，洪亮吉纂：《泾县志·凡例》，黄山书社2008年版，第17页。

章学诚虽对传统的沿革地理方法编修方志意见很大,但是对于一方之志而言,力求记实却是章学诚方志体系的最大根本,要记实就不能离开地理沿革。《和州志》有舆地图四:一曰域地,二曰建置,三曰营汛,四曰水利,都是沿革地理的范畴。今虽不见其全文,但亦可在其《永清县志》中寻找轨迹,《永清县志》中记载古迹,对前志所记古迹沿革都加以考证:“旧志,信安镇有周世宗驻跸处,今遗址无存”,“旧志,县东南隅谯楼有钟篆文斑驳莫辨岁月,相传贞观末桑乾河决,冲没城垣,得钟于水涯”;章学诚对于沿革地理的考证也十分详细:“旧志称汉高祖庚子时置益昌郡,今按《汉书·地理志》,益昌侯国,故属涿郡,本县名,非郡名也。隋置通泽县,不见于《地理志》。《太平寰宇记》云:隋末废,大业七年所置,置不久,而旋废,故《地志》不录。而旧志乃云:唐武后改通泽县为武隆县,亦失记事之实。”①对于地理考证很是精详。非但《永清县志》、《和州志》、《亳州志》如此,后来的《湖北通志》中“考”目,就有“水利考”、“府县考”、“舆地考”,对于沿革、方舆、水道进行论述。

尽管方志地理派和方志历史派看似分歧很大,但无论是章氏《和州志》、《亳州志》,还是洪氏《泾县志》,在内容体系上你中有我和我中有你的情况无法改变。无论方志是“史”书还是“地”之书,都无法绕开方志的地理考述和历史记载。二者讨论的主要是在一部方志中到底是地理为主还是历史为主的问题,而不是孰优孰劣的问题。所以,就有了后来学者在“史”、“地”之属上的弥合。

3. 后世学者对两派学说的弥合

应该说,关于方志属性的论争乃至学术纠纷,与章、戴同代或后世学者是相当了解的,再者,二者的理论基础出发点在某种程度上并没有突破传统的史学基础。故而,有人开始找出二者的共通之处,在理论和实践中加以弥合,这其中,就有著名考据学家钱大昕。钱大昕主纂的乾隆《鄞县志》、《长兴县志》就体现了对方志属地理之说和方志属历史之说的折中,学者倪所安先生在《钱大昕方志学说初探》一文中概括钱大昕的方志理论为六点:一是钱大昕折衷章学诚和戴震二人的观点,认为地方志是“一方之征信”(见《鄞县志·凡例》);二是“志无论大小皆道之所在”,讲的是文以载道。三是“博观约取为修志首事”(《鄞县志·凡例》),指钱大昕强调方志要广征资料;四是“纂辑、撰著随其事之宜”。针对两派争论不休,他折中两家之说,参正史之例,以撰著为主,纂辑为辅。五是“据事直书是非自见”,认为“但使记事从其实,则万世之下,是非

---

① (清)章学诚《永清县志·舆地图》,转引自:黄苇《方志学》,复旦大学出版社1993年版,第479—480页。

自不能掩,奚庸别为褒贬之词”(《十驾斋养新录》)。六是“方志立传有褒无贬但不能以黑为白”,强调“史家为例,以立传为主”(《鄞县志局与同事书》)①。钱大昕是较早弥合两家观点理论的人,他力图在二者之中找出一条新的方志之路。

志到底是地理属性还是历史属性,今天看来,似乎不是最根本的问题,但两说却一直对峙。民国时期,也有不少方志学家调和二者观点,从而确立起立于两者之外的第三条方志体系。他们认为,方志起源本身就有两个源头:一为古国史《周官》外史所掌四方之志,一为古地理著作《禹贡》,方志中既有历史书内容也包含地理书内容,早期的方志尚未定型,内容简单,疆域、沿革、山川地理部分为主导,政治、经济、文化等历史内容相对单薄,随着社会的进步和发展,社会活动和社会现象日益丰富和突出,历史人文内容凸现,对于完整的方志来说,时间观念和空间观念都必须完全具有,即具有历史性和地理性。这一认识的代表性的学者有朱士嘉、傅振伦、黎锦熙等人,朱士嘉最早提出这一观点:“方志所记不外一方地理之沿革,疆域之广袤,政治之消长,经济之隆替,人物之臧否……以及其它遗闻轶事,盖无异一有组织之地方历史与人文地理也。书之关系一方者,通称志。”②傅振伦认为:“方志为记述一域地理及史事之书。”③黎锦熙则认为,方志是史地两性:“方志为物,史地两性,兼而有之。”④

现在看来,在方志属性的问题上,永远绕不开方志本身所具有的地理和历史本质特性,完整的方志形态,应该是准确认识“史”与“地”价值并合理地体现于方志本身。在修志过程中的史地属性弥合的问题上,洪亮吉《泾县志》与章学诚《亳州志》、《和州志》的认识价值是等量齐观的。因为在他们的方志体系中,地理和历史的内容一样都不可或缺。

(作者:王嘉炜,男,讲师,淮北师范大学安徽文献整理与研究中心)

① 倪所安:《钱大昕的方志学》,载《史学史研究》1981年第4期。
② 朱士嘉:《方志之名称与种类》,载《禹贡》半月刊,1934年第一卷第二期。
③ 傅振伦:《中国方志学通论》,燕山出版社1988年版。
④ 黎锦熙:《方志今议》,长沙:岳麓书社1984年版,第22页。

《中国现代文学总书目·翻译文学卷》皖籍人物译著补遗

傅 瑛 刘松丽

由中国社会科学院文学研究所贾植芳等为总纂,王润贵、刘跃进、刘福春、严平等汇纂的《中国现代文学总书目·翻译文学卷》于2010年问世。该书辑录1917—1949年间我国翻译出版之外国文学作品,另附1882—1916年间翻译文学书目,堪称中国现代文学研究的一大收获。然而笔者近日拜读,发现其中皖籍人物译著尚有遗漏,即列如下,以补不足,格式一依原书。

(1917——1927)

铁血美人 小说。胡寄尘译述。上海进步书局1917年出版。

黑医生 小说。Sir A. Donan Doyle著,成舍我译。上海文明书局1917年出版。此书为"南社小说集"之一种。

欧美名家侦探小说大观 小说。周瘦鹃主编,周瘦鹃、程小青等译。上海交通图书馆1919年至1922年出版。

第1集,上海交通图书馆1919年出版。目次:黄眉虎([英]柯南道尔)| 双耳记 |死神 | 艇中图 | 槽中女 | 岩屋破奸

第2集,上海交通图书馆1919年出版。目次:墨异([美]亚塞李芙)| 地震表 | X光 | 火魔 | 钢门 | 百宝箱

第3集,上海交通图书馆1919年出版。目次:璧返珠还([美]维廉·弗利门)| 镜诡 |牛角 | 飞刀 | 情海一波

第4集,上海交通图书馆1920年出版。目次:小金盒 | 毒药罇 | 金箱 | 颈圈 |伪票 | 黄钻石 | 毒梳

第5集,上海交通图书馆1920年出版。目次:伪病 | 贼妻 | 化身人 | 药酒 | 狱秘 | 幕后人

第6集,上海交通图书馆1922年出版。目次:移尸案 | 情人失踪 | 牛蒡子 | 一串珠 | 错姻缘 | 伪装

新俄罗斯 散文。[日]川上俊彦著,王揖唐译。上海商务印书馆1923年出版。书末附《旅行琐记》。

前德皇威廉二世自传 传记。[德]Friedrich Viktor Albert Wilhelm Ⅱ著,王揖唐译。上海商务印书馆1924年出版。书后附录《德皇最近之状况》。

古灯 小说。[法]勒白朗著,程小青、周瘦鹃译。上海大东书局1925年出版。此书为"亚森罗苹案全集"第八册。

(1928——1937)

炉杀案 小说。程小青编译。上海文明书局1928年出版。

仆人 小说。汪原放译。上海亚东图书馆1928年出版。目次:译者的话 | 仆人([俄]西梅亚乐甫) | 只有上帝知道([俄]托尔斯泰) | 赌东道([俄]契柯夫) | 过继([法]莫泊三) | 一个女疯子 | 捉迷藏([俄]梭罗古勃)。俄国各篇曾刊载于《学灯》杂志,法国各篇曾刊载于《觉悟》杂志。

文学与革命 [俄]特罗茨基著,韦素园、李霁野合译。北平未名社出版部1928年出版。目次:十月革命以前的文学 | 十月革命底文学"同路人" | 亚历山大·勃洛克 | 未来主义 | 诗歌底形式派与马克斯主义 | 无产阶级的文化与无产阶级的艺术 | 共产党对艺术的政策 | 革命的与社会主义的艺术。卷末有霁野《后记》,介绍本书著者托洛茨基。

近代文艺批评断片 李霁野译。北平未名社1929年出版。目次:吹笛者底争辩(Anatole France) | 批评中的人格(Jules Lemaitre) | 传统与爱好(Jules Lemaitre) | 文学的影响(Reny de Gourmont) | 视觉与情绪(Reny de Gourmont) | 艺术箴言(Friedrich Hebbel) | 经验与创造(Wilhelm Dilthey) | 近代的诗人(R. M. Meyer) | 生活中的创造艺术(R. Mueller - Freienfels) | 艺术(John Galsworthy) | 六个小说家底侧影(John Galsworthy) | 艺术家和他底听众(A. Clutton - Brock) | 清教徒与美国文学(H. L. Mencken)。其中十一篇译自美国L. Lewisohn所辑的A Modern Book of Criticisms。

英国文学 拜伦时代 韦丛芜译。北平未名社出版部1930年出版。

回忆陀思妥夫斯基 传记。[俄]陀思妥夫斯基夫人著,韦丛芜译。上海现代书局1930年出版。书后附录《陀思妥夫斯基致兄书》,《陀思妥夫斯基年谱》(契希金编)。

罪与罚 小说。陀思妥耶夫斯基著,韦丛芜译。南京正中书店1930年出版。此书据英译本转译,并参照俄文原本。卷首有译者《序》。

西藏的故事 儿童文学。[英]谢尔顿编,程万孚译。上海亚东图书馆1931年出版。目次:原编者序 | 译者序 | 聪明的蝙蝠 | 老虎和蛙儿 | 交了坏朋友的兔子 | 驴子同石头的故事 | 愚蠢首领的故事 | 那只狐狸自害自 |

人的忘恩负义 | 贪心不足 |聪明的木匠 | 戴郎珊同美女神的故事 | 木虱背上的黑纹是怎么弄来的 | 人同鬼的故事 | 毒心伤的后母 | 两个魔鬼的故事 | 那个聪明的女人 | 三个朋友 | 兔子同野蜂赌东道 |小兔子怎么害死了狮子 | 那个王失了他的宝贝 | 三个猎人的故事 | 打猎的人同那只独角兽 | 那个官对那个有一百两银子的人的判决 | 王子的朋友的故事 | 乌鸦救了那个打猎人的命 | 两个贼 | 金瓜 | 一个秃子的故事 | 那个人,他有五个不同颜色的眼睛的朋友 | 拉胡琴的人的故事 | 圣鸭的胸脯是这么弄黄的 | 两只小猫 | 一个魔术家的巧计 | 那狼,狐狸,同兔子这么做了孽 |锡花瓶 | 兔子的故事 | 骗子的故事 | 一块蓝宝石的故事 | 一个聪明的呆子 | 那个人同许多猴子 | 一个生命的树的故事 | 那个头上长个肉瘤的人的故事 | 告花子的故事 | 狡猾的躬人 | 五个朋友之争 | 省俭的女人 | 那婆罗门教徒余巴克的故事 | 戴仁的故事 | 像所罗门王故事中的一个故事 | 西藏民歌

姊妹花 小说。范达痕著,程小青译。世界书局出版社 1932 年出版。

现代英吉利谣俗及谣俗学 [英]瑞爱德等著,江绍原译。上海中华书局 1932 年出版。是书前有,目次:序(周作人)及序(著者)| 导言 | 生婚丧葬 | 业务与工作(习惯法与各业谣俗)| 时令 | 动植物和无生物 | 鬼和超自然存在 | 占卜,征兆,和运气(吉凶趋避)| 厌殃法,便方,和黑白巫术 | 尾论。末附瑞爱德《英国谣俗学的新领土》,妥玛斯《谣俗学的由来和分部》(附书目),哈黎戴《晚近谣俗学研究的趋势》(附书目),《各辞典中的谣俗学论》,《书目拾遗》,《谣俗学诸次国际大会》,《关于 Folklore. Volkskunde,和"民学"的讨论》,《关于民间文学的改造》。

爱的分野 小说。[苏]罗曼诺夫著,蒋光慈、陈情合译。上海亚东图书馆 1932 年出版。

贫女和王子 儿童文学。程本海编译。上海中华书局 1933 年出版(9 版)。

黑女寻神记 小说。[英]萧伯纳(G. B. Shaw)著,汪倜然译。上海读书界书店 1933 年出版。

六裁判 小说。汪原放译。上海亚东图书馆 1933 年出版。此书为《儿童故事译丛》第一辑,卷首有汪原放《序》。

一个妇人的情书 小说。[奥]斯奇凡·蔡格著,章衣萍译。上海华通书局 1933 年出版。

古甲虫 小说。范达痕著,程小青译。世界书局出版社 1934 年出版。

海滨别墅与公墓 小说。[保]斯塔玛托夫著,[保]克勒斯大诺夫世译,金克木汉译。中国世界语书社 1934 年出版。

神秘之犬 小说。范达痕著,程小青译。世界书局 1934 年出版。

神秘的宇宙 科普散文。[英]琼司(J. H. Jeans)著,周煦良译。上海开明书店1934年出版。目次:消逝著的太阳 | 近代物理学下的新世界 | 物质与放射 | 相对论与以太 | 知识的深渊

巴斯德传 传记。[法]Rene' Vallery - Robot 著(编者按:原书如此),丁柱中译。上海中华书局1936年出版。原著为法文,转译自英文本。

我的家庭 小说。[苏]阿克撒科夫原著,J. D. Duff 英译,李霁野重译。上海商务印书馆1936年出版。

广田弘毅传 散文。[日]岩崎荣著,汪静之、吴力生译。上海商务印书馆1936年出版。

狱中寄给英儿的信(英汉对照) 散文。[印度]尼鲁著,余楠秋、吴道存译。上海中华书局1936年出版。

高尔基给文学青年的信 [苏]高尔基著,以群译。上海读书生活出版社1936年出版。此书收高尔基致文学青年23封信,末附《给象征主义者安菲塔特洛夫的信》、《高尔基和肖伯纳的通信》。

苏联文学讲话 [苏]塞维林、多里福诺夫著,以群译。上海读书生活出版社1936年出版。目次:十月革命前的俄国文学 | 国内战争时期的苏联文学 | 复兴期的苏联文学 | 改造期的苏联文学 | 苏联文学发展底基本道路及其前途。此书据日译本转译,书末附《近代俄国文学年表》及译者《后记》。

书的故事 儿童文学。张允和译。上海中华书局1936年出版。此书根据法译本转译,前有译者《序言》。

世界三大独裁 传记。[美]根室(John Gunther)著,余楠秋、吴道存译。上海中华书局1937年出版此书共三章,介绍墨索里尼、希特勒和斯大林三人的身世、性格、生活和政治主张。译自美国《哈泼斯》(Harpes)杂志。《墨索里尼》一章译自1936年2月号,《希特勒》一章译自1936年12月号,《斯大林》一章译自1935年12月号。

新文学教程:到文学之路 [苏]维诺格拉多夫著,叶以群译。上海读书书局1937年出版。目次:总论 | 主题与结构 | 艺术作品的风格与形态。末附录"引用书中文译本目录"。

(1938——1949)

幕后秘密 小说。[美]欧尔特毕格斯著,程小青、王嵩全译。中央书店1939年出版。

百乐门血案 小说。[美]欧尔特毕格斯著,程小青、庞啸龙译。中央书店1939年出版。

西行访问记(原名革命人物传) 报告文学。斯诺夫人著,华侃译。上海光

明书局1939年出版。目次:作者序和译者前言 | 绪论 | 七十领袖 | 朱德的生活史 | 徐向前 | 肖克 | 罗炳辉 |项英(斯诺著)| 蔡树藩 | 中国共产党年表。后附《译者后记》及毛泽东、朱德、作者等照片二十六帧。

世界名著代表作　胡适、周作人等译。上海国光书店1940年出版。目次:九岁的学徒([俄]柴霍甫著,谢颂义译) |赌赛([俄]柴霍甫著,谢颂义译) |天真女士([俄]柴霍甫著,谢颂义译)|她的情人([俄]高尔基著,谢颂义译) | 等着上帝的真理([俄]托尔斯泰著,谢颂义译)|忠诚的约翰(Grimms著,谢颂羔,米兴如合译) |钻石案([英]Canon Doyle著(编者按:原书如此),谢颂羔,米兴如合译)|失落的双星〔[法]Ca'ulle Mendes著(编者按:原书如此),谢颂羔,米兴如合译〕|一粒蚕豆〔[法]Fcerder'. c Misftal著(编者按:原书如此),文藻译〕|大克老司和小克老司([丹麦]安徒生著,谢颂义译) |美人呢,还是老虎?([美]Frank Stockton著,谢颂义译) | 从坟墓中带来([意大利]马奈原著,陈德明译)|坚忍不拔的格丽赛尔达([意大利]薄伽邱原著,陈德明译) |人生的电报([波兰]普鲁士原著,陈德明译) | 两个会堂(歌罗西亚原著,徐岚译)|快乐([俄]库普林著,沈泽民译)| 撞钟老人([俄]科罗连珂著,耿济之译)|一个人的出生([苏]高尔基著,适夷译)|杀父母的儿子(G. maupassant著,胡适译)| 卖国的童子([法]都德原著,黄仲苏译)|沙葬([法]器俄原著,韩奎章译)|失业([法]佐拉著,刘半农译) | 皇家的圣诞节([法]高贝著,冠生译)|狗约([法]拉萨雨著,刘复译) |一个怀疑主义的告白([日]生田春月著,丘晓沧译)|猴子([日]芥川龙之介著,丘晓沧译)|仲夏夜之梦(莎士比亚著,系音之译)|空中足球,新游戏([爱尔兰]萧伯纳著,傅东华译)|主持捉奸([意大利]鲍嘉学著,罗皑岚译)| 劳动者([西班牙]阿佐林著,徐霞村译)| 海上(伊白涅著,愈之译)| 疯妇([法]莫泊三著,傅浚译) |流星([德国]力器德著,刘复译)| 秋夜([俄国]等雨基著,徐忿庸译)|禁食节([新犹太]潘莱士著,沈雁冰译)| 沙漠间的三个梦([南非]须莱纳雨著,周作人译)|愿你有福气([波兰]显克微支著,周作人译) |一滴的牛乳([阿美尼亚]阿伽年著,周作人译)|先驱([芬兰]哀禾著,周作人译)|马赛的太阳

贝登堡　散文。吴道存译。昆明中华书局1940年出版。目次:童军首创者贝登堡(原著者序) | 二绰号兴一格言 | 旧时的家庭 | 旧时的童年时代 | 旧时的学校生活 | 学校时代及以后 |旧时与母校的关系 | 常青军的生活 | 关于猎野猪 | 在摩雨太的经过 | 阿善提征伐的成功 | 其他的军中工作 | 旧式的结婚与丧母 | 欧战期中英国童军对国家的贡献 | 一九二零年的国际童军大会 | 英皇太子与童军 | 一九二四年童军大会及以后 | 附录:生活年历

复活　小说。[俄]列夫·托尔斯泰著,高植译。重庆文化生活出版社1941年出版。此书为“译文丛书”之一种。

爱情的面包　小说。史特林堡等著,胡适等译。上海启明书局1941年出版。目次:生的叫喊([挪威]哈姆生著,古有成译)| 西蒙生([挪威]安特赛原著,古有成译)| 卖火柴的女儿([丹麦])安徒生著,周作人译)|爱情的面包([瑞典]史特林堡著,胡适译)| 新袍子([瑞典]伯格曼原著,伍蠡甫译)| 火烧城([瑞典]苏德堡原著,许天缸译)| 父亲拿洋灯回来的时候([芬兰]哀禾原著,周作人译)| 父亲在亚美利加([芬兰])亚勒吉阿著,鲁迅译)| 海的坟墓([荷兰]勃罗库人原著,胡愈之译)|善终旅店([比利时]魏尔哈仑原著,徐霞村译)| 婴儿杀戮([比利时]梅德林克原著,戴望舒译)| 孤独者([比利时]皮思原著,戴望舒译)

流转的星辰　科普散文。[英]秦思(J. H. Jeans)著,金克木译。北京中华书局1941年出版。

炮火中的英帝国(原名为《家庭历史》)　散文。格林(J. F. Green)原著,金克木译。重庆大时代书局1941年出版。

德国四年记　散文。[美]马莎托德(M. Dodd)著,吴道存译。福建南平国民书店1941年出版。目次:译序 | 一个破例的任命 | 德国的第一印象 | 交游广阔起来| 一九三四年的清党 | 到苏联去 | 纳粹人物 | 间谍、压迫和恐怖所完成的独裁 | 苦刑 | 柏林外交 | 法西斯怎样对待我们

苏联作家论　[苏]塞唯林著,以群译。重庆上海杂志公司1941年出版。

戴高乐　传记。卡里考斯著,朱海观译。重庆中国编译出版社1941年出版。目次:坦克 |不巩固的边境 | 厄难 | 戴高乐的为人 | 戴高乐－专门技术家 | 他的工作 | 他的抱负

半枝别针:陈查礼侦探案　小说。[美]欧尔特毕格斯著,程小青等译。大连森茂文具店1942年出版。

高尔基给文学青年的信　[苏]高尔基著,以群译。重庆读书出版社1942年出版(2版)。目次:代序(译者)| 第一部分收著者致初学作者信二十八通,涉及文学创作中各种问题 | 第二部分收著者致契诃夫信四通 | 第三部分收著者致安特列夫信七通 | 第四部分收著者“给象征主义者安菲塔特洛夫”信四通 | 第五部分收著者与萧伯纳通信。

福尔摩斯侦探案　小说。[英]柯南道尔著,程小青编译。桂林南光书店1943年出版。目次:病侦探 | 红圈党 | 怪教授 | 为祖国 | 潜艇图 | 石桥女尸 | 可怕的纸包 | 吸血妇

学生捕盗记　小说。[德]凯司特涅著,程小青译。桂林南光书店1943年

出版。

普式庚论 [苏]卢那卡尔斯基等著,吕荧译。上海新知书店1946年出版。目次:俄国的春天(卢那卡尔斯基)|《普式庚论》草稿(高尔基)|普式庚的伟大(卢波尔)|现代俄国文学的父亲(莱兹涅夫)|欧根奥涅金(古雨斯坦)|普式庚的抒情诗(吉摩菲草夫)|普式庚的叙事诗(赫拉普琴珂)|普式庚的散文(希克维夫斯基)|剧作家的普式庚(维努古雨)|普式庚与民间传说(阿沙乃夫斯基)|高尔基论普式庚(巴鲁哈第)|普式庚与西方文学(吉尔明斯基)|西欧与普式庚(纽斯达特)|译注|后记

前线 剧本。[苏]科涅楚克著,聊伊译。重庆新知书店1944年出版。卷首有戈宝权《考纳丘克及其得奖的剧本〈前线〉》和佚名作者《论考纳丘克的剧本〈前线〉》二文。

风流寡妇 剧本。[意]加尔洛·哥利登尼著;聊伊译。重庆建国书店1945年出版。

月亮的儿子们 小说。[意]梅安尼(Ugo Mioni)著,丁山译。澳门慈幼印书馆1945年出版。

希腊棺材 小说。[美]爱雷·奎宁著,程小青译。上海中央书店1946年出版。

心狱 小说。胡适、钱君匋编辑。上海铁流书店1946年出版。目次:心狱(哈代著,伍光建译)|病了的煤矿夫(劳伦思著,杜衡译)|楼梯上(莫理孙著,胡适译)|复本(乔伊斯著,傅东华译)|迂士录(高尔斯华绥著,傅东华译)|手与心(恩盖尔夫人著,胡仲持译)

木偶游菲记 儿童文学。[意]契勃尼(Cherubini)著,江曼如译,汪倜然校订。上海读书界书店1946年出版。此书据A. Patri的英译本转译。

太阳的宝库 童话。[苏]布黎士汶著,刘辽逸译。哈尔滨光华书店1947年出版。书末附译后记。

画中线索 小说。R. F. Schabelitz,W. A. Barber著,程小青译。上海艺文书局1947年出版。此书为“艺文侦探丛书”之一种。

迪嘉兰 散文。[德]F. R.女士著,丁山译。白德美纪念出版社1947年出版(2版)。此书为希腊圣女迪嘉兰殉教小史。

叙述与描写 [苏]G.卢卡契著,吕荧译。上海新新出版社1947年出版。此书前有《译者小引》,末有译注。

穷人及其它 小说。[俄]陀思妥耶夫斯基著,韦丛芜译。上海正中书局1947年出版。是书据英译本转译目次:陀思妥夫斯基全集总序(译者)|穷人|女房东 。书末附陀思妥夫斯基夫人《回忆陀思妥夫斯基》,《陀思妥夫斯

基致兄书》及《陀思妥夫斯基年谱》。

地球末日记 科幻小说。[美]E. Balmer,[美]P. Wylie 著,周煦良译。上海龙门联合书局 1947 年出版。

美学原理 [意]克罗齐原著,D. Anslieyuan 原译,朱光潜重译。上海正中书局 1947 年出版。

论文学批评的任务 [苏]法捷耶夫等撰,刘辽逸译。哈尔滨光华书店 1948 年出版。目次:论文学的党性|表现苏维埃人|社会主义的现实主义中的革命浪漫主义原则|旧现实主义中的浪漫主义原则|论媚外风气|社会主义的现实主义比较旧现实主义的优点|我们的思想敌人|文学形式问题|文学批评的教育作用|文学批评在民族问题上的缺点|在我们文学批评中积极进步的一面|文学理论的几个问题|争取富有思想性的文学批评|附记。

从布其维里到喀尔巴阡山 散文。[苏]科夫巴克著,刘辽逸译。哈尔滨光华书店 1948 年 12 月出版。目次:致读者 | 斯巴德桑森林里的土人 | 跟"胡子队"相遇 | 跟坦克作对 | 我们的助手 | 游击队的要塞 | 节礼 | 冬天来了 | 向北方区 | 宣誓 | 各部队联合起来了 | 检阅 | 威赛莱村大战 | 游击队的首都 | 在克列汶河畔上扎营 | 在新斯洛包德森林 | 旧古农村——莫斯科 | 在克里姆宫 | 在遥远的途程,做光荣的事情 | 德斯纳——德聂泊尔——普利帕奇 |在波列塞乡下| 我们继续挺进 | 普里帕奇河上水站 | 远征喀尔巴阡山 | 在山间小经里 | 从山里走出 | 到集合地点

绞索勒着脖子时的报告 散文。[捷克]尤利斯·伏契克著,刘辽逸译。哈尔滨光华书店 1948 年出版。

哈泽·穆拉特 小说。[俄]L. 托尔斯泰著,刘辽逸译。哈尔滨光华书店 1948 年出版。

斯达林格勒 小说。[苏]V. 涅克拉索夫著,李霁野译。中苏文化协会 1948 年出版。

沉默的人 小说。[美]W. 萨洛阳等著,荒芜等译。上海中华书局 1948 年出版。

一个英雄的童年时代 小说。[苏]潘文塞夫著,荒芜译。上海晨光图书公司 1949 年出版。

生命的旅途 小说。[美]赛珍珠著,荒芜译。上海现代出版社 1949 年出版(2 版)。此书后附编者《二版校后记》。

苏联文艺论集 [苏]阿玛卓夫等著,荒芜译。北平五十年代出版社 1949 年出版。目次:论文学的倾向性 | 论文学的自由 | 苏联文学诸问题 | 高尔基的美学 | 论法捷耶夫 | 论格罗斯曼 | 论潘菲洛夫 | 论肖洛霍夫 | 莎士

比亚在俄国 | 附录:后记

社会主义的现实主义 [苏]范西里夫著,荒芜译。北平天下图书公司1949年出版。

苏联文艺论集:社会主义现实主义的问题 [苏]瓦希里耶夫著,朱海观译。上海棠棣出版社1949年出版。

苏联文艺论集 [俄]法捷耶夫等著,朱海观译。上海棠棣出版社1949年出版。

附录一:出版年份不详的翻译文学书目

紫色屋 小说。范达痕著,程小青译。上海世界书局出版。

柯柯探案集 小说。[英]奥斯汀著,程小青译。上海世界书局出版。

第二号室 小说。[英]瓦拉斯著,程小青译。上海世界书局出版。

若邈玖袅新弹词 戏剧。[英]莎士比亚著,邓以蛰译。上海新月书店出版。此书系五幕悲剧《罗密欧与朱丽叶》中之一段。

普式庚传 传记。[苏]V. 吉尔波丁著,吕荧译。上海国际文化服务社出版。

西洋名著译读 胡适、周作人等译。河北女子师范学院出版。

新生 小说。[美]赛珍珠著,荒芜译。上海现代书局出版。目次:新生|生命的旅途|沉默的人

附录二:1914—1915年间翻译文学书目

黄金劫 小说。胡寄尘编译。上海文明书局1915年出版。

(作者:傅瑛,女,教授,淮北师范大学文学院、安徽文献整理与研究中心;刘松丽,女,淮北师范大学文学院硕士研究生)

历史文献研究

方苞《史记注补正》补正五则*

王振红

方苞(1668—1749),字凤九,又字灵皋,晚年号望溪,安徽桐城人。方苞自幼聪慧,一生“笃学修内行,治古文”①,以文名见重于康熙、雍正、乾隆三朝。方苞既以古文名世,世人亦皆以古文论方苞。实际上,方苞治学贯穿经、史,其于古文之外,“治经深于《礼》、《春秋》,治史深于《史记》”②。方氏治《史记》,与其治经一样,颇能“融会旧说,断以己意”③,然亦复不少因其勇于自信而“持论太高,颇难依据”④者,其《史记注补正》即是如此。诸下五则,拟就其持论不当者略加补正。

一 《史记注补正·周本纪》之“西伯盖受命之年称王”条

方苞曰:“文王无受命称王之事,欧阳公、朱子辨之甚详,太史公盖据《大雅·有声》之诗‘文王受命’而误为此说也。其实伐崇、断虞芮之讼乃方伯之职,《诗》所谓‘受命’者,乃方伯之命耳。其曰‘文王’则诗人所追称。观其于文王称王,后于武王始称皇王,即已可见‘受命称王’之说妄矣。王莽之篡,

* 本文是安徽省教育厅人文社会科学重点研究基地项目“方苞的先秦两汉历史文献研究”(2011sk760)阶段性成果。

① 赵尔巽:《清史稿·方苞传》,中华书局1997年版,第10270页。

② 钱基博:《中国文学史》,中华书局1993年版,第949页。

③ (清)永瑢等:《四库全书总目》,中华书局1965年版,第173页。

④ (清)永瑢等:《四库全书总目》,第156页。

刘歆辈窜经诬圣以为之征,至增《康诰》篇首谓周公称王,或此篇亦为所为乱。今删去'之年称王'及'改法度制正朔矣'十一字,辞义相承,浑成无间。"

按:《史记·周本纪》载"文王受命"之事,曰:"西伯盖受命之君……诗人道西伯,盖受命之年称王而断虞芮之讼。"司马迁所言"文王受命",除可引用《诗经·大雅·有声》之文外,亦可引用《尚书·无逸》之"文王受命惟中身,厥享国五十年",《君奭》之"天不可信,我道惟宁王德延,天不庸释于文王受命"的载述。此外,《尚书大传》亦有文王"六年伐崇称王"的记载。凡此记载皆在史迁之前,史迁并未直接征引原文,而是连用两"盖"字载述此事,表明他对此亦未确信。

方氏认为文王所受命乃方伯之命,称王则诗人追称。此乃正统观念作祟。遂认定此乃王莽、刘歆窜改,径删去《周本纪》中"之年称王"及"改法度,制正朔矣"十一字,未免武断。钱穆《刘向歆父子年谱》举凡二十八端,以证刘歆未有窜乱经史①,此数百年疑案,已成定谳。清人崔述认为此乃"司马氏别记异闻,而传写者误合之也"②。近人刘师培亦指出《周本纪》兼采文王受命之说,实为旁采杂说以扩异闻③。崔、刘二氏所言近之,司马迁以"盖"字载述此事,乃史书传疑之法也。

二 《史记注补正·三代世表》之"于是以《五帝系牒》、《尚书》集世纪,黄帝以来讫共和为世表"条

方氏曰:"疑'世纪'亦古书名,盖《五帝谱牒》及《尚书》所载五帝三代事甚略,故并集'世纪'中黄帝以来及共和世次为表也。"

中井積德曰:"尚书集世,盖书名……'纪'字宜属下。"④施之勉曰:"读'于是以《五帝系牒》、《尚书》'为句,'集世纪黄帝以来讫共和'为句。……《自序》:'余所谓述故事,整齐其世传。''世纪'犹'世传'也……方说:'世纪,古书名。'中说:'尚书集世,书名。'并谬。"⑤

---

① 钱穆:《两汉经学今古文评议》,商务印书馆2001年版,第1—7页。

② (清)崔述:《崔东壁遗书》,上海古籍出版社1983年版,第179页。

③ 刘师培:《刘师培史学论著选集》,上海古籍出版社2006年版,第487页。

④ [日]泷川资言:《史记会注考证附校补》,上海古籍出版社1986年版,第340页。

⑤ 王叔岷:《史记斠证》,中华书局2007年版,第476页。

按:方氏、中井氏以“世纪”、“尚书集世”为书名,误。施氏断句、释“世纪”为“世传”,亦误。“世纪”,即世系。《墨子·尚同》曰:“譬若丝缕之有纪,罔罟之有纲。”《说文》曰:“纪,丝别也。”读“于是以《五帝系牒》、《尚书》集世纪”为句。此句意为史迁据《五帝系牒》、《尚书》合聚世系,自黄帝以来讫共和为世表。

三 《史记注补正·天官书》之“此天之五官坐位也”条

方苞曰:“官当作宫,即篇首所列五宫也。”

钱大昕注“中宫天极星”曰:“此中宫天极星,及东宫苍龙,南宫朱鸟,西宫咸池、北宫玄武,五‘宫’字皆当作‘官’。按:下文云紫宫、房心、权衡、咸池、虚危,此天之五官坐位也,可证史公本文皆作‘官’矣。《索隐》于‘中宫’下,引《春秋·元命包》‘官之为言宣也’,古文取音义相协,展转互训,以‘宣’训‘官’,音相近也。流俗本亦讹作‘宫’,由于不知古音。下文‘紫宫’下,乃引《元命包》‘官之言中也’,又可证小司马元本‘中宫’作‘中官’矣。小司马解‘天官’云:‘天文有五官。官者,星官也。星座有尊卑,若人之官曹列位,故曰天官。’”①

按:《史记·历书》曰:“神农以前,尚矣。盖黄帝考定星历,建立五行,起消息,正闰余。于是有天地神祇物类之官,是谓五官。各司其序,不相乱也。”《历书》所言“五官”为总称,《天官书》所载“天之五官”,乃此考定星历而命之星官也。方说误,钱说当合史迁作《天官书》之意。

四 《史记注补正·孔子世家》之“故所居堂、弟子内,后世因庙藏孔子衣、冠、琴、车、书”条

方苞曰:“当作‘故弟子所居堂内’,传写误倒也。盖后世因故弟子所居堂内地为庙,以藏孔子衣、冠、琴、车、书也。”

---

① (清)钱大昕:《钱大昕全集》(二),江苏古籍出版社1997年版,第48页。

泷川资言《史记会注考证》曰："阎若璩曰：'诸儒讲礼乡饮大射于孔子家，误写作冢。此冢字与赞曰以时习礼其家合。'……内，弟子所居之室也。《汉书·晁错传》：'家有一堂二内。'张晏云：'二内，二房也。'"①王叔岷曰："案'故所居堂、弟子内'谓故孔子所居之堂，弟子所居之室也。《考证》得内字之义。"②

按：顾炎武云："《史记·孔子世家》：'鲁世世相传，以岁时奉祀孔子冢，而诸儒亦讲礼乡饮大射于孔子冢。孔子冢大一顷，故所居堂、弟子内，后世因庙，藏孔子衣、冠、琴、车、书。'夫礼教出于圣人之门，岂有就冢而祭，至乡饮大射，尤不可于冢上行之。盖孔子教于洙泗之间，所葬之冢在讲堂之后，孔子既殁，弟子即讲堂而祀之，且行饮射之礼。太史公不达，以为祭于冢也。"③顾氏从礼制立论，认为孔门弟子当在讲堂行饮射之礼，可谓先得阎若璩、泷川资言之意。方氏之"误倒"说，似不确。

五 《史记注补正·太史公自序》之"发愤且卒"条

方苞曰："《封禅书》载诸方士以封禅为合不死之名，致怪物，接仙人，蓬莱士之术，而特书诸儒不能辨明封禅事，故于此著其父之发愤以死。盖愤己不得与从事而辨明方士之妄也。"

梁玉绳《史记志疑》引《咫闻录》曰："太史谈且死，以不及与封禅为恨。相如且死，遗封禅书以劝。当时不独世主有侈心，士大夫皆有以启之。"④

泷川资言《史记会注考证》引中井積德曰："按《封禅书》，武帝初与诸儒议封事，命草其仪，及且封，尽罢诸儒不用，谈之滞周南，以罢不用之故也。非疾。又曰：封禅出乎术士之妄。岂儒者所可言哉？谈罢，可谓幸矣。乃发愤至死，何惑之甚。虽迁亦未知封禅之为非也，是汉儒之通病矣。⑤

按：逯耀东《抑郁与超越：司马迁与汉武帝时代》详细考述了司马谈积极从事汉武帝封禅之事的具体情形，但因汉武帝重用方士而绌儒者，司马谈被牵连

---

① [日]泷川资言：《史记会注考证附校补》，第1165页。
② 王叔岷：《史记斠证》，中华书局2007年版，第1791页。
③ (清)顾炎武著，黄汝成集释：《日知录集释》，上海古籍出版社1985年版，1162—1163页。
④ (清)梁玉绳：《史记志疑》，中华书局1981年版，第1466页。
⑤ [日]泷川资言：《史记会注考证附校补》，第2066页。

见弃。[①] 其“发愤且卒”的原因，是未得参与千年不遇的封禅大典而遗憾、抑郁所致。方氏谓司马谈“愤己不得与从事辨明方士之诬”，求之过深。

凡此五则，皆方苞《史记注补正》之可商榷者。当然，我们不能据此否认方苞的《史记》学成就。清人研读《史记》“用功最深者莫如方苞”[②]，且方氏治《史记》，一如其治经，“其用功既深，发明处亦复不少。检其全书，要为瑜多于瑕也”[③]。至于方氏研读《史记》的诸多创见，拟于另文阐述，兹不赘言。

（作者：王振红，男，副教授，淮北师范大学历史与社会学院、安徽文献整理与研究中心）

① 逯耀东：《抑郁与超越：司马迁与汉武帝时代》，三联书店2008年版，第151—156页。
② 刘咸炘：《刘咸炘学术论集》（史学编），广西师范大学出版社2007年版，第3页。
③ （清）永瑢等：《四库全书总目》，第164页。

《安吴四种》的编集与特点*

刘佰合

包世臣(1775—1855),字慎伯,号倦翁,晚年自号小倦游阁外史,安徽泾县人,毕生致力于经世致用之学,晚年寓居金陵,“整齐旧业,勒成定本”①,总名为《安吴四种》,“举凡宇宙之治乱,民生之利病,学术之兴丧,风尚之淳漓,补救弥缝,为术具设”②。本文试就《安吴四种》的编集及其特点略作探讨与考察。

一　曲折的成书过程

《安吴四种》包括谈水利盐漕的《中衢一勺》、讲文辞书法的《艺舟双楫》、集诗词歌赋的《管情三义》和论农礼刑兵的《齐民四术》,凡三十六卷,其成书有一个漫长而曲折的过程,系渐次编集而成。

1.《中衢一勺》与《艺舟双楫》早年即刻

包世臣以布衣遨游公卿间,“东南大吏,每遇兵、荒、河、漕、盐诸巨政,无不屈节咨询,世臣亦慷慨言之”③。嘉庆七年,因洋盗蔡牵犯上海,包世臣到上海,阅并海岛屿,见北洋沙船数千艘停泊黄埔,因发海运可救漕弊之议;次年河南

* 本文是安徽省人文社会科学重点研究基地重大项目“安徽文献学史(1911年以前)”(2007sk297zd)的阶段性成果。

① (清)包世臣:《抵白门却寄豫章诸公书》,包世臣撰,李星、刘长桂点校:《包世臣全集·小倦游阁集》,黄山书社1991年版,第29页。《包世臣全集》共三册,分别为李星、刘长桂点校《小倦游阁集·说储》(黄山书社1991年版)、李星点校《中衢一勺·艺舟双楫》(黄山书社1993年版)、李星点校《管情三义·齐民四术》(黄山书社1997年版),文中凡引《安吴四种》及《小倦游阁集》者,仅注篇名及所在文集名称,标注页码则为所在《包世臣全集》之页码。

② 范麟:《读安吴四种书后》,包世臣著,潘竟翰点校:《齐民四术》附录,中华书局2001年版,第445页。

③ 《清史稿》卷四百八十六,中华书局1977年版,第13417页。

衡家楼决口穿运,漕事日急,其说达于江苏巡抚,后终止而不见行,包世臣“以其关系极重,故删为私议”①,此即《海运南漕议》。此后若干年内,包世臣有《筹河刍言》、《策河四略》、《郭君传》、《漆室答问》、《说坝》、《辨南河传说》等作,言河、漕、盐三事颇详,有为当路所用以功效当世者,亦有不见采录者。

包世臣言河、漕、盐诸作影响很大,“脱手流布,传写者既苦错误,又或以意窜改,至异事实”,包世臣对此颇感无奈,谓“然以是被声闻矣,然以是遭唇齿矣,而皆非余作书之意也”②。道光五年(1825年),包世臣作《海运十宜》,直接促成南漕海运,但他对海运结果却有非常清醒的认识,谓其“举行多不如指,于民仍无益”③,遂以此为契机,刻旧著言河漕盐之书三卷。《中衢一勺·序言》有明确说明,“余议海运,将以纾民困也。今海运已举,官不受丁困矣。而其所受之困,虽不至如丁之甚而事加先,是民未困于官而官先困也。官既先困,则民之继困当益甚,是余说之反也。此之不能不戒也”④。

包世臣以书法与书法理论家知名于世,所作论书论文流布广泛,扬州柳荫庵住持性恬嗜好诗书,“见世臣论文论书诸说,抄录十数首为二卷,付梓人,名之曰《艺舟双楫》,以配《中衢一勺》”⑤。由此可见,《安吴四种》尤其是其中的《艺舟双楫》,在编集过程中带有明显的他编痕迹。《艺舟双楫》初刻约在1830年前后,一是因为包世臣在《安吴四种总目序》提及《艺舟双楫》在《中衢一勺》刻后“数年”;再者从现行《艺舟双楫》本所收诸文看,成于1830年之前者约为十多篇,与“抄录十数首为二卷,付梓人”的说法大致吻合。

2. 裒生平诗赋论说,以为《管情三义》与《齐民四术》

包世臣年过五十的时候,自觉年事渐高,产生了整理旧稿的设想,1830年迁葬其父于江宁时,“拟居白门,编《小倦游阁文集》三十卷”⑥,并有《自编小倦游阁文集三十卷总目序》。1842年,包世臣由豫章乘船返抵白门,移入鸡笼山麓筹市口故居,洒扫庭内,修葺房屋,准备就此隐居,故而包世臣将此次返抵白门称为“还山”,还山之后的主要工作则是“拟暇则整齐旧业,勒成定本”⑦。

包世臣晚年整理旧作的工作可以分为三个部分,先是补充《中衢一勺》和《艺舟双楫》两书。这两部书刊刻之后,影响很大,在闽、粤、浙等地区读者甚

---

① 《海运南漕议》,《中衢一勺》卷一,第11页。
② 《中衢一勺·序言》,第3页。
③ 《安吴四种总目序》,《中衢一勺·艺舟双楫》,第2页。
④ 《中衢一勺·序言》,第6—7页。
⑤ 《安吴四种总目序》,《中衢一勺·艺舟双楫》,第2页。
⑥ 胡朴安:《包慎伯先生年谱》,《小倦游阁集·说储》附录,第234页。
⑦ 《抵白门却寄豫章诸公书》,《小倦游阁集》卷三,第29页。

多，以致于坊间多有翻版，但包世臣认为“二书于鄙说实未详备，故校正错误而附益之，较旧刻倍有差”①，计《中衢一勺》七卷、《艺舟双楫》九卷。然后则是集录诗赋为《管情三义》。包世臣“自髫龀事诗，成童而体势成。弱冠出游，才思风发，酒酣耳热，捉笔濡墨，不能自止，以应求者。散落世间殆数千首，多信笔无稿，而存稿已逾千首”②，另有词、赋之作无数。遂将其中得意者集录为《管情三义》，有赋三卷、诗三卷、词一卷，再有《浊泉编》一卷，共八卷。包世臣晚年着力最多的编集工作是裒生平论说以为《齐民四术》，所谓四术者，“明农以养之，贵礼以教之，刑且可以不施，何论于兵”③。计十二卷。

道光二十四年(1844 年)，包世臣的整理编集工作基本完成，将《中衢一勺》、《艺舟双楫》、《管情三义》和《齐民四术》凡三十六卷总名为《安吴四种》。《安吴四种》的刊刻时间，胡朴安编《包慎伯先生年谱》将其系于道光二十四年(1844 年)，依据大约是包世臣本年所作《安吴四种总目序》中有“拟求活字板排出数百部”之语，但却忽略了其中的“拟”字。《安吴四种》初刻完成当在道光二十六年(1846 年)，包世臣在作于本年四月望日的《答桂苏州第一书》有“拙集已排成奉寄，乞加诲削，以济其不及而无误后来”④的客套之言；五月二十四日的《答族子孟开书》有“书渐可成”一语；六月十八日所作《致前大司马许太常书》又谓：“近始裒集，排成四种三十六卷，五十余万言。谨具两部，一呈阁下，一饷哲弟，敬祈收览致转”⑤；九月朔日《复桂苏州第二书》说到“承谕再征书一部，谨附便呈两部”⑥；丁未年八月有请陈子鹤转呈“四种”的嘱托。在甲辰年、乙巳年间，包世臣著作或往来书信中均未见有“赠送”《安吴四种》的记载。由此可推知，《安吴四种》刻本最终当成于丙午年，即道光二十六年。姚柬之在《书安吴四种后》言之甚明，“道光丙午夏，倦翁排印新旧文稿为《安吴四种》三十六卷”⑦；潘竟瀚先生在《齐民四术·点校说明》亦持此说，《安吴四种》的最初版本即为“道光二十六年木活字本”⑧。

1851 年，包世臣将《安吴四种》“厘订差定，重付梓人”⑨，即为《安吴四种》

---

① 《安吴四种总目序》，《中衢一勺·艺舟双楫》，第 2 页。
② 《管情三义·序言》，第 3 页。
③ 《齐民四术·序言》，第 161 页。
④ 《答桂苏州第一书》，《中衢一勺》卷七，第 197 页。
⑤ 《答族子孟开书》、《致前大司马许太常书》，《齐民四术》卷二，第 236、237 页。
⑥ 《复桂苏州第二书》，《中衢一勺》卷七，第 202 页。
⑦ 姚柬之：《书安吴四种后》，潘竟翰点校：《齐民四术》附录，第 441 页。
⑧ 潘竟瀚：《齐民四术·点校说明》，第 5 页。
⑨ 《安吴四种总目序》，《中衢一勺·艺舟双楫》，第 3 页。

咸丰辛亥(咸丰元年)本。1853年,《安吴四种》版毁于兵灾,1872年,包世臣长子包诚觅得原书于鄂,再付梨枣,是为《安吴四种》同治十一年包诚序本。

二 鲜明的编集特点

清代文人一般不主张文集早出,但包世臣中年即有《中衢一勺》之刻;清人文集的整理,或是由作者自己整理,或是作者晚年指导门人、友生完成,或是身后方由他人刊刻,但《安吴四种》虽以包世臣自编为主,亦有他编的痕迹,《艺舟双楫》初刻即是。这些都是《安吴四种》在编集过程中表现出来的特点,而其最突出的特点则是不断的修订附益与编纂体例的与众不同。

1. 校正错误而附益之

《中衢一勺》与《艺舟双楫》刻成流布,但其中多有错讹,《安吴四种》刻后仍有类似问题,包世臣谓"错误百出",所以必须不断加以校订。颇值得关注的一个问题是包世臣在编集《安吴四种》的过程中以怎样的态度对待早年旧刻,他既没有整体移植,也未完全弃置,而是将相关著作放在既有框架之中,正所谓"校正错误而附益之"①。

附益方式主要有两种,其一是将有关著作直接置于旧刻相关卷中,主要应用于《艺舟双楫》,例如卷二《论文二》之《晋略序》、《摘抄韩吕二子题词》、《书韩文后上篇》与《书韩文后下篇》,卷六《论书二》之《跋重刻王夫人墓志》等均属此例。第二种方式是单立附录,而且附录亦分卷,《中衢一勺》与《艺舟双楫》都有附录,其中《中衢一勺》附录四卷,其分量是前三卷的大约两倍,《艺舟双楫》附录三卷,其分量是前七卷的大约一半。附录中所收诸文大都为旧刻之后的作品,但也有例外,如《中衢一勺》卷四《附录一》所收《袁浦问答》作于嘉庆戊辰年,即1808年,又如《艺舟双楫》卷八《附录二》所收《甘泉训导郑先生碑阴述》和《钱献之传》,作于嘉庆丁卯年,即1807年,这主要是因为旧刻收录不全,未能详备。

《安吴四种》刻后,包世臣即分送各处,与友人多有交流,并很快感觉到其中的不足,"同人得书者,多苦句读之难。仆亦病其错误百出,又间有未稳洽处"②,于是亲自校订,遇有芜蔓,间加芟剃,"亦复增收紧要后出之篇,并离其

① 《安吴四种总目序》,《中衢一勺·艺舟双楫》,第2页。

② 《安吴四种总目序》,《中衢一勺·艺舟双楫》,第3页。

句读,拟觅精楮重付剞劂"[①],此即为《安吴四种》咸丰辛亥(咸丰元年)本。与道光丙午本相较,咸丰辛亥本也有篇目的增加,主要是丙午本刻成后而作的,即包世臣所谓"复增收紧要后出之篇",如《中衢一勺》卷七下《附录四下》收有写于丙午和丁未两年的与桂苏州的七封信,价值颇高,另有《南河善后事宜说帖》、《复陈大司寇书》,《随时续附》则有《复魏高邮书》、《复杨河帅书》,《齐民四术》卷二《农二》有《致前大司马许太常书》(丙午年)和《复陈枢密书》(丁未年)。这些文献对考察包世臣晚年的行事与思想均有极重要的作用。

这种随时"附益"的方式,就《安吴四种》的编纂来说,便具有一个很突出的优点,不同于一般的他编文集,《安吴四种》可以充分体现作者的认识与判断;同时又与一般的自编文集有所区别,《安吴四种》较为全面地收入了作者晚年的论说,因为从咸丰辛亥本刻成至包世臣去世,只有大约四年时间,期间由于年高体衰已鲜有著作。

2. 取法子书,以事为经

清人文集数量巨大,每种文集所包含的体裁不完全相同,因集主差异而各有侧重,但大都以体裁为文集的编排依据,如奏疏、论说、序跋、诗词、传记、书札、杂著等,《安吴四种》的编排则打破了按体裁编排的惯例,"取法子书,以事为经"[②],以主题为编排标准,凡属同一项内容者,不论是系统的理论著作,还是书传碑志、书信杂著、论说序跋,都编为一类,这种编集思路能够更加清晰地体现作者的思想意旨。

《安吴四种》包括《中衢一勺》、《艺舟双楫》、《管情三义》和《齐民四术》,每一种都有鲜明主题:《中衢一勺》"卷内反复,皆盐漕河三事"[③],《艺舟双楫》则集"论文论书诸说"[④],《齐民四术》的编排尤其典型,分别收入论说农礼刑兵之作,共有农三卷、礼三卷、刑二卷和兵四卷,合计十二卷。我们不妨以书札与传记两个体裁为例说明其编排情况。

书札是包世臣与友朋交往的重要途径,也是表达识见的主要载体,毕生留有大量书札,他在整理编集《安吴四种》时没有将书札单列一类,而是择其要者,依其所论问题,分别编入四种各卷。《中衢一勺》卷一收《复戴师相书》,卷三收《复吴提刑书》、《启颜漕督》,卷四收《与秦学士书》、《上英相国书》,卷七上收《上陶宫宝书》等五札,卷七下收《答桂苏州第一书》、《复陈大司寇书》等

---

① 《复陈枢密书》,《齐民四术》卷二,第244页。
② 潘竟瀚:《齐民四术·点校说明》,第3页。
③ 《中衢一勺·附录序言》,第10页。
④ 《安吴四种总目序》,《中衢一勺·艺舟双楫》,第2页。

八书,《随时续附》则有《复魏高邮书》和《复杨河帅书》,共收二十书。《艺舟双楫》论文部分四卷共收《答张翰风书》、《与杨季子论文书》等七札,论书部分两卷收《与吴熙载书》,计录书信八封。《管情三义》所录为诗词赋,未收书札。《齐民四术》农三卷有《与张渊甫书》、《答王亮生书》等十四书,礼三卷收《与沈小宛论礼书》、《答蒋清江书》等六札,刑二卷集《与次儿论谳狱书》和《与次儿论谳狱第二书》,兵四卷有《答萧枚生书》、《答果勇侯书》等十四信,计入三十六札。总计《安吴四种》共收录包世臣书信六十四封。

包世臣名重当时,"乞传求题者相踵"①,所以其著作中传志碑状类作品所占比例颇大,包世臣并未将其单独别类立卷,而是依传主所处领域及其主要事迹,分别集入《安吴四种》之各卷。试将《安吴四种》所收诸传(含传、家传、别传、行状、事等,但不含墓志铭、墓志、墓碑、墓表、塔铭、神道碑等)的分布情况略做统计说明。《郭君传》为传中篇幅较大者,收入《中衢一勺》,记江苏山阳人郭大昌事迹颇详;《艺舟双楫》有《翟秀才传》、《清故拣选知县道光辛巳举人包君行状》等二十七传;《齐民四术》亦多有传记,计十九篇,其中农部分行状一,礼部分有《园丁三李传》等十传,刑部分有《邵和州事略》和《书两知州事》,兵部分有《白将军轶事》、《史云州家传》等七传,总计《安吴四种》共收各种传记文献四十七篇。

《安吴四种》的这种编集特点,重内容而轻形式,自成系统,既能体现作者于编辑方面的卓越识见,更便于读者"悉其指归"②。

三 浓重的经世色彩

包世臣生活在清王朝由盛而衰的急剧变动时期,上承顾炎武、下启龚魏,为近代启蒙思想的先驱人物,极力倡导经世致用之学。正如时人钱献之所论:"包君身困至是,率口必及民间疾苦,绝无怨尤不豫之色,是其所负者大而且远,贤于古人必矣。今日包君自给不足,异日衣食天下者,必包君也。"③《安吴四种》是包世臣经世思想的集中体现,其编辑与内容均带有浓重的经世色彩。

1. 备有心世道者采览

① 《艺舟双楫·附录序言》,第246页。

② 《中衢一勺·附录序言》,第10页。

③ 《钱献之传》,《艺舟双楫》卷八,第482页。

与文集的一般命名方式不同,包世臣以《安吴四种》作为文集之名,他这样解释原因:"吾泾本秦县,季汉分安吴,敝居附近其治,故以为名。"[①]实则另有深意在焉。包世臣一生游学四方,展转南北,但其主要活动区域则是金陵、扬州、常州、苏州与上海一带,与古之所谓吴地大约相当,所谓"安吴"固为泾县旧之所属,亦可将其解为安定吴地与治理吴地之意,《安吴四种》的名称蕴涵了作者治国平天下的经世抱负。

包世臣自少年时代即立志深究天下之利病,十二三岁时就"慨然有志于用世"[②],其思想由禁暴除乱发展到劝本厚生,再从抨击时弊到倡言改革,毕生建言无数、立论无数,成文无数,但有发挥作用者,亦有不为所用者。包世臣晚年整理旧稿,并非仅仅为了敝帚自珍,藏诸南山,束之高阁,以防散失,主要目的则是"庶备有心世道者采览而已",为此文中偶有繁碎之处,均"勿加芟薙"[③],一并编入集中。

包世臣在作于道光纪年的《与秦学士书》中有言,"人生但期有益于世耳,身虽不显而所言得行,苍生实受其福,夫复何憾"。《安吴四种》的编集始终体现并贯彻着他"但期有益于世"的人生理念,从其中年所编《小倦游阁文集》,到《中衢一勺》、《艺舟双楫》初刻,再到晚年编辑《管情三义》和《齐民四术》,合刻《安吴四种》都是其经世思想的产物。1821 年,包世臣准备选文稿中"多切世用"者写定副本,希冀"果有名世,必来取法"[④];道光五年,初刻《中衢一勺》,其目的为"校录诸书附记更历,以饷有心三事者","为其不足以言尊也,夫设尊于衢,饮者自斟酌之"[⑤];晚年还山后整理旧作,明言"以维廉耻之尚存,俟取法于来者"[⑥];《齐民四术·序言》更直言:"生平所学,或亦有足裨当路君子之节取者,生民之难,庶其小有瘳乎?"[⑦]

2. 世臣能为大言

包世臣一生所作诗文、论说与书信多至无可记数,《安吴四种》既为经世而编,则所收皆为致用之作,除部分散落世间或未及时存稿的作品外,未入《安吴四种》者大约有两种情况,其一是因鼠耗而损或涂抹潦草而不能辨认,这部分作品大都佚失;其二就是"大小杂文与《四种》无可附丽者,尚十数万言,别录清

---

① 《安吴四种总目序》,《中衢一勺·艺舟双楫》,第 3 页。
② 《与秦学士书》,《中衢一勺》卷四,第 92 页。
③ 《安吴四种总目序》,《中衢一勺·艺舟双楫》,第 3 页。
④ 《与秦学士书》,《中衢一勺》卷四,第 92—93 页。
⑤ 《中衢一勺·序言》,第 7 页。
⑥ 《抵白门却寄豫章诸公书》,《小倦游阁集》卷三,第 29 页。
⑦ 《齐民四术·序言》,第 161 页。

本,与《说储上》并藏于家”[①],与包诚言“《说储》全书并文集十数卷藏于家”[②]所指大致相同,今人辑有《小倦游阁集》,凡赋诗文词之未见于《四种》者,“基本上略具于此”[③]。

《清史稿》言“世臣能为大言”[④],而其所为“大言”,多编入《安吴四种》,与《小倦游阁集》所收诸作对比,这种特点即可显现。《安吴四种》共收录包世臣书信六十四封,每信皆有主题,或论兵、荒、银,或说河、漕、盐,都是针对具体问题,或论其弊,或倡改革之法;《小倦游阁集》亦有《上朱宫保太宰书》等若干书信,但其所说大都以自己为中心,例如《答刘芙初书》主要是针对“广交延誉”[⑤]的指责进行辩解;再如《包世臣全集》作为“补遗”收入的包世臣手札十一通,皆为纯粹家书。未入《四种》的传记有相当数量,《小倦游阁集》中的传记以寿序与墓志铭为主,大多为应传主家属请求而为的应景之作,相较而言,其经世色彩已是十分轻微,所记皆泛泛之言。《安吴四种》所收各种传记文献之中,既有《张琴舫传》等师友之传,也有《姚生传》等门生之传,有《邵和州事略》等官宦传,亦有《刘烈女传》等普通人传,有《先妣行状》等篇幅较大者,也有《翟孝子传》等篇幅短小者,但无论何传,均能体现作者的识见,如《郭君传》言河事甚详,《园丁三李传》则小中见大,反映作者“孝子体大”[⑥]的伦理观念。

(作者:刘佰合,男,副教授,淮北师范大学历史与社会学院、安徽文献整理与研究中心)

① 《安吴四种总目序》,《中衢一勺·艺舟双楫》,第3页。
② 包诚:《安吴四种跋》,《管情三义·齐民四术》附录,第560页。
③ 李星:《整理说明》,《小倦游阁集·说储》,第3页。
④ 《清史稿》卷四百八十六,第13417页。
⑤ 《答刘芙初书》,《小倦游阁集》卷三,第22页。
⑥ 《园丁三李传》,《齐民四术》卷六,第348页。

《通鉴注商》点校前言

赵 敏

《资治通鉴》(以下简称《通鉴》)二百九十四卷,纪事起于周威烈王十三年(公元前403),终于后周显德六年(959),贯穿一千三百六十二年的历史。书成后不久即有学者开始为其注释,如刘安世的《通鉴音义》十卷、署名司马康之《通鉴释文》、史炤《通鉴释文》三十卷、费氏《通鉴音释》、王应麟《通鉴地理通释》十四卷等。而历代注《通鉴》成就最高、影响最大的当数宋末元初胡三省的《资治通鉴音注》。

《通鉴》胡注二百九十卷,在史事、地理、典制等方面均有详细的注释,对原文和其他注文讹误一并指出,"纪事之本末、地名之同异、州县之建置离合、制度之沿革损益,悉疏其所以然"①。胡氏治学严谨,长于考据,胡注周密详明,为世人所推服,称赞其为"《通鉴》之功臣,史学之渊薮"②。但胡注并非无失,"征摭既广,不免检点偶疏",难免存在一些问题。自刊出后,即有相关针对性研究,清代学者对胡注给予了更多的关注,像顾炎武《日知录》(十六条)、陈景云《通鉴胡注举正》(一卷)、钱大昕《通鉴注辨正》(二卷)等都对胡注有所研究,但无论从卷数还是条目来看,研究《通鉴》胡注者当以赵绍祖的《通鉴注商》用力最多,篇幅最长。《通鉴注商》是清代研究胡注内容最为丰富的一部著作。前人评价说:"视顾炎武《日知录》所列及陈景云之《举正》,不啻倍蓰,一一有成处可核。"③

赵绍祖(1752—1833),字绳伯,号琴士,斋名古墨斋,安徽泾县人,清代著名学者。著述繁富,有《新旧唐书互证》、《通鉴注商》、《金石文钞》及《续钞》、《古墨斋金石跋》、《安徽金石略》、《泾川金石记》、《读书偶记》、《消暑录》、《建元考》、《校补竹书纪年》、《校补王氏诗考》、《观书记》、《书画记》、《琴士文钞》

① (元)胡三省《新注资治通鉴序》,《资治通鉴》,中华书局1956年版,第23页。
② (清)王鸣盛《十七史商榷》卷一百,上海书店2005年版。
③ (清)朱珔《赵琴士征君传》,《续碑传集》卷七十六,文海出版社1980年版。

等十余部，其中以《新旧唐书互证》、《通鉴注商》最为著名，为赵绍祖史学方面的代表作。

《通鉴注商》（以下简称《注商》）十八卷，共七百三十四条，依照《通鉴》的编年顺序对胡三省的注进行考辨商榷。先引《通鉴》正文及胡注，然后针对其中存在的问题进行分析、考辨，如有引用则注明材料来源。其中，前十七卷五百四十四条，对胡注中的错误及当注未者，均一一为之订讹、补阙，在按语中详加驳正，并注明所据史料的出处。清代考据学兴盛时期，其考据方法也日臻完善，赵绍祖在乾嘉学风影响下，治学严谨，长于考证，对胡注中错误与疏漏之处均详细考证。

胡氏精通地理，《通鉴》胡注详于地名，胡注中的地理注，是用力最勤、价值最大的部分，因而赵氏《注商》亦以地理为多，或纠胡注地名之误，或补胡注地名之疏。前十七卷计五百四十四条考胡注地理疏误，秦汉时期三十一条、三国两晋时期三十三条、南北朝时期五十九条、唐四十条、五代时期十五条，共一百七十八条，占前十七卷的三分之一。《注商》对胡注中地名、地理方位、政区沿革、州郡废置、疆界分合、隶属变迁等条缕陈析，详疏胡注中地理之误。卷八“甲戌，移南豫州治于湖”条①，胡三省引沈约《宋书·州郡志》：“晋江左胡寇强盛，豫部歼覆。元帝永昌元年，豫州刺史祖约自谯城退屯寿春。成帝咸和四年侨立豫州，庾亮为刺史，镇芜湖。咸康四年，毛宝为刺史，镇邾城。八年，庾怿为刺史，又镇芜湖。穆帝永和元年，刺史赵胤镇牛渚。”指出：“自宋元以来，分立两豫，豫州治淮西，南豫治寿阳。孝建之初，鲁爽以南豫州刺史镇寿阳，居然可知也。移南豫州于姑孰，实在大明五年。自永初至元嘉七年，两豫必尝复合。而所谓‘五年割扬州之淮南，宣城又属焉，徙治姑孰’者，盖指帝之大明五年。后人传写沈《志》，于‘文帝元嘉七年又分’上下文皆有脱漏。而刘义庆镇寿阳，通鉴在义熙十四年；罢南豫州入豫州，在元嘉二十二年。”赵绍祖考证：“按沈《志》，南豫州治历阳，淮西为豫州。而元嘉七年以后，《志》有脱误，诚如胡氏所云。然考《南史·南平王铄传》，罢南豫州并寿阳，以铄为豫州刺史。是前本南豫治历阳，豫州治寿阳，至并两豫而始端治寿阳，非南豫治寿阳明矣（沈《志》但云淮西为豫州，并未言豫州治淮西。豫州下言寄治睢阳，而郡县在淮西。睢阳即寿阳，是治寿阳）。自此之后，史并未见其分，故刘遵考、鲁爽等《传》皆言为豫州刺史，不言南豫。惟《宋纪》于世祖即位后，误书以鲁爽为南豫州刺史，而《通鉴》因之。胡氏遂据之为定为南豫州治寿阳，误矣。今考《宋

---

① 《资治通鉴》卷一二九“宋孝武帝大明五年”。

纪》，大明三年，分淮南、北复置二豫州，在鲁爽既死后。则爽在时，南豫州未尝复置，其镇寿阳，自是豫州刺史之治所也。”①

《注商》卷十八专校胡注所引《元丰九域志》与赵氏所见本之异，“胡氏注唐末及五代地理，多取宋王存等所修《元丰九域志》，既多与今本不同，而未知孰是，姑条其异同，以俟知者”②。对后世考校《元丰九域志》提供了珍贵数据。如第一条《通鉴》魏元帝景元四年，“邓艾进至阴平，简选精锐，欲与诸葛绪自江油趣成都”。注：“《九域志》：龙州北至文州四百三十里。”《元丰九域志》作“龙州治江油县，南至绵州二百余里”。赵绍祖考：“今本《九域志》作政州，注云北至本州界一百一十五里，自界首至文州二百里，南至本州界八十五里，自界首至绵州二百三十里。并不同，未知孰是？”“又考龙州，宋政和五年始改政州，则元丰时正当作龙州。胡氏所见本是，而今本非也。”③

金石证史是赵绍祖的重要学术特点。金石学在清代获得了高度发展，很多学者致力于此，赵氏继承了清代考据学的传统，一生致力于金石文献的搜集、著录、考辨、刊行，有《金石文钞》、《金石续钞》、《古墨斋金石跋》、《安徽金石略》等多种著作。其弟赵绳祖在《〈古墨斋金石跋〉跋》中说：“吾兄殚数十年勤，始刻《金石文钞》、继刻《续钞》，于此道可谓笃好而不迂矣。”作为清代中期一位重要的金石学者，赵绍祖强调金石文献的可靠性及其史学考证作用，以金石补史之阙、详史所略、证史之误，所谓“史有略而独详，史有阙而可补，史有记载失实而可参考以传信者，莫金石若也”④。而赵氏金石证史的方法在《新旧唐书互证》和《注商》中均有应用。卷十“梁武帝天监六年，九月甲子，魏开斜谷旧道”条，赵氏根据《魏石门铭》所记，说明开斜谷“起正始四年十月，而史云九月，盖诏下于九月，而工始于十月也”⑤。又卷三“黄初二年，春正月，以议郎孔羡为宗圣侯”条，胡氏注：“唐太宗贞观十一年，封孔子裔孙伦为褒圣侯。”赵绍祖根据《唐仪凤二年修孔庙碑》中“武德九年十二月，下太宗诏，立孔子为褒圣侯，以隋故绍圣侯孔嗣悊嫡子德伦为嗣”的记载，认为：“太宗是时已即位，尚未改元，非贞观十一年也。”又根据《魏修孔庙碑》的记载，考《通鉴》此系年亦有误，“是事即在黄初元年，不云二年。”⑥

《注商》辨正胡注，参阅了大量史书及旧注，或认可引用，或批驳，对引用之

---

① 《通鉴注商》卷八，清嘉庆二十四年赵氏古墨斋自刊本。

② 《通鉴注商》卷十八。

③ 《通鉴注商》卷十八。

④ （清）赵绍祖：《金石续钞·自叙》，清嘉庆七年赵氏古墨斋自刊本。

⑤ 《通鉴注商》卷十。

⑥ 《通鉴注商》卷三。

处皆注明引自何处，不掠人之美，如钱大昕、卢文弨、陈景云等人的考证赵氏均有引用。陈“宣帝太建十一年，周主从容问译曰：‘我脚杖痕，谁所为也？’对曰：‘事由乌丸轨、宇文孝伯。’因言轨捋须事。”胡注：“宇文孝伯何为出此言也，欲自求免死耶，然终不免也。”赵氏引陈仁锡说法：“《后周书·孝伯传》译曰：事由宇文孝伯及王轨，译又说轨捋须事。胡氏误以‘乌丸轨’为一句。”认为陈氏此说最为有功。卷十一“武德二年，初定租庸调法，每丁租二石，绢二匹，绵三两”条，赵绍祖认为：“《通鉴》语太约而不明，胡氏详引《新志》以注之，而不得《新志》之意，今取卢抱经之说以疏通证明，使览者可无疑焉。”“抱经先生此说有功千古，故备录之。”①“陈武帝永定元年，自出豫章据石头”条，胡氏引汪藻说为据，认为石头渚即殷羡投书处，而赵绍祖则引陈景云《通鉴胡注举正》：“按《世说》殷洪乔作豫章，临去，都下人因附百许函书，既至石头，悉掷水中。盖殷甫出都过石头城，即投之江水，非豫章石头渚也。如已至豫章石头，则业已越郡境，不当更有投书事矣。汪说误。”认为“陈氏说此事最有理致”②。

赵绍祖不局限于具体的考证，也有分析归纳。在考证《通鉴》胡注的同时分析其误注的原因。如“太宗贞观元年。初，隋末丧乱，豪杰并起，拥众据地，自相雄长。唐兴，相帅来归，上皇为之割置州县，以宠录之，由是州县之数倍于开皇、大业之间，上以民少吏多，思革其弊。二月大加并省，分为十道”条，胡氏注详录各州名，赵绍祖详考各州名，认为：“《新书·地理志》直至唐末，《旧志》大约以乾元为断，《元和郡县志》则其时国计簿，皆不可取以释贞观年之十道，胡氏取《新志》排而数之，然如关内不数渭州、武州，河东不数宪州之类，亦非不欲考也，而不能细心检覆，故未省并者遗之，已省并者登之，已更名者仍其旧名，未更名者载其后名。余取《新志》注，参以《旧志》，逐州注之，非欲为胡氏之功臣，盖庶几无贻误学者云。”③

《注商》并非完全专注于胡注，对《通鉴》原书有误而胡氏未注之处，也予以指出并作考辨。如卷一西汉“高后八年，遗诏以吕王产为相国”条，赵氏云：“《汉书·高后纪》七年正月，以梁王吕产为相国。至是盖一岁有余矣。《通鉴考异》既未辨，及胡氏亦未举正。”④

赵氏还对胡氏的历史认识提出了疑义。卷八“甘露之乱，仲京等亡归从谏，从谏抚养之”条，胡注言：“李仲京等仅脱甘露之祸，卒与刘从谏之族俱

① 《通鉴注商》卷十二。
② 《通鉴注商》卷十一。
③ 《通鉴注商》卷十三。
④ 《通鉴注商》卷一。

屠，盖天聚而歼之也。”唐文宗大和九年，李训、郑注诸人联合各方力量，图谋于甘露寺诛杀仇士良等专权宦官，以彻底扭转自玄、肃以来内廷阉宦势力日益坐大，以至随意废立皇帝的局面。结果未能成功，仇士良等血腥报复，滥杀李、郑一派朝官，以至“横尸流血，狼藉涂地，诸司印及图籍、帷幕、器皿俱尽”，史称“甘露之变”。李仲京即为事变主谋李训之兄。不管李、郑诸人个人品格如何，此事本属正义行为。因之赵氏辨证说：“李训、郑注诚匪人，然甘露之事，志诛宦官，死非其罪也。况王涯、贾餗本不与其事者乎？遭时不幸，渠等子孙依从谏以逃命，而又与其祸，命之不辰。而谓‘天聚而歼之’，此等议论可谓谬矣。”①

当然，赵氏的考证有时也会出现一些偏差或失误。卷四“诸名士相与登新亭游宴，周顗中坐叹曰：‘风景不殊，举目有江河之异。’因相视流涕”条，赵绍祖认为“江河”实不可解，应做“江山”，并以《晋书·王导传》为证，批评胡三省注未能校改，反做附会。陈垣《通鉴胡注表微》指出，此校乃赵绍祖自误，《晋书·王导传》宋本作“江河”，故温公、身之本不误。赵氏读误本《晋书》，乃“株守一书，不讲求异本之过也”，“校书当蓄异本，岂可轻诬古人”②！不过，以赵氏的学术风格与文献学素养来看，其之失误，并非因“株守一书，不讲求异本”，而是因僻处乡里，图书版本资源相对匮乏造成的。

该书嘉庆二十四年(1819)由赵氏古墨斋自刊，扉页作“嘉庆已卯年镌，古墨斋藏板”，卷末有“旌邑双秀斋刻”字样。一九三二年，徐乃昌据家藏古墨斋刊本影印收入《安徽丛书》。一九八九年，台湾新文丰出版公司又据《安徽丛书》本影印收入《丛书集成续编》。一九九五年，上海古籍出版社据古墨斋刊本影印收入《续修四库全书》。因此，该书现传均为古墨斋刊本及影印本。

此次点校，即以古墨斋刊本为工作底本，以《史记》至《新》、《旧五代史》诸历代正史、《资治通鉴》及胡注、《元和郡县志》、《元丰九域志》等参校。原本中凡因避讳所改之字，或明显在刊刻时因形近而误的文字，虽无别本可证，亦逐一径改，不出校记。其他错讹，如非证据确凿，一般不改动原文，仅出校记予以说明，以尽量保持古书原貌。

（作者：赵敏，女，讲师，安徽文献整理与研究中心）

① 《通鉴注商》卷八。

② 陈垣：《通鉴胡注表微》，辽宁教育出版社1997年版，第34页。

文学文献研究

汪瑗《橘颂》"乃平日所作"说平议

任　强

关于屈原《九章》写作的时间，汉朝班固、王逸等皆认为作于楚顷襄王时期。班固说："至于襄王，复用谗言，逐屈原。在野又作《九章》赋以风谏，卒不见纳。"①王逸也说："其子襄王，复用谗言，迁屈原于江南。而屈原放在山野，复作《九章》，援天引圣，以自证明，终不见省。"②至南宋徽州朱熹，虽认为《九章》乃"后人辑之，得其九章，合为一卷，非必出于一时之言也"③，但他还是承认《九章》都作于楚顷襄王时期的，因为在《离骚序》中，他也说："而襄王立，复用谗言，迁屈原于江南。屈原复作《九歌》、《天问》、《九章》、《远游》、《卜居》、《渔父》等篇，冀伸己志，以悟君心，而终不见省。"④认为《九章》写于顷襄王再迁屈原于江南之后，朱熹与班、王并无太大分歧；只是"非必出于一时"之说，实为新见，为后世打开了一条新道。

明朝新安人汪瑗，正是在朱熹新说的基础上，把《九章》写作的时间和地点问题，向前推进了一大步。如认为《惜往日》作于怀王十六年屈原初放之时。怀王悦张仪商於之地六百里之许而绝齐，屈原可能因谏此事，有触王怒，而王迁之。且明确指出："《惜往日》，据《史记·屈原传》，当作怀王。"⑤这样在《九章》创作时间上就突破了单一的"襄王时代"说。不过，"《惜往日》作于怀王十六年"说后世学者多不赞同。汪瑗不仅突破《九章》作于襄王之时说，更突破了

---

① (东汉)班固:《离骚赞序》，转引洪兴祖《楚辞补注》，中华书局1983年版，第51页。

② (西汉)刘向编集、(东汉)王逸章句:《楚辞》，《丛书集成初编》，中华书局1985年版，第1页。

③ (南宋)朱熹:《楚辞集注》，上海古籍出版社1979年版，第73页。

④ (南宋)朱熹:《楚辞集注》，第2页。

⑤ (明)汪瑗:《楚辞集解》，《续修四库全书》据明万历刻本影印本，上海古籍出版社2002年版，第263页。

都是"放逐之作"说。首言《橘颂》:"乃平日所作,未必放逐之后之所作者也。"[1]开《九章》有屈原放逐前之作说的先河。

此说一出,虽在古代响应者不多,清代主要有陈本礼,但在现当代,赞同者云集,比较著名的有陆侃如、郭沫若、林庚、马茂元、戴志钧、赵逵夫、金开诚等等。但自明代以来,认为《橘颂》不是作于早年的大有人在。尤其是到现当代,早期说和非早期说产生了激烈的争论。下面我们主要围绕着汪瑗的意见,对两大观点进行一次梳理和分析。

一 编辑与体式问题

汪瑗提出新说时即预料到会有人提出异议,故在《〈橘颂〉小序》中从两个方面阐述了自己的理由,其一便是《九章》的编辑问题。他说:

> 或曰:"《九章》余八篇皆言放逐之事,而独以此篇为平日所作,何也?"曰:"《九章》云者,亦后人收拾屈子之文,得此九篇,故总题之曰'九章',非必屈子所命所编者也,又安得以此篇为放逐之作乎?细观其辞,而玩其旨,可见矣。"[2]

汪瑗继承朱熹"后人辑之,得其九章,合为一卷"之说,且把"非必出于一时之言"扩大成《九章》有屈原被疏前的"平日之作"。问题在于朱熹所言只是一种推理,并无文献依据。从文献记载来看,《史记》载《怀沙》于自沉前,且在"太史公曰"中有"读《哀郢》,悲其志"[3],说明《九章》中的篇章已不仅有篇名被著录,而且有全诗被引录。刘向在《九叹·忧苦》中已提到《九章》之名,并与《离骚》并称;且据王逸说"逮至刘向,典校经书,分以为十六卷"[4],则《楚辞》为刘向所编,而十六卷的《楚辞》中有一卷为《九章》;然刘向编《楚辞》,并无资料证明《九章》之名为其所命。《九章》各篇均有题目,为何要再题以总名呢?《九歌》之名当为屈原自题,为何《九章》就不可能是屈原自题呢?扬雄拟《惜诵》

① (明)汪瑗:《楚辞集解》,第178页。
② (明)汪瑗:《楚辞集解》,第178页。
③ (西汉)司马迁:《史记》中华书局1982年版,第2503页。
④ (西汉)刘向编集、(东汉)王逸章句:《楚辞》,第20页。

至《怀沙》为《畔牢愁》,既曰"牢愁",可见其必认为那一组作品为疏放后之作,并且有一个大体相近的主题。班固明言《九章》为屈原被襄王放逐后在野所作,也是把《九章》看作一个整体的。王逸解"九章"之"章"为"著明也,言己所陈忠信之道甚著明也"①,则表明他不认为《九章》是后人收集屈原的九篇作品编辑而成的。因此,朱熹、汪瑗之"后人辑之"新说,未得到明代其他著名楚辞学家的赞同。如陆时雍、黄文焕,二人均对《楚辞》篇章顺序作较大调整,可谓勇于创新者,然于《九章》,二人均不赞同朱熹之说。陆时雍说:"九章,章之也。纕兰自姿,无谖美人,《离骚》已既章之矣,而《惜诵》诸篇抑何哙哙然者。"②释"九章"之"章"为"章(彰)"。黄文焕说:"《惜诵》之决当为首,非属漫然者。……次第当有继作,原固早定于胸中矣。且于首篇既命题曰'九章',是未有文先有题。原所自辑,非后人之辑之也。"③更是与朱、汪针锋相对。虽然王夫之等仍坚持王逸之说,但朱熹意见经蒋骥等发扬光大,几成现当代人的共识,即有一二学者如冀凡、毛庆等仍持旧说,似已无人注意。在朱熹《九章》乃"后人辑之"几一统天下的大趋势下,汪瑗《橘颂》"乃平日所作"说,当然从《九章》编辑上说也就无可争辩了。

现当代持《橘颂》作于早期未疏放之前说者,又从句式、体式等方面提出理由。持此说者认为《橘颂》的体裁来源于《诗经》,如林庚说:"《橘颂》所用的形式是从《诗经》的体裁改良而来的……而屈原最初以这种改良的形式开始了他的写作,这也是极自然的。"④然这种看法,遭到了反对者多方反击。汤炳正说:"'四字句'的形式,不一定能说明它是早期的作品,因为'四字句'散见于《九章》他篇者不少,并不影响其为晚年作品。屈赋的'体裁',是因不同的内容而赋予不同的形式,不能以此为判断时代的根据。"⑤雷庆翼说:"屈原第一篇作品,既可以用楚民歌体写,也可以用四言诗经体写。一个作家先用新体写,后又用古体写,这也是常见的。"⑥曹大中又说:"《橘颂》的体制与《怀沙》正文基本一致,与其《乱辞》则完全一致。由此可知,如以体制相近的作品为同时之

---

① (西汉)刘向编集、(东汉)王逸章句:《楚辞》,第54页。

② (明)陆时雍:《楚辞疏》,《续修四库全书》据复旦大学藏明缉柳斋刻本影印本,上海古籍出版社2002年版,第390页。

③ (明)黄文焕:《楚辞听直》,《续修四库全书》据复旦大学藏明崇祯十六年刻顺治十四年重修本影印本,上海古籍出版社2002年版,第687页。

④ 林庚:《诗人屈原及其作品研究》,上海古籍出版社1981年版,第141—142页。

⑤ 汤炳正:《屈赋新探·〈九章〉时地管见》,齐鲁书社1984年版,第61页。

⑥ 雷庆翼:《楚辞正解》,学林出版社1994年版,第456页。

作,则《橘颂》的创作应是晚期了。”①梁宗岱也说:“在《涉江》、《抽思》和《怀沙》三篇底结尾,在‘乱曰’以后……诗人重申或表示他底捐弃、安命或决心的时候,我们发现另一种新的较短的诗行。……最重要的是在于‘兮’字地位前移:不在句中而在句末。……这诗行没有其他诗行底摇曳和荡漾,没有那么婉转和感慨;却增加了明确和坚定,比较宜于表达沉着宁静的沉思。……暗示《九章》中的另一篇:《橘颂》。”②日本学者冈村繁先生更认为《橘颂》这种体式是楚辞体自身演化的结果。他说:“《橘颂》在诗形上与《涉江》及《抽思》、《怀沙》三篇的乱辞如此相似,其相似程度超过其他任何楚辞作品,它的形式特征为《九章》中诸篇共有。因此我以为,过去那种通行的看法,即视《橘颂》为《九章》中特异作品,并因而将之与其他八篇作品分离的观点其实并不妥当。我们毋宁说《橘颂》不仅最初就是《九章》中作品之一,并且不能不承认它还与《九章》中其他诸篇有着密切的联系乃至很深的血缘关系。”③“《橘颂》中的四言体歌谣形式,与其说是继承了《诗经》的表现传统,毋宁说是从以《离骚》、《哀郢》为开端的楚国朗诵文学系统中衍变而来。可以认为,它是楚国骚体系短篇作品发展过程中自然嬗变的结果。”④虽然,我们不同意冈村先生认为《楚辞》中没有作品是屈原所作的观点,但其对《橘颂》诗体渊源的论述恐怕还是很深刻、很有说服力的。因此,依据《橘颂》的诗体形式恐怕很难判定其为屈原早期的作品。

赵逵夫又认为,《橘颂》“是屈原行冠礼时所作”。理由主要是:古之冠辞亦称为“颂”,“屈原的《橘颂》借物写志,不是宾祝的祝颂辞,但却是仿士冠颂而作,故亦称之为‘颂’”。《橘颂》中的“幼志”,来于冠辞的成句,在继承中有创造,表现了全新的思想。这是《橘颂》作于诗人举行冠礼时的又一个可靠证据。《橘颂》全诗的语言,也体现出因《士冠辞》而成文的痕迹⑤。然“冠礼之作”说尚有较多难以解释的问题,如冠礼着重咏叹“威仪”,强调“寿考”,而此诗却咏叹橘树,强调“不迁”;冠礼要加冠者“弃尔幼志”,而此诗却歌颂“尔幼志”等等。总之,汪瑗等从《九章》的编辑,《橘颂》的句式、体式等,考证《橘颂》是屈原疏放之前的作品,恐怕很难服人。

---

① 曹大中:《屈原的思想与文学艺术》,湖南出版社1991年版,第136页。

② 梁宗岱:《屈原》,《梁宗岱批评文集》,珠海出版社1998年版,第181—182页。

③ [日]冈村繁:《周汉文学史考》,上海古籍出版社2009年版,第111页。

④ [日]冈村繁:《周汉文学史考》,第112页。

⑤ 赵逵夫《屈原与他的时代.》,人民文学出版社2002年版,第110—114页。

二 伯夷与情感问题

汪瑗所讨论的第二个问题是诗中歌咏伯夷，表达怎样的情感。他说：

> 或曰："此云'行比伯夷'，后《悲回风》篇曰'见伯夷之放迹'，其辞抑何同也？"曰："此正可见屈子幼而学之者此也，壮而行之者此也。穷不失义，达不离道，屈子有之矣。安得以伯夷——所引之人偶同，而遽为放逐之作乎？"①

此处伯夷，王逸注："屈原亦自以修饰洁白之行，不容于世，将饿馁而终。故曰以伯夷为法也。"②说屈原引伯夷表示"将饿馁而终"，的确值得商讨。汪瑗批驳说："伯夷之清，虽于饿死而后见，使伯夷之不饿死，而亦不失为圣之清。屈子所引之本意，要在于伯夷素履之志行，而不在于饿死之一节也。奈何后世注楚辞者，遇屈子所引伯夷、伍子、申屠狄之类，遂以饿死、投水解之，以为屈原亦欲饿死而投水。"③汪瑗此说有理，屈原引伯夷的确应该不是表示自己将要饿死，但伯夷这一意象是否有更丰富的内涵呢？雷庆翼说："'行比伯夷，置以为像兮'，既是以橘树为像，也是以伯夷为像。……屈原以伯夷为榜样，或者说将以伯夷自比，难道没有透露出他对楚国形势的看法？楚国小人当道，国力日益衰退，总有一天将会亡国。如果出现这样的情况，自己也要像伯夷那样不食周粟而宁肯饿死在首阳山上。……如果是早期得志之作，他会想到'行比伯夷'吗？"④曹大中也认为，《橘颂》的内容紧紧扣着《怀沙》正文的末节。屈原说"行比伯夷，置以为像兮"，清楚地表达了他决不离开宗国的思想感情，并期望它能传于后世，即《怀沙》"愿志之有像"的具体化⑤。清人蒋骥说："比橘于伯夷而师法之，盖悼年寿之不长，而矢忠贞以毕命也。""作文之时不可考。然玩《橘颂》卒章之语，愀然有不终永年之意焉，殆亦近死之音矣。"⑥蒋骥之言值得品

---

① (明)汪瑗《楚辞集解》，第178页。

② (西汉)刘向编集、(东汉)王逸章句：《楚辞》，第74页。

③ (明)汪瑗《楚辞集解》，第182页。

④ 雷庆翼《楚辞正解》，第456—457页。

⑤ 曹大中《屈原的思想与文学艺术》，第140页。

⑥ (清)蒋骥：《山带阁注楚辞》，中华书局1958年版，第138、139页。

味。屈子诗中只有两处提到伯夷，联系其全篇，可以发现诗人笔下的“伯夷”意象主要有两个突出特点：特立独行和全义自放。“伯夷”意象所含意蕴应正是屈原高洁品质和不变追求的体现，“伯夷”也应是诗人遭遇挫折时心灵深处的知音。

现当代赞同汪瑗意见的学者们又从诗中情感方面寻找更多理由，如陆侃如说：“这《橘颂》里既没有牢骚话，便可证明不作于失意后了。”①郭沫若说：“据我看来，《橘颂》作得最早，本是一种比兴体……这里面找不出任何悲愤的情绪。”②戴志钧也说：“《橘颂》明洁朗丽、清新乐观的情调，与后来沉郁悲愤、缠绵悱恻的格调大异其趣。”③金开诚也说：“《橘颂》……洋溢着一种乐观愉快、积极向上的精神。这样一种精神状态，不大可能是老年人的作品。《橘颂》可能是屈原担任三闾大夫时的作品。”④然这类意见同样遭到不少研究者的批驳。汤炳正说：“他在《橘颂》中才流露出决不会由于失意而远逝他国的‘深固难徙’的爱国意志；从而把不食周粟而死的伯夷，作为自己的典范和榜样。……象郭沫若同志所说‘找不出任何悲愤的情绪’，或象詹安泰同志所说‘没有表露出一些悲郁愤恨的情思’，都是不符合事实的。”⑤雷庆翼说：“‘闭心自慎，终不失过兮’之‘终’，乃为‘自始至终’之意，则‘闭心自慎’应是指多次遭受打击，或者从开始‘闭心自慎’至‘最终’都没有过失，其中有一段比较长的时间。”又说：“《橘颂》中反复强调‘受命不迁’、‘深固难徙’，难道不是有感而发，有为而作？那‘苏世独立，横而不流’，难道不是针对当时时弊？……我们怎么能说‘文中找不出任何悲愤情绪’？”⑥梁宗岱更是满怀激情的赞颂说：“我们可以想象屈原写《橘颂》正是在那‘山峻高而蔽日兮，下幽晦以多雨；霰雪纷其无垠兮，云霏霏而承宇’的山中……屈原在《橘颂》中所向往的决不单是外界光明，而并且是，而尤其是心灵底宁静。这光明，这宁静，他找到在那‘绿叶素荣……圆果抟兮’的橘树里，更在他那‘苏世独立……参天地兮’的崇高的人格里。”⑦曹大中认为：“《橘颂》的精神风貌与屈原青年时代的精神风貌完全不同。”⑧虽然《橘颂》情感抒发方式的确与《九章》其他几篇不同，但是否就可以

① 陆侃如《屈原评传》，吴平等主编《楚辞文献集成》本，广陵书社2008年版，第19993页。
② 郭沫若《屈原研究》，新文艺出版社1953年版，第27页。
③ 戴志钧《论骚二集》，黑龙江教育出版社1990年版，第133页。
④ 金开诚《屈原集校注》，中华书局1996年版，第606页。
⑤ 汤炳正《屈赋新探·〈九章〉时地管见》，第62页。
⑥ 雷庆翼《楚辞正解》，第455、456—457页。
⑦ 梁宗岱《屈原》，《梁宗岱批评文集》，第183—184页。
⑧ 曹大中《屈原的思想与文学艺术》，第130—133页。

说“明洁朗丽、清新乐观”,是非常值得深入研究的。

从文本来看,说其“没有一点悲愤的情绪”,确实很难说过去。就其反复述说的“不迁”、“难徙”而言,确实与“前图未改”、“离慜而不迁”有其接近之处;“苏世独立,横而不流兮”,又似《渔父》之“举世皆浊我独清,众人皆醉我独醒”;“闭心自慎,不终失过兮”,吴孟复谓“亦即《怀沙》所谓‘重仁袭义’,‘谨厚以为丰’”[①];“秉德无私,参天地兮”,同《涉江》“登昆仑兮食玉英,与天地兮比寿,与日月兮齐光”何其相似;“淑离不淫,梗其有理兮”,吴孟复谓“即《怀沙》所谓‘文质疏内’、‘才朴委积’”[②];“行比伯夷,置以为像兮”,与《悲回风》“求介子之所存兮,见伯夷之放迹”,《怀沙》“愿志之有像”,难道没有联系?再看“绿叶素荣……姱而不丑兮”一段的气象,与《涉江》“带长铗之陆离兮……与日月兮齐光”是否相似?“独立不迁……参天地兮”一段的概括,与《怀沙》“内厚质正兮……一概而相量”的形而上的抽象,是否有类似的思维特点?总之,从文本来看,《橘颂》所抒发的情感似与疏放后更为一致,而与疏放之前“入则与王图议国事,以出号令;出则接遇宾客,应对诸侯”[③]时的志满意得的心情不同。

三 南国与幼少问题

汪瑗似乎没有清楚的意识到从《橘颂》本文中写到的时间、地点来考察其创作时代,不过后人对此探讨较多。

《橘颂》中唯一提到的地方就是“南国”。王逸说是“江南”[④],汪瑗的解释就有变化了,他说:“南国,谓楚国也。楚国在江之南,故谓楚国为南国。”[⑤]洪兴祖《楚辞补注》引《汉书》“江陵千树橘与千户侯等”,陈本礼更引《史记》以为解,似“南国”即是“江陵”,亦即“郢都”,他说:“《史记·货殖传》称‘江陵千树橘’,江陵与夔峡皆在汉水之南,楚文王所都之南郢地。昭王畏吴,徙都于都,称鄢郢,今襄陆界,后复归于郢。则原之颂橘,似在郢都作也。”[⑥]不过仍有不少

---

① 吴孟复:《屈原九章新笺》,黄山书社1986年版,第94页。

② 吴孟复:《屈原九章新笺》,第95页。

③ (西汉)司马迁:《史记》,第2481页。

④ (西汉)刘向编集、(东汉)王逸章句:《楚辞》,第73页。

⑤ (明)汪瑗:《楚辞集解》,第178页。

⑥ (清)陈本礼:《屈辞精义》,吴平等主编《楚辞文献集成》本,广陵书社2008年版,第10517页。

学者坚持"南国即是江南"，如林云铭说："既至江南，触目所见，借以自写，则《橘颂》也。"[①]游国恩也说："从'生南国兮'一语看来，似乎这橘树就是屈原在江南途中所见。"[②]苏雪林更详细的分析说："王逸说《橘颂》是屈原放逐于江南之野时所作。逸所谓江南大概是指江湘一带，也即是溆浦一带，因此篇有'受命不迁，生南国兮'语。我们都知道橘柚一类果实，生于气候较暖之区，溆浦一带，当是橘类盛产之地。"[③]综观屈原作品，用到"南"字表示地名的，如"南岳"（《天问》：南岳是止）、"南土"（《怀沙》：汩徂南土）、"南巢"（《远游》：至南巢而壹息）、"南疑"（《远游》：吾将往乎南疑）、"南州"（《远游》：嘉南州之炎德兮）等等，皆指楚国南方（江南）之地。则"南国"恐不泛指楚国，袁梅释此"国"为"地域"[④]，当有一定道理；然此楚国南方地域，恐非"指江陵一带"，而应为"江南（沅湘一带）"吧？也许屈原没被疏放之前到过江南，但其大量在江南所写诗篇恐都是疏放之后。

汪瑗对《橘颂》中"嗟尔幼志"、"年岁虽少"的解释非常明确，都是指橘树而言。汪瑗说："尔，指橘而言。幼志，谓不迁之志，自受命之初而已有此志，盖其本性然也。"又说："年岁虽少，亦言橘也。此等句需以意会，言橘之年岁虽小于己，而其道德志行则可以为己之师长也。"[⑤]然王逸确实把"幼"、"少"解释为人的年龄，不过把"幼"释为"众臣汝少小之人"，把"少"释为"己年虽幼少"[⑥]。奚禄诒承王说略有变化，他说："嗟少年新近，志异于橘。""言己生于古人之后，言行可为今之师长。"[⑦]至陈本礼则曰："其曰'嗟尔初志'，'年岁虽少'，明明自道盖早年童冠时作也。"[⑧]今姜亮夫仍言："尔，屈子自尔也。因言橘而兴叹及己：嗟嗟，尔自幼少即有异人之志，独立不为人世所迁徙，岂不大有可喜乎！"[⑨]赵逵夫更在陈本礼基础上考证出：《橘颂》是屈原行冠礼时有意仿效士冠礼词所写成的，是诗人在举行冠礼之后抒写怀抱之作。《橘颂》中的"幼志"，来于冠辞的成句，"在当时是有固定的意义的，乃指未成人时的种种愿望。……屈

---

① （清）林云铭：《楚辞灯》，《四库全书存目丛书》据辽宁大学藏清康熙三十六年挹奎楼刻本影印本，齐鲁书社1997年版。

② 游国恩：《游国恩学术论文集》，中华书局1989年版，第225页。

③ 苏雪林：《楚骚新诂》，武汉大学出版社2007年版，第266页。

④ 袁梅：《楚辞词典》，山东教育出版社2000年版，第144页。

⑤ （明）汪瑗：《楚辞集解》，第180、181—182页。

⑥ （东汉）王逸：《楚辞章句》，台湾商务印书馆1986年影印《文渊阁四库全书》本。

⑦ （清）奚禄诒：《楚辞详解》，转引自崔富章《楚辞集校集释》，湖北教育出版社2003年，第1772、1787页。

⑧ （清）陈本礼：《屈辞精义》，吴平等主编《楚辞文献集成》本，第10517页。

⑨ 姜亮夫：《屈原赋校注》，人民文学出版社1957年版，第495—496页。

原说‘嗟尔幼志，有以异兮’，是因而进之，来表现自己从小已树立为国效力的大志。”[①]然明清以来著名研究者多不从王逸之说，汪瑗后，黄文焕、王夫之、林云铭、蒋骥等皆认为“幼”、“少”指橘树而言。黄文焕说：“橘之有志，自幼而然，非待其后也。”“纵橘之年寿不必侈八百岁之椿，而论诗固不论年也。”[②]王夫之说：“木之美恶，各从其种，当初生而已为嘉树。”“木之寿者，或数百年，橘非古木，故曰年少。”[③]蒋骥说：“幼，指橘之初生言。”“橘无松柏之寿，故曰年岁少。”[④]现代梁宗岱更针锋相对的说：“这决非他早年的不成熟的作品……根据诗中：‘嗟尔幼志’和‘年岁虽少’，来断定它是少作，只是由于对文义的误解：误把屈原歌颂橘树的认作歌颂他自己。我想无论屈原怎样自尊或缺乏常识，也决不至于说自己‘可师长’或‘置以为像’（至于藉以影射自己的性格，却是另一回事），他不过赞美橘树底‘壹志’、‘任道’、‘苏世独立’，可以做他的榜样而已。”“这样满载着思想底果，满载着从许多经验滤得来的清明智慧的寓言，决不是青年人——即使是天才的青年人——所作得出的。……它底表现多么简练，多么整洁，又多么含蓄：正是绚烂之极，归于平淡的明证。”[⑤]《橘颂》中“幼”、“少”皆指橘而言，应是没有问题的。只是橘是否就象征着作者自己，恐就见仁见智了。

从民间传说来看《橘颂》写作地点。传说今鄂西北，汉水上游，郧阳县挂剑山，曾经是屈原放流去过的汉北所在。他在那里写了诗篇《橘颂》。直到现在，每逢秋冬之际，那里还是满山黄柑金橘。《湘阴县图志·物产志》说：“屈原作《九章》玉笥山中，中有《橘颂》，盖述当时物产也。”[⑥]虽然两个传说中写作《橘颂》的地点相差千里，但都说《橘颂》作于放逐之后则相同。再从汉人的拟骚之作来看，似亦认为《橘颂》是疏放后所作。东方朔《七谏·自悲》曰：“居不乐以时思兮，食草木之秋实。饮菌若之朝露兮，构佳木而为室。杂橘柚以为囿兮，列新夷与椒桢。”明显可以看出，此写其疏放之后，以橘柚、菌若、新夷、椒桢自修，高洁之品性不变。《乱曰》曰：“拔搴玄芝兮，列树芋荷。橘柚萎枯兮，苦李旖旎。甂瓯登于明堂兮，周鼎潜乎深渊。自古而固然兮，吾又何怨乎今之人！”此又以橘柚、玄芝、周鼎比喻忠贤之人，以其萎枯、被拔、潜乎深渊，比喻贤人被弃、被放、被害；而屈原正与其有共同的遭遇。此是以橘柚的枯萎，来表现屈原

① 赵逵夫：《屈原与他的时代》，第114页。
② （明）黄文焕：《楚辞听直》，第609页。
③ （清）王夫之：《楚辞通释》，上海人民出版社1975年版，第92、93页。
④ （清）蒋骥：《山带阁注楚辞》，第138页。
⑤ 梁宗岱：《屈原》，《梁宗岱批评文集》，第182、183页。
⑥ （清）郭嵩焘纂修：《（光绪）湘阴县图志》，清光绪六年湘阴县志局刻本。

的被放逐。所以,从汉人的拟骚之作中,亦可以看出《橘颂》实为屈原遭放逐之后所作。

综上所言,汪瑗《橘颂》“乃平日所作,未必放逐之后之所作”的看法,引起了后世极大的争议,赞同与反对双方都又提出了不少有价值的问题,如句式、情感、“南国”、“幼”、“少”等等,从而使人们对《橘颂》思考越来越深入。汪瑗《橘颂》“乃平日所作”今后仍将被研究者争论下去,我们相信在不断的争论中,会对《橘颂》的认识和理解越来越清楚。

(作者:任强,男,副教授,淮北师范大学文学院、安徽文献整理与研究中心)

桐城钱澄之《屈诂》论《离骚》

陈 欣

在清初经世致用的实学思潮中涌现出许多名儒硕学，桐城钱澄之就是其中的一位。钱澄之(1612—1693)，初名秉镫，字幼光。明亡后为避祸曾祝发为僧，名幻光，释号西顽道人。复冠带改名澄之，字饮光，晚号田间，安庆府桐城县(今枞阳县)人。关于其生平，《清史列传》、《清史稿》、《皖志列传稿》和《桐城耆旧传》均有详细记载。钱澄之著述宏富，有《田间文集》、《田间诗集》、《藏山阁诗存》、《文存》、《田间易学》、《田间诗学》、《庄屈合诂》、《所知录》等。其中，《田间诗学》、《田间易学》收入《四库全书》，《庄屈合诂》著录于《四库全书总目》"杂家类存目"中。张舜徽先生曾说："近世称述清初学术者，恒称顾炎武、黄宗羲、王夫之为三大儒，而不知当时桐城钱澄之实亦不废大家，足与三人媲美。""固清初一大经师也。后之考论清初学术者，鲜齿及之，其失弘矣。"①

一 《屈诂》概述与《离骚》解题

《屈诂》，又名《楚辞屈诂》，与《庄子内七诂》合为一书，题为《庄屈合诂》。是钱澄之晚年完成的楚辞学著作。据《田间易学·凡例》载，钱澄之出身于易学世家，曾问易于黄道周。康熙十年(1671)著成《田间易学》十二卷，钱氏时年六十岁。康熙二十八年(1689)，《田间诗学》十二卷著成。钱澄之《庄屈合诂·自序》云："吾著《易学》、《诗学》既成，益广稽载籍，求古人言之足以翊二经者，更为详说之，以辅吾学之所不及，而得庄子、屈原"；"以庄继易，以屈继诗，从而诂之，于二经之宗旨，庶益足以转相发挥"；"合诂之，使学者知庄、屈无

① 张舜徽：《爱晚庐随笔》，华中师范大学出版社2005年版，第307页。

二道,则益知吾之易学、诗学无二义也。"[①]钱澄之晚年曾经写下这样两句诗:"庄叟似能明《易》义,《楚辞》直可号《诗》余。"[②]可见,钱澄之是有意将其研究《易》、《诗》之所得,应用于《庄子》和《楚辞》研究,正如唐甄在《〈庄屈合诂〉序》中说:"晚年注《易》、《诗》成,意有未尽,复以《庄》继《易》,以《骚》继《诗》,二子精义,已畅于诸篇。"[③]《田间尺牍》卷二载钱澄之《与徐方虎》的书信云:"弟于去冬穷愁之中,又了得《庄屈合诂》一书,此书属稿数年,今始卒业,自谓无复疑义。"[④]信中有"弟今年七十五矣"之语,可知此书信作于康熙二十五年(1686年)。又,《田间诗集》卷二十五载《乙丑元旦立春》一诗云:"诗文删罢闲无事,更注《离骚》订《七篇》。"[⑤]乙丑即康熙二十四年(1685年)。合观之,《庄屈合诂》的完成应在康熙二十四、五年(1685—1686)之交,即钱澄之七十四五岁之时。

《屈诂》不分卷,所诂仅限于屈原作品,其篇目、次序一仍朱熹《楚辞集注》之旧,即《离骚》、《九歌》、《天问》、《九章》、《远游》、《卜居》、《渔父》,凡七题二十五篇。其编撰的基本体例是每篇先录朱熹《楚辞集注》"小序",次以"诂曰"总叙该篇文意。继而分节过录原文,其注是先节录朱熹《楚辞集注》,酌采黄文焕、李陈玉、张凤翼、汪瑗、王慎中、焦竑、祝尧之说,接着以"诂曰"叙己意,先解释句中词语,然后阐发章句大义。据统计,全书以引用黄文焕、李陈玉、张凤翼三家之说为多,分别为四十四次、三十二次和二十次。诂中所征引之文献以儒家典籍为主。自汉以降,穿凿解经已成为通病,楚辞学也不例外。钱澄之有鉴于此,故在《〈庄屈合诂〉自序》中特别指出:"谓之诂者,吾于《庄》不欲高谈玄远,以更增其谬悠;于《屈》不敢强事穿凿,以曲求其悲愤。惟是依文释义,使学者章句分明,以进窥其大旨之所在。"[⑥]虽曰"诂",但钱澄之强调:"吾盖深恶夫牵强穿凿,以探求其前后之贯通,故以诂名。"[⑦]他的注释不拘泥于字词训诂,而以解释评论句、段、篇的旨意为主。

钱澄之训"离骚"题义曰:"离为遭,骚为扰动。扰者,屈原以忠被谗,志不忘君,心烦意乱,去住不宁,故曰骚也。若云骚是文之一体,不知骚体即自《离骚》始也。经自是后人尊称。据王逸称,汉武帝使淮南王安作《离骚经章句》,

---

① (清)钱澄之:《庄屈合诂》,黄山书社1998年版,第3—4页。
② (清)钱澄之:《田间诗集》,黄山书社1998年版,第515页。
③ (清)钱澄之:《庄屈合诂》,第1页。
④ (清)钱澄之:《藏山阁集》,黄山书社2004年版,第468页。
⑤ (清)钱澄之:《田间诗集》,第511页。
⑥ (清)钱澄之:《庄屈合诂》,第4页。
⑦ (清)钱澄之:《庄屈合诂》,第140页。

则经之称，其由来也旧矣。”[①]姜亮夫《楚辞书目五种》评云：“旧说居其半，新义居其半。”[②]姜亮夫所说的“旧说”指钱澄之对“离”字的训释。司马迁《史记·屈原列传》：“离骚者，犹离忧也。”班固《离骚赞序》：“离犹遭也。骚，忧也。明己遭忧作辞也。”颜师古曰：“离，遭也。忧动曰骚。遭忧而作此辞。”而姜亮夫所云“新义”应指钱氏训“骚”为扰动。《尔雅·释诂》：“骚，动也。”据《田间诗学·诗学凡例》，钱澄之《田间诗学》中的“诂释皆本《尔雅》”。那么，钱氏训骚为扰动也应是本于《尔雅》。上引钱澄之所云“若云骚是文之一体，不知骚体即自《离骚》始也”一句是针对明人李陈玉所云“骚乃文章之名”的说法。对于《离骚》的细部结构，在具体章节诂释中体现着钱氏的思考，如在“吾令羲和弭节兮，望崦嵫而勿迫。路曼曼其修远兮，吾将上下而求索”章后，钱氏云：“上下求索，下文叩阍求女，总挈于此。”[③]又如在“吾令丰隆乘云兮，求虙妃之所在。解佩纕以结言兮，吾令蹇修以为理”章后，钱氏云：“自此以下八段，皆求女之思。”[④]

二 《离骚总诂》评析

钱澄之在《离骚总诂》中对于《离骚》的结构、内容和旨意分析得颇为透彻。钱澄之《楚辞屈诂自引》云：

> 以屈子之忧思悲愤，诘曲莫伸，发而有言，不自知其为文也。重复颠倒，错乱无次，而必欲以后世文章开合承接之法求之，岂可与论屈子哉！吾尝谓其文如寡妇夜哭，前后诉述，不过此语，而一诉再诉。盖不再诉不足以尽其痛也。必谓后之所诉异于前诉，为之循其次序、别其条理者，谬矣。故因朱子之《集注》更加详绎，不立意见，但事诂释，则见其情绪之感触：有无端而生者，有相因而起者。意之所至，忽然有词。词同而意固不同，则亦未尝无次序、无条理也。故于《离骚》析诂之后，又为之总诂焉。[⑤]

① (清)钱澄之：《庄屈合诂》，第141页。

② 姜亮夫：《楚辞书目五种》，上海古籍出版社1993年版，第93页。

③ (清)钱澄之：《庄屈合诂》，第164页。

④ (清)钱澄之：《庄屈合诂》，第168页。

⑤ (清)钱澄之：《庄屈合诂》，第139页。

从这段话我们可以清楚地看出钱澄之对于屈骚结构的认识是有一个变化的过程的：在为屈辞作诂释之前，钱氏认为屈子之文“如寡妇夜哭”，重复颠倒，错乱无次，对其循次序、别条理是荒谬的做法。而在诂释屈辞的同时，钱氏逐渐感受到屈赋并不是没有次序，没有条理的，所以在《离骚》析诂之后，又作了《离骚总诂》。因此，对于《离骚》的整体结构，钱澄之在诂释时并没有做具体的段落划分，而是在《离骚总诂》中据内容梳理了《离骚》的条理次序。按照钱澄之“总诂”、“又曰”、“又曰”的写法，《离骚总诂》可清楚地分为三个部分，一是对《离骚》思想内容的系统梳理；二是对屈原的遭遇、政治理想的品评；三是对《离骚》中香草体系的认识。

首先我们来看第一部分，即钱澄之对《离骚》思想内容的系统梳理。钱澄之遵从王逸《楚辞章句》的说法，认为《离骚》作于怀王之时，其余诸篇是“顷襄王复用谗言迁原江南之后”所作。钱澄之指出屈原被“疏”后仍出使齐国，表明屈原仅被夺了内职，而对外的“应对诸侯”之职未被剥夺。钱澄之自“今通篇按之”开始，结合屈原的遭遇和政治理想梳理《离骚》内容。值得注意的有以下两点：

其一，钱澄之云：“然原返使自齐，谏王不杀张仪；王悔，使人追之。即此一悔，则原犹有复入之机，而胡竟寂然耶？则谗之深，王怒之甚也，原始绝望矣。往观四荒，终怀王之世为行人，不与闻国事也。”①钱澄之由《屈原列传》中“王悔”一语，联系到屈原或许“有复入之机”，又因“寂然”无动静分析进“谗之深”、“王怒之甚”等。由此可见亦可钱氏分析的细致入微，合情合理。

其二，钱澄之云：“太史公称原‘其志洁，其行廉’。廉者，隅也，圭角不泯，动与时忤。故女媭詈之曰‘婞直’，曰‘判独离’，谓原所行太过，近于鲧也。原无以自明，乃就重华以陈词，述其致主泽民之道，一依前圣；明其所为者皆中正，非婞直也。”②对于女媭詈原，钱氏认为女媭并非真心否定屈原的“博謇好修”、特立独行，而是担心其弟因此早逝，故意以相反的标准进行劝诫。此说较合情理，可备一说。对于屈原为何独向舜陈词，钱澄之在“就重华而陈辞”章后诂曰：“至是始喟然知己之愤懑为过，所以备历此穷困耳。姊所言殛鲧者，舜也。试济沅湘，就重华而叩之，鲧以婞直见诛，岂伏清白而死直者，亦在所诛乎？”③钱澄之联系女媭之言，认为屈原向舜陈词是有其用意的，“既因女媭之詈，就重华而辨明”，而以下陈词的内容亦被贯穿，确为独到有价值之见解。后

① （清）钱澄之：《庄屈合诂》，第185页。
② （清）钱澄之：《庄屈合诂》，第185页。
③ （清）钱澄之：《庄屈合诂》，第159—160页。

之蒋骥即承钱氏此说:"因女媭之言而自疑,故就前圣以正之。又以鲧为舜所殛,而九嶷于楚为近,故正之于舜也。"①

在《离骚总诂》的第二部分,钱澄之简述了屈原的政治生涯,即被任命,被谗,直至被疏的整个过程。指出屈原作为宪令,上官大夫见而欲夺之,因而遭谗被疏。屈原最悲愤的不是他被疏而不用,而是他的宪令随着他的被疏而废止。钱澄之对屈原一生政治理想的核心把握得很准,准确抓住《离骚》中的"美政"一词进行概括,并具体化为"原所造之宪令",这又抓住了屈原美政理想中的一个重要方面即"法治"。钱澄之认为"作为宪令"一事是屈原一生中的大事件,是他受信任与被谗、被疏的关键与转折,而屈原所作的宪令则承载着他的全部美政理想。钱澄之素有大志,永历三年临轩亲试后,授翰林院庶吉士,兼诰敕,当时朝中凡大诏令均由钱氏草拟,所以对此感受特别深切。

对于班固以儒家诗教为原则的品评,即说屈原"露才扬己",钱澄之认为这是"难免"的,这是屈原本身的品格与不容他的时世共同造就的。这正如闻一多先生说的:"在思想上存在着两个屈原:一个是'竭忠尽智,以事其君'的集体精神的屈原,一个是'露才扬己,怨怼沉江'的个人精神的屈原。"②明清许多文人如黄文焕、朱冀等,都千方百计找证据否认前人对屈原"忿怼"、"狂狷"的评价,甚至不惜牵强附会。钱氏在充分肯定屈原忠君爱国的基础上,对班固所说的"露才扬己"、"忿怼"没有妄加批驳,显示出了客观思考问题的进步。

作为屈赋象征体系的有机组成部分,香草与抒情主人公的人生际遇紧密联系在一起,并与楚辞中的其他意象一道参与了抒情主人公的人格构建,内化为一种信仰,承载着抒情主人公喷薄欲出的情感,增添了作品的原始文化情蕴。钱澄之在《离骚总诂》的最后一部分,总结归纳出了《离骚》中的香草体系:

> 篇中称芳,不一其谓:扈芷、纫兰者,独行之芳也;搴木兰,揽宿莽,所共事之芳也;滋九畹,树百亩,所培植之芳也。原之芳既已委弃,众芳亦从而芜秽矣。而原惜芳不已,饮其坠露,餐其落英,与共朝夕焉,从而结之、贯之、矫之、纫之,虽为当时所弃,原犹欣赏而珍存之。而恶原者益以此重原之罪,其曰"既替余以蕙纕兮,又申之以揽茝"是也。彼党人谓幽兰不可佩,谓申椒其不芳,民性不同,好恶相反,固无足怪。独是时俗变异,椒、兰不能自立,而皆变而不芳,化为恶草,此原所尤不堪者。原初纫兰为佩,以

① (清)蒋骥:《山带阁注楚辞》,上海古籍出版社1984年版,第40页。

② 闻一多:《闻一多全集》第五册,湖北人民出版社1993年版,第27页。

为其臭味也。追折琼枝以继之,复有取于玉焉。……盖从此绝口不及兰蕙矣,以致粻羞皆取诸琼糜,而英亦不餐。芳洁之性,即其篇章,一字不苟如此。①

钱澄之对于各种香草的象征意义,体悟尤深,较众多注家更为深切。他认为屈原笔下的香草不是一般的罗列与堆砌,而是有具体的分工与层次的变化。他将散见于《离骚》各处的芳草汇拢到一起进行总体观照,按照不同的象征意义分为三类:即独行之芳、共事之芳和培植之芳。如钱澄之在“余既滋兰之九畹兮,又树蕙之百亩。畦留夷与揭车兮,杂杜衡与芳芷”后注曰:“从上所称兰芷,言己之怀芳以为德也;此则广集众芳,以人事君之义也。……木兰、宿莽,其所朝夕者也;兰蕙蘅芷,其所培植者也。原既有不难离别之思,顾念群贤,不能不惓惓焉。”②“独行之芳”即指屈原“怀芳以为德”之兰、芷;“共事之芳”是指与屈原共朝夕者之木兰、宿莽;“培植之芳”即屈原所培植之兰蕙、杜蘅、芳芷。香草是屈原高尚峻洁人格的象征,是屈原精神与生命历程的写照,是屈原文化心理与情结的物化。钱澄之在总体观照的视角下通过分类具体阐释了不同香草的象征意义,进而体会《离骚》相关诗句的细微深切之意,有助于进一步揣摩屈原的创作心理。

钱澄之曾作《感怀诗》云:“兰若生空山,离离缘阳坡。春风披拂之,争发丛中华。草木亦何意,贵饮天地和。如何芳未歇,遂有霜雪加?兰茝既枯死,椒榝还纷罗。仰视白日匿,忽在西山阿。我欲麾之反,愧无鲁阳戈。精卫思衔石,夸父空饮河。有志不得就,念之泪滂沱!”③在诗中钱澄之取用《离骚》中的芳草寄托抒怀,以芳草“兰茝”比喻为反清复明而四方奔走的仁人志士,以恶草“椒榝”比喻弄权卖国的奸臣群小,以“霜雪”比喻残酷的清朝统治者,以“白日”比喻奄奄一息的南明政权,以鲁阳公、精卫、夸父自喻。然而,其报国志向终不能实现,而只有用滂沱的泪水来哀悼。

① (清)钱澄之:《庄屈合诂》,第187—188页。

② (清)钱澄之:《庄屈合诂》,第149页。

③ (清)钱澄之:《田间诗集》,第27页。

三　从《小雅·车辖》到《离骚》“求女”

历代楚辞学者对《离骚》“求女”喻意的论说多有分歧，或云求贤臣，如王逸、洪兴祖、王夫之；或谓求贤君，如朱熹、汪瑗、李陈玉、蒋骥；或曰求贤妃，如赵南星、陈本礼。钱澄之赞同求贤妃说，其《离骚总诂》曰：

> 不得已而思求女，盖君昏而有贤妃在内，不致小人蛊惑已甚。上官、靳尚与郑袖比，犹皇甫七子“恃褒姒为奥援”也。《车辖》之诗，恶褒姒乱国，思得贤女以为内助，所以拔其祸本，屈原犹是意也。故反顾流涕，哀高丘之无女，而女正难求。宓妃深秘，无由见信；娀女高居，作合实难。惟有虞二姚，及少康之未家，犹可遇乎？既有家，则难通矣。贤女既不可得，艳妻煽处，外内隔绝，闺中所以邃远。而哲王不寤，则朕情安能得发乎！此一段是暗指郑袖而言，文字离奇，令人不测。①

钱澄之以“皇甫七子”比上官、靳尚，以褒姒比郑袖，指出他们沆瀣一气，蛊惑君心。《诗经》“二雅”中有许多“刺幽王”的篇章都或明或暗涉及到褒姒，如《小雅》中的《正月》、《十月之交》，《大雅》中的《荡之什》、《瞻昂》等。《诗经·小雅·十月之交》：“皇父卿士，番维司徒，家伯维宰，仲允膳夫，棸子内史，蹶维趣马，楀维师氏，艳妻煽方处。”毛传：“艳妻，褒姒。美色曰艳。”郑笺：“六人之中，虽官有尊卑，权宠相连，朋党于朝。皇父则为之端首，兼擅群职，故但目以卿士。”钱澄之释云：“处，安也。七子恃褒姒为奥援，褒姒布妻子为羽翼，互相鼓煽，虐焰益张。自以为根株盘踞，久安无患矣。自识者，视之正如燕雀之处堂，母子相安，突决栋焚而怡然，不知祸之将至也。”②《小雅·车辖》，毛序云：“大夫刺幽王也。褒姒嫉妒，无道并进，谗巧败国，德泽不加于民。周人思得贤女以配君子，故作是诗也。”钱澄之云：“文王之世，宫人思得淑女，以助宫闱之治。幽王之世，宫人思得贤女，以夺褒姒之宠。”

钱澄之因《小雅·车辖》的作意联想到《离骚》求女的喻义，认为《离骚》中的求女“犹《车辖》思得贤女以易褒姒”，求一贤媛以夺郑袖之宠。钱澄之在

---

① （清）钱澄之：《庄屈合诂》，第186页。

② （清）钱澄之：《田间诗学》，黄山书社2005年版，第513页。

“忽反顾以流涕兮，哀高丘之无女”句后注云：“是时楚宫南后、郑袖并宠于王，袖与靳尚辈表里惑君，后不之问，谗于嬖比，此王所以终不悟也。故思得贤女，正位宫中，以废嬖而沮谗也。”①

明代赵南星最早提出此说，其《离骚经订注》云：“昔者幽王信用褒姒，谗巧败国。其大夫伤之，思得贤女，以配君子，故作《车辖》之诗曰：‘四牡，六辔如琴，尔新婚，以慰我心。’屈原患郑袖之蛊，亦托为远游，求古圣帝之妃，以配怀王。”②随后，黄文焕在《楚辞合论·听女》中说：“二十五篇多言女……盖寓意在斥郑袖耳。惟暗斥郑袖，故多引古之妃嫔，欲以此为吾王配焉。怀王外惑于上官大夫，内惑于郑袖。”③钱澄之是否看到赵南星的说法已很难判断，但他在《屈诂》中多次引黄文焕说，因此钱澄之对《离骚》求女喻义的思考该是受到黄文焕说的启迪。“求贤妃”说于明代产生后就有很大的影响，林云铭《楚辞灯》、贺宽《饮骚》、夏大霖《屈骚心印》、屈复《楚辞新注》、鲁笔《楚辞达》等等均从此说，直至今人陆侃如、高亨、姜亮夫、陈子展、聂石樵等都附和并发挥此说。

综上所述，钱澄之的《屈诂》是一部值得注意的清初楚辞注本。我们从其对《离骚》的注释和分析中可知，其注释平正通达，不为深晦之解。解读楚辞不拘泥于字词训诂，力避穿凿附会，注重心灵感悟。钱澄之在《离骚总诂》中对于《离骚》的内容、结构和旨意分析得颇为透彻。作为明末清初著名的文人、学人兼遗民，钱澄之以七十四五岁的高龄著成此书，是将其内心情感和生命历程投射到学术上而产生的成果。

（作者：陈欣，女，讲师，贵州师范学院文学院）

① （清）钱澄之：《庄屈合诂》，第 167 页。

② （明）赵南星《离骚经订注》，转引自姜亮夫《楚辞书目五种》，上海古籍出版社 1993 年版，第 78 页。

③ （明）黄文焕：《楚辞合论》，《续修四库全书》据复旦大学藏明崇祯十六年刻顺治十四年重修本影印本，上海古籍出版社 2002 年版，第 669 页。

科技文献研究

明代潘之恒《广菌谱》校正和研究

芦　笛

明代潘之恒一生勤于著述，于诗歌、史地、戏曲理论等均有涉猎。然而目前的研究者几乎全着眼于他的戏曲理论，而未有重视其《广菌谱》者。潘之恒编有《广菌谱》一卷，王毓瑚《中国农学书录》①和［日］天野元之助《中国古农书考》②均予以著录。然而《广菌谱》文本至今尚未得到全面校正，其成书经过和内容也未见细致的研究。笔者在搜集的古代文献基础上，对潘之恒的生平和著作加以概述，进而利用所掌握的诸版本对《广菌谱》文本加以校正，最后研究《广菌谱》的成书及其文中所记载的大型真菌与其他生物。

一　潘之恒的生平和著作

潘之恒，《明史》无传，据近人汪效倚考证，于明嘉靖三十五年正月初八（1556年2月18日）生于安徽歙县，天启二年（1622年）秋以前卒于南京，字景升，号鸾啸生、鸾生、恒生、庚生、冰华生、天都逸史、天都山史、新都逸史氏、山史、山民等③。潘之恒的祖父潘侃为亦商亦儒之人，不仅经商有道，而且坚持读书科举，并于隆庆六年（1572年）出任光泽县令；潘之恒的父亲潘召南（1535—1613年）则一生未仕，以经商为业，家资丰厚，乐于结交社会名流④。可以说潘

① 王毓瑚：《中国农学书录》，中华书局2008年版，第115页。

② ［日］天野元之助：《中国古农书考》，彭世奖、林广信译，农业出版社1992年版，第190—191页。

③ 汪效倚：《潘之恒曲话》，中国戏剧出版社1988年版，第343—368页。

④ 郑志良：《潘之恒家世考》，《艺术百家》2000年第3期。

之恒是在衣食无忧的环境下成长大的。他一生至少参加过五次乡试[①],前四次分别在万历十三年(1585年)、十六年(1588年)、十九年(1591年)和三十一年(1603年);第五次是在父亲的督促下赴试的,时间不详,当在1603—1613年之间。尽管如此,潘之恒一生却从未取得过功名。《四库全书总目提要》谓其:"嘉靖间官中书舍人。"这是不对的。此外,潘之恒喜好游历,与诸多戏曲家如汪道昆、梁辰鱼、张凤翼、梅鼎祚、屠隆、汤显祖、臧懋循、凌濛初、袁于令等都有过交往[②]。《四库全书总目提要》评价其"初以文词受知于汪道昆、王世贞,既而赴公车不得志,渡江历浔阳、武昌,从公安袁宏道兄弟游。宏道称其出汪、王之门,而能不入其蹊径。然当时论者又谓之恒依傍汪、王,终不能有所解驳。宏道徒以其论与己合而收之,迹其生平,盖始终随人作计者也。"[③]潘之恒的作品甚多,考之如下:

(1)《黄海》(六十卷)和《黄山图经》。《明史·艺文志》地理类著录潘之恒《黄海》二十九卷[④]。然而《四库全书总目提要·史部·地理类存目五》却记载《黄海》有六十卷:"《纪初》者八,曰《纪藏》者七,曰《纪迹》者十有八,曰《纪游》者二十有一,曰《纪异》者六,皆别之为卷,则已六十卷矣。"《黄海》是一部辑录与黄山有关的历史文献的书。不过《四库全书总目提要》对此书评价不高,称潘之恒"竟上溯轩辕,采摭经传,凡语涉黄帝者皆入焉。至以《广黄帝本行纪》、《真仙通鉴》诸书与《六经》之文并列,何其诞欤!大抵以多为胜,而考证之学与著述之体则非所讲也。"[⑤]今国家图书馆藏有《黄海》明刻本残卷。此外,潘之恒还辑有《黄山图经》,不分卷,亦有明刻本藏安徽大学图书馆。

(2)《名山注》。《四库全书总目提要·史部·地理类存目七》称此书依次由《江上山志》、《蜀山志》、《淮上杂志》、《新安山水志》、《越中山水志》和《三吴杂志》六部分组成;除了记载前人的行纪、志传、题咏等,还自为序纪;此书不分卷帙,亦无序跋,"名山注"三字仅题于签,不似完本[⑥]。《四库全书总目提要》怀疑《名山注》不似完本并非没有道理。《明史·艺文志》地理类著录潘之恒《新安山水志》十卷[⑦],说明《新安山水志》曾单独刊行于世。今国家图书馆藏有明万历刻本《三吴杂志》,是为《名山注》中的五部分并非同时撰成的有力

① 郑志良:《潘之恒生平考述》,《文献》2000年第3期。
② 郑志良:《潘之恒与曲家的交游考》,《古籍研究》2000年第2期。
③ (清)纪昀总纂:《四库全书总目提要》,河北人民出版社2000年版,第4801—4802页。
④ (清)张廷玉等:《明史》,中华书局1974年版,第2418页。
⑤ (清)纪昀总纂:《四库全书总目提要》,第2004—2005页。
⑥ (清)纪昀总纂:《四库全书总目提要》,第2061页。
⑦ (清)张廷玉等:《明史》,第2418页。

佐证。

(3)《亘史钞》(也称《亘史》)。《明史·艺文志》小说家类著录"潘之恒《亘史钞》九十一卷"[①]。《四库全书总目提要·子部·类书类存目二》称,此书前有顾起元序。根据序中所说,则全书分为:内纪、内篇(共十七目,记载"忠孝节义,懿行名言之要举");外纪、外篇(共三十目,记载"豪杰奇伟,技术艳异,山川名胜之事彰");杂纪、杂篇(共三十二目,记载"草木鸟兽,鬼怪琐屑,恢谐隐僻之用"),全书共九百九十六卷。《四库全书总目提要》又称此书当时仅存内纪内篇,且"体例杂糅,编次错乱"[②],对其评价不高。今浙江图书馆藏有明万历刻本《亘史钞》116卷,为残本;而上海图书馆藏有明天启六年潘弼亮(按,潘弼亮为潘之恒之子)鸾啸轩刻本《亘史》93卷,为足本。国家图书馆还藏有明刻本《亘史钞》111残卷。加之《亘史钞》顾起元序又称其有996卷,因此《亘史钞》原来到底分为多少卷尚不得而知。

(4)《鸾啸小品》(十二卷)和《金陵妓品》(一卷)。今上海图书馆藏有明崇祯二年刻本《鸾啸小品》十二卷。《金陵妓品》收录于《说郛续》第四十四卷。

(5)《太湖泉志》(一卷)、《半塘小志》(一卷)、《南陔六舟记》(一卷)和《宛陵二水评》(一卷)。其中,前二者收录于《说郛续》第二十六卷,后二者收录于《说郛续》第二十八卷,均为史地作品。

(6)《广菌谱》(一卷)、《叶子谱》(一卷)、《续叶子谱》(一卷)、《六博谱》(一卷)、《曲中志》(一卷)、《秦淮剧品》(一卷)、《曲艳品》(一卷)、《后艳品》(一卷)、《续艳品》(一卷)和《剧评》(一卷)。其中,《广菌谱》收录于《说郛续》第四十一卷,《授时通考》、《广群芳谱》、《古今图书集成》、《植物名实图考长编》等古籍皆有收录(详见第二部分);《叶子谱》、《续叶子谱》、《六博谱》收录于《说郛续》第三十九卷;后六种作品皆收录于《说郛续》第四十四卷。需要指出的是,《广菌谱》实际上是摘自《亘史钞》中的《菌类》;《叶子谱》和《续叶子谱》则摘自《亘史钞》中的《叶子谱》;《六博谱》也是摘自《亘史钞》中的《颖谱》,今上海图书馆藏有明刻重订欣赏编本《六博谱》一卷;《曲中志》摘自《亘史钞》的《艳部》(鸾啸轩刻本)。此外,《秦淮剧品》摘自《鸾啸小品》中的《神合》;《曲艳品》、《后艳品》、《续艳品》皆摘自《鸾啸小品》中的《广陵散》;《剧评》摘自《鸾啸小品》中的《与杨超超评剧五则》。

(7)《鸾啸集》、《漪游草》(三卷)和《涉江诗选》。《千顷堂书目》别集类载:"潘之恒:《蒹葭集》又《冶城集》又《黍谷集》又《涉江草》又《东游集》又《金

① (清)张廷玉等:《明史》,第2435页。

② (清)纪昀总纂:《四库全书总目提要》,第3519页。

昌集》，以上总名《鸾啸集》。”[①]《岩镇志草》“文苑别传”中称潘之恒“家居有《蒹葭馆集》；寓金陵，有《冶城集》；游燕，有《黍谷集》；之楚、之越、之吴，有《涉江集》、《京游集》、《金昌集》，总而名曰《鸾啸集》”[②]。可知《鸾啸集》为潘之恒诸诗集的结集。据明代黄居中《潘髯翁戊己新集叙》所说，《鸾啸集》成书于乙巳年(1605年)，且潘之恒尚有《漪游草》和《青溪社草》，二者合称《戊己新集》[③]。上海图书馆藏有明万历刻本潘之恒《金昌诗草》(残存一卷)，应该就是上述的《金昌集》。明代钱谦益《列朝诗集》丁集卷十五也录有潘之恒《金昌草》(即《金昌集》或《金昌诗草》)中的九首诗[④]。此外，国家图书馆尚藏有潘之恒《漪游草》(三卷，明万历刻本)和《涉江集选》(一卷，收录于陈允衡《诗慰》[清顺治澄怀阁刻本])。至于《涉江诗选》，《四库全书总目提要·集部·别集类存目五》称潘之恒原有诗集二十卷，经由袁宏道删定而成《涉江诗选》，包括甲集三卷、乙集三卷以及丙集一卷[⑤]，可见现在所见到的《涉江诗选》也并不完整了。

(8)除了上述作品外，潘之恒还参与编纂万历《歙县志》；参与编选法杲的《雪山集》[⑥]；参与汇校李梦阳的《空同先生集》(见冯梦龙《重刻空同先生集序》，载万历四十四年刻本《快雪堂集》卷一)；参与校刻李维桢的《大泌山房集》(见《大泌山房集》明万历三十九年刻本“《大泌山房集》校刻名氏”部分)，以及评论《正始堂诗集》(见今吉林大学图书馆藏明刻本《正始堂诗集》卷首)等。

二 《广菌谱》的版本和校正

《广菌谱》的版本有如下几种：

(1)(明)陶珽《说郛续》(清顺治三年宛委山堂刻本)第四十一卷收录《广菌谱》，无序跋，著者题曰“新安潘之恒”[⑦]。《说郛续》所收录的《广菌谱》是诸版本中年代最早的。以下简称“说郛续”本。

---

① (清)黄虞稷：《千顷堂书目》，上海古籍出版社2001年版，第655页。

② (清)佘华瑞：《岩镇志草》，清乾隆刊本。

③ (明)潘之恒：《漪游草》，明万历刻本。

④ (明)钱谦益：《列朝诗集》，清顺治九年毛氏汲古阁刻本。

⑤ (清)纪昀总纂：《四库全书总目提要》，第4801—4802页。

⑥ 王重民：《中国善本书提要》，上海古籍出版社1983年版，第649页。

⑦ (明)陶珽：《说郛续》，清顺治三年宛委山堂刻本。

(2)(清)汪灏等《广群芳谱》(文渊阁四库全书本)第十七卷节录《广菌谱》①。以下简称“群芳本”。

(3)(清)鄂尔泰等《授时通考》(文渊阁四库全书本)第六十一卷节录《广菌谱》②。以下简称“授时本”。

(4)(清)陈梦雷等《古今图书集成》(清雍正六年武英殿铜活字本)博物汇编草木典第五十二卷“菌部”,收录《广菌谱》一卷,无序跋③。以下简称“古今本”。

(5)(清)吴其濬《植物名实图考长编》(1919 年山西官书局补修重印本)第三卷“蔬类”收录《广菌谱》④。山西官书局补修重印本所依据的是道光二十八年(1848)陆应谷校刊本。以下简称“图考本”

(6)(明)潘之恒《亘史钞》(浙江图书馆藏明万历刻本)中的《杂篇·菌品》部分有《菌类》一文⑤。通过对比可以发现,《说郛续》中的《广菌谱》实为《菌类》的节本,应当是经陶珽删节并和更名后收入的,并且成为了后来诸版本的依据。因此《菌类》除了校勘价值外,还能反映《广菌谱》的雏形。以下简称“亘史本”

现以“说郛续”本为底本,“群芳本”、“授时本”、“古今本”、“图考本”和“亘史本”为参校本,校正《广菌谱》一卷,试加标点。《菌类》中除《广菌谱》内容以外的文字以“()”表示,以备参考。为保持原貌,出现异体字时不做改动,而在校勘记中加以说明。校正文如下:

廣菌譜

叙曰:“偶得楚人李時珍所輯《本草綱目》,讀之,其芝檽之屬多與菌相類者,列諸菜部,稍為標出以佐郇厨之調。若芝為靈草種,自宜專譜,不當以菜品辱之矣。”

木菌[1]

木菌,即木耳,生於朽木之上[2],無枝葉,乃濕熱餘氣所生,亦名木檽、木樅、樹雞、木蛾。曰耳、曰蛾,象形也;曰檽,以軟濕為佳也;曰樅、曰雞,因味似也。

---

① (清)汪灏等:《广群芳谱》,台湾商务印书馆 1986 年影印《文渊阁四库全书》本。

② (清)鄂尔泰等:《授时通考》,台湾商务印书馆 1986 年影印《文渊阁四库全书》本。

③ (清)陈梦雷等:《古今图书集成》,清雍正六年武英殿铜活字本。

④ (清)吴其濬:《植物名实图考长编》,1919 年山西官书局补修重印本。

⑤ (明)潘之恒:《亘史钞》,浙江图书馆藏明万历刻本。

南楚人謂雞為㙡；曰菌，亦象形於蜠，乃貝子之名。或云地生為菌，木生為蛾；北人曰蛾，南人曰蕈。

五木耳

五木耳，生犍為山谷中，六月多雨時采之，暴乾可烹食。陶弘景云，此五木耳，不顯言是何木。惟桑樹生桑耳，有青、黄、赤、白者；軟濕者，人采以作菹，無復藥用。蘇恭云，桑、槐、楮、榆、柳，此為五木耳，軟者並堪啖。楮耳人常食，槐耳療痔。（李時珍云，木耳，各木皆生，其良毒必隨木性，不可不審。今貨者亦多雜木，惟桑、柳、楮、榆之耳为多。）

桑耳

桑耳曰檽，曰蛾，曰雞，曰黃，曰臣，皆冠以桑。又呼為桑上寄生。

槐耳

槐耳，亦名槐菌，亦名雞[3]，而稱檽、蛾，如桑例。惟鬻漿粥安其上，以草覆之，即生蕈耳。

柳耳

（李時珍云）柳耳，主補胃理氣，治反胃吐痰，用五、七箇煎湯服，即愈。（又云：治脱肛瀉血不止，用桑黄一两，熟附子一兩為末，煉蜜丸梧子大每米飲下二十丸。此正余所患者，錄之以療同病。）

杉菌

杉菌[4]，出宜州，生積年杉木上，狀若菌，采無時。

皂角菌

皂角菌，生皂树上，木耳也[5]，不可食。（烘乾備用。腫毒初起，磨醋塗之；又腸風瀉血，瓦焙為末每服一錢，温酒下。）

香蕈

香蕈，生桐、柳、枳、椇木上，紫色者名香蕈。字从草从覃。覃，延也。蕈味雋永，有覃延之意[6]。

天花蕈

天花蕈即天花菜[7]，出五臺山，形如松花而大於斗，香氣如蕈，白色，食之甚美。

蔴菰蕈[8]

蔴菰蕈[9]，出東淮北山間。埋桑、楮木於土中，澆以米泔，待菰生采之。長二三寸，本小末大，白色、柔軟，其中空虛，狀如未開玉簪花，俗名鷄足蔴菰，謂其味狀相似也。一種狀如羊肚，有蜂窠眼者，名羊肚菜。

鷄㙡蕈

鷄㙡蕈[10]，出雲南，生沙地間，丁蕈也[11]，高脚繖頭，土人采烘寄遠[12]，以充方物。氣味似香蕈,而不及其風韻[13]。

雷蕈

雷蕈[14],出廣西横州,遇雷過即生[15];須疾采之,稍遲則腐或老,不堪用矣。作羹甚美,亦如雞之屬,其價並珍[16]。

舵菜

舵菜[17],即海舶舵上所生菌也,亦不多得。

鍾馗菌

鍾馗菌即土菌,地上經秋雨生。重臺者,一名仙人帽。盖鍾馗,神名也。此菌釘上若繖,其狀如鍾馗之帽,故以名之。亦名地鷄,亦名獐頭菌(李本作"中馗"[18])。

鬼菌

鬼盖、鬼繖、鬼屋,皆菌種而異名。夏日得雨,聚生垣墻下,多赤色。或生糞堆上,見日即消黑,旦生而夕死,亦名地盖、地芩。又名鬼筆者,生穢處,頭如筆,紫色,名朝生暮落花。小兒呼為"狗溺",即鬼盖之類而無繖者。凡此類皆主瘡疥,晒乾研末,和油塗之;牛糞上黑菌尤佳。又馬勃,亦菌類也。

竹蓐

竹蓐[19],即竹菰也。草更生曰蓐,得溽濕之氣而成。《本草》作"竹肉",因其味也,生慈竹林。夏月逢雨,滴汁着地,涌出如鹿角,白色者可食;生苦竹枝上,如鷄子似肉臠者[20],有大毒。(時珍)又曰[21],竹菰,生朽竹根節上,狀如木耳,或紅白色。《酉陽雜俎》云:江淮有竹肉,大如彈丸,味如白樹雞,即此物也。惟苦竹生者有毒。

雚菌

雚菌之"雚"[22],當作"萑",乃蘆葦之屬,讀如桓,若音觀,乃鳥名[23],或以為鸛屎所化,非也。今渤海蘆葦澤中鹹鹵地,往往有之;其菌色白,輕虛,表裏相似,與衆菌不同,療蚘蟲有效[24]。出滄州[25],秋雨以時乃有之;若天旱久霖即稀,日乾者良。

地耳

地耳即地踏菰,生丘陵,如碧石青也。亦石耳之屬,生於地中者爾。

石耳

石耳,亦名靈芝,生天台、四明、河南、宣州、黄山、巴西邊徼諸石崖最高處,遠望如烟。山中人縋絙采之,必險絕處乃得。今廬山亦多,狀如地耳,寺僧采曝餽遠,洗去沙土作茹[26],勝於木耳[27],佳品也。(時珍云,治瀉血脱肛,用石耳五兩,炒白枯礬一兩,蜜陀僧半兩為末,蒸餅丸梧子大每米飲下二十丸。)

葛乳[28]

葛乳,諸名山皆有之,惟太和山采取乃葛之精華。秋霜浮空,如芝菌涌生地上,其色赤,質脆(盖蕈類也)。

(孟詵云,菌子有數般,槐樹上者良;野田中者有毒殺人,又多發冷氣,令人腹中微微痛,發五臟風,擁經脉,動痔病,令人昏昏多睡,背膊四肢無力。

陳藏器云,菌,冬春無毒,夏秋有毒,有蛇、蟲從下過也。夜中有光者,欲爛無蟲者,煑之不熟者,煑訖照人無影者,上有毛下無紋者,仰卷赤色者,並有毒殺人。中其毒者,地漿及糞汁解之。

汪穎云,凡煑菌,投以薑屑、飯粒,若色黑者殺人,否則無毒。

李時珍云,按《菌譜》云:"杜蕈生土中,與山中鵞膏蕈相亂。俗言毒蠚之氣所成,食之殺人。甚美有惡,食肉不食馬肝,未為不知味也。凡中其毒者,必笑不止。解之以苦茗、白礬,勺新水併咽之,無不立愈。"又按:楊士瀛《直指方》云:"廣南人殺毒蛇,覆之以草,以水洒之,數日菌生。采乾為末,入酒毒人。遇再飲酒,毒發立死。"又陳氏《拾遺》云:"南夷以胡蔓草毒人至死,懸尸於樹,汁滴地上,生菌子收之,名菌藥,毒人至烈。"此皆不可不知。)

校勘記:

1."木菌",《亙史》本無此及下文諸標題。

2."生",《亙史》本作"止",非。

3."亦名",《亙史》本作"名亦",非。

4."杉菌",《群芳》本、《授時》本無。

5."木耳也",《群芳》本、《授時》本缺。

6."字從草從覃……覃延之意",《授時》本缺。

7."天花蕈"三字,《群芳》本、《授時》本無。

8. 文中"蔴"字,《古今》本、《圖考》本皆作"磨"。

9."蔴菰蕈",《群芳》本、《授時》本無。

10."鷄塅蕈",《群芳》本、《授時》本缺。

11."丁",《古今》本、《圖考》本作"下"。按"下"字非。據該條,雲南土人採集鷄作為地方特產,可見重視;雖然"氣味似香蕈,而不及其風韻",但"雷蕈"條稱雷蕈"作羹甚美,亦如雞之屬,其價並珍",可見作者對鷄評價很高,並非下等。之所以稱之為"丁蕈",是因為鷄這類大型真菌菌蓋較薄,開傘後菌蓋通常與菌柄呈垂直關係,從側面看像"丁"字。

12."寄遠",《群芳》本、《授時》本缺。

13."氣味……風韻",《群芳》本、《授時》本缺。且《群芳》本、《授時》本

“以充方物”後增附數十字,刪。

14.“雷蕈”,《群芳》本、《授時》本無。

15.“遇”,《說郛續》本作“過”,非;《亙史》本、《群芳》本、《群芳》本、《古今》本、《圖考》本作“遇”,據改。

16.“並珍”,《亙史》本呈夾註形式。

17.“舵菜”,《群芳》本、《授時》本無。

18.“李本作中馗”在《亙史》本中為注語。

19.“竹蓐”,《群芳》本、《授時》本無。

20.“似”,《群芳》本、《授時》本作“如”。

21.“又曰”,《亙史》本作“云”。

22.“蘿菌之”,《群芳》本、《授時》本無。

23.“乃鳥名”,《授時》本缺。

24.“療蚘蟲有效”,《群芳》本、《授時》本缺。

25.“州”,《群芳》本作“洲”,非。

26.“洗”,《說郛續》本作“先”,非;《亙史》本、《古今》本、《圖考》本作“洗”,據改。

27.“於”,《說郛續》本、《古今》本、《圖考》本作“如”,非。

28.《亙史》本“葛乳”條位於“香蕈”條後。

三 《广菌谱》研究

潘之恒《亘史钞》(万历刻本)“杂篇”部分有《菌品》卷,依次由《菌谱》、《菌灾记》、《菌瑞》、《菌异》、《菌诗》和《菌类》诸部分组成。从上述校正文字很容易发现:《广菌谱》实际上是《菌类》的缩节本。《菌类》虽是潘之恒所撰,然而《广菌谱》的问世可能并非出自他的手笔,而是陶珽把《菌类》收入《说郛续》时将其删节并且更名为《广菌谱》所致。《亘史钞》的流传不如《说郛续》广,因此《广菌谱》有赖于《说郛续》才渐为人知。不过,无论是《广菌谱》还是《菌类》,其内容都并非原创,而是摘自《本草纲目》中“菜部”之“芝栭类”的内容。这一点,《菌类》的自叙(见第二部分校正文“叙曰”部分)已经说得很明白。细检《本草纲目》[①],发现事实确如其自叙所说。因此,三者关系可以肯定为:《广菌谱》摘自《菌类》,而《菌类》又摘自《本草纲目》。

潘之恒撰写《亘史钞》的确切年代已不可考,但《亘史钞》(浙江图书馆藏明万历刻本)前有顾起元序。该序作于万历壬子年(1612年)秋,因此《亘史钞》的完稿应略早于1612年秋;且《菌类》作为《亘史钞》中位置靠后的一篇,其创作年代应该与1612年秋相距不远。《说郛续》通行本为清顺治三年宛委山堂刻本,但宛委山堂刻本实为明万历末至天启间的刻版,因此陶珽编定《广菌谱》的成书年代应在《亘史钞》完稿以后的万历年间(1612?—1619)。

《广菌谱》的"广"是较南宋陈仁玉《菌谱》而言的。《菌谱》共提及16种大型真菌:合(台)蕈、稠膏蕈、栗壳蕈、松蕈、竹蕈、麦蕈、玉蕈、黄蕈、紫蕈、四季蕈、鹅膏蕈,以及芝、天花、伏灵(茯苓)、摩姑(蘑菇)、杜蕈[②];而《广菌谱》的小标题则提到了如下20种:木菌、五木耳、桑耳、槐耳、柳耳、杉菌、皂角菌、香蕈、天花蕈、蘑菰蕈、鸡㙡蕈、雷蕈、舵菜、钟馗菌、鬼菌、竹蓐、藋菌、地耳、石耳、葛乳,虽数量多于《菌谱》,但并非都是大型真菌。现根据《广菌谱》对大型真菌及其他生物的描述加以考证。

《本草纲目》"菜部"有"木耳"条,其后又有"桑耳"、"槐耳"、"榆耳"、"柳耳"、"柘耳"、"杨栌耳"等条,两部分实为总分关系。《广菌谱》中的"木菌"条和"五木耳"条皆摘自《本草纲目》"木耳"条中的文字[③];《广菌谱》"桑耳"条摘自《本草纲目》"桑耳"条[④];《广菌谱》"槐耳"条摘自《本草纲目》"槐耳"条[⑤];《广菌谱》"柳耳"条摘自《本草纲目》"柳耳"条[⑥]。木菌,又名木耳、木檽、木、树鸡、木蛾,形态上像耳、蛾、蜬,无枝叶,生于朽木上,软湿者为佳。蜬为大贝,《尔雅·释鱼》云:"蜬,大而险。"郭璞注:"险者谓污薄。"邢昺疏:"此辨贝居陆、居水、大小文彩不同之名也……大而污薄者名蜬。"[⑦]按木菌(木耳)泛指生于朽木上的耳、蛾、贝状大型真菌(见图1),应为木耳科(Auriculariaceae)大型真菌(如黑木耳 Auricularia auricula)。树上生长的耳状大型真菌的毒性,《本草纲目》认为与树的种类有关:"木耳,各木皆生,其良毒必随木性,不可不审。

① (明)李时珍:《本草纲目》,人民卫生出版社1975年版,第1712—1723页。
② 芦笛:《〈菌谱〉的校正》,《浙江食用菌》2010年第3期。
③ (明)李时珍:《本草纲目》,第1712页。
④ (明)李时珍:《本草纲目》,第1714页。
⑤ (明)李时珍:《本草纲目》,第1715页。
⑥ (明)李时珍:《本草纲目》,第1716页。
⑦ (晋)郭璞注,(宋)邢昺疏:《尔雅注疏》,中华书局1982年版,第2641页。

今货者亦多杂木，惟桑、柳、楮、榆之耳为多。"①这种看法是不正确的。五木耳，泛指生长于桑（Morus alba）、槐（Sophora japonica）、楮（Broussonetia papyrifera）、榆（Ulmus pumila）、柳（Salix babylonica）五种树木上的木耳科的大型真菌。桑耳、槐耳、柳耳则特指分别生长于桑树、槐树、柳树上的木耳科的大型真菌。

图1《本草纲目》"木耳"附图②

图2《滇南本草图说》"天花菌"附图③

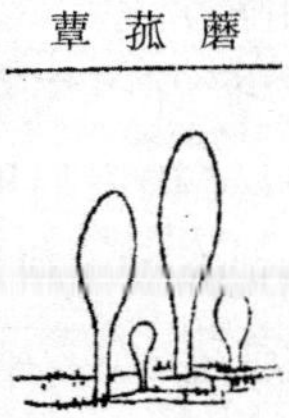

图3《本草纲目》"蘑菰蕈"附图

图4《本草纲目》"竹蓐"附图

图5《本草纲目》"石耳"附图

杉菌，《广菌谱》称其生长在老杉树上，形态像菌，任何时候都可以采集到。按《尔雅·释草》云："中馗，菌，小者菌。" 郭璞注："地蕈也，似盖；今江东名为土菌，亦曰馗厨，可啖之。"②《说文解字》云："菌，地蕈也。"③可知"菌"的本意为生长在地上的伞菌。然而随着时间的推移，到了明代《本草纲目》，"菌"字已被用于泛指大型真菌，以上"木菌"即是一例：生于树木，而非地上；形态像耳，而非伞状。因此，此处仅知杉菌是生长在杉树（Cunninghamia sp.）上的大型真菌，可能即梭柄松苞菇（Catathelasma ventricosum）。

皂角菌（《本草纲目》作"皂荚菌"），生长在皂树（Gleditsia sinensis）上，耳状，不可食。《本草纲目》"皂荚菌"条除了称其"有毒"外，也无更多相关的生物学特性的描写。据此仅知皂角菌是一种有毒的耳状大型真菌，难以做进一步鉴定。

香蕈，生长在桐（Firmiana simplex）、柳（Salix babylonica）、枳（Poncirus trifoliata）、椇（Hovenia acerba）树上，菌盖紫色。按香蕈即现代所谓香菇（Lentinus edodes），陈仁玉《菌谱》作"合蕈"④。

天花蕈，产自五台山，形态像松花，个头较大，有香气，美味。《菌谱》自序

---

① （明）李时珍：《本草纲目》，第 1713 页。

② （晋）郭璞注，（宋）邢昺疏：《尔雅注疏》，第 2629 页

③ （清）段玉裁：《说文解字注》，上海书店 1992 年版，第 36 页。

④ 芦笛：《〈菌谱〉的研究》，《浙江食用菌》2010 年第 4 期。

提及“五台天花,亦甲群汇”①。有人主张天花蕈为平菇(Pleurotur ostreatus)②,这是值得商榷的,因为平菇没有香气;且据明范洪《滇南本草图说》“天花菌”附图,则“天花菌”的形态并非侧耳状,而是标准的伞状(见图2)。至于其到底为何物,笔者将另撰文详考。

蔴菰蕈(《本草纲目》作“蘑菇蕈”,见图3),产自东淮北(《本草纲目》作“山东、淮北”)山间,长二三、寸,白色、柔软,其中空虚,形态像尚未开放的玉簪花(Hosta plantaginea)。据此描述,雪白鬼伞(Coprinus niveus)的形态与之相似。至于“状如羊肚,有蜂窠眼者”的羊肚菜,则很容易鉴定,即为羊肚菌属(Morchella)的大型真菌,最著者如羊肚菌(Morchella esculenta)。

《广菌谱》“鸡㙡蕈”、“雷蕈”条皆摘自《本草纲目》“鸡㙡”条“时珍曰”部分。鸡㙡蕈,产自云南,菌柄高,菌盖伞状,似“丁”字,味香,云南当地人将其当做地方特产。可知其即现代所说的蚁巢菌属(Termitomyces)的大型真菌,尤其是鸡㙡(Termitomyces eurrhizus)。雷蕈,产自广西横州(今广西横县),味美如鸡㙡。雷蕈可能即雷蘑(Leucopaxillus giganteus),味道鲜美。

舵菜,仅知其生长在航海船舶的舵上。据此可知其并非大型真菌,而是一种附着在船舵上的大型海藻,如浒苔(Enteromorpha prolifera)和水云(Ectocarpus confervoides)的藻体能附着于船底,然而具体种类不可考。

钟馗菌,生长在地上,菌盖呈冒状。可知钟馗菌泛指生长在地上的伞状大型真菌。按《菌类》“钟馗菌”条注云:“李本作‘中馗’。”“中馗”一词出自《尔雅·释草》③:“中馗,菌,小者菌。”郭璞注:“地蕈也,似盖;今江东名为土菌,亦曰馗厨,可啖之。”因此“中馗”本意即指生长在地上的伞菌,与《广菌谱》“钟馗菌”条的描述符合。

《广菌谱》“鬼菌”条中的“鬼盖、鬼伞、鬼屋”,夏日雨后,聚生在墙角,也有的生长在粪堆上,生活史极为短暂,且死亡时“消黑”。据此可知其为鬼伞属(Coprinus)的大型真菌;赤色者可能即晶粒鬼伞(Coprinus micaceus);粪堆上所生者应为粪鬼伞(Coprinus sterquillinus);“消黑”指鬼伞类大型真菌开伞后菌体液化成黑色汁液的现象。《广菌谱》“鬼菌”条还提及“鬼笔”和“马勃”。鬼笔,头如毛笔,紫色,没有和伞菌一样的菌盖。据此可知,此处鬼笔应为深红鬼笔(Phallus rubicundus)。马勃应为马勃属(Calvatia)的大型真菌。

竹蓐,生长在竹枝上,鸡蛋大小,有毒。可知竹蓐应为竹生肉球菌(En-

① 芦笛:《〈菌谱〉的校正》,《浙江食用菌》2010年第3期。

② 陈士瑜:《中国食用菌栽培历史初探》,《微生物学通报》1983年第5期。

③ (晋)郭璞注,(宋)邢昺疏:《尔雅注疏》,第2629页。

gleromyces goetzii)。《广菌谱》还提及"涌出如鹿角,白色者可食",此大型真菌应为幼时的细皱鬼笔(Phallus rugulosus);《广菌谱》又提及李时珍所说的"生朽竹根节上,状如木耳,或红白色"的竹菰(见图4)。此"竹菰"尚不清楚是何物,或许是李时珍误记而绘图者亦发挥想象所致,因为紧接着李时珍又引《酉阳杂俎》云:"江淮有竹肉,大如弹丸,味如白树鸡。"并判断"即此物也"。前为耳状,后为弹丸状,可见矛盾。

藋菌,产自沧州(今河北沧州),芦苇泽中见有生长,菌体白色,轻虚,表里相似,与其他大型真菌形态不同。按《说文解字》①:"蒹,藋之未秀者。"段玉裁注:"今人所谓荻也。"可知藋即荻(Miscanthus sacchariflorus),而藋菌可能即羊肚菌属(Morchella)中的白色者,如幼嫩时期的羊肚菌(Morchella esculenta)。

地耳,生长在丘陵地区,青色。按地耳并非大型真菌,而是蓝藻门念珠藻属的地木耳(Nostoc commune),形态像木耳,青色,生长在潮湿的土壤上,分布广泛,是一种美味。

石耳(见图5),天台(今浙江天台山)、四明(今浙江四明山)、河南、宣州(今安徽宣城)、黄山、巴西(今四川阆中)边徼、庐山等地有分布,生长在险绝之处,形态像地耳,美味。按石耳并非大型真菌,而是地衣门石耳属的石耳(Umbilicaria esculenta),为山区常见的美味。

葛乳,名山有分布,赤色,质脆。按葛乳并非大型真菌,而是蛇菰属的多年生寄生肉质草本植物蛇菰(Balanophora japonica),常为黄褐色,有时红色,又称葛蕈、葛花菜,常被误认为是一种大型真菌。

综上所述,《广菌谱》实际共记载大型真菌19种(类):木菌、五木耳、桑耳、槐耳、柳耳、杉菌、皂角菌、香蕈、天花蕈、蘼菰蕈、羊肚菜、鸡㙡蕈、雷蕈、钟馗菌、鬼菌、鬼笔、马勃、竹蓐、藋菌;非大型真菌4种:舵菜、地耳、石耳、葛乳。

《广菌谱》的内容摘自《本草纲目》"菜部"中的"芝栭类"部分,因此没有原创价值。按照《菌类》(《广菌谱》的原型)自叙,其目的乃在于"稍为标出以佐郇厨之调",与南宋陈仁玉"欲尽菌之性而究其用,第其品作《菌谱》"②的用意相比则较为逊色。然而《广菌谱》将《本草纲目》"菜部 · 芝栭类"中的大型真菌(潘之恒认为全属大型真菌,但事实并非如此,见上文)除芝类外悉数摘出,自成一类,能够引起人们对大型真菌的重视。潘之恒在《亘史钞》中将其所摘抄的文字命名为《菌类》,可见他认为舵菜、地耳、石耳、葛乳也是大型真菌。这固然是时代的局限使然,但是即便今日也有很多人难免会重蹈他的覆辙。所

---

① (清)段玉裁:《说文解字注》,第33页。

② 芦笛:《〈菌谱〉的校正》,《浙江食用菌》2010年第3期。

以在研究古文献中的生物时，一味苛责古人的做法并不可取。《广菌谱》虽非原创，却上承南宋陈仁玉的《菌谱》，下启清代吴林的《吴蕈谱》，可以说是潘之恒所辑录的一种研究古代大型真菌的专著，为治科学史者必读之作。

（作者：芦笛，男，英国肯特大学[University of Kent]研究生）

皖籍学者研究

吴廷翰学术传略

黄馨慧

一 生平简历

吴廷翰(1490—1559),字崧伯,号苏原,直隶无为州(今安徽无为县)人,明代中期杰出的唯物主义哲学家。吴廷翰的生平事迹正史不载,但《无为州志》、《庐江府志》、《江南通志》和清人陈田的《明诗纪事》均有记载,其中以清乾隆八年(1743年)常廷璧修撰的《无为州志·吴廷翰传》记述较详。兹录如下:

> 吴廷翰,字崧伯,别号苏原。生而颖异,十二受《易》,补弟子员。正德己卯,举应天第五。明年登进士,历兵、户二部主事,转吏部文选司。与当事争执选簿,忤其意,外补广东佥事。首平黄田之乱,督抚上其功,赐银币。更巡岭南,兼督学政。弹治时贵,风裁矫峻,人不敢干。旋迁浙江参议,苏驿、均徭,又立设学、义仓等规约,以便民。调山西,属岁大祲,力请蠲贷,鬻淫祠,以祠莩饿,所活殆数十万人。已,督攻渔川盗,大擒获,有银币之赐。翰疾恶尚严,而实仁恕,所至,旌孝节,礼耆旧,恤孤独,尤甄拔俊髦,多识所录。尝被命采端溪砚,不取一枚,其廉谨如此。以亢直,往往与权要忤。年四十余,遂致仕。家居三十年,徜徉湖山之胜,事继母尽孝,至老不衰。平生综览博洽,恶俗儒之支离。尝上书王阳明公,又与欧阳南野、余玉崖诸公往复辩论。与人无贵贱大小,一于敬。晚年手不释卷,所著《漫录》、《丛言》、《椟记》、《瓮记》、《志略考》、《湖山小稿》、《苏原全集》

若干卷。子国宝,第进士,居官以廉干著声。诗文皆有父风[①]。

吴廷翰一生历经弘治、正德、嘉靖三朝。笔者分为三个时期:出仕前从学时期;出仕为官时期;归隐时期。

(一)出仕前从学时期(1490—1521)

吴廷翰少年时跟随外祖父张纶学习。"张纶天资秀异,博通《五经》,尤邃于《春秋》、诸子百家,不为举子业。贫甚,潜心正学,洞达天人之蕴。恶释老,攻之不遗余力。州举,怀才抱德不就,自言非矫情而干誉,聊乐道以安贫。"[②]《明史·艺文志》著录张纶《林泉随笔》一卷。张纶反对宋儒们把性与气对立起来,他认为"气则养性,性则乘气。气存则性存,性动则气动"[③]。除了外祖父外,叶子奇和王阳明的学说对吴廷翰也产生过影响。

叶子奇(约1327—约1390),龙泉人,元末明初学者,字世杰,一名琦,号静斋。少颖悟,专心学问,凡天文、地理、岁闰、音律等书无不习读。明"理一分殊"之论旨,悟圣贤之学以静为主,故号"静斋"。其哲学思想主张唯物,所著《草木子》一书,有"北人不梦象,南人不梦驼"之说,阐明物质和精神之间的关系。吴廷翰在《椟记》中多次引用"草木子说"。

王阳明(1472—1529),名守仁,字伯安,谥文成,号阳明子,浙江余姚人。因早年曾隐居会稽阳明洞,并创办过阳明书院,又世称阳明先生。王阳明把陆九渊为代表的心学推到了顶峰,其形成了以心为本的主观唯心论。在哲学观上,王阳明认为"心"是世界的本源,提出"心外无物,心外无理",继而提出"良知"、"知行合一"、"致良知"等哲学观点。吴廷翰在《吉斋漫录》中,对王阳明的学说多方面进行反驳。由此可见,受外祖父张纶、叶子奇、王阳明等人的影响,初步奠定了吴廷翰以后的学术思想的基础。

(二)出仕为官时期(1521—1535)

吴廷翰于正德十六年(1521年)登进士,任兵部主事,恰逢其父吴景昭去世,按照封建礼法,须守孝三年。三年后,吴廷翰改迁户部主事,主管浙江漕运。嘉靖六年(1527年)调为吏部文选司郎中。在吏部铨选时,因推荐直言敢谏的人,与自己上级的意见发生了分歧。后外调补任广东佥事,分巡岭南道,兼督学政,管理地方教育。不久升任浙江参议,分守温州、处州。在浙江任上,

---

① (清)常廷璧:《(乾隆)无为州志》卷十八《吴廷翰传》,清乾隆八年刻本。

② (清)顾浩:《(嘉庆)无为州志》卷十八《张纶传》,《中国地方志集成·安徽府县志》,上海古籍出版社1996年版,第210页。

③ (清)顾浩:《(嘉庆)无为州志》卷十八《张纶传》,第212页。

热衷于风俗教化，立社学、兴义仓等。继而调任山西参议，在任期间，时值荒年，他力请赈济。纵观吴廷翰一生历任的官职，一任主事，一任吏部文选郎，一任佥事兼学政，两任参议。据吴廷翰自撰《吴廷翰行实》和其少子吴国寅所写《先考参议府君墓志》，吴廷翰被经常调遣都是事出有因的。“在户部，则以解样米投空，批为枉法，犯阁下之怒而不顾。在吏部，则以不得管缺簿为失职，求外补，犯冢宰之怒而不顾。在广东，则以宪纲叙东西坐，犯巡按之怒而不顾。在山西，则坚取盐银赈济，犯巡盐之怒而不顾。”[1]吴廷翰“素伉直，又刚介自信，不善俛仰，失人意。”[2]明朝发展到中后期，政治腐败，奸臣当道，贪污成风。吴廷翰不依附权贵、嫉恶如仇的性格被当权者所不容，到嘉靖十四年（1535年），不得不辞官归里。在他的诗文中对清廉之官是赞扬的，对贪官污吏是抨击的。由此可见，吴廷翰可谓是封建社会一个难得的正直官吏。

（三）致仕归隐时期（1535—1559）

吴廷翰辞官之后，在家乡无为州治城东门外百万湖滨筑室，曰“苏原以居”，吴廷翰为自己取号“苏原”。关于此事，他在《苏原别墅记》中有所说明：“‘苏原’者，紫苏之原也。苏入药《本草》，以吾郡者为良，盖其色面背皆紫，臭味芳烈，他产不及。今园圃田野平衍膏沃处多有之。方春夏之交，叶蓊蓊然被塍垄，繁荫可爱。予性独喜，每于所居隙地，辄采种以供，因取以号焉。”[3]吴廷翰如此喜爱紫苏，是因为其“性情之实，仁义之美，尤吾之所独好”[4]。吴廷翰在家乡生活的二十多年，“足不迹城府，口亦不提城府事，有托为干事者，逊谢而已”。[5] 这种处事态度，并不意味着他不关心百姓的生活。明嘉靖時，严嵩把持朝政，排除异己，结党营私，官僚腐败，百姓生活苦不堪言。吴廷翰利用自己和官员的关系为民请命，希望郡守能救民于水火之中，他在《忧岁答友人简郡守诸公》中就说：“一餐相对何由饱？两税如输那得完？……只今万口悬恩泽，涓滴应须赖长官。”[6]

---

① （明）吴廷翰：《吴廷翰行实》，《濡须吴须吴氏宗谱》，民国二十六年刊本。

② （明）吴国寅：《先考参议府君墓志》，《濡须吴须吴氏宗谱》。

③ （明）吴廷翰著、容肇祖点校：《吴廷翰集》，中华书局 1984 年版，第 241 页。

④ （明）吴廷翰著、容肇祖点校：《吴廷翰集》，第 242 页。

⑤ （明）吴国寅：《先考参议府君墓志》，《濡须吴须吴氏宗谱》。

⑥ （明）吴廷翰著、容肇祖点校：《吴廷翰集》，第 428 页。

二 各类著述

吴廷翰于嘉靖十四年(1535 年)辞官归里,在家乡生活到嘉靖三十八年(1559 年)去世。据吴国寅为其父《先考参议府君墓志》得知,吴廷翰在家乡隐居生活中,既徜徉山水之胜,又从事大量的著述,吴氏著作大部分在此期间完成。有《吉斋漫录》、《丛言》、《椟记》、《瓮记》、《志略考》及《湖山小稿》、《苏原全集》若干卷。三浦藤作在《东洋伦理学史》(张宗元、林科棠译为《中国伦理学史》,商务印书馆 1926 年出版)中说,吴氏遗著《苏原全集》中,收有《吉斋漫录》2 卷,《文集》2 卷,《诗集》2 卷,《湖山小稿》3 卷,《洞云清响》1 卷,《椟记》2 卷,《瓮记》2 卷。

《吉斋漫录》分上下卷,主要是其哲学思想。《椟记》分上下卷,上卷论六经诸书,下卷论历算。《瓮记》也分上下卷,上卷论历史人物,从尧舜到明代的于谦,下卷论鬼神迷信。吴廷翰的诗曾先后结集为《湖山小稿》、《诗集》刊行,共存诗 800 余首,《湖山小稿》分上、中、下三卷,上、中卷为诗,下卷为记文。系其生前编订,是他辞官后游览故乡山水的记录。《诗集》分上下卷,上卷分为乐府、歌行、词、曲、五言古选、七言古选、五言律,下卷为七言律,大部分是出仕为官时期的作品,亦包括《湖山小稿》未收录之诗。《诗集》由长子吴国宝编辑,少子吴国寅刊刻。《文集》分上下卷,上卷为序、传、铭文,下卷为记文。《洞云清响》一卷,全为词曲。《丛言》和《志略考》今未见传世,有待于今后文献的发现。

与吴廷翰同郡、与吴国寅同时代的刘汝佳在《洞云清响小引》中说:"《苏原先生集》固饶,如《漫录》、《瓮》、《椟记》,诗文若干篇,次第有刻。"[①]看来吴廷翰的著作是次第刊刻,并非一次完成。豫章刘洪谟明于万历庚子年(1600年)在《苏原先生吉斋漫录序》中说:"不佞承乏武林,与其嗣君(吴国寅)备寮宷……已而出一编,示曰:'此不肖先君子籍以并功德而埒三不朽者。不肖实尘饭土釜,置之有年,无以报先君子于地下,思得公一言序之。'不佞谢不敏。"[②]后面的落款是万历庚子阳月,可以判定《吉斋漫录》在万历二十八年(1600 年)年时,曾经刊刻于世。万历国子监祭酒冯梦桢在《镌苏原先生全集

① (明)吴廷翰著、容肇祖点校:《吴廷翰集》,第 475 页。

② (明)吴廷翰著、容肇祖点校:《吴廷翰集》,第 3 页。

序》中说:"先生著述甚多,先刻《湖山小稿》二帙,先生自序。今合稿名《苏原先生全集》,而乞序于余,予为序而传之如此。"[1]吴廷翰在世时,他曾刊刻过《湖山小稿》,到万历十五年(1587年)时,长子吴国宝再把《湖山小稿》和其他遗稿编辑题名《苏原全集》,少子吴国寅刊刻行世。《苏原先生全集》是次第刊印的,先刻《湖山小稿》,接着《漫录》、《椟记》、《瓮记》,再《诗集》、《文集》,于万历二十九年(1601年),由其长子吴国宝编订,少子吴国寅刊刻。

吉林大学图书馆藏有明万历二十九年刻本《苏原先生全集》残本(包括《吉斋漫录》2卷、《椟记》2卷、《湖山小稿》3卷、《文集》2卷和《诗集》2卷)。北京图书馆藏有杨守敬从日本带回原抄本《吉斋漫录》2卷、《瓮记》2卷、《椟记》大半卷、和《诗集》2卷。南京图书馆藏有《文集》2卷。日本藏有明万历十五年《苏原全集》的刻本,这是目前吴廷翰著作现存最早较完整的本子。1978年中国社会科学院哲学研究所从日本复制带回了《苏原全集》的复印本。容肇祖先生以北京图书馆万历十五年(1587年)的原抄本为底本,吉林大学万历二十九年(1601年)的刻本和《苏原全集》的复印本为参考,对吴廷翰的著作进行了整理点校,中华书局1984年出版了《吴廷翰集》。这是目前研究吴廷翰著作最完善的版本。

三　哲学思想

吴廷翰的事迹、著作及哲学思想,在我国影响不大,然而却深受日本学术界的重视。在日本德川时代,朱熹的唯心论思想占据统治地位。日本古学堀河学派创始人伊藤仁斋(1627—1705)本是朱子学信徒,因受吴廷翰著作的影响,从宗信朱熹唯心论转而创立古学,在日本开启了唯物论的先河。日本的太宰春台(1680—1747)在《圣学问答》中说:"明末吴廷翰著《吉斋漫录》、《瓮记》、《椟记》等书,辟程、朱之道,豪杰也。闻日本人伊藤仁斋读吴廷翰书而开悟。"[2]朱谦之在《日本哲学史》中说:"古学派的创立者伊藤仁斋则接受了明代吴苏原的影响。"[3]伊藤仁斋之后一百多年,吴廷翰著作成为著名学者中山岷江(1655—1726)捍卫师说的理论武器,也对山川蟠桃(1744—1821)的无神论思

① (明)吴廷翰著、容肇祖点校:《吴廷翰集》,第18页。
② 衷尔钜:《吴廷翰哲学思想》,人民出版社1988年版,第167页。
③ 朱谦之:《日本哲学史》,人民出版社2002年版,第64页。

想产生了影响。三浦藤作在《东洋伦理学史》(张宗元、林科棠译为《中国伦理学史》,商务印书馆1926年版)中把吴廷翰与罗钦顺、王廷相并列为“独立学派”进行论述。至此,吴廷翰的学说在日本与程朱理学、阳明心学相鼎立。我国最早论述吴廷翰的是朱谦之先生,他在《日本的古学与阳明学》(上海人民出版社1962年出版)和《日本哲学史》(人民出版社2002年出版)中介绍了吴廷翰在日本的影响。容肇祖先生撰《吴廷翰的哲学思想概述》,刊登在《中国哲学史论文集》(二集)(中华书局1965年出版),比较全面地阐述了吴廷翰的学术思想。此后,吴廷翰的学术思想在国内引起了相关学者的重视。衷尔钜先生陆续发表《吴廷翰及其哲学思想》的相关论文若干篇,又撰写了《吴廷翰哲学思想》(人民出版社1988年出版)一书,姜国柱先生也出版了《吴廷翰哲学思想探索》(安徽人民出版社1990年出版),这二者是我国研究吴廷翰学术思想比较系统的专著。

吴廷翰以朴素的唯物主义,反对朱熹的客观唯心主义和王阳明的主观唯心主义。在自然观上,程朱理学承认“理”在“气”先,“理”是生物之本,“气”是生物之具,“理”是产生天地万物的根本,这是客观唯心主义理的一元论。吴廷翰则认为“气”为天地万物之祖,是天地万物所由生。他解释“气”,以为“一阴一阳之谓气,道即气,气即道”。他说:“然气未成为质,不过阴阳二者,名以四象,犹为指气而言。其曰水、火、金、木,则皆物已成质之名。”①理即气之条理,坚持唯物主义“气”的一元论。在人性论上,吴廷翰反对程朱理学提出的“天理之性”和“气质之性”,即“理”和“气”二者。他认为性即是气即生。说性是气,是就其实质而言,意在说明性不是超于形气之上空虚的理,不能离开气来谈性,气是性的物质条件,是气之本;说性是生,是就其产生而言,意在说明性不是先天存在的,而是有生之后才产生的。吴廷翰的这一观点,实际上是立足于他的气一元论基础之上。在认识论上,他反对王阳明的“致良知”。他认为只有通过“格物”,“分明使使致知者一一都于物上见得理,才方是实”②。吴廷翰解释格物为至物,至物就是物上见理。所谓“物上见理”,意即在承认客观事物是认识对象的前提下,通过接触事物来获得知识。宋儒们把德性之知和闻见之知对立起来。吴廷翰提出“德性之知,必实以闻见,乃为真知”③,并肯定了闻见之知的重要性。闻见是认识的第一步和认识的前提,只有在闻见之知的基础上的心知才算得上“真知”。在知与行的关系问题上,程朱理学家主张“知

① (明)吴廷翰著、容肇祖点校:《吴廷翰集》,第9页。
② (明)吴廷翰著、容肇祖点校:《吴廷翰集》,第45页。
③ (明)吴廷翰著、容肇祖点校:《吴廷翰集》,第60页。

先行后”说,王阳明反对程朱“知先行后”的观点,进而提出“知行合一”说,吴廷翰批判王阳明“知行合一”说,“适足以掩其知而不行之过,而欲以讲说论辩为圣贤也”①。他指出王阳明“知行合一”的实质是“知而不行”。吴廷翰主张知行是对立统一的关系,既主张知行是二,又承认知行不离。因此,既反对“知先行后”,又反对“知行合一”。他认为知与行是为学的两种途径,从求知这一目的说是一,从功夫来说,知行则为二。

简而论之,宋明时期的哲学实际上是理学、心学及气学三大思潮的并立。由于封建统治者的提倡,程朱理学一直占据着统治地位。陆王心学在明代中期以后也风靡一时。以罗钦顺、王廷相为代表的气学也成为一大思潮,吴廷翰的哲学思想是这气学思潮中不可或缺的一部分。

四 文学成就

国内外学者对吴廷翰的研究,多局限于其哲学思想。笔者拟对吴廷翰文学成就加以论述,总结其文学思想的独特之处,从文学的视角全面了解这位哲学家。吴廷翰不以诗名世,流传至今的几部规模较大的明诗选本中,仅清人陈田的《明诗纪事》收录他的四首诗。《明诗纪事》的编撰以天干为序把全书分为八签,吴廷翰的诗歌被收在戊签十四卷中。戊签收录大致与李梦阳、何景明同一时期,而陈氏认为不属于李、何派的诸诗人之诗。吴廷翰大致与“七子”复古派生活在同一个时期,而在创作上却不遵循“七子”的诗学主张。据容肇祖先生点校的《吴廷翰集》来看,吴廷翰有诗集、文集和散曲,并没有文学理论方面的专著。吴廷翰的文学思想,主要体现在他的《文集》的某些序文中。笔者主要以吴廷翰的诗歌为例,来阐释其文学成就。

弘治(1488—1505)年间,明朝建国已有一百多年的历史,国家政治稳定,文人也多居于显赫的地位,以“三杨”为代表的台阁体成为文坛的主流。台阁体题材上颂圣德、歌太平,艺术上追求典丽雍容。针对台阁体单一的内容和形式,以李东阳为代表的茶陵派提出了“诗学汉唐”的复古主张。茶陵派的诗学复古对前七子的复古理论是有启发意义的。前后七子掀起的复古运动声势浩大,前期不良文风的纠正,有着进步意义。然而他们一味的复古模拟,又丧失

① (明)吴廷翰著、容肇祖点校:《吴廷翰集》,第54页。

了自己的个性。吴廷翰生活在前七子之后、后七子之前这一历史时期，他的文学创作与当时的文坛主流相比，也算是卓尔不群的。与吴廷翰同郡的刘汝佳在《镌苏原先生诗选序》中给予了评价："沈雄浑古秀逸简拔其境地。试一披之，如行云流水，飘渺浩荡，而复捭阖万状，莫可端倪；又若凤矫龙变，人人欣其祥，亦骇其异。"①明万历南京国子监祭酒冯梦祯在《镌苏原先生全集序》中说："先生诗，沉雄典古，直宗少陵。晚更雅淡质素，有陶、韦之遗风。文则本之《六经》、《语》、《孟》，虽汪洋恣肆，如翻风卷涛，顷刻万里，而不离其宗。"②从这种评价中得知吴廷翰晚年的诗作《湖山小稿》有陶渊明、韦应物的山水田园诗的风格。

笔者感觉到吴廷翰除了受陶、韦的影响外，还有受到王维山水田园诗的影响。王维四十岁后，感到仕途的无望，隐居于终南山。他的山水田园诗大部分作于此时。而《湖山小稿》也是吴廷翰归隐之后的作品，也多为山水田园诗。他仿照王维为辋川别业诸景题诗的做法，也为他居住的小百万湖诸景题诗，有《百万湖》、《湖西药墅》、《瓮园》、《莺堤》、《歌塘》等。当时人以此把他比作王维，郡守诸公仿照王维自作"辋川图"的事情，赠给吴廷翰一幅"槎墩图"。吴廷翰在《郡守诸公赠槎墩图》一诗中后两句说："时人错比王摩诘，那有诗名似辋川？"③吴廷翰承认自己想向王维学习，但自己不会像当时文坛七子一样刻意的泥古，反而失去自己的性情。如《池上晓立》"晓来池上立，因风得佳趣。滴滴闻清响，荷杯泻香露。"④由风及响，由声感香，池上晓立的佳趣令人回味无穷。吴廷翰诗歌的魅力在于选取生活中的小事，借以抒发自己的性情。

吴廷翰这种不依傍门户，自成一家的诗风，来源于他的文学思想。明朝中后期文坛上影响较大的是前后七子。他们提出了"文必秦汉，诗必盛唐"的文学主张，从篇章结构到文章的语言，他们都崇尚刻意模古，一直在拟古的圈子中徘徊，作品缺乏自己的真情实感。复古派最终招致后人"唐临晋帖"的讥讽。吴廷翰生于弘治时期，主要生活在正德、嘉靖年间，此时前后七子先后主持文坛，复古模拟之风弥漫一时，针对这种情况，吴廷翰极为不满，他在《蒙斋郑先生集序》中指出，力求和古人，作诗不惜"字字而称之，句句而度量之，貌其体裁，写其音声，一有不类，断断然群聚而攻之……然而读之弥高而趋弥下，就之

① (明)吴廷翰著、容肇祖点校:《吴廷翰集》，第345页。
② (明)吴廷翰著、容肇祖点校:《吴廷翰集》，第18页。
③ (明)吴廷翰著、容肇祖点校:《吴廷翰集》，第205页。
④ (明)吴廷翰著、容肇祖点校:《吴廷翰集》，第212页。

愈近而失愈远，进无以及古人，而退且不能为今人，则以不得其本故也”[①]。吴廷翰从体裁形式方面批判复古派的缺点。紧接着他又指出复古派在内容题材上的不足。他在《郭子章集序》中说：“诗自三百篇后，唯汉魏为近古，唐次之，馀无称焉。我朝力追古作，含腴漱芳，摘奇攟胜，沨沨乎盛矣！若嚅哜之深，搜剔之富，镕铸之工，摸放之真，直欲溯唐人而上之，比于汉魏。然而于诗道似犹有间焉。亡其以性情失真，则词旨不达，音节繁而趣味薄，君子之谓诗之缺也。故曰‘诗以道性情’。”[②]以上所引文字可以看出，吴廷翰主要从形式和内容两个方面，一针见血地指出了复古派的弊端。复古派的刻意模古只会使诗文创作性情失真，最终失去了趣味。

为了拯救这种模拟之弊，吴廷翰提出了自己的文学观。一方面他提出以“性情为诗”的文学主张，也是其诗歌创作的基本特色。吴廷翰认为“盖尝观其本矣，义理溢而成文，性情比而成诗，积而发，感而应，古人非有意于诗文，而天下之操觚濡翰者乃卒莫能加焉”[③]。这是从根本上来说创作，文要说理透彻，诗要真情流露，不要矫揉造作。只有真性情，才能达到“词旨畅，而音节茂，趣味完”[④]的目的。在吴廷翰看来，明初作者，“莫不广大和平，沉郁而不肆，浑完而不离……有不能强以同者，固其本义理而畅性情”[⑤]。刘基、宋濂、王祎、方孝孺等是典范，他们缘情为诗，这一特点在他归隐之后的诗集《湖山小稿》中体现较为明显。如《杂兴》中的前两句：“萤火细微难上天，随风乱落豆花前。夜来月里沙溪小，却恋清辉满钓船。”[⑥]再如《隐居清兴》后四句“白莲寻旧社，绿野结新居。小榻随吾意，轻舟任所如。柴门供竹杖，草阁映花车。静坐庭间鸟，闲行柳下鱼。”[⑦]这些诗句不事雕琢，如叙家常，明白如话。清人贺裳在《载酒园诗话》中论田园诗这么说：“宜于朴实，其曲折顿挫处在转落处，用意不穷便佳，不在雕饰字句。”[⑧]借用这句话来评价吴廷翰的诗，不为过誉。另一方面，诗人在把握自己的思想情感后，应随时因自己的需要来考虑篇章、词藻、声律等问题。复古派一个最明显的缺点就是他们的文学主张与实际创作存在着差距。吴廷翰在他的文学创作中自觉的把理论主张与创作实践相结合。在《吴廷翰

① (明)吴廷翰著、容肇祖点校：《吴廷翰集》，第272页。
② (明)吴廷翰著、容肇祖点校：《吴廷翰集》，第273页。
③ (明)吴廷翰著、容肇祖点校：《吴廷翰集》，第272页。
④ (明)吴廷翰著、容肇祖点校：《吴廷翰集》，第273页。
⑤ (明)吴廷翰著、容肇祖点校：《吴廷翰集》，第272页。
⑥ (明)吴廷翰著、容肇祖点校：《吴廷翰集》，第193页。
⑦ (明)吴廷翰著、容肇祖点校：《吴廷翰集》，第192页。
⑧ 郭绍虞编选、富寿荪校点：《清诗话续编》，上海古籍出版社1983年版，第203页。

行实》中,他总结自己的创作是“作文措词命意,时出自得”,“只看自己性情如何,性情真处,不加隐括,不烦藻饰,信手为之。”[①]陈田对吴廷翰诗歌的评价是“苏原七律疏爽”[②],并举出可诵的佳句为证。与吴廷翰同郡的刘汝佳对吴廷翰的文学作品也有评论,说他的诗“沉雄浑古秀逸简拔……独造之贵,尤耻效颦”[③]。他的诗作很少有模拟之病,如他《诗集》中三十多首乐府歌行词曲,多即事名篇,无复倚傍。

综上所述,吴廷翰大致与七子复古派生活在同一个时期,而在文学创作上却不遵循七子的复古主张,不依傍门户。反对刻意模拟,以性情为诗的文学主张,是他文学观念的独特之处。三十余年后袁宏道在《叙小修诗》中提出为诗文要“独抒性灵,不拘格套,非从自己胸臆流出,不肯下笔”[④]。可以说他对晚明公安派文学主张有一定的启发作用。

吴廷翰兼哲人气质与诗人灵性于一身,他的人品、哲学思想、文学观点及创作,在当时都是有进步性的。

(作者:黄馨慧,女,广西大学文学院硕士研究生)

① 《濡须吴氏宗谱·吴廷翰:吴廷翰行实》。

② (清)陈田:《明诗纪事》,上海古籍出版社1993年版,第1647页。

③ (明)吴廷翰著、容肇祖点校:《吴廷翰集》,第345页。

④ (明)袁宏道著、钱伯城笺校:《袁宏道集笺校》,人民出版社1981年版,第187页。

五四前后陈独秀报刊编辑思想论略*

李其名

陈独秀是中国近现代史上有着重要影响的政治家、学者,也是一位杰出的报刊活动家。他一生创办和参与编辑的报刊多达十种以上,写下一百多万字的报刊言论作品。他在五四前后的影响,同其创办、利用报刊介绍、宣传新文化、新思想是分不开的。作为一名报刊活动家,陈独秀实践了革命派报刊、民主自由派报刊和党报党刊等报刊理念,尤其是开创了中国无产阶级政党报刊的先河。更为重要的是,他在实践中所积累的报刊编辑思想,丰富了中国新闻史的实践部分,具有独特的理论价值,对我们今天的报刊编辑工作仍是一笔宝贵的财富。

一 革命派时期的报刊编辑思想

陈独秀从事报刊编辑活动,是在"救亡图存,发爱国之思想,振尚武之精神,使人人能执干戈卫社稷,以为恢复国权基础"①成为时代主题的社会条件下进行的。这一时期陈独秀虽为革命派,但在具体的报刊操作中,主要是用维新的方法形成革命的舆论。受到维新派的影响,陈独秀看重报刊的作用,一些演说词和报刊实践已经反映出陈独秀对报刊编辑的理解。

(一)刺激舆论,保障言论自由

陈独秀年轻时就很看重印刷品的舆论刺激功能,早在他参加江南乡试落第后不久,就有过印发作品来宣扬自己思想、刺激舆论的举动。1897 年底,陈

* 本文是安徽省教育厅人文社会科学重点研究基地一般项目"陈独秀报刊活动研究"(SK2012B593)的阶段性成果。

① 陈独秀著,任建树主编:《陈独秀著作选》(第一卷),上海人民出版社 1993 年版,第 17 页。

独秀写成了一篇约七千字的《扬子江形势论略》。撰写此文的目的,是因为“近时敌鼾卧榻,谋堕神州,俄营蒙满,法伺黔滇,德人染指青齐,日本觊觎闽越,英据香澳,且急急欲垄断长江,以通川藏印度之道路,管辖东南七省之利权,万一不测,则工商裹足,漕运税铜在在艰难,上而天府之运输,下而小民之生计,何以措之”①。时为“康党”分子的青年陈独秀所具有的清醒的忧患意识和深沉的爱国思想,在文章中得以充分体现。他将这篇《扬子江形势论略》自费刻印散发,广泛宣传自己的主张,以唤起国人爱国救亡意识,当时的他只有十八岁。可以说,陈独秀以后利用报刊作为宣传新思想、唤起民众觉悟的工具,并成为一名成绩卓著的报刊活动家,与他年纪轻轻就已经看到舆论宣传的重要性不无关系。无怪乎有论者认为:“陈独秀作为传媒人的生涯实际上可追溯到此时。”②

陈独秀真正参与报刊活动始于1903年。1903年6月,“苏报案”发生,宣传反清革命的《苏报》被清政府查封。同年8月7日,《国民日日报》在上海创刊,这是“‘苏报案’发生后创办的第一家革命派报纸”③。陈独秀参加了《国民日日报》的创办和编辑工作。他和章士钊除总理编辑事宜外,还负责全部文字和校对。《国民日日报》以反清排满为宗旨,刊载的文字有时论、学术、思想介绍以及中外、地方新闻等。“发刊未久,风行一时,时人咸称为《苏报》第二”④。在北洋军阀统治时期,根本谈不上有多少言论自由,扣报刊、检阅函电、封报馆、杀记者事件,层出不穷。进步报纸往往中途夭折,正直记者常常横遭监禁,严酷的环境使得新闻事业只能苟延残喘,此时对新闻出版言论自由的要求和呼唤也就显得格外的迫切与必要。陈独秀发表文章对当局的迫害进行猛烈的抨击,还通过论述法律与言论出版自由的关系指出言论自由的重要性。陈独秀在《旧党的罪恶》一文中指出:

> 言论思想自由,是文明进化的第一重要条件。无论新旧何种思想,他自身本没有什么罪恶。但若利用政府权势,来压迫异己的新思潮,这乃是古今中外旧思想家的罪恶。这也就是他们历来失败的根源。至于够不上利用政府来压迫异己,只好造谣吓人,那更是卑劣无耻了!⑤

---

① 陈独秀著,任建树主编:《陈独秀著作选》(第一卷),第12页。

② 阎小波:《论世纪之交陈独秀的思想来源与文化选择》,《社会科学研究》2002年第4期,第116页。

③ 方汉奇:《中国新闻传播史》,中国人民大学出版社2003年版,第130页。

④ 冯自由:《革命逸史》(初集),中华书局1981年版,第135页。

⑤ 陈独秀:《旧党的罪恶》,《独秀文存》,安徽人民出版社1987年版,第472页。

在《国民日日报》工作的这段经历,对陈独秀来说意义不凡。这是他第一次把报刊作为宣传工具来唤醒、启蒙民众。作为《国民日日报》的创办人之一和编辑兼撰稿人,可以说陈独秀由此积累了办报的各方面经验,为他日后的报刊活动奠定了良好的基础。他将报馆比作"长舌",更善讲逆耳之言以"刺击"舆论,不仅唤起爱国,也抨击封建道德,斥责现实政治的腐朽呼唤"可爱之国"的政治制度,认为这种制度的根本在于"保障人权",使国民有言论思想自由。虽然此时他只是简单提出了"思想言论,事实之母"的要求,但思想、言论自由的要求已有所体现。

(二)"通时事"之沟通职能和"开民智"之教化职能

晚清最后十年,白话报刊蓬勃兴起,尤其在1903、1904年先后出现近二十份白话报。1904年3月31日,陈独秀创刊《安徽俗话报》,这是安徽地区最早鼓吹革命的报刊。陈独秀以"三爱"为笔名,在该刊上发表了50余篇言论作品。陈独秀在所写的《开办〈安徽俗话报〉的缘故》一文中,较为系统地阐述了这种办报理念:"人生在世,糊里糊涂的过去,一项学问也不懂得,一样事体也不知道,岂不可耻吗?有钱人不通时事,若遇有兵荒扰乱的时候,那里可以避乱,那里可以谋生,那里是荒年多盗,那里是太平无事,这都要打听的一些真实的消息,才好保得身家性命哩。穷人越发要懂得点学问,通达些时事,出外去见人谋事,包管人家也看得起些。通时事、开民智关涉保性命、谋生活,其重要程度不言而喻。买几种报来家看看,也可以学点学问,通些时事,这就算事半而功倍了。"①《安徽俗话报》"传递消息"的功能,主要是通过新闻类栏目实现的。《安徽俗话报》设置的门类中有论说、要紧的新闻、本省的新闻、历史、地理、教育等项。陈独秀对各个栏目的定位表明这些栏目将在不同方面发挥"通时事、开民智"的职能。论说是"就着眼面前的事体和道理讲给大家听听";要紧的新闻是把"本国的外国的凡是有了要紧的信息,都要照实登出";本省的新闻是把"安徽地方的治乱,工艺的盛衰,年成的好歹,学堂的光景以及各种奇怪的案情,都打听得清清楚楚告诉大家";历史栏是"把从古到今的国政民情、圣贤豪杰细细说来,给大家作个榜样';地理栏是把"本省的外省的本国的外国的山川、城镇、风俗、物产都要样样写出";教育栏是传授"读书的法子,好教穷寒人家妇女孩子们不要花钱,从先生也能够读书识字通点文法"②。《安徽俗话报》对全国形势的关注和对本省时事的报道,开阔了读者的视野,充分体现了

① 陈独秀著,任建树主编:《陈独秀著作选》(第一卷),第23页。
② 陈独秀著,任建树主编:《陈独秀著作选》(第一卷),第24—25页。

该报全国观念与地方意识的相互观照。

二 民主自由派时期的报刊编辑思想

辛亥革命的失败,对陈独秀刺激很大,痛定思痛,他以为中国要进行政治革命,须从“思想革命开始”。从这一时期陈独秀的身份来看,他已经由一位激进的民主主义者转变为一个自由知识分子。从陈独秀所从事的报刊活动来看,不论是《新青年》还是《每周评论》都尽量保持独立的姿态,探讨民主的学理和实践。陈独秀所发表的各种报刊言论作品反映出他对舆论更为深刻的看法,总的来说,这一时期不仅是陈独秀的报刊活动的成功实践期,更是其报刊思想成型期。

(一)报刊要反抗舆论

陈独秀对社会舆论极为重视,他之所以热衷于报刊活动,就在于他充分认识到报刊是一种威力强大的舆论工具,社会改革离不开舆论的支持。“要改革社会,就必须掌握舆论工具,营造有利于改革的社会舆论。”①在需要社会变革之际,社会舆论常常受当时历史条件的限制,往往比较守旧,这时,需要理性而明智的辨别舆论的内容,需要大胆的反抗舆论。在陈独秀的“反抗舆论”思想里,主要反抗两种“舆论”,一种是代表着落后思想的“俗见”,另一种是代表着军阀封建统治的现有“法律”。“共和国里当然要尊重舆论,但舆论每每随着多数的或有力的报纸为转移,试问世界各共和国底报纸那一家不受资本家支配?有几家报纸肯帮多数的贫民说话?资本家制造报馆,报馆制造舆论,试问世界上那一个共和国底舆论不是如此?”②面对这样不利于民众的舆论,他主张毫不调和地反抗舆论,体现了改革社会的强烈感情。

(二)重视新闻评论

在十月革命爆发、一战结束的国际国内形势下,为弥补《新青年》作为大型理论型月刊刊期长、编辑同人旨趣分化、不宜刊登政治时评的不足,1918 年 12 月 22 日,陈独秀和李大钊在北京创办《每周评论》。作为小型政治报,以“主张公理,反对强权”为宗旨,对外反对帝国主义战争及侵略,对内反对军阀武力政治。陈独秀以论说形式去评说时政, 而且有很多是与老百姓关心的时事相

---

① 胡正强:《中国现代报刊活动家思想评传》, 新华出版社 2003 年版,第 25 页。

② 陈独秀:《国庆纪念底价值》,《独秀文存》,第 373 页。

联，很接近新闻评论了，如《瓜分中国》、《论安徽的矿务》等等，这种论说与时事相联，与老百姓身边事相联，边说理边评论，具有很大的启发性，在宣传斗争中取得了很好的效果。《新青年》的《随感录》专栏也经常发表短小锋利的时评，被誉为“匕首”、“投枪”式的评论文体，后来逐渐成为报刊的一种常用文体。陈独秀重视报刊的评论发展，打破了民国以来报刊沉闷的局面，充分发挥了报刊的战斗作用。

（三）注重读者工作

在这一时期陈独秀的报刊实践中，注重读者工作一直是个突出的特点。《新青年》一创刊就向读者宣布：“本志特辟通信一门，以为质析疑难，发抒意见之用。凡青年诸君对于物情学理有所怀疑，或有所阐发，皆可直缄惠示，本志当尽其所知，用以奉答，庶可启发心思增益神志。”①《新青年》从第一卷第一号开始，便设有“通讯”一栏，刊载编者与读者和作者的往来信件。在这些来信中，不仅有对《新青年》的表扬，也有很多直言的批评。应该说，刊载这些批评的来信，正体现出《新青年》的勇气和胸襟。《新青年》的编辑不仅根据读者所提的问题对论敌思想进行有针对性的批判，还经常从读者来信中引出新的重要论题，不仅教育和帮助读者提高思想认识，也从中发现和联系新的作者，扩大了自己的影响和作者队伍，特别是它注意发现和培养青年作者，值得今天报刊工作者重视。

三　政党报刊时期的报刊编辑思想

五四运动后期，社会主义、马克思主义作为一种思潮被介绍到中国。这一时期的陈独秀接受了社会主义学说，逐步开始向马克思主义者转变。1920 年 4、5 月间，陈独秀经李大钊介绍与苏联代表接触，开始筹备建党，在开展组织准备工作的同时，也从事建党舆论准备，继民主自由报刊之后，陈独秀开始有组织地创办代表无产阶级党派的报刊，在中国共产党新闻思想史上也留下了宝贵的实践和理论财富。

（一）注意言论平衡、反对新闻侵略

“临城劫车案”（笔者注：1923 年 5 月，山东枣庄地区的土匪扒毁铁轨，劫

① 胡正强：《中国现代报刊活动家思想评传》，第 16 页。

持上海至北京的列车上的旅客300余人,其中外籍旅客39人,制造了轰动中外的"临城劫车案"。)后,帝国主义国家以保护侨民的借口要求共管中国,向国民政府施压,酿成了一次外交危机。陈独秀指出此时中国的报纸受到了帝国主义和国民政府收买或压制,不仅对中国人封锁消息,更在言论上偏袒外国人,已经成为帝国主义的应声虫。这些做法严重损害了报纸的人格,是新闻界的耻辱。更为严重的是,报界并没有意识到自己已经为帝国主义新闻侵略所利用:

> 五卅运动起,帝国主义者知道中国的民族运动已经不是单纯的炮舰政策可扑灭的了,势必动用宣传的力量;可是宣传的方法又不便直接反对中国民运动,于是乃用反赤口号来破坏中国民族运动,他们乃雇佣一些中国人,印发《诚言》报,每期数十万份,广布于市民……帝国主义者这两个政策,中国民族运动很大的打击,其效力竟在炮舰政策之上!①

因此,抵制报刊言论的偏颇,已经不仅仅是维护报刊的人格、正确引导舆论的要求,更是半殖民地社会里报刊必须警惕的切实需要。陈独秀对引导舆论提出的这些要求,在今天看来,已经有了"媒介批评"的意味。他不仅认识到了当时报刊体制上的弊端,如报刊为经济和政治权力的制约丧失了独立气节,而且认识到看似独立的报刊在具体的舆论操作中存在着失语等问题。

(二)重视报刊的宣传组织功能

有关报刊组织和动员功能的论述最早可追溯到列宁的党报思想。二十世纪20年代,我国所接触的马克思主义新闻理论,实际上是俄国的列宁党报学说。1901年,列宁撰写了《从何着手》一文,就党报的职能提出集体宣传、鼓动、组织三大作用。而年轻的中国共产党报刊已开始自觉遵循列宁新闻理论的党报原则,其中对组织动员功能的理解,主要体现在党报与群众的联系、对群众斗争的具体组织与领导方面。

1920年8月,陈独秀多次在参与创办的工人刊物《劳动界》上发表文章,宣传工人阶级的历史使命,指导工人运动。陈独秀在《劳动界》第2册发表了《真的工人团体》,指出:"工人要想改进自己的境遇,不结团体固然是不行。……觉悟的工人呵!赶快另外自己联合起来,组织真的工人团体呵!"②工人有了觉悟后,便要求组织起来,成立工会。1920年10月3日,上海机器工会召

---

① 陈独秀:《陈独秀文章选编》(下),生活 读书 新知三联书店1984年版,第138—139页。
② 陈独秀著,任建树主编:《陈独秀著作选》(第二卷),第152页。

开发起会，陈独秀出席并演说。同年11月21日，中共领导的第一个工会组织——上海机器工会宣告成立。党报的确对工会建立和工人运动起了组织和动员的作用。这一时期，陈独秀在《向导》上连续发表了《上海大屠杀与中国民族自由运动》（第117期）、《此次争斗的性质和我们应取的方法》（第118期）、《我们如何应付此次运动的新局面》（第120期）等多篇文章，分析了五卅运动的性质，并就斗争中所采取的策略进行了指导。如在《我们如何应付此次运动的新局面》中，陈独秀提出了具体的斗争方法："扩大工商学兵农联合会或雪耻会遍于全国，成为群众的行动机关；急须在北京或上海组织全国工农学商兵联合大会，以为指导全国运动的中央机关；急须武装学生、工人、商人、农民，到处组织农民自卫团，以抵抗军阀之压迫等。"①陈独秀直接领导了五卅运动，他的报刊活动对运动的发展变化起到了组织、领导的作用。

陈独秀通过对辛亥革命失败及其他几次国民运动中失败教训的总结，明确表示必须重视革命的宣传与组织工作。其实，这一思想早在他还是革命派的时就已经有所体现，只是在经过革命的失败和报刊的成功实践后，这种认识更加全面和深刻。如果陈独秀此前把启发舆论作为达成民主的手段，到此时，他则从革命战略的高度把舆论宣传作为一种革命斗争形式，从革命的舆论准备及宣传组织等方面发动民众，把舆论功能由民主思想下的个人权利的争取扩展到民族国家生存发展权的革命斗争上，此时的"舆论"更多地与"宣传"等同，成为一种有组织、目的性更强的舆论运动形式。

（三）报刊宣传要讲究策略

这一时期陈独秀在报刊编辑的实际活动中，在继承和借鉴前人的报刊编辑方法与经验的基础上做了许多独创性的工作。首先，对于重大事件，陈独秀使用集中连续传播的宣传方式。在五卅运动时，陈独秀在《向导》上先后发表了11篇有关五卅运动的文章，运用连续传播的宣传方式，可以使人们在较长一段时间内关注某一事件，宣传的效果持续时间更长一些。其次，宣传要符合民众切身利益。陈独秀在总结辛亥革命舆论宣传失利的第一个教训是革命口号脱离民众，此时根据当时的革命形势和任务提出，"殖民地半殖民地的国民革命之成功，当工农民众的力量之发展与集中为正比例；而工农民众的力量，又只有由其切利害而从事阶级的组织与斗争，才能够发展与集中"。一个符合民众切实利益的革命口号有成功组织民众革命的可能，但是，陈秀进一步指出："这决不是什么空口宣传主义可以收效的，民众所认识的是事，所感觉的是

① 陈独秀著，任建树主编：《陈独秀著作选》（第二卷），第888页。

切实问题,离开他们的切身问题,离开事实的主义,不会真能让他们相信;反之不兑现支票式的宣传,会使他们发生反感。只有由革命而给们以切身的利益,他们才能了解革命于他们有利益,他们才真能自动的为拥他们自己的利益而拥护革命,不是为革命而拥护革命,更不是为革命党而拥革命。"①所以,革命宣传需要符合民众切身利益的口号,这只是革命成功的一个必要条件,更为关键的是,革命本身能够给民众带来实际利益。这根本上仍旧体现着舆论宣传与革命斗争相结合的思想。

综上,陈独秀在五四前后的报刊编辑思想是其思想中重要的组成部分。纵观其一生,从一介书生成长为一名出色的报刊编辑和革命宣传家,他在将近二十年的报刊编辑生涯当中所积累的丰富经验、卓有见地的报刊编辑思想,不仅对当时的报刊编辑出版事业产生了重大的影响,对近代报刊业的发展起到了强有力的推动作用,就是在今天,他的报刊编辑思想对于我国当代报刊出版事业的发展,仍然具有十分重要的借鉴意义。

(作者:李其名,男,讲师,淮北师范大学文学院)

① 陈独秀:《陈独秀文章选编》(下),第345—346页。

吴孟复诗学综论
——附吴孟复早年诗作选辑

纪健生

一　吴孟复先生生平与著述

吴孟复(1919—1995),原名常焘,字伯鲁。又字孟复,遂以字行,改字山萝。别号勉堂,室名商邃室。安徽庐江人。幼读诗书,11 岁出家塾,入芜湖广益中学读书,1934 年考入无锡国学专修学校,1937 年毕业。抗战胜利后,任上海法政学院教授,暨南大学副教授等。1949 年秋,在上海文物保管委员会编纂组工作。1950 年,回故乡安徽,任滁州中学教导主任。1956 年到合肥教师进修学校(即后来的合肥师范学院)任教员,1957 年被划为右派,在学校图书馆从事编目工作。"文革"中下放砀山县农村劳动。1975 年到今淮北师范大学前身安徽师范大学淮北分校任教,学校改为淮北煤炭师范学院后,历任教授、图书馆长、《淮北煤师院学报》社科版主编、中文系主任、古籍研究室主任等。1987 年调安徽教育学院,任教授,同时主持安徽古籍整理工作,担任《安徽古籍丛书》编审委员会主任委员。主要著作有《黄山谷诗补笺》、《训诂通论》、《古书读校法》、《唐宋古文八家概述》、《屈原九章新笺》、《吴山萝诗文录存》、《语文阅读欣赏例谈》、《桐城文派述论》、《古籍研究整理通论》以及《刘大櫆文选》与《刘大櫆集》校点,主编《古文辞类纂评注》、《续经籍纂诂》等。论文百余篇尚未完整结集,仅有淮北煤炭师范学院安徽文献整理与研究中心搜集整理的《吴孟复安徽文献研究丛稿》出版。关于吴孟复先生的治学特点,我曾总结为,"学兼汉宋,文擅韵散,会语言、文学、历史、哲学于一途,融目录、版本、校勘、训诂为一体,合阅读、整理、研究、教学成一事"(《吴孟复学术传略》)。他是安徽省具有代表性的著名学者,尤其是地方文献整理与传统学术方面当之无愧的领军人物。

二　吴先生学诗经历

吴先生自幼接受诗学教育，八岁时就有《荷塘晚步》之作："夕阳西下晚凉初，我辈随师出草庐。最爱方塘浓绿里，风吹荷叶见游鱼。"经塾师将"吹"易为"开"，即明炼字之重要。九岁作《过布厂旧址》："轧轧机声已寂然，吾翁辛苦几人怜。昨宵亲见低头叹，此事还需几十年。"已知表达世事艰难、为亲分忧之情。入芜湖广益中学读书，家中还请张仿舜先生专课国文，教读诸家诗集。"读罢龚谭读两当，曼殊诗句更清狂。楼头春雨潇潇夜，尺八箫声在耳旁"（《幼学杂忆》之一）。所写的就是指此。时仅 11 岁，就在《皖江日报》发表《鸠江冬雪二首》："一夜梨花万树开，鸠江上下玉楼台。不知江上船谁到，又恐明朝米价抬。""便从一雪望年丰，远近人家笑语同。又恐年丰民更苦，人言谷贱亦伤农。"小小年纪，便知诗非妄作，社会民情，已与诗心交融。在广益中学，国文老师有陈梦家先生。梦家先生于古文献、古文字名家外，也是著名诗人，在学校组织学生诗社，指导学生学习写作。朱湘投江自杀，陈梦家率学生至江边吊唁，吴孟复写了七绝《广益中学同陈梦家先生等吊诗人朱湘》二首："狮子山头木尽凋，大江风雨涌惊涛。诗魂不识归何处，倘逐浔阳上下潮。""有人昨夜傍孤桐，寂默长天数过鸿。何处箫声来宛转，声声来自大江中。"诗风瘦硬老到，明显可见受经典作品影响的痕迹。

吴先生入国专后，朝夕亲近唐蔚之、钱子泉、陈石遗诸大师，学术日积，诗文日进。尤其是陈石遗，作为宋诗派领袖，同光诗坛巨擘，以近八十高龄，亲为诸少年学生说法，口讲指画，金针度人。曾听吴先生讲陈老讲课情形，其于讲台上，不是面对学生端坐，而是面朝外，悠然自得地，有时拈一枚瓜子，有时又客气地转身，以袍袖相掩，呡一口茶。讲唐诗，忽然批评起来，说不如宋诗，于是就讲开了宋诗。不一会儿，又批评说不好，还不如自己的诗，于是就如数家珍地讲起了他自己的诗来。陈老讲诗要转折层次多，常用的经典比喻是，提起自己的长衫或长袍的衣角，折叠一次，再折叠一次，三次以后，才兴奋地说好诗。他改学生的习作，常是极力称赞其中的某一句，然后就把其余各句全部删去，让学生就以这保留的一句作为开头，继续完篇。再改时，仍是如法炮制。如是者三，才算完成作业。吴先生除听讲、习作之外，还经常去陈家中，帮老人家磨墨理纸，看他当案挥毫。牵涉到诗文字句时，老先生也就免不了指点一二，他顺便也就聆受了教诲。由于国专学生入学前大都受到过良好的国学教育,有不少人还经受过名师宿儒的指点,所以入学时,唐先生都一一询问过他们此前的老师为谁,并不时地流露出崇敬之色。像吴先生这样有一定诗学功底与写作经历的学生,在石遗老等一代诗翁的指点熏陶下,自然对旧体诗词的兴趣与追求热情倍增。他与同学共十人,比拟于唐代大历十才子,课余之间,游山玩水,酬答唱和,并出版了诗集《惠麓同声集》。同时,吴先生到桐城拜与廖平并称为"天下两大经师"的姚仲实(永朴)为师,学习经史。又在上海拜庐江陈子言(诗)、湘乡袁伯夔(思亮)、闽侯李拔可(宣龚)为师,学诗古文。陈诗尊唐,陈衍宗宋。吴先生先学唐,后亦渐入宋风。又曾经姚永朴、袁伯夔通名于陈三立,经常寄呈诗作求教。也一度向马一浮请益并有诗作唱和。后又拜歙县许疑庵(承尧)为师,直到在上海文管会工作,与柳诒徵、陈叔通、尹瘦石诸老,皆有赠答。他在《七十生日述怀》中有言:"生迟何敢忘乾嘉,犹及光宣几大家。"盖实录也。

三　吴先生之才学与诗

钱仲联先生序《吴山萝诗文录存》曰:清三百年间之治方术者多矣,而皖学为尊。南则休宁戴氏以考据著,北则桐城方、刘、姚以文章雄。要其终,二者未尝不殊途而同归。七十年前,北庠大师姚仲实先生以诗古文启迪后进,不侈谈考据,然亦通于训诂,明于制数。先师唐蔚之先生,出清末考据家黄元同先生之门者也,创无锡国学专修学校,培育多士,虽讲义理,亦重文章。而南庠大师柳君诒徵则考镜源流,平章学术,亦宏实斋之学,然亦不薄诗文。吴君孟复著唐氏(文治)弟子籍,又亲承姚(永朴)、柳(诒徵)诸老謦欬,考据词章,融于一冶,沐皖学之泽,纬以新知,开拓宧宎,既深文理以通训诂,著有《训诂通论》、《古书读校法》、《屈原九章新笺》诸书;又考源流以研究诗文,著有《唐宋古文八家概述》、《桐城文派述论》等。而所作诗文又数百余篇,虽为诗文,实皆述学,沉浸浓郁,提要钩玄,考订精严,文词尔雅。是合皖江南北之长,果能善用而相济者矣。

先生自幼勤于读书,颇历名师。在国专,唐、陈、钱三老之外,又有陈天倪、孙人和、叶长青、顾实、冯振心、王蘧常、钱仲联等师长指导。在校外,他于皖江南北以及沪上广求名师,从姚仲实学群经大义与桐城古文;从陈子言学唐诗及乡邦文献;从袁伯夔学湖湘派古文与诗法;从李拔可学诗古文兼治韩愈、梅尧臣研究;从许承尧,从马一浮学诗,兼通六艺之学;从柳诒徵治目录版本之学等,都受到了切实的指点,袁伯夔还将他通名于陈三立,使他得以与之通信或寄呈诗文。这些硕学耆儒,"咳唾皆为清史料"(《拔可师招饮》),而且自今日观之,几乎都可列入大师之列。经由这些大师耳提面命、口讲指画,对他语言文字学、文献学以及传统文史哲等学术的提高,确实有点铁成金之效。而他将治语言文字、治典籍文献、治文史哲之学的积累与功力,用之于诗词写作,其入手之正、出手之高与随手之变,皆不同凡俗。

先生之诗作,根柢于学,汲养于文,出唐入宋,而受"同光体"影响尤多。其论学之什,最能体现学术底蕴的滋养。其参加古文论研讨会,有诗云:"嵇康清峻宛陵雄,诗学诗功事本通。莫以玄谈文浅隘,从无妙手出空空。""诗人诗与学人诗,二妙居然一手持。东有散原新境界,百年风气曾开时。"论"桐城派"诗云:"信有传神绝妙词,此中消息待真知。浔阳江上渔歌子,本不同于富贵诗。""语体精严语律通,修辞贵洁古今同。望溪义法无神秘,只在文从字顺中。"《读清诗别集》关于诗与学的关系,更大畅厥旨:"性灵神韵皆由学,'岂有佳人不读书'。博学于文行有耻,故应唐宋得齐驱。""书搜孔壁变秦声,学派诗风只手成。却笑欧虞与骑省,错将辞采博时名。""妙悟原由积累多,空疏枉自费吟哦。畲山诗与浮山学,识自书深不自他。""句参长短气偏雄,瓶水诗篇别样工。曾读阁书三万帙,性灵原自出书丛。"这些既是他深刻的体会,亦可视为夫子自道。

先生之诗,根柢于其学,亦得益于其文。先生泛览百家,终皈依桐城之文。文风清通雅洁,其诗亦如之。尤其是先生力主言能尽意,认为前人说言不尽意,是说明用语言要如实地反映客观,准确地表情达意,的确是很不容易的。但此"不容易",并非"不可能"。作家、诗人的职责就是要使言能尽意,而前辈大师的作品,更是言能尽意的佳证。合语言与文学,融训诂入辞章,就能使汉语达到尽意的目的。

四　吴先生之诗学追求

先生论诗,谓唐诗以韵胜,宋诗以理胜,清诗以学胜,唯其如此,故能度越元明而与唐宋鼎峙。这是他于学诗历程中,刻苦磨炼、涵咏体味、手摹心追、甘苦备尝之后,得出的既是经验之谈,也是理性之评。非浅尝辄止、偏见耳食者所言。而其所崇奉之诗人、诗作,皆重其为人、学养与内涵,视诗名、藻绘与形式为第二义,尤其倾向于学人之诗,反对空疏低俗之作。他儿时就记忆深刻并至老仍能随口举出的例子,是塾师讲的某人《咏汤团》中的"甘白皆能受,浮沉总不惊"。他最心折的诗人是才学识统一的陈散原,中学时写的悼念朱湘的诗中,就有散原诗的影子。在大学课堂上,他讲的最多的是龚自珍、林则徐和谭嗣同。"'苟利国家生死以,岂因福祸趋避之'。千秋孔墨同心事,说与诸生日诵斯。""'河流大野犹嫌束',红化'春泥更护花'。横览九流到《仁学》,各开风气各成家。"

先生于唐宋,一生倾倒李、杜、苏、黄,解读李、苏诗词最多,而研究杜、黄最力。对于所谓"李杜优劣",先生从不置词,但曾就李、杜之诗作过对比。他认为,李诗感情豪放,表达偏于类型化,如"我寄愁心与明月","桃花潭水深千尺"之类,不仅可用于送王昌龄与别王伦,而且可作为送别之作的印板到处套用。而杜甫则不然,《梦李白》二首只能是杜甫怀念李白;"郑公樗散鬓如丝,酒后常称老画师。万里伤心严谴日,百年垂死中兴时",更只能是送郑虔。这并非扬杜抑李,仅是举出送人之作的几例,却显出先生对诗味的敏感。先生对李白是由衷尊崇的,他常引杜甫《戏为六绝句》中"或戏翡翠兰苕上,未掣鲸鱼碧海中",强调诗歌不能只追求精致小巧,也应有气魄宏大的时代强音。

先生还对学校只教学生读古代的批判现实之作,而写作中又要求去写赞美、歌颂的东西,深致不满,认为学与用截然两途,学生无从借鉴。他多次举王维的"云里帝城双凤阙,雨中春树万人家"为例,称赞其仅用十四个字,就表达了对唐帝国的高度赞美,而且是通过长安的城市形象来具体表达的。吴先生认为,王维所突出的其实就是所谓盛唐气象,从中可以体悟出赞美的诗作技巧。

"有人问作诗,以此告之:一曰起处用反笔;二曰以单行之气寓于对偶之中;三曰虚字传神;四曰篇终接混茫。无一字无来历而又无一语为人道过。此查他山、姚惜抱不言之秘也。"这是他为人写条幅时,即兴发挥出来的诗法总结。第一点是早年从陈石遗学诗的心得。第二点是他从袁伯夔受教的据说是曾国藩、陈三立传递下来的心法。与曾评姚鼐诗"能以古文之法,通之于诗,故劲气盘折"相通。第三点是来自桐城派刘大櫆《论文偶记》的"文必虚字备而后神态出"。第四点借用杜甫诗句,强调的是言有尽而意无穷。这四点把开头、结尾、炼句、用字都讲到了。"无一字无来历"即黄庭坚说的杜诗韩文"无一字无来处";"无一语为人道过",乃韩愈自言"词必己出"与刘勰评屈原"自铸伟词"之意,这两者的结合与统一,就成了中国诗文创作的最高要求。联系到杜甫的"熟精文选理",韩愈的"非三代两汉之书不敢观",以及刘勰上面还有"取熔经意"一语,可见先生的诗学观,是联学问与诗作为一事,会继承与创新为一体,熔诗法与文论于一炉,合语言与文学为一途,经验独到,启人神思。

五　吴先生之诗歌创作与影响

先生十六岁时所作《惠山老萝歌》已相当成熟：

寄畅园中有老萝，年深细干化银柯。
冲天一束披苍霭，羽衣仙客冠峨峨。
长松俊柏同屹立，奇似虬龙坚铁石。
独抱空山寂寞心，犹存二百年前色。
空山风雨几春秋，萝兮犹对桂丛幽。
似借云烟闲养晦，或偕仙隐作同游。
我来访旧披荒草，西风落日龙山道。
不见前朝之行宫，但见此萝之孤矫。
昔者乾隆全盛中，几传六驭狩江东。
肉山酒海寻常事，暇豫偏矜艺事工。
到此看山复饮水，自爱园林暮烟紫。
可怜此萝与乔松，当时并入画图里。
朝市聿更松已亡，独留萝干耸青苍。
山阿未觉风流尽，至贵非因天子彰。
园林最据山中胜，东崖遥对青螺鬓。
阮亭昔为驻车寻，恰有高名与相称。
我愧阮亭诗，嘉名幸附萝。
山风猝起叶谁扫，坐此读书聊放歌。

此诗发表于《青鹤杂志》，并被陈诗采入《尊瓠室诗话》。

1948年于李拔可之硕果亭重九小集，当时沪宁知名学者五十余人，可谓群贤毕至，少长咸集。李先生以《戊子重九》首唱，众人相继赓和。吴先生次韵二首："黍谷余温上静柯，秋晴海气一龛多。商量理妙归凫乙，脱落形骸况突何。那必闲吟依菊坒，已拚泥吟转银河。明朝禊本人间遍，争指先生颜半酡。""未须高处破青柯，正恐登临泪太多。已遣园林酬九日，更收人物似诸何。避时自许留花菊，遮眼聊忘带作河。此际甘从臧盾吟，翻怜萧介失微酡。"这次诗会之作，后被拔可先生收入《墨巢丛刻》。

先生之诗，早年即多获老辈佳评，如：

陈鹤柴（诗）评曰：奔放似赵秋谷，遒逸似戴存庄，出入渔洋、竹垞之间。由此进至三唐，所造未可量也。

袁伯夔（思亮）评曰：曲达而健，举阳刚阴柔之美，兼而有之。少年造诣至此，平生所未见，为之狂喜。

李拔可（宣龚）评曰：作者先治古文而后为诗，故其根柢盘深如此，可敬可畏。

许际唐（承尧）评曰：托意渊微，修辞雅洁，艺林中隽才也。

方仲枽（彦忱）评曰：以淡朴之语，写浓挚之情，居然梅都官矣。

到淮北煤师院后，生活稳定，学术条件充裕，先生诗作也进入一个多产的时期。

《三中全会公报传来喜极赋诗》："妙手从来似化工，嘘枯力有速于风。始知造物成才易，不信诗人到老穷。好雨滋生新卉绿，晚霞染出暮山红。一生吟得诗千首，今日诗成兴倍浓。"这是先生"文革"后第一首诗，写出了当时知识分子的普遍心情。

《与诸公游太平湖山水清美欣然成诗》："果然高峡出平湖，竟胜天然入画图。山水倚偎似阳朔，峰峦起伏即桐庐。雨晴浓淡能兼美，杭颍雌雄总不如。恰喜同舟多俊侣，真看欲界有仙都。"这是在庆祝《汉语大词典》竣工的旅游活动中所作，当时舟行太平湖中，众人因美景醉人而欢呼，群推先生写诗，挥笔立就。

《千帆寄示天问楼诗，赋此寄之》："载酒思听匡说诗，读诗顿觉古非奇。试邀星斗为宾客，自有江山与护持。功罪论从回首处，文章价在动容时。千秋一发真当擢，惜此千秋绝妙词。"程先生诗有"擢发罪难数，行吟老益才"之句，故先生末二句予以回应，程先生接读感佩不已，后至京与舒芜谈及先生，犹屡屡称赞。

《次韵答亚园》："安得长林逐两肩，南山射虎了馀年。前身我是卢行者，后起君真贾阆仙。照眼青枫知觅句，论诗黄叶每怀贤。记参玉版禅师味，烦问邻园可茁鞭。"先生诗如此痛快淋漓者甚少，亦见其诗料与风格之多样。

长诗五古《劬堂夫子逝世三十周年献诗》，一百五十二句，以赋体追怀柳诒徵先生，感情浓至，学理湛然。小诗如《哭懋元》之"当年衫鬓两青青，小别犹愁感不禁"，《寿内子曼华》之"江边不见盛唐山，化作仙姝落人间"，挚友之情，夫妻之爱，经久弥笃。而组诗，如论学诸作《论桐城派》、《读清诗别集》、《幼学杂忆》以及《七十生日抒怀》、《陈迩冬寄示〈闲话三分〉，赋此题之》等，又的是学人诗之当行本色也。先生晚年对题画诗兴趣浓厚，有《题画诗》专著手稿一大本,曾让我为之整理,而我因出差去肥,答应走时再取。不料错失机会,而今所存,已非全璧,只有遗憾而已。

同时作者对先生之诗,亦十分推重。如:

程千帆评曰:诗格老而韵,气深稳而卷舒自如,此惜抱胜境也。

冒效鲁评曰:大作深得墨巢、鹤柴两丈秘传,在唐宋之间,亦非唐宋所能囿。

舒芜评曰:大诗清空浓至,二妙并兼,其往复宕漾处,真宋贤胜境。

又曰:大作一向长于直白言情,不假比兴,此最需大本领,曷胜仰拜。

又曰: 诗才以运学问,学问以斡诗才,炉冶功深,光怪变化。

陈迩冬《答吴山萝兼呈舒芜北山》之二,有“天然深婉北山评,初日芙蓉倘可名。好鸟鸣春先出谷,美人却扇自天成”之句,亦可见 虞(虞愚,字北山)、陈二人的推赞。

六 吴先生之诗词研究

吴先生最重要的诗学观点,体现于他的《论清代的诗风与学风》一文中。简言之就是,唐诗以韵胜,宋诗以意胜,清诗以学胜。清诗度越元明而与唐宋鼎峙。他又有文指出,因被“唐以后无诗”,“ 宋以后无词”这一类说法所误,人们对明清诗词多所忽略。王观堂讲“一代有一代之文学”,意在强调元曲、明清小说的地位,不能与“唐以后无诗”、“宋以后无词”混为一谈。

关于“赋比兴”这一诗学最突出的问题,吴先生也有自己独到的见解。他曾多次指出:(1)文学手法皆有托而非“直陈”,其中,寓意为“比”,托景成象为“兴”,托事写情为“赋”。(2)诗词中三者常综合运用,且多比、兴相兼,或缀合比兴以为赋。用以写出境界、传出神味,以图画信息补言语信息之不足,从而达到言能尽意的境界。他特引方以智之“兴之为比深矣,赋之为比更深矣”,黄宗羲之“写情则偏于赋,味物则偏于比,玩景则偏于兴”,不仅将赋比兴的界定不再局限于朱熹的解说,使之概念更明朗清晰,而且强调了诗歌中赋的特色与重要,厘清了许多理解的误区。

吴先生还认为,诗之体制与格律,讲文学史者于此往往缺乏真知,故多忽略;即使专谈格律之书,也往往只就声韵、对偶、句式言之而于其形式之衍变及神味之关系,则鲜能说得具体。盖无创作之实践,故无由知其甘苦(《诗词散曲概论序》)。当年在上海暨南大学文学院,郑振铎先生告诫他:“吾辈治古诗文,盖将以为学，而非以为文”，先生又有反思。

关于词，先生强调，有人迷信“词别是一家”，且不知赋之为比，不敢引故事、发议论，因而词境不能拓展。但词毕竟不同于诗，因为词曲而诗直，混而一之，豪而近粗，平而无奇，词费而意俭，事直而境浅，就失去了词的性质。

关于思想内容与艺术形式的关系，吴先生认为方以智“中边”之说最为通达透彻：词为边，意为中乎？词与意皆边也。素心不俗，感物造端，存乎其人，千载如见者，中也。

关于诗与学的关系，他在提倡多读书的同时，也反对把抄书当作诗，认为己尚未动于中，又何以动人乎？并引钱田间说：诗有别才，亦有别学。才人之才，声光是也；诗人之才，气韵是也。学人之学，淹雅是也；诗人之学，妙悟是也（以上见谈方以智词）。清诗以学胜，方以智言：读书深，识力厚，才大笔老，乃能躯使古今，吞吐始妙（《通雅·诗说》）。

先生强调诗歌中的感情表达：“夫诗者性情之事也，故有真性情而后有真诗。调章琢句，无病呻吟，华而不实，淡而无味，无其中而强释其外，夫岂足以言诗哉！李拔可先生尝称诗多而人少，夫人少者，有真性情之人少也。”（《云水轩吟稿序》）

作为语言文字专家，他是真正地把诗当做民族语言的艺术来看待并加以研究的。其专著中谈及诗词欣赏的部分，也不忘讲汉语言文字之妙。在《诗词语言艺术例论》中，从汉语言文字的字为本位、组词灵活、词长伸缩自如、同义词丰富、字音平仄有致到典故运用以及句法变化、章法腾挪直至赋比兴的手法、诗与词的风格等十个方面，通过对大量诗词名篇精辟而独到的解读，分析归纳了汉语诗词的语言艺术特色，淋漓尽致地体现了他对诗词“言能尽意，诗有达诂”的读解赏评宗旨。

吴先生研究诗词的方法，有一个突出的特色，即作为他学术结构核心的文献学方法与小学方法的结合。他讲李白词二首的真伪，既以“极”“尽”解“秦娥梦断秦楼月”之“断”，以证秦娥不在“秦楼”，而仅为“心驰”秦地，进而联系太白夜郎放回，重游湖湘，有“云飞秦塞云”的诗句，与词二首发现于今长沙正合。讲李白《蜀道难》中“所守或非亲”，一作“非人”，即联系到当时领蜀者正为杨国忠，正合张载《剑阁铭》之“非亲勿居”，但却明显为“非人”，对揭示此诗本事，开掘较深。一次夜谈，先生讲到与人争论杜甫卒地，在报刊上往来辩难。快结束时，对方突发一文，谈到唐人多以老杜可卒于岳阳，极少提到耒阳。先生顿觉反证有力，几乎难以辩驳。展转反侧至深夜，猛然想到，“岳”、“嶽”字通，但“嶽阳”可写作“岳阳”，而“岳阳”绝不可写成“嶽阳”。所以，“岳阳”也就是“南岳”之阳，即耒阳。这些学术细节，既是积储使然，也是智慧闪光。先生百炼钢化为绕指柔,神乎其技矣!

七 吴先生之诗词教学

吴先生20世纪50年代在合肥师范学院教授古代诗词,讲到宋人张孝祥《西江月》词:"满载一船明月,平铺十里秋光。江神留我看斜阳,吹起鳞鳞细浪。"有学生看出"明月"与"斜阳"的矛盾。先生称赞其善读深思,指出这是"明人好刻书而书亡"的结果,并举双照楼覆宋本《于湖词》作"满载一船秋色,平铺十里湖光"对比,融文献学知识于诗词欣赏之中,令人叹服。而讲王维《送李梓州之蜀中》的"文翁翻教授,不敢倚先贤"时。则联系韩愈《兰田县丞厅壁记》和王维另一首诗《赠刘兰田》来互相证发,指出王维意在暗示,此时不同于文翁之时,"汉女输橦布"明赋敛尚重,"巴人讼芋田",明狱讼犹烦。李不当仅效文翁之教授而不务民事也。"不敢"正切王维的态度,而并非"敢不"之讹。征文考献,知人论世,合以训诂,审其词气,讲一小诗,而具见学养、功力。

先生著作中,皆有教人阅读、欣赏与研究诗词的篇章。如,在《古书读校法》的《诗词的阅读与研究》一章中,关于"阅读与欣赏"谈到,一、读通章句,理解其义。从字、词、句、典故、篇章结构以及如何对文本进行校雠考订等方面,讲了阅读层面的相关问题。二、知人论世,熟悉其人。从时代特点、作者经历与心态、写作场合的角度,讲了诗与诗人及其所处时代、环境的关系。三、置身其间,如历其境。从如何展开想象、触类联想、曲体诗情、由文生情等方法论上,讲了感性层面的东西。四、开掘要深,曲尽其妙。则从由境及意、由实及虚、由虚及实、由物及人几点,讲了理性分析的方法。五、含英咀华,深知其妙。剖析入微、综观其全、领略气味、转益多师,更读者从阅读与欣赏的层面引导到研究方法和理论探讨的层面了。又进而从义理、考据、辞章的结合,德、识、才、学的统一,理论水平与研究能力的兼备和要善于发现问题等方面谈到诗词的研究。在《古籍研究整理通论》的第七章《分析与欣赏》中,从词的组合、词的伸缩、词义同异、字音选择、典故活用、句法变异、章法腾挪、比兴与赋等方面讲诗词语言艺术。又从赏遣词之确、赏比兴之奇、赏立意之新、赏神韵之妙等方面讲了诗词鉴赏。

在《诗话》中,由于针对的对象不是在校学生,而是老年大学学习诗词写作的、有丰富阅读与写作经历的人,还有就是热爱诗词创作的社会青年,先生突出强调的就多为实践的经验与有效的方法。

1. 在“不遇金丹不得仙”条中，吴先生引王国维“世间尽有洪崖骨，不遇金丹不得仙”之句，说明学诗须有经典理论与方法的指引与点拨，不然不得其门而入。他把袁枚强调性灵的《随园诗话》作为第一粒金丹，认为便于初学，以文艺学高论对待初学，反而束缚人的思想。王渔洋 “以不说出写说不出”的“神韵”说作为第二粒金丹，王国维的“境界”说为第三粒金丹。这两点都是强调诗是写诗人之境，要有神游味。他引王氏之言曰：“一切境界无不为诗人设，世无诗人则无此境界。夫境界之道于吾心，而见于外物者，皆须臾之物，镌诸不朽之文字，使读者自得之遂觉诗人之言，字字为心中欲言，而又非我所能言，此大诗人所秘妙也。”他同诗也讲到校读与考据以及名师指点，也是学诗的金丹。

2. “无诗不能自通”条，他指出，作诗不应拘于流派，然学诗不可不知流别。此犹学书学画，汉碑北魏，南宗北宗，苟不能读碑读画，不知用笔，则必不能取法。他以自己学诗经历：塾师张仿舜以“性灵”开其茅塞，使之较快学会作诗；庐江陈子言示以“神韵”；陈石遗、李拔可、袁伯夔以及散原老人益以门径之异同与曲折，而后能深造自得。由此来证明师教之可贵，真如“金丹”之能使人“脱胎换骨”也。

3. “学作诗要牢记八字诀”条，他引清人李沂《秋星阁诗话》云：学诗有八字诀，多读，多讲，多作，多改而已。盖作诗先问是非，后分工拙。初学须日课一首，或间日课一首，勤作则心专径熟，渐开门路。否则勉强枝梧，终篇为幸，遑论工拙乎？然非多读古人之诗，即多作亦无用。多读者，非欲抄袭意调、偷用字句也，唯取触发人之性灵耳。但古人之诗，思理精妙，法则严密，非浅表俗学可得而窥。篇有无穷之格，句有无穷之调，字有无穷之意，审问明辨，而后旨趣可得。是故，诗欲多讲，苟草草读过，漫同嚼蜡，虽盈腹笥何益？……若作而不改，尤为不可，作诗安能落笔便好？就读诗，他特引徐增《而庵诗话》：读唐人诗，观其如何用意，如何用笔，如何装句，如何成章，如何起，如何结，如何开，如何合，如何裁，如何联，自有好处。而对于修改，则又引孙麟趾《词径》之说：词成，录出粘于壁，隔一二日读之，不妥处自见，改去。仍录出粘于壁，隔一二日再读之，不妥处又见，又改之。如是数日次，浅者深之，直者曲之，松者炼之，实者空之。然后录呈精于此者，求其评定（《晚晴簃诗汇 · 诗话》）。

4. “细心体会诗之所由妙”条，他引吴淡泉曰：论诗严于格，凡不入乎格，其工者骈文也，其奥者古赋耳，其妍者词耳，其快者曲耳，其朴直者语录耳，皆不得谓为诗（《晚晴簃诗汇 · 诗话》）。又引傅山语：诗无才则不韵，不博则不典，无气则不厚，无力则不雄，不藻则不艳，不老则不淡，不淡则不远，无法则不真，无情则不风流，无理则俗，重理则腐，无格则野，变化则神，神非内非外，非离非合。又引黄云《野鸿诗的》：六朝中，有不可学者四：不细意贴题而模棱成章者，一也;行文涣溢,漫无结束者,二也;不本性灵,专以典故填砌,辞旨不能畅者,三也;对偶如夹道排衙,无本末轻重之别,可存可删者,四也。

三家之说,虽皆从反面即写诗之禁忌立说,而先生严诗与非诗之辨,强调得却是十分清楚的。

5. 在讲诗之审题立意时,引《莲坡诗话》曰:诗之厚在意不在辞,诗之雄在气不在直,诗之灵在空不在巧,诗之淡在脱不在易。强调了立意的重要和与之相适应的风格特征。他特举僧雪江送王守仁谪龙场驿丞之"蛮烟瘦马经荒驿,瘴雨寒鸡梦早朝"与刘统勋送张英致仕归老之"住怜梦里云山绕,去惜天边雨露多"两联,指出皆表达了对被送者的"忠爱"之忱的肯定,又不乏企图君王为其缓颊或释嫌之意。

6. 强调有师承但并不能排斥或代替妙悟。引徐增《而庵诗话》云:夫作诗必须师承,若无师法,必须妙悟。虽然,即有师承,亦须妙悟。盖妙悟师承,不可偏举者也。然后解释道:学诗断不能不学古人,犹学书者不能不临帖,下棋者不能不打谱。初学固须读古人之作,即在老年也不能不看古人之诗,扩自己之境。因为古诗境界与功力,常能触发自己思路,如何求精提高之法,引起自己的妙悟。但不能师貌遗神,不能拘执成法,无所变化。

不难看出,先生谈诗,尤其是讲理论,总喜欢引用前人成说,从不师心自用。尽管他自己的诗学理论与实践造诣,已足为后进示范,但还是精选前人确当之论,以为鹄的。这也是先生治学的一个重要特色。他曾在《训诂通论》的《后记》中写道:"宋人卫湜谓:他人著书唯恐不己出,而彼则唯恐不出于人。《四库提要》亟称其善。自揣荒陋,岂敢附于作者之林?但博采通人,则固区区之所深愿。"这倒不是故作谦虚之辞,也非述而不作的偷懒,他的选择,其实也就蕴含了自己独立的判断。

八 吴先生诗作、诗论整理说明

吴孟复先生之诗作、诗论包括《吴山萝诗》、《勉堂诗话》与《商邃室论诗》三种。《吴山萝诗》为先生幼年直至晚年诗作数十百首,绝大部分为先生手定,而发表面世者甚少,盖先生以写实为陶情与联谊之具,仅在师友间传播,不求发表。故先生诗名虽高,而得以窥其诗作全豹者盖鲜。《勉堂诗话》,则在先生生前基本上都已发表,因是先生晚年集中写作的文字,或为友朋谈诗,或为老年大学讲课,或为示后进以途辙而作,故大都发表于《安徽吟坛》、《太白楼诗词》等刊物上，但流布不广。《商邃室论诗》为先生散见的论诗文章之汇编，专论、序跋、诗评皆有，是先生学术研究成果的一个重要方面。三种合为一书，可使读者领略先生诗才、诗学、诗心之全貌，未识先生音容者，亦可收近吟窗、倚几案、随杖履、临讲席之效。

先生女公子吴布，自1969年随先生由淮北农村，而淮北煤师院，而合肥之安徽省教院，除其间哈工大四年读书外，她一直生活在先生身边，照顾先生日常生活之外，也帮助处理一些文字工作，如借图书，查资料，抄稿打印，收发信件，有时还陪同先生开会、讲学、旅行、访友。耳濡目染，日积月累，理工出身的她，于文史竟也兴趣浓厚，且颇有所得，称得上是先生的半个助手。先生既归道山，其居室辟为纪念室，放置先生书籍、手稿，吴布寝馈其中，勤加理董。因先生生前一直有出版诗集的愿望，且亲自抄录过半，并有纪健生、余永森等代抄之本。但先生作诗，触事即景，逸兴湍飞，既多且快，无论是稿纸、宣纸、便笺，还是书页、笔记簿、书信、文件、报刊，甚至是随便抓来的破烂纸头，他都能信手挥洒，意到笔随。所以，先生之诗连他自己都不计其数。于是，整理出一部准确、翔实、完整而又不违作者本意的先生诗集，就成了吴布一个放不下的心愿。她以理科学者的严谨与电脑专家的技术优势，将先生诗作全部清理出来，按写作时间先后，输入电脑，形成长编；然后分时期整理，编出目录，每首诗皆有编号。同时，各式手稿、底本原件，亦皆编排有序，分期、序号在目录上都有一致的体现。对于诗作的不通版本、异文和残失阙疑的文字，亦作标记或备注。所以，打开目录，即可按图索骥，找到某诗，而整理的程度如与底稿的是否一致，异本、异文的存在情况，尚未解决的问题等等，都可一目了然。而整理的程序、进度也有条不紊。吴布就是这样数年如一日，孜孜不倦，以勤补拙，用最朴素也是最稳妥的办法，把吴先生数百首诗整理成最可信的文本。见到她铺稿遍地、摊书满床的严谨，屏幕鼠标、飞指快眼的忙碌，不能不为她这种对慈父的孝道、对家学的服膺、对文化传承的责任与对自身的策励的精神所感动。

尤为难能而可贵的是，吴布在致力吴先生诗作之传播的同时，对吴先生诗学的阐发，也作出了不可轻视的贡献。吴先生之诗文写作，从来都是妙思泉涌，如苏东坡所谓如万斛泉源不择地而出，而他早年受陈石遗保留佳句、再三续写的训练，已成为习惯，作为他学术结构两大支柱的语言与文献之学，使他胸罗万卷而又能得心应手；他又最着意于陆机所言的随手之变与曲尽其妙，故写作时，或意有未尽，或言不尽意，或情境有变，或突发奇想，都促使他不仅不厌其烦而且乐此不疲地修改、改写甚至重写。这就使先生的诗稿形成了一种充满个性色彩的独特景观：一首诗，底稿、自誊稿、手写传阅稿、送报刊发表稿，皆有不同，从字句小异到大改大动到面目全非甚至推倒重作的都有。尤其与众不同的是三点：一是手写底稿的多样，有时极难分辨出孰先孰后。二是旧作的修改，尤其是对早年之作的修改，改稿仍与原作并存，隐然有检验自己是否老手颓唐的意思。三是先生晚年喜书法，得意之作往往形之笔飞墨舞，大有言之不足不觉手之舞之足之蹈之的意味。墨宝送与亲朋好友、弟子后进，收到者会发现即使同一首诗也变得各不相同，其中不乏因对象或用意不同而作的改动。先生的这些特点，大大增加了诗稿整理的难度。吴布对每首诗作的不同版本形式，不仅搜罗净尽，而且排比对照，校证无讹，再选最早之本录入，其余各本则加以按语，逐一说明异同。同一首诗，有数字异者，有一句或数句异者，有每句皆有异者，都根据不同情况，以最简明的语言或方式，揭示出来。这样，吴先生之诗，不仅是搜辑之全，而且是版本之全，更是写作、修改、传播过程之全，相当于手稿、修改本、抄本、出版本的综合展示。历来作家作品的公布，都是大匠不示人以璞，手稿自然难得一见，草稿、修改凌乱之稿更是秘不示人。吴布这一工作功不可没，使先生诗集在文学艺术价值之外，具有了更高的文献价值和作家创作研究价值。

我于1978年春入淮北师范大学（当时尚称"安徽师范大学淮北分校"）中文系读书，数日后即蒙先生青眼，选入《明文选》编注小组，常随侍左右，整理文稿，查借图书，有时陪同外出开会、访书。毕业后为先生学术助手，即从学语言文字与目录版本之学，亲见先生之以读诗、写诗、谈诗以至为文论诗作为一种生活甚或是生存的方式，以阅读或者背诵前人诗词当做休息，以谈文论诗当做消遣，以写诗填词当做放松，或代书信与晤谈，而论诗评诗之作，更是他谈诗教人的学术平台。先生学识博综，见解独到，欣赏有会心，讲说妙能解颐，评诗洞若观火，教学金针度人。余也不才，立雪坐风十馀年，亲聆先生謦欬，亲见先生挥洒，而于诗终未入门。今日捧读先生遗稿，既惭且愧，不觉涕泪之无从也。仅以小诗三首，略表瓣香之意云尔。

吾师一脉接同光，远溯桐城诗派长。
庐郡鹤翁尊李杜，闽江石老倡苏黄。
惠泉水畔春茗腴，硕果亭边秋酿香。
细数渊源频到我，汗颜忝列嫡孙行。

当年唐宋两逢缘，训诂辞章只手兼。
诗有别材先学问，心存妙解赖语言。
读书明理识奇正，寓偶行单合散骈。
字必寻源词自铸，法门不二一灯传。

“博闻强记可言诗”，白首无成负我师。
游艺随时陪杖履，登堂即日识蘅蓠。
向歆途辙惜初步，风雅门墙仅半知。
纵下千斛惭悔泪，难回灯夜课余时。

（作者：纪健生，男，淮北师范大学安徽文献整理与研究中心）

附：吴孟复早年诗作选辑

荷塘晚步（八岁作）

夕阳西下晚凉初，我辈随师出草庐。
最爱方塘浓绿里，风开荷叶见游鱼①。

过布厂旧址（九岁作）

轧轧机声已寂然，吾翁辛苦几人怜。
昨宵亲见低头叹，此事还需几十年。

父命作（十岁作）

高处栽桑下种莲，要令乡里足风烟。
利民福国谁能识，始信渊明不偶然

米面

家家种稻面何来，买麦磨成枉费财。
近向江南得新法，传教乡里笑颜开。

鸠江冬雪（十一岁作，刊《皖江日报》）

一夜梨花万树开，鸠江上下玉楼台。
不知江上船谁到，又恐明朝米价抬。

---

① 开，原作吹，师改为开。编者按：此为作者原注，下皆同。

便从一雪望年丰，远近人家笑语同。
又恐年丰民更苦，人言谷贱亦伤农。

广益中学同陈梦家先生等吊诗人朱湘

狮子山头木尽凋，大江风雨涌惊涛。
诗魂不识归何处，倘逐浔阳上下潮。

有人昨夜傍孤桐，寂默长天数过鸿。
何处箫声来宛转，声声来自大江中。

惠山啜茗（十六岁）

山如太古日如年，初试人间第二泉。
谁说出山泉便浊，垂虹宝界在前边。

碧螺春与霍山茶，比似龙团定不差。
况是中泠无觅处，改题第一也非夸[①]。

小箕山

湖里清波水接天，湖边山色淡如烟。
江南地润人多艺[②]，吴语声声入耳圆。

江行

不用挂帆席，月下上江船。舟迅追飞鸟，山回见午烟。
我行指皖口，揽胜入龙眠。更有还乡兴，明宵月正园。

附注：陈子言师（诗）录入《尊瓠室诗话》，云“遒逸似戴存庄”，与郎仲涤并称“庐郡诗坛后起之秀”。

桐城北郊菜园，吾邑诗人江龙门故居也

菜园记得玉兰香[③]，诗入关中气益苍。
眼前时危忆豪杰，一杯先酹浩然堂。

---

① 苏诗：独携天上小圆月，来试人间第二泉。

② 朱长文云：江南地润无尘，其人多艺。

③ 龙门名开，喜谈驰马，晚岁移居关中，有“记得菜园老玉兰，但愿春风长满谷”之句。

惠山道中

疏林萧索路回环，古寺钟声白日闲。
黄叶满蹊人不扫，踏将碎语入深山。

惠山老萝歌

寄畅园中有老萝，年深细干化银柯。
冲天一束披苍霭，羽衣仙客寇峨峨。
长松俊柏同屹立，奇似虬龙坚铁石。
独抱空山寂寞心，犹存二百年前色。
空山风雨几春秋，萝兮犹对桂丛幽。
似借云烟闲养晦，或偕仙隐作同游。
我来访旧披荒草，西风落日龙山道。
不见前朝之行宫，但见此萝之孤娇。
昔者乾隆全盛中，几传六驭狩江东。
肉山酒海寻常事，暇豫偏矜艺事工。
到此看山复饮水，自爱园林暮烟紫。
可怜此萝与乔松，当时并入图画里。
朝市聿更松已亡，独留萝干耸青苍。
山阿未觉风流尽，至贵非因天子彰。
园林最据山中胜，东崖遥对青螺鬓。
阮亭昔为驻车寻，恰有高名与相称。
我愧阮亭诗，嘉名幸附萝。
山风猝起叶谁扫，坐此读书聊放歌。

附注：一九三五年作，陈鹤柴师录入诗话，载《青鹤杂志》。

偕重恂阻雨皖城有怀樾园

小舣江上舟，风雨一登楼。不见皖山面，苍茫赴客愁。
已携方药地，尚想左浮邱。明日龙眠道，寒云冻不流。

附注：陈师亦录入诗话。

陈鹤柴师邀邑人之在沪者祭潘琴轩鼎新，且上乡谥为襄勤，思谅山旧事也

故垒萧萧问老兵，牙旗虎帐记南征。
六州错铸和戎策，九世羞言辱国盟。

岂谓孤臣难一死，可怜万里负长城。
惊心东北峰烟急，剩有诗人泪雨倾。

三句又作“百年遗恨和戎策”。

陈鹤柴师招饮环碧园。时师方修《冶父山志》

溪水碧萦回，清岚入座来。书传《皖雅》后，游许少年陪。
情话消长日，山灵劝一杯。归乡且慰意，愧乏咏歌才。

附　赠作（陈诗）

三河吴伯鲁，新自沪壖回。旧学肯深好，华筵每预陪。
少年奋文藻，独醒屏樽杯。此会吾能记，荷花生日纔。

归至邑城，谒陈子言师于河沿丁宅。因偕同门姚质人等陪师啜茗于公园，园即昔之环碧园也。师时方成《冶父山志》

我行江水上，来住冶山前。几杖随夫子，门墙接众贤。
谈深啼鸟歇，意得晚霞妍。忽有微风过，池塘开白莲。

惠水春雨

疏棂破纸透春寒，起卷湘帘雾隔山。
领略雨窗闲趣味，新焙春茗似江南。

呈伯夔师

道义由无欲，师以刚伐邑名斋，程传谓伐邑为去欲心。文章示有方。史书传二体，字学授《三苍》。抱牍长从孔，闻诗或比张。何当成《郑志》，惭愧许升堂。

附　和作（袁思亮）

识途惭老马，问道欲迷方。世有缁非素，时无黑代苍。
但教孤诣绝，终遗一军张。写定吾何敢，毋劳讯礼堂。

秋夜坐怀姚仲实师江上

吾师老卧皖公山，艺礼诗书[1]次第刊。

---

① 《论语》：“子所雅言，诗书执礼，皆雅言也。”方密之（以智）谓“执”字为“艺”字之讹，见《通雅》。先生以方说为然。

此日传经追竹垞①,乡人说《易》继田间。
斯文已带秋之气,一老真同海上鹇。
昨夜三吴游子梦,梦中犹得见清颜。

归兴并柬樾园

青蓑绿笠白鸥闲,好住江乡云水间。
闭户著书多岁月,科头赤足啸湖山。
松风尝带诗情至,花经难容俗客攀。
月夜一樽待君到,薜萝深处隐禅关。

送伯夔师看花故都,兼呈散原太夫子

白发湘潭一老儒,深居襟抱最萧疏。
春来怕对江南景,襆被看花入故都。
文学渊源世共知,传衣不待夜深时。
伤心竟以诗人老,独立苍茫有所思。
要离塚畔梁鸿宅,彼黍行歌解避秦。
况是南人狂简甚,归来犹及水粼粼。

李拔可师以蜀游诗见寄,赋呈

一船万里蜀中回,诗与山川两壮哉。
果逐凌云入天上,又随飞雨过江来。
我依绛帐闻人学②,公到青城话劫灰。
何日拂衣千仞上,待寻石墨拂苍苔。

此诗又作:一船万里蜀中回,诗与山川各壮哉!海内文章在遗逸,樽前师友少追陪。似闻杜曲风流在,独听胡骑画角哀。便欲拂衣千仞上,待寻题石拂苍苔。

坐雨呈樾园

湖山萧瑟北风寒,暮雨空堂客梦阑。
与尔思归同计日,更吾惜别自含酸。
苦吟宁比猿啼夜,拥鼻今无火可残。

---

① 沈寐叟(曾植)尝谓师为今之朱竹垞。

② 清末时,王式通呼先生为诗人,先生曰:方今之世,诗多人少,请君去"诗"字而以"人"见称,不更可贵乎!闻者皆耸然起敬。

春暖傥寻桴渡约，倚君双桂碧阑干。

寄怀马懋园、耀彤、方重禹

西风桂影楼头月，谈艺犹思昨日游。
文酒曾惊今世少，心期直拟古人俦。
别来湖海生秋气，坐见风烟接上游。
一卧荒城思旧侣，夕阳红树独淹留。

校蜕私先生经说竟奉寄

茫茫经籍独搜研，绝学儒林接昔贤。
著述几人添白发，校雠一事尚青编。
书成傥有闻风起，道大真惭续火传。
四海早知伏胜老，那堪晁错抱残篇。

寄怀张访舜先生里中

临流茅屋几间馀，矍铄翁今两鬓疏。
三月看花归去客，十年问字旧停车。
江湖不遂升堂志，乡里犹传讲学庐。
近日药栏消息断，淮南谁寄数行书。

呈陈散原先生

老卧燕门看世变，人寰犹待圣馀灰。
白头苦为传经惧，青眼惟留好古开。
柴主孤怀文见道，梦回私淑望成猜。
方生春水通舟楫，狂简深思待取裁。

陈师以《凤台山馆诗续集》授之校刊，并命题后

海内共知陈正字，白头闭户苦哦诗。
梧桐疏雨清秋兴。京洛江湖远客时。
梦里家山成志稿，天边灵物护宗师。
渔洋《蚕尾》添余集，吴下风流绝世垂。
春申浦上子云亭，问字车曾日日经。

老健还於诗律细，清明不借酒杯灵①。
谁从唐世存孤调②，愧说人间有独醒③。
观海仍同从我意，家山不见数峰青。

得散原夫子讣，痛不成诗

梦歌梁不醒犹疑，发讣长为万世悲。
信是千秋难几见，未尝一日不公思。
寿先年尽缘忧国，事与心违但有诗。
一瓣心香无限泪，诸君何以慰灵旗易箦时犹问战场消息。

过潜山

云堆山断峰无峭，林散冈回路忽开。
只惜兵戈丛里过，何时礼岳更重来④。

夏夜独登长沙天心阁有寄

天心阁上夜沉沉，城外湘流五月深。
一饭未谋真落泊，万方多难忍登临。
长沙胡不留才子？淮甸曾经出将星。
谁是上游公瑾在，纶巾羽扇共讴吟。

甲秀楼望哭

呼天呼父欲何之，泪洒长空化血丝。
无路请缨虚墨绖，有家难问望云旗。
谁言天地宽如海，欲诉肝肠痛到诗。
毕竟西南根本地，几回回望有余思。

屯溪呈戴戟将军

早慕青藤亦丈夫，十年饮酒读诗书。
东行万里穿山水，小住新安入画图。

---

① 师不善饮。
② 夏剑丞丈与诗云："世人皆学宋，君独迈唐音。"师尝妄许常焘为学唐有得。
③ 师赠焘诗曰："独醒屏樽杯。"
④ 沈子培先生在皖时曾重修礼岳楼。

闻说将军容揖客,可能幕府许冠儒。
备兵淞沪声威在,传檄三吴试一呼。

与熙兄烈弟等集叔宅

廖落天涯雁鹜风,偶收踪迹自西东。
兵丛小聚中江地,儒服难言上将功。
细雨春帆湖水碧,草堂烟树杏花红。
明朝分袂知何处,慷慨歌吟兴或同。

呈许际唐师

黄山镇歙州,神怪不可窥。稍稍出松石,见者以为奇。
焉知伏闷者,千百倍于斯。先生老山中,蓄德不尽施。
作为五七字,拗如松石姿。虬龙攖愈怒,蛟螭放而驰。
忽然云水净,汀渚映芳蓠。佳处古未到,信非人力为。
倘传《师说》文,足以拟昌黎。我昨黄山归,路过西干堤。
忽逢浙江翁,问我行何之? 告我新安学,勉我以求师。
指我檀干村,郁郁文在兹。忆昔曾奉书,再拜以陈辞。
先生不我鄙,许我可言诗。我欲从先生,更窥唐经遗[①]。
或校古俗字,或诵曲子词。史考瓜与沙,路探大食西。
岂是无用用,以待知者知。奉书乞受业,江戴无异规。
是亦新安学,先生鉴其私。

偕陈逸夫访第六泉,拜吴北山先生墓

惜少遥山一角青,煮泉却喜有林亭。
任他墙外人如海,坐话茶经及水经[②]。
侠骨长留寸土香,伤心旧事应难忘[③]。
春帆楼上降幡出,为报先生举一觞[④]。

---

① 先生藏唐人写经及敦煌卷子甚富,所居名唐经馆。
② 第六泉在上海静安寺。
③ 吴先生葬静安寺公墓,在第六泉侧。先生游日本时有“舟人不识伤心地,遥指前程是马关”。
④ 春帆楼即李文忠签约处,吴挚甫先生题“伤心之地”。

偕陈君至第六泉边，访吾乡吴彦复先生墓

第六泉边一杯土，市人谁解葬堂堂散原赠先生诗"以行得官以言去，古人如此亦堂堂"。
不徒诗写江山胜，名字长留侠骨香。

赠瑞安陈雁迅(光汉)

子昔图《慈竹》，征文予撰后。贤母能教儿，深夜灯一篝。
不以俗情薄，独于诗书厚。浙东山水气，摩荡余灵秀。
吐纳有向往，涵味出结构。踔足走吴都，提挈洞庭袖。
湖墟莽沄沄，哦诗乐所遘。天景深邃处，肝胆抉之透。
悠往契长想，潜渊兼探岫。浮语俗所夸，贤者弃众囿。
面目宁独狩，窥圣出天窦。子曰诵杜苏，汪黄书亦就。
归就瑞安郡，扑陈接左右。敢薄东家丘，使我惭衿肘。
我欲事衍游，自放江湖口。南屏棹孤舟，过子徇杯酒。
为请母杀鸡，看花枝无丑。

次韵奉答袁伯夔师

甲午于今血泪新，尧封禹甸气当伸。
但凭三户终张楚，宁赴长流不帝秦。
诸将谁知忧国贾，老儒犹有议兵荀。
弥天烽火书三月，独倚秋灯坐到晨。

附　寄诗(袁思亮)

百战方看世又新，谁期正论一朝伸。
但存栗里犹为晋，岂有桃源许避秦。
长负师门惭籍湜，久违亲垄愧何荀。
飘摇剩汝能相念，辛苦酬诗夜向晨。

贵阳遇舒芜，即送入蜀

明知难别故欣逢，不饮先教醉意浓。
亲故渐稀居亦苦，烽烟方迫去何从。
远游况在无家日，小聚长留断梦中。
凄绝龙眠清美地，夕阳红树付西风。

即怀姚质人(实)

环碧园中识面初,清词丽句雪霜如。
眼中此调知应少。乱后他乡见更疏。
力学惟诗多自得,游心于古近何如。
烟蓑雨笠归来是,待及春风共荷锄。

附注:陈子言师曾录入《尊瓠室诗话》,末二句师所改定。

附 赠作(姚实)

鹤柴座中初识面,石遗门下旧停车。
平生力学黄山谷,佳处似过胡诗庐。
撑肠万卷欲无尽,抗手群流叹不如。
诗隽积编重屈指,百年复见北山吴。

阳 朔

阳朔山水青如蓝,数峰突兀不可攀。
旁有老树亦夭矫,下临百丈之深潭。
忽然峰转云树合,千峰万峰碧篸篸。
微闻六月雷雨后,遥从云际见烟鬟。
断续变幻神莫测,但见崖壑足谺谽。
何时寇灭天下定,来寻山谷结茅庵。

自六寨至柳州

粤西山水秀,蓊郁连千里。车行三四日,日日皆清美。
峰峦盛起伏,蹲跪距跃倚。头角分愿悍,须眉杂怒喜。
连山或奔波,平地亦特起。状殊态亦殊,画手谁为此。
水流两峰间,窈窕清且泚。偶与风石遭,激宕万千致。
兹邦好山水,淹留有所以。无怪柳柳州,竟以柳州死。

江 南

寇侵汝南,官军先遁,避居竹山中,目击心伤,因成短律。

锦绣江南地,烽烟塞北同。奔驶如狼豕,杀戮到鸡虫。
此寇何时灭?官军竟望风。忧时唯涕泪,肉食甚心胸?
前村又火起,有泪只盈襟。寡妇孤儿血,皇天后土心。
藏身恃修竹,投笔欠长缨。嗟我何随汝,哀音识杜陵。
又报牵牛去,深知岛贼穷。胜操权国力,民气必成功。

三户心心切，千山路路通。遥闻五湖侧，已有义旗红。
有弟来相访，艰难见汝情。乱离亲骨肉，风雨感平生。
报国真无路，哀时剩有身。市桥一杯酒，重与话酸辛。

寄马一浮先生嘉州

载酒凌云欲到难，平章儒佛况桓桓。
九流历数知龙德，多士何妨杂雉冠。
问字拟寻中圣酒，栽花或傍小檀栾。
文翁岂子公应记，石室当容一席安。

此诗又作《马一浮先生讲学嘉州寄诗代简》：独抱遗经古亦难，绝伦离类自桓桓。九流历数知龙德，多士何妨有雉冠。问字拟寻中圣酒，洗心好傍小檀栾。乌龙寺即文翁室，不数弥天释道安。

附 赠作（马浮）

体物从知赋海难，向来轮扁笑齐桓。
南人学道如窥牖，裸国行游却正冠。
忧患经年伤战伐，乱离何地共团栾。
移书千里劳相问，喜见高吟字字安。

闻日寇投降

家祭叮咛陆放翁，千秋悲喜一宵中。
天边笳鼓喧如此，地下音书或可通。
痛定几村闻野哭，疮多满目望时雍。
扶伤吊死肝肠热，衮衮诸公意应同。

渐红秋晚

强忍晨寒踏乱苔，潇潇微雨挟轻雷。
莫嫌秋老无颜色，犹有庭花一树开。
闭门已分失花时，点缀寒篱仗此枝扁豆花。
留与黎民少饥馑，故应休赋菊花诗扁豆。

附注：李拔可师评曰：提倡实用，绝无诗人气息。

硕果亭重九小集，谨次墨巢师韵

黍谷余温上静柯，秋晴海气一龛多。
商量理妙归凫乙用张融语，脱略形骸况突何唐人部说言帽曰突何。

那必闲吟依菊坺是日菊未开，已拼泥饮转银河。
明朝禊本人间遍樊榭有秋禊图，争指先生頩半酡。
未须高处破青柯，正恐登临泪太多。
已遣园林酬九日，更收人物似诸何。
避时自许花留菊，闻法差同兽渡河。
此际甘从臧盾饮，翻怜萧介失微酡。

拔可师招饮

打门邮卒快传呼，议食门生亦座隅。
每见小同怀后郑①，复因叔党想髯苏②。
光宣耆旧今余几，河岳英灵续得无。
唾咳皆为清史料，倘容他日记成书。

散原太夫子将葬西湖，随李拔可师、张菊生、陈叔通诸丈迎祭沪上

读书二十年，师友为骨肉。况此千载人，渊源自畴昔。
吾师蜕私翁，经学追郑服。并世论儒仙，推公天下独。
桓桓湘潭师，文过翱籍湜。薪火实自公，俯首常至足。
通名始蜕私，湘潭以着籍。生世不恨晚，乃见坡与谷。
蚩蚩好弄儿，公独赏殊俗。广坐一掀须，此子不碌碌。
年少已如此，他日谁能域。逢人道姓名，已厌犹反复。
闻者或相笑，受者颜忸怩。烽火起燕台，梦绕心似鹿。
打门惊讣者，痛极不能哭。湘潭随地下，蜕私忧鹏入。
往者已青山，存者徒槁木。斯文丧于斯，百身何能赎。
抱书避夷兵，窜身湘黔曲。贵阳一夕火，顿失万珠玉③。
过眼又十年，蹉跎发将秃。只今抚旧事，徒为知人辱。
一棺循海江，去葬南屏麓。遮道取一奠，寥寥儒冠服④。
仁达总一途，奚为强分目。倘得好事人，作祠傍修竹。
会就墓门来，汲泉荐秋菊。

① 沈剑知为沈文肃曾孙；陈虞仲为鹤师孙。
② 钱锺书为子泉师哲嗣；杨继涑为雪桥太史哲嗣；叶葱奇为蒲生丈哲嗣。
③ 先生为批改诗文一册，并手书皆失。
④ 是日同祭者有李拔可师、陈叔通丈、张菊生先生等数十人。

刘平山纪泽偕汪子云来访，谈论竟日，赋赠

幽居与世两无干，独有刘敓数往还。
排闼大呼来不速，出书终日坐同勘。
才齐汪范知名久[①]，学话王梁欲状难。
门外红尘千百丈，草玄依旧是儒冠。

① 二君为王观堂、梁任公弟子。

年谱研究

历代朱熹年谱之考察*

盛 菊

自朱熹逝后，即有门人李方子作《紫阳年谱》，其后作朱子年谱者世有其人，至清人王懋竑撰《朱子年谱》，号称精核，影响深远，再到当代学者束景南跳出以往旧谱窠臼，著成全新《朱熹年谱长编》，朱熹年谱可谓纷出沓至，仅谢巍编撰《中国历代人物年谱考录》即收其谱五十七种，而据笔者不完全统计则达七十种之多。历来治朱子学者，尤重年谱，当代学者对朱子年谱亦多有关注，既有研究主要从文献学角度出发对特定的朱熹年谱进行介绍、说明或考证，如贾顺先著《朱熹年谱的变迁》（收于《儒学与世界》四川大学出版社 2006 年版）、陈荣捷著《朱子年谱》（收于《朱子新探索》华东师范大学出版社 2007 版）等；另尹波撰有《宋元时期朱子年谱述录》（《朱子学刊》总第十七辑黄山书社 2008 年版）和《明刊朱熹年谱述评》（《求索》2009 年第 11 期）两文分别予宋元及明代朱子年谱以简要述评，尚未见有专文以历代朱熹年谱为总体的考察对象。本文试对历代朱熹年谱略作考察，分析其时代分布、作者群体与年谱类型，祈识者补正。

一 朱熹年谱的时代分布

年谱之作起于宋代，朱熹殁后，宋人所作朱谱有李方子《紫阳年谱》、蔡沈

* 本文是安徽省人文社会科学重点研究基地重大项目“安徽文献学史（1911 年以前）”（2007sk297zd）的阶段性成果。

《朱文公年谱事实》、王柏《朱子系年录》、袁仲晦《朱子年谱》与蔡模撰《朱文公年谱大略》等五种。王柏《朱子系年录跋》云“先生旧有年谱，门人各以意裒集，往往详其出处者，或略于讲学，备其著述者，或缺于事实，殊恨未周”①，由此推之，除上及诸本外，南宋后期或还有其他多种朱熹年谱，但已不可考，即便王、袁、蔡诸谱对后世的影响，也是难以查考了。宋谱之中，影响久远者当为李方子（字公晦，号果斋）所著《紫阳年谱》，这是目前所知最早的朱熹年谱，后世朱谱多有以此为本者，或径出该谱，增删益损而已。也正因屡经锓补，到明代后期，李本朱谱遂逐渐失去原来面目而亡佚，仅存魏了翁之序。今人束景南据真德秀《西山读书记》辑有《紫阳年谱》残篇，附于《朱熹年谱长编》，可见李本大概。

元人编纂朱熹年谱不多，仅脱脱编《朱子年谱外纪》（上卷）与都璋《宋太师徽国文公朱先生年谱节略》两种，《宋太师徽国文公朱先生年谱节略》因收入元刊本《朱子大同集》而保存下来，并流传于世，为现存最早的朱熹年谱本。

明代作谱之风渐盛，朱熹理学思想占据统治地位，反映其生平事迹的年谱亦刊刻不断，主要有朱境刊《朱文公年谱》、孙叔琪重订《太师徽国文公年谱》、叶公回校《太师徽国文公年谱》、蓝章重葺《文公年谱》、汪世德《文公年谱》、张振之刻《朱子年谱》、张元桢刻《朱子年谱》、戴铣编《朱子年谱》、陈建《朱子编年考》、李默增订《紫阳文公先生年谱》、朱吾弼《朱文公年谱》、赵滂《晦庵先生年谱》、彭端吾辑《文公先生年谱》、何可化《紫阳朱夫子年谱》、朱钟文《朱子年谱》、汪尚宁《朱子世家》、纪廷誉《太师徽国文公年谱》等十七种。明代朱谱当中，价值较高者有叶公回校《太师徽国文公年谱》、戴铣编《朱子年谱》和李默增订《紫阳文公先生年谱》，叶公回本是朱熹年谱史上的重要环节，承李方子本而来，“不仅依稀可见宋刻风貌，还奠定了戴铣本与李默本的基础”，而戴李二本既汇集保存了朱熹有关资料，甚至影响了其后“明代朱熹年谱的刊刻，并进而辐射清季”②；但戴李二本亦有问题，如束景南所论戴谱“主于铺张褒赠，以夸讲学之荣，于谱无所发明”，李本“于旧谱多所窜乱，弥失其真”③。

年谱在清代得到极大发展，朱子年谱的编刻也达到顶峰，谢巍编撰《中国历代人物年谱考录》录有朱谱三十二种，分别是朱烈《紫阳朱夫子年谱》、毛年侍《紫阳朱先生年谱》、黄中《朱子年谱别本》、洪嘉植《朱子年谱》、朱钦爵《朱子年表》、朱玉《朱子年谱》、邹光涛《朱子年谱讹》、朱世润《朱子年谱》、王子懋

① （南宋）王柏：《鲁斋集》卷五，中华书局1985年版，第97页。

② 尹波：《明刊朱熹年谱述评》，《求索》2009年第11期。

③ 束景南：《朱熹年谱长编·叙》，华东师范大学出版社2001年版，第2页。

《文公年谱》、高愈《朱子年谱》、朱泽沄《朱子圣学考略》、王懋竑《朱子年谱》、姚培谦与王永祺《朱子年谱》、任瑗《朱子年谱》、徐光文《朱子年谱》、褚寅亮《重订朱子年谱》、陈诗《朱子年谱》、李元禄《朱子年谱纲目》、唐鉴《朱子年谱考异》、朱旋吉与朱宗吉《朱子年谱》、徐经《朱子事汇纂略》、柯应萼《朱子分年纪略》、江永《考定朱子世家》、杨希闵《朱子年谱节钞》、尤炳垣《朱子仕宦述略》、郑士范《朱子年谱》、童能灵《子朱子为学次第考》、梅毓健《朱子年谱》、张大昌《朱子年谱》、杨耀荣《朱子年谱》,另有编者不详的《文公年谱》与《朱子年谱后录》各一种[①]。清谱当中,洪嘉植《朱子年谱》、李元禄《朱子年谱纲目》、徐经《朱子事汇纂略》等均具特点,而最有价值、影响最为持久的则是王懋竑《朱子年谱》。王懋竑纂订《朱子年谱》,前后历二十余年,凡四易其稿而后成,贯注作者毕生研习朱学的成果,谱分四卷,继以《考异》四卷,再以朱子《论学切要语两卷》而终。《四库全书总目》(史部传记类)著录该谱,虽略有指摘,而赞美备至,云"于朱子平生求端致力之方,考异审同之辨,元元本本,条理分明……以作朱子之学谱,则胜诸家所辑多矣"。现代学者对王谱也是推崇有加,钱穆谓其"最称审密"[②],胡适将其视为"最好的年谱",称其"可算是中国最高等的传记"[③]。王本的主要问题是仅"在前人旧谱中翻新,但取李本、洪本诸年谱相互参考,订补舛漏,辨证旧误而已,实非自作新谱"[④]。

现当代学者所出朱熹年谱,据笔者所知有 12 种,多为作者进行朱子研究的产物,钱穆与陈荣捷分别编有《朱子年谱要略》,周予同有《朱熹简明年谱》,周宪文和束景南分别有《朱子年谱》,林苏辑《朱熹年谱简编》,汤勤福有《朱熹年谱要略》,杨慧杰、张毅、郭齐、朱汉民等则有《朱熹年表》。诸谱之中,以束景南著《朱熹年谱长编》最具创新意义和学术价值。

以上历代朱熹年谱,宋人五种,元人两种,明人十七种,清人三十二种,现当代学者所编十二种,另有[日]篠原元博《朱熹年谱》、[日]中山久四郎《朱文公年谱》,计七十种,其中以明清时期为主体,占总谱数的70%。实际上,缺载、散佚,或作者未知的朱谱应该还有不少,下文所论即以前述七十种年谱为基本范围。

---

① 谢巍编撰:《中国历代人物年谱考录》,中华书局 1992 年版,第 196—200 页。

② 钱穆:《朱子新学案》,《钱宾四先生全集》第 15 册,联经出版公司 1998 年版,第 463 页。

③ 胡适:《章实斋先生年谱·胡序》,胡适著,姚名达订补:《章实斋先生年谱》,商务印书馆 1933 年版,第 2 页。

④ 束景南:《朱熹年谱长编·叙》,第 2 页,

二　朱熹年谱的作者群体

蔡尚思在《左宗棠年谱·序》中依年谱编纂目的言及编者类型，有研究型、卫道型、回忆型和扬名型[①]，研究型者多为后世专家，卫道型不外是自命为先贤嫡传的人物，回忆型指生前自订年谱的谱主，扬名型则多指谱主的子孙门人；来新夏将年谱作者分为自订年谱的谱主、家属、友生与后人四类[②]，冯尔康则扩展为自订、家属和族人、亲戚朋友、门生、学术研究者、合作型等六类[③]。因朱熹生前没有自撰年谱，结合蔡尚思、来新夏与冯尔康的说法，笔者将历代朱熹年谱的作者大略分为四类，曰谱主门人、朱氏后裔、卫道者（或曰传道者）和学术研究者[④]。

朱熹门人颇众，他们对朱子学的创立与传播做出了重大贡献，其方式之一即于朱熹殁后为编年谱。宋代五谱的作者，除袁仲晦外，李方子、蔡沈、蔡模均朱子门人，蔡沈与蔡模为父子，其门祖孙九人，都是著名学者，有"蔡氏九儒"之称；王柏则从朱熹再传弟子何基文学，其父曾从学朱子，亦可称再传弟子。门人所作年谱，如李方子"辑先生之言行"[⑤]、王柏"录朱子之遗事而系之以年"[⑥]，由于成在谱主身后不久，加之与谱主的特殊关系，自然具有重要的意义，和自撰年谱的价值大约相当。

一般而言，为谱主作谱的家属多为子侄孙辈，但朱子年谱却颇显特殊，明清时期的朱氏后裔非常热衷为朱熹作谱，或是刊刻旧谱。谱主六世孙朱境掌婺源祠事时于明洪武年间刻《朱文公年谱》，十二世孙朱钟文在万历年间刊《朱子年谱》，入清后，十五世孙朱烈编《紫阳朱夫子年谱》，十六世孙朱玉有《朱子年谱》，十七世孙朱钦爵有《朱子年表》，十八世孙朱世润有《朱子年谱》，几至

① 蔡尚思：《左宗棠年谱·序》，罗正钧：《左宗棠年谱》，岳麓书社1983年版，第2页。

② 来新夏：《近三百年人物年谱知见录·清人年谱的初步研究（代序）》，上海人民出版社1983年版，第4页，

③ 冯尔康：《清代人物传记史料研究》，商务印书馆2000年版，第163—164页。

④ 因古时并无现代意义上的著作方式和学术规范，此处所谓"作者"泛指历代朱熹年谱的纂者、编者、撰者、著者、集者、辑者、校者、增订者、节略者等，甚至包含部分年谱的刊刻者。

⑤ （南宋）魏了翁：《朱子年谱原序》，（清）王懋竑撰，何忠礼点校：《朱熹年谱》，中华书局1998年版，第2页。

⑥ （南宋）王柏：《鲁斋集》卷五，第97页。

代代有谱。朱氏后裔修谱如此频繁,一方面体现了明清两代谱风炽盛,为祖先编刻年谱、并以之传家扬名的观念非常流行,若十一世孙朱凌所言"子孙世守以为家乘"①;另方面则主要是他们借此举在显示其祖至隆历史地位的同时,可以巩固和提升自身的现实社会地位。朱氏后裔诸谱对朱熹研究来说并无多少可利用的价值,但对考察朱学流传、年谱体例变迁及其社会功能而言却有不可忽视的意义。

朱熹作为理学大家,"天下后世之学者,亦既无一日而不读其书"②,学者通过阅读与编次年谱,知朱子之人、识朱子之学、传朱子之道,明清朱谱的作者,除朱氏后裔外,多属此类。作《朱子实纪》的戴铣说:"铣于朱子,受罔极之恩,且为乡后辈,与有旷坠之责,不自揆,窃因其旧而修之,厘为十有二卷,以致景行之私。"③王懋竑可为卫道者之代表,先有李默订《紫阳文公先生年谱》为朱陆早异晚同说张目,懋竑"有忧之"④,因成《朱子年谱》,其大旨在辨别为学次序,以攻姚江晚年定论之说。当然,王谱价值并不仅仅停留于此。

现当代朱熹年谱的作者多为学术研究者,钱穆、周予同为一代学术大师,陈荣捷、束景南是专攻朱子研究的著名学者,陈荣捷有《朱子新探索》、《朱子门人》与《朱学论集》等著作(收于华东师范大学出版社2007年出版的"陈荣捷朱子学论著丛刊"),束景南先后推出《朱子大传》和《朱熹研究》等著作。其他如汤勤福、杨慧杰、张毅、郭齐、朱汉民等人亦有朱熹研究的专著问世,分别著有《朱熹的史学思想》、《朱熹伦理学》、《苏轼与朱熹》、《朱熹诗词编年笺注》、《旷世大儒——朱熹》。除了《朱熹年谱长编》,诸谱多为简谱,是应作者朱熹研究之需,或为其研究的副产品,所以他们所编朱谱也分别附于各自著作之后;另有一个原因也应注意,如周宪文言,"王谱不易阅读,以我写的年谱体裁,使之通俗化,编入《中外学人年谱集》,另有意义,且属必要"⑤。

朱熹是徽州婺源人,长期寓居建阳,考察由宋至清历代朱子年谱的作者,可以发现一个颇有意味的现象:作者群体具有鲜明的地域色彩。朱子年谱作者当中的建阳人有蔡沈、蔡模、王柏和徐经四人,徽州婺源人有戴铣、汪世德、朱境、朱烈、朱钦爵、朱玉、朱世润、朱旋吉、朱宗吉、江永,如加上曾在婺源为官

---

① (明)朱凌:《紫阳文公年谱后序》,《朱子全书》第27册,上海古籍出版社、安徽教育出版社2002年版,第719页。

② (清)李元禄:《朱子年谱纲目·序》,《北京图书馆藏珍本年谱丛刊》(以下简称《年谱丛刊》)第30册,第2页,

③ 附(清)戴铣序,(清)王懋竑撰,何忠礼点校:《朱熹年谱》,第4页。

④ 《例义》,(清)王懋竑撰,何忠礼点校:《朱熹年谱》,第3页。

⑤ 周宪文:《中外学人年谱集刊》(一),中国论坛杂志1986年版,第150页。

的蓝章、叶公回，共有十二人，汪尚宁、赵滂、洪嘉植、朱钟文四人则是徽州歙县人，总计二十人，占该阶段作者总数三分之一略强。这一现象表明，朱子之学对两地、尤其是徽州有着深远影响，而两地后学对朱子之学的发展与传播亦有重要贡献。

由上可见，历代朱熹年谱的作者群体大致由谱主门人、朱氏后裔、卫道者和学术研究者等四类构成，且因乡谊而具鲜明的地域色彩。分析作者群体的基本状况，有助于理解朱熹年谱数量巨大、不绝于代的原因，一方面是谱主在中国历史上的重要地位及其对后世有着巨大影响，另方面则是众多作者出于各种原因而竟相编谱，门人撰谱以存先生之行，裔孙作谱以扬祖宗之名，后儒订谱以弘文公之道，学者著谱以究朱子之学。

三　朱熹年谱的多元类型

历代朱熹编年体传记多以年谱为名，如《紫阳年谱》、《朱子年谱》、《紫阳朱夫子年谱》、《文公年谱》、《朱文公年谱》、《晦庵先生年谱》、《朱熹年谱长编》等，也有以"系年录"、"分年纪略"、"编年"、"年表"等为名者，亦有《朱子仕宦述略》、《朱子圣学考略》、《朱子事汇纂略》、《考定朱子世家》、《朱子世家》等，虽无年谱之名而实为年谱。江永编《考定朱子世家》一卷，虽不以年谱为名，是取年谱旧本重加删定，各附考证，所以名"世家"，仿《史记》为孔子著"世家"之意。名称的多样化实际上反映了历代朱熹年谱类型的多样化，既有通谱与专谱之分，也有创作与改作之别，文谱、表谱既存，直叙式和纲目体、平叙的和考订的亦均可见，但也并不能概括年谱的所有类型，如诗谱、图谱等即未有见。

年谱有通谱与专谱之分，通谱应全面细致地胪述谱主一生事迹，而专谱"只选择谱主一生中心事业为骨干，与中心事业无关的人和事概不阑入，或仅简略提到"①。朱熹年谱以通谱为主，亦间有专谱，尤炳垣《朱子仕宦述略》按年编次谱主仕迹、童能灵《子朱子为学次第考》"专考朱子为学次第，其间浅深疏密异同曲折纤悉，逐年逐月皆有可见"②，均属专谱之类。

梁启超在《中国历史研究法补编》中将年谱分为创作的与改作的两类，就

---

① 来新夏：《近三百年人物年谱知见录·清人年谱的初步研究(代序)》，第5页。

② (清)童能灵：《子朱子为学次第考·凡例》，《年谱丛刊》第29册，第487页。

朱熹年谱来说，严格意义上的创作性年谱是李方子《紫阳年谱》，后代多谱脱胎于此，或有李本痕迹。其他年谱均为改作的，只改作方式、程度与效果或有不同，有的年谱在改作过程中融入作者的特殊见地，如王懋竑《朱子年谱》，其价值远超一般旧谱；有的改作仅是旧谱节略，或“较旧本增损一二言，以便展卷了然”[①]，其史料价值当不出旧本。束景南著《朱熹年谱长编》当属例外，该谱不以旧谱为标准，不以旧谱为依据，诚如作者自谓“跳出旧谱窠臼，作成一全新之朱熹年谱”[②]，是另类意义上的创作性年谱，任继愈先生高度评价该谱：“此书一出，李、洪、王诸谱可以束之高阁。此书，可以断言，是可传世也。”[③]

来新夏按表达形式将年谱别为文谱、表谱、诗谱与图谱，历代朱熹年谱多为文谱，直接用文字叙述谱主一生事迹，也有表谱，即为年表，用年表格式分栏简记年谱内容。周予同编《朱熹简明年谱》就是表谱，表分纪元、干支、公元、行实和备记五栏，行实述朱熹事迹，如绍兴十年记“十一岁受学于家”，绍兴十七年记“十八岁举乡贡”；备记则简述相关人与事，如绍兴七年记“吕祖谦生”，绍兴十九年记“刘勉之卒”[④]，均极简洁。该谱用“备记”初步解决了年谱当中应如何记载时人的问题。当代学者杨慧杰、张毅、朱汉民等也有《朱熹年表》，但均年谱简编。

按年谱笔法来说，年谱有直叙式和纲目体两类，直叙式简单，纲目体稍严格。所谓直叙式是对所叙述内容不分主次，逐年平铺直叙地写来。童能灵《子朱子为学次第考》于“庚午二十一岁”下叙：“春，如婺源展墓，时乡会酒酣，坐客以次歌咏，朱子独歌《离骚》一章，音吐洪畅，坐客竦然”[⑤]，此为直叙式，现当代学者所编朱熹年谱多为该种笔法。纲目体笔法先用简练文字概括要点，然后施以较多笔墨说明事情原委，或使用其他文献予以注释，起纲举目张之效。明清朱谱多有用纲目体者，例如李默增订《紫阳文公先生年谱》，在十四年丁未正月下以大字记“如莆吊陈福公”，其下分两行小字说明谱主“千里赴吊”的原因及为文祭之的情况；三月下标“小学成”之纲，其下细述辑书的基本状况[⑥]。李元禄《朱子年谱纲目》以纲目为名，如作者自序所云，“仿编年记载体，提其大纲，详其节目，系于各年之下，名曰《年谱纲目》，以便按年检阅，得以知其始终

① （清）毛念恃：《文公朱紫阳先生年谱引》，《年谱丛刊》第27册，第5页。

② 束景南：《朱熹年谱长编·叙》，第3页。

③ 钟明奇：《沉潜与精深——我与书稿审读》，华东师范大学出版社主编：《春华秋实——庆祝华东师范大学出版社50华诞》，华东师范大学出版社2007年版，第354页。

④ 周予同：《朱熹简明年谱》，《朱熹》附录，商务印书馆1931年版，第2、3页。

⑤ （清）童能灵：《子朱子为学次第考》，《年谱丛刊》第29册，第493—494页。

⑥ （明）李默增订《紫阳文公先生年谱》卷二，《年谱丛刊》第26册，第4页。

出处之大略"[①],罗典之序对其作用有着精要概括,"纲提其要,朱子体道之大端无不昭矣,目致其详,朱子析理之精微无不著矣"[②]。

梁启超《中国历史研究法补编》将年谱别为平叙的和考订的两类。平叙的年谱一般无须考证,或仅将其结果写入谱中而无考证的文字,南宋诸谱因作者和谱主时代相近无须考证,当代朱谱因多为简谱而无法写入考证文字,所以多为平叙的年谱。有的年谱因前谱错误而改作,就不能不有考证的明文,并将考证明文写入年谱,即是考订的年谱。因年谱编撰在朱陆学派之争中有着特殊的功用,所以明清朱谱多属此类,陈建《朱子编年考》、邹光涛《朱子年谱讹》、朱泽沄《朱子圣学考略》、江永《考定朱子世家》、童能灵《子朱子为学次第考》等径以"考"为名,值得关注的问题是将这些明文摆在什么地方。王懋竑的做法是另作分量很大的《考异》四卷,梁启超非常欣赏这样的方式,谓"年谱的正文并不隔杂一句题外的话,看起来倒很方便"[③]。《子朱子为学次第考》则是将考证内容附在正文当中,如前文所引"庚午二十一岁"下叙"朱子独歌《离骚》一章", 其后以"能灵谨按"方式换行低格,述"朱子于《离骚》,晚年犹喜诵之,且为之注而序之矣。顾又尝窃考《离骚》首段,屈子自序之语亦似有开宗明义一章之遗意。盖与朱子早题《孝经》之旨有会焉。然则朱子生平事亲事君立身之梗概,已即此而可想见矣"[④]。

历代朱熹年谱,除已亡佚或仅见著录者外,有多种刊行与流传方式,既存原稿本如王懋竑《朱子年谱考异》,亦见传抄本如洪嘉植《朱子年谱》,而以刊印本为主,刊印本中又有单行本、合刻本、丛书本与附刻本等形式,近年来学界的朱熹年谱点校整理与旧谱新刊工作取得一定成绩,北京图书馆编《北京图书馆藏珍本年谱丛刊》即收有十二种朱谱。因朱熹年谱刊行与流传方式较为复杂,笔者拟另文考察,此不详述。朱熹年谱数量颇大,诸谱或简或繁,或创新或改作,或亡佚或见存或新作,虽特点不一、状态不同,但对研究朱熹的学术思想、考察朱子之学的发展路径、及至梳理年谱体例之变迁,均有极其重要的价值。

(作者:盛菊,女,副教授,淮北师范大学历史与社会学院、安徽文献整理与研究中心)

---

① (清)李元禄:《朱子年谱纲目·序》,《年谱丛刊》第30册,第3页。

② (清)罗典序,(清)李元禄:《朱子年谱纲目》,《年谱丛刊》第30册,第10页。

③ 梁启超:《中国历史研究法补编》,《民国丛书》第一编73册,上海书店出版社1989年版,第113页。

④ (清)童能灵:《子朱子为学次第考》,《年谱丛刊》第29册,第494页。

安徽历史文化研究

"垓下"的历史文化意义

牛继清

公元前202年12月,刘邦与项羽两大军事集团在垓下进行了最后的决战,项羽大败,随后自刎乌江,长达四年的"楚汉之争"终于结束。"垓下之战"的金戈铁马声早已随着时间的流逝而隐没在历史的大幕之后,但垓下并没有沦为仅供后人凭吊的历史遗迹,而是深深地渗透到了中国传统文化的内核之中。"垓下"的历史文化意义历两千余年至今犹存,而且因岁月的酿造日益醇厚。历代学者、名臣、文人以"垓下"之典解经、释史、说理、论兵、作文、赋诗,充分体现出了其重要的历史文化意义。本文就此问题进行简单的梳理,不妥之处,祈望学者专家不吝赐教。

一　以"垓下"解经

北宋仁宗庆历以后,经学学风大变。胡瑗的《周易》研究,即引史事以证经,如《周易口义》释《屯卦》卦辞"勿用有攸往"说:"如汤之于伊尹,文武之于吕望,其始交时,皆有四方之多虞,然后卒能共治天下,是皆先艰而后通也。"①因此现代学者评价说胡瑗解《易》,"既不同于传统的象数派,也不同于传统的义理派,而是在两派之外别出新解,征引史事以证经义,进而阐释他所理解的儒学思想本质"②。司马光《论风俗劄子》:"新进后生,口传耳剽,读《易》未识

① (北宋)胡瑗:《周易口义》卷二,上海古籍出版社1987年影印文渊阁《四库全书》本。

② 庞朴主编:《中国儒学》第一卷,东方出版中心1997年版,第245页。

卦爻,已谓《十翼》非孔子之言;读《礼》未知篇数,已谓《周官》为战国之书;读《诗》未尽《周南》、《召南》,已谓毛、郑为章句之学;读《春秋》未尽十二公,已谓《三传》可束之高阁。”[①]到了南宋,陆游回顾说:“自庆历后,诸儒发明经旨,非前人所及;然排《系辞》(指欧阳修),毁《周礼》(指欧阳修与二苏),疑《孟子》(指李觏、司马光),讥《书》之《胤征》、《顾命》(指苏轼),黜《诗》之序(指晁说之),不难于议经,况传注乎!”[②]而以今典、后事解经者亦渐多。清人皮锡瑞将宋代经学定义为“经学积衰时代”,理由是“宋人说经之书传于今者,比唐不止多出十倍,乃不以为盛而以为衰者,唐人犹守古义而宋人多矜新义也”[③]。于是,有学者借“垓下”之事来解《诗经》、《尚书》、《周礼》、《周易》以至《论语》,降至明清,尚有学者沿袭这一解经方式。

(一)以“垓下”解《易》

宋人李杞《用易详解》(朱彝尊《经义考》作《周易详解》)卷二释《屯卦》上六“乘马班如,泣血涟如”,云:

> 《象》曰:“泣血涟如,何可长也?”处屯之极,下无系应,愈远于民,而难不可解,故泣血涟如,其势不可久也。项羽垓下之围,悲歌慷慨,泣数行下,其上六之谓欤[④]?

李杞,字子才,号谦斋,眉山人,《四库全书总目·〈用易详解〉提要》云其“仕履无考”。见于文献的宋代三个名叫李杞的人中,时代最早的是与苏轼相唱和、曾任大理寺丞的李杞,其主要活动时代当在仁宗嘉祐至神宗元丰间。李杞在《用易详解》自序中强调:

> 经学不可以史证,经学必以史证,此吾为书之病也,亦吾为书之意也。夫圣人之经,所以示万世有用之学,夫岂徒为是空言也哉!故经辩其理,史纪其事,有是理必有是事,二者常相关而不可一缺焉。自后世以空言为学,歧经与史为二,尊经太过,而《六经》之书,往往反入于虚无旷荡之域。吁,是亦不思而已矣!夫经固非史也,而史可以证经。以史证经,谓之驳

① (北宋)司马光:《司马文正公集》卷六,上海中华书局《四部备要》本。
② (南宋)王应麟:《困学纪闻》卷八,《四部丛刊三编》本。上海书店1985年版。
③ (清)皮锡瑞:《经学历史》,中华书局1959年版,第280页。
④ (北宋)李杞:《用易详解》卷二,上海古籍出版社1987年影印文渊阁《四库全书》本。

焉可也;然不质之于史,则何以见圣人之经为万世有用之学也?①

认为只有以史证经,才能使儒家经典成为"万世有用之学",其与胡氏学术主张的承袭关系是显而易见的。李氏进一步强调以史事证《易》理的必要性:

且《易》之为书,盖圣人忧患之作,于以同民吉凶,而使之趋避焉者也。《易》书既作,凡所以避凶趋吉、酬酢泛应者,在天下日用之际,有不穷之妙。是《易》之为《易》,乃圣人应世之书。……故吾于《易》多证之史,非以隘《易》也,所以见《易》为有用之学也。②

《史记·项羽本纪》:

项王军壁垓下,兵少食尽,汉军及诸侯兵围之数重。夜闻汉军四面皆楚歌,项王乃大惊曰:"汉皆已得楚乎?是何楚人之多也!"项王则夜起,饮帐中。有美人名虞,常幸从;骏马名骓,常骑之。于是项王乃悲歌慷慨,自为诗曰:"力拔山兮气盖世,时不利兮骓不逝。骓不逝兮可奈何,虞兮虞兮奈若何!"歌数阕,美人和之。项王泣数行下,左右皆泣,莫能仰视。③

李氏即是以"项王泣数行下,左右皆泣,莫能仰视"来对应上六爻辞之"泣血涟如",而此时项氏已经是穷途末路,失败在即,也正好符合《象传》所言"何可长也?"

李杞的这种说法对后世的《易》学家产生了比较大的影响。南宋李过(季辨)在孝宗庆元年间著成《西谿易说》,亦喜以史事证《易》理,用秦末农民战争与楚汉相争时期的重大历史事件,来解释《屯卦》九五爻辞"屯其膏。小贞吉,大贞凶":

五,君位也,初虽起事,未至九五,膏泽尚屯。如萃卦,人心求聚之时,五为萃之主,则曰"萃有位"。涣卦,人心涣散之时,五为涣之主,故曰"涣王居"。此初爻为主,毕竟处屯之数,施泽未能光大。如高帝入关,顺民心,作三章之约,秦民亦大喜,惟恐沛公不为秦王。然未能遽洽,犹须转战

① (北宋)李杞:《〈用易详解〉序》。
② (北宋)李杞:《〈用易详解〉序》。
③ (西汉)司马迁:《史记》卷七《项羽本纪》,中华书局1959年版。

五六年而后定。盖其数如此。当战争未定之时,必有机会,若当机会之小者,守贞可也;当机会之大而守贞,则大功无缘能集。故小贞则吉,大贞则凶。如当始兴之时,食其欲立六国后,固不可也。至固陵之会,不割地则不足以致三将之命,荥阳、成皋之困,深沟高垒,不与楚战可也。垓下之围,不一鏖之,则不足以速项氏之亡。

紧接着解上六爻辞“乘马班如,泣血涟如”:

《象》曰:“泣血涟如,何可长也?”虽高而无位,故穷而泣血。惟项氏当之,其辞与垓下之事合。圣人重《易》,止有一个推求藏往之理,后世变故自然吻合。①

此后,易学家引用项羽垓下兵败之事以解卦、爻辞的情况历代不乏其人。如南宋冯椅在其《厚斋易学》卷六亦引李氏之说以解《屯卦》上六爻辞;元人胡震《周易衍义》卷十一认为。项羽不能用韩信,韩信乃归汉,最后助汉高祖刘邦破项羽于垓下,正好可以说明《姤卦》九二爻辞“包有鱼,无咎,不利宾”;清初学者魏荔通《大易通解》卷十《革卦》则以垓下之围汉军四面楚歌来证明《象传》所言“泽中有火,革”。

(二)以“垓下”解《书》

最早以“垓下”解《尚书》的是宋人林之奇《尚书全解》。林之奇(1112—1176),字少颖,号拙斋,福州侯官人。从吕本中学,又是吕祖谦之师。为秘书省校书郎,朝廷令学者参用王安石三经义说,之奇以为邪说异端,不可训。林氏于诸经均有较高造诣,著有《尚书全解》、《春秋讲义》、《周礼讲义》、《论语注》、《孟子讲义》等经学著作,尤其以《尚书》学名家,南渡之初被推为第一,为东南一时之重,大儒朱熹亦曾从其问《尚书》,推崇其《尚书全解》,并赞赏其之见解超出了程伊川,他后来在回答学生问题时强调:

惟三山林少颖向某说得最好:“若禹、皋陶则见而知之,汤则闻而知之。”盖曰若非前面见而知得,后之人如何闻而知之也。②

---

① (南宋)李过:《西谿易说》卷一,上海古籍出版社1987年影印文渊阁《四库全书》本。
② (南宋)黎靖德编:《朱子语类》卷六十一,中华书局1986年版。

现代学者认为林之奇“启发了朱熹后来怀疑古文《尚书》孔《序》孔《传》为伪作”①,“林之奇《尚书全解》是第一部援《学》、《庸》和理学思想系统阐释《尚书》的著作”②。班固《汉书·司马迁传赞》云:“又其是非颇缪于圣人,论大道则先黄老而后《六经》;序《游侠》则退处士而进奸雄;述《货殖》则崇势利而羞贱贫,此其所蔽也。”林之奇上承班氏之说,在《尚书全解》卷二十四《洪范》云:

> 某尝以谓太史公之议论,其是非叛于圣人者多矣!未若以武王斩纣,头悬于太白之旗之为甚也!汉高祖与项羽亲为仇敌,以争天下。及羽死于垓下,高祖尚亲为之发丧,哭临,葬于彭城,祀以鲁公礼。况武王于纣,其为君臣,上下之分较然明白,宁忍为此已甚之戮乎?③

按据《逸周书·克殷解》,武王克商之后,商纣自焚死,“武王答拜,先入,适王所,乃克射之,三发,而后下车。而击之以轻吕,斩之以黄钺,折悬诸太白”④。《史记·周本纪》作武王“遂入,至纣死所。武王自射之,三发而后下车,以轻剑击之,以黄钺斩纣头,悬大白之旗”。可见《逸周书·克殷解》是《史记·周本纪》之史源,司马迁只是根据早期文献记载陈述了历史事件。但林之奇却未作历史分析与考证,只是从理学君臣名分的角度认定“武王于纣,其为君臣,上下之分较然明白,宁忍为此已甚之戮乎?”转而批评司马迁“是非叛于圣人者多矣”,并以垓下之役之后,刘邦礼葬项羽于彭城、祀以鲁公礼进行对比,以坐实司马迁之罪名。

清人朱鹤龄《尚书埤传》卷十《禹贡》释“荆河惟豫州”云:

> 楚汉相距,亦多于成皋、广武、荥阳、京、索间。盖汉据关中,其势即秦之势,而楚割鸿沟以西为汉,则山河之险尽去,其亡岂待垓下哉?⑤

在其《禹贡长笺》卷七亦作此说,将项羽垓下之败的原因,归结为楚汉议和时项羽割鸿沟以西之地于刘邦。这种分析虽然未能揭示项氏西楚政权覆亡的根本原因,但也不失为一种比较追根溯源的历史见识。

---

① 束景南:《朱子大传》,福建教育出版社1992年版,第119页。

② 陈良中:《理学视野下的〈尚书〉诠释——论林之奇《尚书全解》的思想意义》,《古籍整理研究学刊》2008年第3期。

③ (南宋)林之奇:《尚书全解》卷二十四,江苏广陵古籍刻印社1990年版。

④ 《逸周书》卷四,《丛书集成初编》本,中华书局1985年版。

⑤ (清)朱鹤龄:《尚书埤传》卷十,上海古籍出版社1987年影印文渊阁《四库全书》本。

(三)以"垓下"解《诗》

南宋初《诗》学家范处义《诗补传》"以《诗序》为据,兼取诸家之长,揆之性情,参之物理,以平易求古诗人之意"①。现代学者认为:"宋人也有尊古的一派,却也不很迂腐,范处义《诗补传》,吕祖谦《吕氏家塾读诗记》,严粲《诗缉》,都以疏解平实见长。"②虽然范氏《诗》说以《诗序》为宗,但对朱熹的《诗经》研究有较大影响,朱子《诗集传》多处引用范氏论点。《诗补传》卷二十七《泮水》:

> 昔项羽尝为鲁公,及垓下之败,鲁独坚为羽守。汉欲引兵屠之,以其守节礼义之国,故不忍加兵。③

另一位南宋学者王质以近三十年心力,撰成《诗总闻》一书,"每章说其大义,复有闻音、闻训、闻章、闻句、闻字、闻物、闻用、闻迹、闻事、闻人凡十门,每篇为总闻"。《四库全书总目·〈诗总闻〉提要》对王氏著作评价甚高:"南宋之初,废《诗序》者三家:郑樵、朱子及质也,郑、朱之说最著,亦最与当代相辨难。质说不字字诋小序,故攻之者亦稀。然其毅然自用,别出新裁,坚锐之气,乃视二家为加倍。"④王氏引垓下楚歌之事,以解《东山》云:

> 闻迹曰:《诗》自《七月》以下所系周公之诗,《鸱鸮》固已略言之。今又载于此,周公东征,必皆豳、岐生长谙惯之人,其人作豳乐歌、豳曲,夫人何怖?项氏有楚,其在垓下也,闻汉军四面皆楚歌,曰:"汉皆已得楚乎?何楚人多也?"盖汉高部曲皆关中调发之人,秦人而有楚歌,此项氏所以悲歌忼慷也!力拔山兮气盖世,时不利兮骓不逝,骓不逝兮可奈何,虞兮虞兮奈若何?自今观之,四句如今古诗,哀泣何由而生?而死生何由而决也?举此以明《东山》,盖豳人从军为歌者,人讽其辞,已足以感人,何况其声,惜后人不得闻,且不可考也。⑤

到清代,乾隆《御撰诗义折中》卷十一《采芑》:

---

① (南宋)范处义:《〈诗补传〉序》,夏传才、董治安主编《诗经要籍集成》本,学苑出版社2002年版。

② 扬之水:《诗经别裁·前言》,江西教育出版社2000年版。

③ (南宋)范处义:《诗补传》卷二十七。

④ (清)永瑢:《四库全书总目》卷十五,中华书局1965年影印本。

⑤ (南宋)王质:《诗总闻》卷八,夏传才、董治安主编《诗经要籍集成》本,学苑出版社2002年版。

项籍之战垓下也,淮阴侯将三十万众自当之。楚兵来,而少却;楚兵却,而复乘。指挥如意,卒困项王。人以为韩信之神勇,而不知其步方叔之后尘也。

垓下之役,汉军的战术安排被历代兵家、史家所极力称赞(详见下文“论兵”)。而乾隆则认为用兵之道,“用寡易,用众难。以汉高之雄才,不过能将十万。方叔将三十万众,而布阵不乱,启行无哗,伐鼓则进,振旅则退,如臂使指,则其才可想矣”①。韩信垓下之役,不过是用众,以三十万众对项羽之十万,所采用的战略战术,只不过是步周宣王南征荆蛮时大将方叔的后尘而已,并无新奇。

宋人陈善《扪虱新话》“三百篇皆被弦歌”条,在论及《诗》与歌、琴的关系时,认为《诗经》中《雅》、《颂》的区别实际上是因为用雅琴、颂琴分别演奏。而且特别引项羽《垓下歌》入琴曲为证据进行强调说明:

又琴,有古人之雅琴、颂琴者,盖古之为琴,皆以歌乎《诗》。古之雅、颂,即今之琴操耳!雅、颂之声固自不同,郑康成乃曰:“《豳风》兼《雅》、《颂》。”夫歌《风》安得与《雅》、《颂》兼乎?舜《南风歌》、楚《白雪诗》,本合歌舞;汉高帝《大风歌》、项羽《垓下歌》亦入琴曲。今琴家遂有《大风起》、《力拔山》操,盖以始语名之耳。然则古人作歌,固可弹之于琴,今世不复如此。②

清人谢方坤《经埤》卷五亦有“三百篇皆被弦歌”条,全承陈善之说,而此说对近代以来的《诗经》研究也产生了较大影响。

(四)以“垓下”解《礼》

朱熹《仪礼经传通解》卷十二《臣礼》论“复仇”,引《史记·留侯世家》所载张良为韩复仇之事证之:

张良,其先韩人,大父开地,父平,相韩五世。平卒,良年少,未尝官事韩,而秦灭韩。良家僮三百人,弟死不葬,悉以家财求客刺秦王,为韩报仇。尝学《礼》淮阳,东见仓海君,得力士,为铁椎重百二十斤。秦皇帝东

---

① (清)乾隆:《御撰诗义折中》卷十一,上海古籍出版社1987年影印文渊阁《四库全书》本。

② (宋)陈善:《扪虱新话》卷一,《续修四库全书》据北京大学图书馆藏明崇祯毛氏汲古阁刻津逮秘书本影印。上海古籍出版社2002年版。

游，良与客狙击秦皇帝博浪沙中，误中副车。秦皇帝大怒，大索天下，求贼甚急，良乃更名姓，亡匿下邳，为任侠。及陈涉起兵，良亦聚少年百余人归沛公，数以太公兵法说沛公，沛公善之。又说项梁，立韩公子成为韩王，梁从之，以良为韩申徒。因从沛公入关，画策灭秦。项羽立沛公为汉王，良乃归韩。项羽留韩王成，不遣之国而杀之，良遂亡，间行归汉。复为汉王画策，破杀项羽垓下。

他对学生也说，张良辅佐刘邦是出于为韩报仇的心理，"只烧绝栈道，其意自在韩而不在汉，及韩灭无所归，乃始归汉，则其事可见也"①。

二 以"垓下"释史

历代史家、学者多注意总结历史经验教训，用垓下之役及相关人物、事件等来释史。

自秦末而后，淮南成了南北交通孔道，也就成了历代兵家必争之地。所谓"彼寿阳者，南引荆汝之利，东连三吴之富。北接梁宋，平途不过七日；西援陈许，水陆不出千里。外有江湖之阻，内保淮肥之固"②。东汉末年以后，由于南北分裂之势渐成，淮南更是不断涌现出武装割据者。东晋海西公太和四年(369年)，镇守寿阳(今安徽寿县)的晋龙骧将军袁真怨桓温诬己，乃据寿阳降前燕。学者伏滔以参军的身份随同大司马桓温讨伐袁真，他梳理淮南的地理历史，著成《正淮论》二篇，为桓温提供诫鉴，其中就说到汉初功臣黥布：

黥布以三雄之选，功成垓下。淮阴既囚，梁越受戮，嫌结震主之威，虑生同体之祸，遂谋图全之计，庶几后亡之福。众溃于一战，身脂于汉斧。③

而《周书》、《隋书》、《明史纪事本末》等史书的纂修者还借"垓下"来抒发史论。《周书·文闵明武宣诸子传》，撰修者令狐德棻等鉴于北周武帝、宣帝抑制甚而诛杀宗室诸王，最终导致杨坚以外戚篡夺的历史教训，提出了封建诸皇

① (宋)黎靖德编：《朱子语类》卷一百三十五。
② (唐)房玄龄：《晋书》卷九十二《文苑列传·伏滔传》，中华书局1974年版。
③ (唐)房玄龄：《晋书》卷九十二《文苑列传·伏滔传》。

子、宗室以藩屏朝廷的重要性：

> 史臣曰……五等之制，行于商周之前；郡县之设，始于秦汉之后。论时则浇淳理隔，易地则用舍或殊。譬犹干戈日用，难以成垓下之业；稷嗣所述，不可施成周之朝。是知因时制宜者，为政之上务也；观民立教者，经国之长策也。①

自杨坚专权及隋朝初建，北周旧臣起兵割据反隋者数起，梁士彦、宇文忻等虽助杨坚平尉迟迥，宇文忻甚至与杨坚“情好甚协”，且助杨氏代周，但仍然被猜疑成性的杨坚以谋反罪诛杀。魏徵等《隋书·梁士彦等传》论赞将其与韩信、英布进行比较：

> 史臣曰：昔韩信愆垓下之期，则项王不灭；英布无淮南之举，则汉道未隆。以二子之勋庸，咸愤怨而俎戮，况乃无古人之殊绩，而怀悖逆之心者乎！②

元至正二十七年（1367年）十月，徐达与副将常遇春率明军二十五万北伐，次年塔儿湾（在今河南偃师境）一役大败元军，河南平。又沿运河北进，败元军于河西务（今河北武清西北），进破通州（今北京通县），八月克大都（今北京），元顺帝北遁，元朝灭亡。谷应泰《明史纪事本末》卷八《北伐中原》在历记诸战役之后，抒发议论：

> 谷应泰曰：塔儿湾之捷，河西务之捷，通州、开平之捷，比之垓下合围悲歌四起，昆阳大战屋瓦皆飞，固宜开国承家、勒铭钟鼎者矣！③

将北伐诸役与垓下、昆阳相比拟，视为鼎定国家之要节。

---

① （唐）令狐德棻：《周书》卷十三《文闵明武宣诸子传》，中华书局1971年版。
② （唐）魏徵：《隋书》卷四十《梁士彦等传》，中华书局1973年版。
③ （清）谷应泰：《明史纪事本末》卷八《北伐中原》，中华书局1977年版。

三　以“垓下”说理

中国历史上,还有不少学者、名臣在议论政事,辨析强弱转化、机会把握等事理时,亦多引垓下之役来说理。

东晋成帝咸和八年(333年),后赵统治者石勒去世,主持朝政的征西将军庾亮认为这是一个千载难逢的好机会,于是决定移师石城,以寻找北伐,灭亡后赵,规复中原。司空蔡谟提出反对意见,他认为:

> 时有否泰,道有屈伸。暴逆之寇虽终灭亡,然当其强盛,皆屈而避之。是以高祖受黜于巴、汉,忍辱于平城也。若争强于鸿门,则亡不终日。故萧何曰:“百战百败,不死何待也。”原始要终,归于大济而已。岂与当亡之寇争迟速之间哉!夫惟鸿门之不争,故垓下莫能与之争。……今日之事,亦由此矣。贼假息之命垂尽,而豺狼之力尚强,宜抗威以待时。①

因为石勒虽死,石虎(季龙)继位,仍是劲敌,兖州、洛阳、关中之兵皆为石虎所用,晋军兴师远征,必劳而无功。如若不胜,石氏乘机南侵,则无力阻敌。因此“弃江远进,以我所短击彼所长,惧非庙胜之算”。蔡氏的建议得到了朝臣普遍认同,庾亮也就取消了北伐计划。

唐太宗贞观十四年(640年),特进魏徵针对唐太宗“重大臣而小臣”、“信小想而疑大臣”的用人问题,以伊尹、韩信的际遇为例,上疏劝谏:

> 昔周文王游于凤皇之墟,袜系解,顾左右莫可使者,乃自结之。岂周文之朝尽为俊乂,圣明之代独无君子者哉?但知与不知,礼与不礼耳!是以伊尹有莘之媵臣;韩信项氏之亡命。殷汤致礼,定王业于南巢;汉祖登坛,成帝功于垓下。若夏桀不弃于伊尹,项羽垂恩于韩信,宁肯败已成之国,为灭亡之虏乎?②

魏徵向唐太宗提出应该“委大臣以大体,责小臣以小事”,“小臣不可委以大事,

① (唐)房玄龄:《晋书》卷七十七《蔡谟传》。
② (唐)吴兢:《贞观政要》卷三,上海古籍出版社1978年版。

大臣不可责以小罪",这才是"为国之常"、"为治之道"。要求太宗只要能够"博求时俊,上下同心","则三皇可追而四,五帝可俯而六矣"。也是在此次上疏中,魏徵再一次引《荀子》"君,舟也。民,水也。水所以载舟,亦所以覆舟"的议论,来阐明君、臣、民之相互关系对国家治乱的重要意义。

南宋绍兴六年(1137 年),高宗赵构在张浚的劝说下,自临安北巡。七年初,驻跸建康(今江苏南京)。三月,朝廷以王德代刘光世为都统制,副都统制郦琼等将领不服王德,张浚又密谋杀郦琼等,激起"淮西兵变"。八月,郦琼等杀死监军吕祉,以四万众北投刘齐,北边压力陡增。宋高宗欲退往平江(今江苏苏州),李纲认为平江距建康并不远,起不到退避的作用,反而会使人心摇动,因之不宜轻动,以固人心。引刘、项之争以为佐证:

> 臣闻自昔用兵以成大业者,必先固人心,作士气,据地利而不肯先退,尽人事而不肯先屈。是以楚、汉相距于荥阳、成皋间,高祖虽屡败,不退尺寸之地;既割鸿沟,羽引而东,遂有垓下之亡。

李纲此议"与众论不合",在其他大臣的支持下,宋高宗于八年二月即回到临安。但史载"上不以为忤,曰:'大臣当如此矣。'"[①]而张浚、杨万里、贾廷佐等人也都曾借垓下之事论述宋金和战问题。

元至正二十七年(1367 年),朱元璋遣徐达率大军围困张士诚于姑苏(今江苏苏州),欲迫其投降。原张士诚司徒、降将李伯昇遣人入城劝说张士诚投降。史载:

> 士诚召之入,曰:"尔欲何言?"客曰:"吾为公言兴亡祸福之计,愿公安意听之。"士诚曰:"何如?"客曰:"公知天数乎?昔项羽喑呜叱咤,百战百胜,卒败垓下,天下归于汉高祖。何则?此天数也。公初以十八人入高邮,元兵百万围之,此时如虎落阱中,死在朝夕。一旦元兵溃乱,公遂提孤军乘胜攻击,东据三吴,有地千里,甲士数十万,南面称孤,此项羽之势也。……此时欲死不得,生无所归。故窃以为莫如顺天之命,自求多福,令一介之使,疾走金陵,称公所以归义救民之意。公开城门,幅巾待命,亦不失为万户侯。"[②]

---

① (元)脱脱:《宋史》卷三百五十九《李纲传》,中华书局 1977 年版。

② (清)谷应泰:《明史纪事本末》卷八《太祖平吴》。

然而张士诚坚持不降,最终被俘自缢身亡。

四 以"垓下"论兵

"垓下之战"是我国历史上最著名的战例之一,后世军事家论兵势、兵谋、权变等多引之为据。

《孙子兵法》说:"上兵伐谋,其次伐交,其次伐兵,其下攻城。攻城之法,为不得已。"[①]著名军事家孙膑也曾对齐王说:"凡伐国之道,攻心为上,务先伏其心。今秦之所恃为心者,燕、赵也,当收燕、赵之权。今说燕、赵之君,勿虚言空乱,必将以实利以回其心,所谓攻其心者也。"[②]杜佑《通典·兵典》将垓下之战作为"先攻其心"的代表性战役,云:

> 汉王既破项羽于垓下,羽兵尚众,汉兵围之,而皆为楚歌,楚人久苦征战,因败思乡,遂溃。斯亦攻心之术也。[③]

垓下之战,韩信所采用的阵法也是历代津津乐道的永恒话题。其具体过程,《史记·高祖本纪》是这样记载的:

> 五年,高祖与诸侯兵共击楚军,与项羽决胜垓下。淮阴侯将三十万自当之,孔将军居左,费将军居右,皇帝在后,绛侯、柴将军在皇帝后。项羽之卒可十万,淮阴先合,不利,却。孔将军、费将军纵,楚兵不利,淮阴侯复乘之,大败垓下。

这一阵式,被后世定义为"虎翼之阵",如宋人高似孙《子略》所云:"虎翼:天地前冲,变为虎翼,伏虎将搏,盛其威力。淮阴用之,变化无极,垓下之会,鲁公莫测。"[④]明唐顺之辑《武编·前集》卷三有《八阵图说》一篇,论及"虎翼之阵":"项羽垓下之战,韩信将兵当之,孔将军居左,费将军居右,皇帝居后,绛侯、柴

---

① 《十一家注孙子校理》,中华书局1999年版。

② (北宋)李昉等:《太平御览》卷二百八十二引。

③ (唐)杜佑:《通典》卷一百六十一《兵典》十三,中华书局1988年版。

④ (南宋)高似孙:《子略》卷一,江苏广陵古籍刻印社1988年据张氏约园刻本影印本。

将军又在皇帝后,即虎翼阵之类是也。”①

朱熹的高足蔡元定精研兵法,曾撰写过《八阵图说》。朱熹本人曾几次被学生问到垓下之战韩信布阵的问题。有人问“太史公书项籍垓下之败,实被韩信布得阵好,是以一败而竟毙”,他回答说:“不特此耳,自韩信左取燕、齐、赵、魏,右取九江,英布收大司马周殷,而羽渐困于中,而手足日翦,则不待垓下之败,而其大势盖已不胜汉矣。”②又有学生问“《史记》所书高祖垓下之战,季通(蔡元定)以为正合八阵之法”,朱子说:“此亦后人好奇之论。”③朱子对垓下之役的认识,是比较理性的。

南宋初年,中兴名将张浚更是多次以“垓下之战”为例来论说宋、金双方的和战形势。如他议论战守利害:

> 臣契勘承楚诸军家属钱粮,传闻尽徙内地。圣意必以敌议大入,先伐其谋,未为失策。惟战守之备,益当严备,盖通泰一失,则江浙不能安居。而岁失盐司一千三百万缗,所系利害非细。且敌以淮东有战无掠,则必窥川、陕、荆、襄,为上流攻讨之计。当委大臣总治,以壮形势,兼使南下之师,不得一意江浙,其势必分。夫兵之聚散,不在形迹之间,在于精神心术运动之际。苻坚、王莽之兵非不聚也,一战而溃;汉高驻军京、洛,韩信出山东,彭越往来梁、楚之墟,黥布用兵于南方,相去千里之远,而兵势如常山之蛇,楚以困弊。卒之期会于垓下而败焉,其事可以为法。④

又论牵制事宜:

> 臣等窃惟兵家之事,必以谋胜,古人用师,彼出则我守。彼归则我入。故晋悼公三驾,而楚不能与争;汉高祖用辕生之说,出兵宛、叶以分楚力,卒胜垓下。⑤

正因为张浚对宋、金和战的形势有比较清醒的认识,所以南渡之初,张浚成了对金作战的主要负责者,而且取得了明显战绩。

---

① (明)唐顺之纂辑:《武编·前集》卷三,上海古籍出版社1987年影印文渊阁《四库全书》本。
② (南宋)黎靖德编:《朱子语类》卷一百三十五。
③ (南宋)黎靖德编:《朱子语类》卷一百三十六。
④ (明)黄淮、杨士奇编:《历代名臣奏议》卷二百三十二,上海古籍出版社1989年版。
⑤ (明)黄淮、杨士奇编:《历代名臣奏议》卷二百三十四。

北宋苏洵论御将之术，他认为“人君御臣，相易而将难，将有二：有贤将，有才将，而御才将尤难”。而刘邦针对韩信、彭越、黥布的特点使用他们，是御才将的典范：

> 汉高祖一见韩信，而授以上将，解衣衣之，推食哺之；一见黥布，而以为淮南王，供具饮食如王者；一见彭越，而以为相国。当是时，三人者未有功于汉也。厥后追项籍垓下，与信、越期而不至，捐数千里之地以畀之，如弃敝屣。项氏未灭，天下未定，而三人者已极富贵矣！何则？高帝知三人者之志大，不极于富贵，则不为我用；虽极于富贵，而不灭项氏，不定天下，则其志不已也。

而后人论“爵赏”、“粮草”等军事问题时，亦多引垓下之役以证之。

至于历代学者、文人以垓下之事作文、赋诗，抒发情怀，多不胜数，也留下了不少千古名篇，更是充分体现了“垓下”的历史文化价值。鉴于篇幅，兹不赘述。

（作者：牛继清，男，教授，淮北师范大学安徽文献整理与研究中心）

从人物代称看北宋词的交际性

冯 婵

词体在北宋获得提升,这几乎已在学界达成共识。北宋之时,词广泛进入士大夫的视野,并成为文人之间交际的重要应用性文学样式,是词体提升的一个突出表现。简而言之,交际就是人与人之间的情感交流。词从早期的酌酒伴歌的歌词之词,到文人的酬唱赠寄的诗词之词,始终具有强烈的交际性特色。作者在填词时往往有较为明确的接受对象,接受者既可以是预设的泛泛听众,也可以是某个具体的赠寄人,而词人与接受对象之情感互动,则最为生动地演绎了词的交际性。因此,着眼在词中出现的形形色色的人物,不失为我们探讨词之交际性问题的一条捷径。以下,本文就尝试着通过词中的人物代称来窥探北宋词进入文人士大夫交际领域之一二豹斑。

一 人物代称之于词

在词作中常常会看到各式各样的人物,依社会角色而言,或歌妓、侍妾,或官吏、文人,或农夫、渔父之属,据与词人的关系来看,则有夫妻、亲人、朋友、同僚、情侣等。词作中出现的人物,并不像客观的风景、器物一样,只是单纯的被描摹赋写的对象,而是有着相对多样化的角色类型。通常可以将其归纳为三类,第一类是词人自己,可以说,在词中出现明确的自我人称,是词从代言体闺中语向文人自我抒情转变过程中的重要标志之一。虽然,并不是只有自我人称出现的词,才是自我抒情,但可以肯定的是,词中反复出现的自我人称是词人对自我抒情的一种自觉和强化。第二类是词的赠寄人,或是歌妓,或是亲友。他们有时是词作真实的赠寄者,往往在题序中也有体现,也有些时候只是作者情感的寄托者,并不是真实的赠送对象。这里重点强调的是对作者所表达情感的承载性。第三类则是词作描写叙述的对象,通常在文人的酒席酬唱中,歌儿舞女会被作为赏玩陪衬的客体对象,反映到词中也往往如是。当然,这三类并不截然分离,也有不少情况是词中的人物既是赠寄人又是被描写者,或是在我口歌我心的自我抒情作品中词人常一身兼饰作者和被描写者的双重角色。

在大多数情况下,词人并不是直接称呼这些人物的姓名、身份等,而是用代称间接指称人物。代称是借助事典、语典、比喻等修辞手法,在语法上替代名词的间接性指代语词。一般说来,有人物代称、事物代称两类,在这里要重点讨论的就是前者。常见的人物代称一般有三种类型,其一是如“红裙”、“翠蛾”等取局部衣着容貌以物代人型代称;其二是如“使君”、“五马”等官职古称、别称等代称人物的以古代今型代称;其三是如“刘郎”、“檀郎”等由一些传说故事演化来的事典型代称。这种间接的指称,往往会为词作带来一些类似用典的艺术效果。如因借代而来的生动形象、由陌生化造成的曲折感、借植入故事而增加蕴藉等。这里所说的人物代称,有别于词中常用的“君”、“人”、“伊”等一般性人称代词。虽然,人物代称指代的对象往往可以简化为一般性人称代词,但人物代称的特色是强调代称的文化内涵和修辞效果,为词注入一定的故事性和曲折性。

基于上文关于人物多样性角色的分析,我们认为,那些承担着词人或赠寄人角色的人物代称能够很明晰的传达出词的这种交际性特征。我们不妨将这两类人物代称理解为借助代称来间接指代词人自己的第一人称,和指代赠寄人的第二人称,这样或许能更凸显他们与词的交际性之间的联系。判别人物代称是否体现交际性的重要标准就是看人物代称与作者之间是否有情感互动,即人物代称是否是作者情感的寄托对象。当然,不能排除有些词中虽没有直接出现人物或者人物代称,但却在抒情中暗含着一个隐性的接受对象,如李清照的贺寿词《长寿乐》(微寒应候)也具有一定的交际性。但不可否认的是,在词中运用能产生情感互动的人物代称,可以起到强化词之交际性的作用。

词中的人物代称,不仅总数众多,而且在不同词人的作品中也体现出较为明显的个体差异性。词人们使用人物代称的个人特色,往往直接体现他们词作的交际领域,也相应影响到词的整体文化格调、艺术品味等。因此,考察词中这些看似不起眼的人物代称,或许是探讨词之交际领域、文化品格,乃至其他艺术特点的一个重要而有效的突破口。以下本文就尝试着从几位北宋大词人作品中的人物代称的新视角,来探究一些词在北宋的交际性问题。

二 李清照、柳永词在文人交际领域的缺席

李清照词中的代称,多是用以物代物,仅有几处人物代称。这大概是与其性别身份有关。李清照虽长于填词,但其词在当时并没有真正进入由男性掌控的词之交际传播领域,无论秦楼楚馆、歌宴酒席,还是文人酬唱、贺赠送寄①。纵然,李清照的词在当时也有传播,以至赢得词女之名。但我们还必须认识到,她的词多是些自我抒情的独白之作,除去相思、悼亡之作中,偶用"檀郎"以代称爱人的情况,她的多数词作并不存在体现交际性的人物,人物代称就更无从谈起。尽管李清照是北宋乃至整个宋代,唯一一位堪与须眉争奇的女词人,但从词的交际传播性上而言,为了论说的严谨性,我们只能割爱。

柳永在词中使用的208处代称,有50处是关于人物的代称。柳词中的人物以女子为主,且多是与男欢女爱相关。他常常用"红粉"、"罗绮"、"翠蛾"等衣饰容貌,或是"瑶卿"、"凤城仙子"等传说中的仙子来代称这些歌儿舞女。与之对应的是他也以"傅粉"、"檀郎"代称男子。这类人物代称的大量使用,更增强了其词中的柔情蜜意。在这些人物代称中有29处,即一半以上的都只是把人物作为客观描写的对象,并不作为作者或赠寄人的交际性角色,如《笛家弄》(花发西园)中"是处王孙,几多游妓",代称贵公子的"王孙"就只是清明游春图中一个群众演员,不承载词人所抒之情,也不体现词的交际性特征。可见,终日留恋于歌儿舞女之间的柳永,虽然与歌妓们也有些情深意切的恋情词,但在大多数情况下,这些"罗绮"、"翠袖"仍然只是为他的浮华生活妆点背景,并不是他真正情感寄托的对象。

除此之外的21处人物代称便是体现词之交际性的。如在特写美人的《荔枝香》(甚处寻芳赏翠)词中,同样是代称贵族子弟"王孙",但这里他却是那为回首伫立的女主角牵肠挂肚的男主角,仿佛俨然就是词人自己的化身,是词中爱恋之情的抒发者。在这些体现交际性的人物代称中,有多达17处是"琼娥"、"粉郎"之类的痴男怨女,他们所抒发的都是儿女情长、相思怨别之缠绵柔

① 在现存的易安词中,唯有贺南昌生日的《长寿乐》(微寒应候),和为晁补之祝寿的《新荷叶》(薄露初零),以及题序为"昌乐馆寄姊妹"的《蝶恋花》(泪揾征衣脂粉暖)三首词有一定的赠寄交际性。其中两首祝寿词虽然都用及多处代称,但大都是"兰羞玉酎"之属的富贵华丽之词,唯一的人物代称"娉婷"也是作为妆点寿宴的陪衬性客体而被描绘的,并不属于有交际功能的人物代称。

情。相应的,这类词的交际领域就是酒宴歌席、秦楼楚馆、花街柳巷。这也反映了柳词的传播往往停留在由歌妓演唱来酌酒伴舞的声色娱乐层面。柳词中仅有4处是有关士大夫的人物代称,它们都出自柳永投献给某高官的干谒之作①。他选用的都是些以彰显派头、气势的如"高牙"、"千骑"之类的官制来作为人物代称,不免给人阿谀奉承之意味。这与苏轼词中习惯使用一般性古称来代称友人或自称,体现的平等交流关系是不大相同的。

尽管柳永也有些洗净沿华的羁旅行役的自我抒情之作,但这些词往往都是一场没有现场观众的独角戏。如著名的《八声甘州》(对潇潇、暮雨洒江天),霜风凄惨之时,拖着厌倦飘泊的身躯,登楼远眺,那满腔的忧思和无奈,是无人知会的孤独。远方的佳人,是柳永羁旅词中反复出现的意象,也是他的唯一情感寄托对象。如《轮台子》(雾敛澄江)中那从别后人伤魂魄的娇艳翠蛾,《满江红》(区马驱驱)中词人在驿宿前村孤馆时辗转思念的香阁伊人。

从这一个角度看,乐意词仅仅是停留在纵酒欢娱的歌舞之地,并没有真正进入士大夫的交际领域。他并没有用词进行如苏轼那样的和兄弟、朋友等男性之间平等自由的抒情和精神的宽慰,而是只能无奈的转而躲进远方佳人的温柔乡里,以求得情感的抚慰。

三 "使君元是此中人"——活跃于士大夫交际领域的东坡词

据统计,在苏轼现存的词中,共计使用146处代称,人物代称占到62处。与充斥着歌儿舞女形象的柳永词不同,苏轼词中占主导地位的人物是士大夫,有关文人士大夫的代称共38处,占一半以上。这些人物大多是与苏轼同游山水,席间酬唱、临歧送别、书信往来的同僚或好友。正如《瑞鹧鸪》(城头月落尚啼乌)的题序:"寒食未明至湖上,太守未来,两县令先在"所记,苏轼与他们一道游湖赏景,是朋友式的聚会,词也自然是记述友人之间的情感交流。

苏轼使用的有关士大夫的人物代称,大致可分为三种类型。其一是用官职的别称指代。官职的别称,既包括沿袭汉唐的旧称,如"使君",也包括用官制的局部特征来指代人物,如由古代官吏垂绅插笏的装束演化的"缙绅"代称

---

① 据薛瑞生考证,《望海潮》(东南形胜)是干谒杭州太守孙沔,《如鱼水》(轻霭浮空)、《千秋岁》(泰阶平了)都是投献时任中书郎或宰相的吕夷简之词。见(北宋)柳永撰、薛瑞生校注《乐章词校注》,中华书局1994年版,第173—175页,第177—178页,第260页。

官员(《减字木兰花》(贤哉令尹)词)。当然,也有不少地方是对汉唐官制的沿用,如由汉代太守出行御五马的官仪,用“五马”代称太守〔《瑞鹧鸪》(城头月落尚啼乌)〕,同样的还有以“朱幡”代称宋之知州〔《浣溪沙》(珠桧丝杉冷欲霜)〕,以“别驾”或“别乘”代称宋之通判〔《殢人娇》(别驾来时)、《点绛唇》(闲倚胡床)〕。苏轼在词中使用的这一类体现古制、富有文化内涵的代称最多,达到30处,其中有25处是用“使君”。常用这一类的人物代称,不免能为词增添一些古旧典雅的气息。

其二是用传说中的神人仙翁来代称士大夫。如借用《搜神记》记载王乔化双凫之事,以“双凫”代称一同游湖的两位县令〔《瑞鹧鸪》(城头月落尚啼乌)〕。再如以仙人“浮丘伯”代称新任杭州太守杨元素〔《菩萨蛮》(玉童西迓浮丘伯)〕。仙道色彩的人物代称,既符合文人们借仙境写人事风雅游宴的传统,又为词中游乐增添美仑美奂的浪漫情调,如后一首《菩萨蛮》(玉童西迓浮丘伯),不仅此一处用仙人代称太守,更是在全篇用“玉童”、“洞天”、“许飞琼”、“瑶台”等一系列仙道词汇,以浓郁的仙境气息写众妓迎新守之风雅艳事。在浪漫之外,这有着苏轼特有的幽默意味,多少有些调侃戏说友人的成分。

其三是用某些风俗、趣事来代称友人。如《菩萨蛮》(天怜豪俊腰金晚)词中以“遨游首”代称太守,就是据太守往而遨游盛的成都风俗演化的带有故事背景的代称。再如在《阳关曲》(受降城下紫髯郎)中,用有关孙权典故的“紫髯郎”来代称赠寄者,由此代称可以想见,张继愿应是位连鬓胡须的威武将军,故以“紫髯郎”代之,生动又风趣。这类人物代称,既丰富词的故事性,又往往贴合实情,有一定的纪实性,语言也更显生动、风趣。

苏轼词中也偶尔用及潘郎、何郎一类的代称,如《蝶恋花》(别酒劝君君一醉)一词:

> 别酒劝君君一醉。清润潘郎,又是何郎婿。记取钗头新利市。莫将分付东邻子。　　回首长安佳丽地。十五年前,我是风流帅。为向青楼寻旧事。花枝缺处馀名字。

关于其题序一直有两种版本的记载,一是赵令畤《侯鲭录》载“送郑彦能还都下”,一是曾慥在《东坡词拾遗》和吴曾在《能改斋漫录》分别记载的“送潘大临”及“送潘邠老赴省试作”。因此关于此词是在黄州送潘大临,或是在徐州送郑彦能之作，就一直有两种说法。虽然有研究者做过专门的考辨①，但无论是根据出处文献可信度的判断，还是对应词情与潘、郑二人人生经历的情感性推测，都并没有给出确实可靠的证据令人信服。我们是否也可以根据苏轼擅长在赠友词中用同姓历史人物的典故之特点，推测此词是否更象是为黄州那位二十几岁的潘大临所作，甚至是否可能潘大临的岳父真的姓何。但这一假设在笔者现已掌握的数据中并没有得到印证，因此，为了论说的严谨，我们暂且保留上述两种说法不作判断，有待进一步的考证。关于真实赠寄者的分歧，其实并不影响本文的论说。无论是指潘大临，或郑彦能，苏轼用潘郎、何郎一类历史上美男子的代称，都不是像柳永泛泛的指代那些沉溺温柔乡的男子，甚或是女子对情郎的泛称，而是偏重在借历史人物的代称来表现友人的风流倜傥。

苏轼词不仅在量上频繁使用有关士大夫的人物代称，而且这些人物往往又是其词所表达情感的寄寓者，与词人之间有明确的情感交际。这正是苏轼词活跃于士人大夫交际领域的重要表征，甚至可以说苏轼的词就是产生在文人士大夫的交际场域之中的，因此，士大夫性是其本质的特点之一，这也决定着其词的审美趣味、文化品格、精神内核等一系列问题。

苏轼在词中使用最多的人物代称是“使君”，他不仅用此指代友人，且有不少是自称，这种以古旧官职自称在其他词人的词作是极其罕见的现象。苏轼以“使君”自称，看似不起眼的细节，实则是他以官吏士大夫的身份意识填词的直接体现，这与柳永“檀郎”之属大不相同。苏轼自称“使君”的词共有五首。在题序为“徐门石潭谢雨，道上作五首”的联章词《浣溪沙》中就有两首自称“使君”，分别是“旋抹红妆看使君”〔《浣溪沙》（旋抹红妆看使君）〕，及“使君元是此中人”〔《浣溪沙》（软草平莎过雨新）〕。由此可见，他是体恤爱民，深受百姓拥戴的父母官。“使君”自称的植入，使这一组描写农村风光的田园词，具有了不同于陶渊明躬耕田陇的视角，准确的说苏轼这里应该算作官员巡视的乡村见闻词。官民是二元对立的人物关系，二者之间是一种对望关系，既是民看“使君”，同时也是“使君”观民。苏轼自云“使君元是此中人”，一般被理解为出身农家②，或是满心归隐田园③，“元是”可解为“原来、本来”之意。但如若沿着苏轼在词中自称“使君”，以士大夫身份自觉这一思路，笔者认为苏轼是站在士大夫立场上，表达对于清新单纯农家生活的一种艳羡却又无奈。因此，理解为出身农家却不得归去，似乎更为恰当，正如所谓“误落尘网中”的“羁鸟恋

---

① 王宗堂、邹同庆：《苏词编年考辨》，载《河南大学学报（社会科学版）》，1993(5)，第44—45页。

② 邹同庆、王宗堂：《苏轼词编年校注》，中华书局2002年版，第238页。

③ 朱靖华等：《苏轼词新释辑评》，中国书店2007年版，第447页。

旧林”[①]。在离任密州之际,他再次登上超然台写下《江城子》(前瞻马耳九仙山),也展现了一位令密州父老依依不舍的清政好官形象。加入“使君”的自称,使此情不同于词中常见的泛泛别情,而是具化为离任官吏对所辖一方的深厚感情。《南乡子》(凉簟碧纱厨)一词,正如其题序“自述”所云,此词是词人的遣兴咏怀之作。仍然是由于“使君”的介入,词人被定义为一位政简刑清,偷闲读书,淡泊功名而心生归意的官吏。即便是在赞美小鬟的《皂罗特髻》(采菱拾翠)词中,苏轼仍是自称“使君”,这使此词不至于落入柳永式的俗艳,而是一种“称使君知客”的红颜知己的神交。无论是抒咏怎样的情感,苏轼在词中始终是以士大夫的身份自居,并频繁使用自称。这不仅体现了苏轼词自我抒情的觉醒,也或者可以视为是词人对自我身份意识的强调。苏轼热衷于在词中以官职自称,则表现出词人较强的自我社会身份意识。换言之,苏词用“使君”自称,是其词在抒情方式上走向士大夫化的一个重要信号。

四　充斥着文人审美趣味的清真词

词中的人物代称往往能体现出词的交际性特征,及词的审美品格等问题。下文就清真词中的人物代称做一番细致分析,以探究其隐含的深层特质。

周邦彦词所用76处代称中,有23处是有关人物的代称。这些人物代称中,大多都是指称歌席酒宴上的美姬佳人。但这与柳永词中大量的女子代称却有着较大的差异。柳词基本上是以如“翠袖”、“红粉”等局部衣着容貌,或如“瑶卿”等传说中的仙道人物来代称女子。这种由浓艳色彩带来的强烈感官刺激,催生出的是直白的视觉性指代,再夹杂些神仙世界的虚幻色彩,往往强化了烟花巷陌中依红偎翠的世俗性,因此,可以说柳永词的女子代称是浅显而世俗的。

而清真词中的此类人物代称则体现出更丰富的文化性特征,周邦彦词中的有关女子的代称有18处,只两处使用“蛾眉”、“翠袖”直白地指代捧杯长歌的女子[②],其余的都是文化性和文学性较高的代称。周邦彦所使用的指代方式也较为丰富多样。他最常用的指代方式是以“秋娘”、“萧娘”、“文君”、“杨

① (东晋)陶渊明:《归园田居》其一,见逯钦立校注《陶渊明集》,中华书局1979年版,第40页。

② 《渔家傲》(几日轻阴寒恻恻)的“赖有蛾眉能缓客”,及《蓦山溪》(江天雪意)的“翠袖捧金蕉”。

琼”、“苏小”、“桃叶”、“桃根”、“玲珑”等前代侍妾歌女之名来指代当下女子，共计11处。这种泛化古人专名的指代方式，不仅有同类情境下比况古人借以夸赞女子貌美艺绝之效，也为词作注入了相关故实的联想。这些在历史上留下名姓的花容月貌的美人们往往是文士附庸风雅的对象，在词中使用这些古代女子的芳名，在增添了历史感的同时，更留下了与古代文人一脉相承的风雅痕迹。如《宴清都》（地僻无钟鼓）词的末句“更久长、不见文君，归时认否”，不仅以“文君”代称了词人思念的爱人，还引出了读者有关司马相如与卓文君爱情故事的想象。第二类是借鉴古人之语汇来指代女子。周邦彦常借鉴前人文学作品、言语中的经典意象或描写方式等，以饱满的笔墨点染出优美而蕴藉的画卷，如《荔枝香近》（夜来寒侵酒席）词，借曹植《洛神赋》中所谓“翩若惊鸿，婉若游龙”之语，以“惊鸿”代称那骤合忽散的女子，其“回顾，始觉惊鸿去云远”的描绘，则为别后所思的女子增添了些许如梦如幻的洛神之仙气。同样借鉴古人语汇的人物代称，还有沿袭李延年之歌的“倾城”、谢幺之语的“玉树”等，共计4处。周邦彦词中还有一处是化用事典来代称女子，即《扫花游》（晓阴翳日）词，由楚王爱细腰生发而来的“小腰欲舞”，以“小腰”代称翩然起舞的女子，这类代称将事典的原语境赋予词作，词因而具备了相关的文化内涵和故事性。

除去上述有关女子的代称，周邦彦词中还出现了5处历史人物型自称，虽然次数不多，但却意义重大。清真词中的自称不同于苏轼词中“使君”一类的官职式自称，周邦彦选用的多是些历史人物型自称，这在之前的词中是不多见的。一般说来，历史人物型的自称是比较简略的借用历史人物的笼统印象来自我指称，并未特别凸显历史人物的某一方面特点，如《诉衷情》（当时选舞万人长）词的“不认周郎”就只是直呼“周郎”以周瑜自称，并未对人物性格、故事等做细节展示，任由读者凭借心中笼统的风流儒雅的印象来为词人做对号入座的定位。

周邦彦通常直接采用一些历史人物来代称自己，如《六幺令》（快风收雨）的“惆怅周郎已老”，巧妙的借“周郎”以自称，既契合姓氏，又暗比东吴顾曲之周郎。此外，周邦彦还以援毫授简，风流东梁的“词赋客”司马相如〔《红林檎近》（高柳春才软）〕、“十年泉下无消息”的玉溪生李商隐〔《迎春乐》（桃溪柳曲闲踪迹）〕自称。这些历史人物显然都具备温文儒雅、风流倜傥的气质，此类自称的使用恰恰清晰地体现了周邦彦在词中文人雅士的自我身份自觉。词人的自称，是其最明显和外露的自我身份意识之表征。

在人物代称之外，周邦彦词中还存在大量关于物的代称，如以“玉箸”代指美人泪水，以“清蟾”代称月亮等，此乃王国维所谓“替代字”是也。这里的替代字,即我们所谓代称,且主要是关于物的代称。王国维总结“词忌替代字”的原因为“非意不足,则语不妙也。盖意足则不暇代,语妙则不必代”①。表面看来他是“意足”与“语妙”并重,但实则“语”终究是表“意”的,“意”才是其观点的核心,因此,他反对使用代称的理由就在于恐言辞害意,王国维认为繁复陈旧的典故、呆板浮华的语词既会影响到词意畅快淋漓的表达,也必然阻碍词人锻炼新颖美妙的语言。

相反,沈义父在《乐府指迷》中则云:

> 炼句下语,最是紧要。如说桃,不可直说破桃,须用“红雨”、“刘郎”等字;说柳,不可直说破柳,须用“章台”、“灞岸”等字。又用事,如“银钩空满”,便是书字了,不必更说书字;“玉箸双垂”,便是泪了,不必更说泪。如“绿云缭绕”,隐然髻发;“困便湘竹”,分明是簟;正不必分晓,如教初学小儿,说破这是甚物事,方见妙处。往往浅学俗流,多不晓此妙用,指为不分晓,乃欲直捷说破,却是赚人与耍曲矣。如说情,不可太露。

以清真词为宗的沈义父认为“用字不可太露,露则直突而无深长之味”②,他全举清真词为例,谓词之炼句下语,不可直说破,要求有一定的文化内涵及曲折性,其妙处就在于雅致而蕴藉。王国维“词忌替代字”的观点,夸大了代称的弊端,而忽略了代称亦能为词带来陌生感的艺术效果,以及浓郁文化性的文人趣味。沈义父“语句须用代字”之论,则滑向了另一个极端,陷入一味雕章镂句的桎梏,尽显文人的酸腐习气。正如清人蔡嵩云所评:“谓词必须用替代字,固失之拘,谓词必不可用替代字,亦未免失之迂矣。”③词中使用代称的利弊,应当视具体情况而定,其关键取决于度的把握。

王国维笑沈氏之论将词当作类书④,《四库提要》亦评其“意欲避鄙俗,而不知转成涂饰,亦非确论”⑤。沈义父则直言不讳地指责不晓代字妙用的为“浅学俗流”。历来评家们,为词是否应用代字,展开了针锋相对的论战,而论争的战场却都集中在周邦彦的词。可见,多用代称是清真词的一个显著特点。

在清真词中,无论源于比喻,还是事典、语典,亦或文化常识的代称,都无

---

① 王国维著、徐调孚校注:《校注人间词话》,中华书局 2003 年版,第 15 页。

② (南宋)沈义父著、蔡嵩云笺释:《乐府指迷笺释》,人民文学出版社 1963 年版,第 61 页。

③ (南宋)沈义父著、蔡嵩云笺释:《乐府指迷笺释》,第 62 页。

④ 王国维著、徐调孚校注:《校注人间词话》,第 17 页。

⑤ (清)永瑢等:《四库全书总目》卷一百九十九《乐府指迷提要》,中华书局 1965 年版,第 1826 页。

疑具有深厚的文化底蕴,符合文人雅士的阅读习惯和审美需求。可以说,周邦彦在词中大量使用文化性、文学性代称,恰好体现了其词浓郁的文人审美趣味,而且也是周邦彦在词中强烈的文人自我身份意识的外在表征。

(作者:冯婵,女,助理研究员,成都社会科学院历史与文化研究所)

《明史·路振飞传》补正

吴 航

路振飞,字见白,号皓月,广平曲周(今河北曲周县)人,是南明著名的抗清人物之一。《明史》有传,记其隆武败亡后事迹称:"(顺治)三年,大清兵进仙霞关,(朱)聿键走汀州,振飞追赴不能及。汀州破,走居海岛。明年,赴永明王召,卒于途。"①所记看似完整,实有错误、缺漏之处。早年,黄云眉先生著《明史考证》,引证《东南纪事》、《思文大纪》、《广阳杂记》三书,对路振飞晚年事迹略有考校②,然未遑深论。为此,专作补正一文,希望有益于明史的研究。

一 建议造"隆武四年历"

路振飞在隆武败亡后建议造"隆武四年历"一事,《明史》不载,而私史记载亦不多见。考证此事,我们不能不提及他和隆武帝朱聿键非同寻常的君臣关系。

明崇祯十六年(1643年)秋,明廷擢任路振飞为右佥都御史,总督漕运,巡抚淮、扬。他上任后不久,即恭谒凤阳的明皇陵。当时有望气者称,被羁看守皇陵的带罪宗人中,有"天子"气象。而唐王朱聿键前因故被废为庶人,锢守皇陵,至此已达八年之久,生活困窘,并遭看守阉官虐待。史载:"至凤阳,守陵奄人索贿不得,墩锁以困苦之,不胜其辱。"路振飞得知此事,"假赈罪宗名入见王",并上疏明廷"加罪宗恩","赡以私钱,且责吏之无状者石应诏"③。但是,当时国事危急,千头万绪,无暇顾及此事。直至崇祯十七年(清顺治元年,1644

① (清)张廷玉等:《明史》卷二七六《路振飞传》,中华书局1974年版,第7074—7076页。

② 黄云眉:《明史考证》第7册,中华书局1985年版,第2135—2136页。

③ (清)温睿临:《南疆逸史》卷二《绍宗纪略》,中华书局1959年版,第13页。

年），福王朱由崧在南京重建明朝政权，改元弘光，大赦天下，唐王始出高墙，受命徙驻广西平乐府。而路振飞因得罪内阁首辅马士英，以贪功、糜饷罪名被勒令卸任。不久，路母亡故，振飞丁忧，遂隐居苏州洞庭山①。

弘光元年（顺治二年，1645 年）六月，弘光政权败亡。唐王被黄道周、郑芝龙等文武重臣拥立于福州，改元隆武，以当年为隆武元年。他就是隆武帝。对于路振飞当年"旧恩"，隆武帝从未忘怀，先后数次派人敦促来朝。钱秉镫《所知录》称："上规模阔大，好仿佛汉光武，平时恩旧，皆以南阳故人目之。如路振飞远隔三吴，募能召致者，赏银五百两，给以六品京秩。振飞至，即日拜相，官其子太平为卿。"②陈燕翼《思文大纪》则称，隆武元年八月十一日，隆武帝"发手敕与吴松江县生员孙久中，往访旧漕抚督路振飞。按：诏内第十二款有：'守困恩官路振飞，访察莫遇，日夜思念，非仅一时豆粥麦饭之感。'故久中以昔曾闻其寓于洞庭，踪迹可据，愿往访之"③。而《明史·路振飞传》称："聿键自立于福州，拜为左都御史。募能致振飞者，官五品，赐两千金。振飞乃赴召，道拜太子太保、吏部尚书兼文渊阁大学士。至则大喜，与宴，抵夜分，撤烛送归，解玉带赐之。官一子职方员外郎。又录守淮功，荫锦衣世千户。"可见，隆武帝立国之前，受路振飞救助之恩；及立国之后，待路振飞甚为优渥，于路振飞则有知遇之恩。这种君臣关系，似非常人可比。

隆武二年（顺治三年，1646 年）四月，隆武帝颁布"隆武三年丁亥大统历"，并御笔亲书"大明中兴"四字④。然而，当时隆武政权正处于风雨飘摇之中。至八月，郑芝龙暗降清廷，尽撤仙霞关守兵，以至清兵不费吹灰之力，占据全闽，隆武覆亡。郑成功纠集残余，招引遗民，以"国姓"延续隆武"遗政"，仍称隆武三年，继续从事抗清活动。

隆武败亡后，路振飞转依郑成功，避居厦门海岛，无比烦闷愁苦。其《除夕不寐》诗云：

竟夕不成寐，自怜转自愧。仗剑以从戎，六师何所至？
黔驴欲噬虎，老马思追骥。治平效渺然，进退两无致。

---

① （清）陈济生：《天启崇祯两朝遗诗》卷六《路文贞公小传一》，《四库禁毁书丛刊》据清顺治刻增修本影印本，集部 97 册，北京出版社 1999 年版，第 432 页。下引路诗，俱依此本。

② （清）钱澄之：《所知录》卷一《隆武纪年》，浙江古籍出版社 1985 年版，第 158 页。

③ （明）陈燕翼：《思文大纪》卷二，上海书店 1982 年版，第 153 页。考《思文大纪》一书，原不著撰者姓氏，朱希祖撰《校钞本〈思文大纪〉跋》，考定为隆武史官陈燕翼据史馆史料而撰于乱后。见《明季史料题跋》，中华书局 1961 年版，第 48—50 页。

④ 钱海岳：《南明史》卷六《历志》，中华书局 2006 年版，第 328 页。

天心或垂悯，幸全名与义。漂泊海舟中，面目亦堪恚。
寸衷百虑撄，烦闷如酒醉。鸡鸣又一年，日月悲空弃。[①]

当时关于隆武帝存亡之说有二：一是"驾崩"之说，即被清廷杀害于福州；二是"蒙尘"之说，即并未被害，而是逃至广东，其代死者为张致远[②]。对于这两种说法，路振飞更愿意相信后者。其《吊张公致远》诗云："驾幸长汀逼敌营，计穷烈士显忠贞。衮龙暂着纲常重，刀锯仍甘性命轻。纪信乘车能建汉，韩成赴水实兴明。张公凛冽追千古，魂气犹应傍帝京。"他不仅将张致远代死与纪信乘车、韩成赴水相提并论，而且对隆武帝存世抱有希望。

永历元年（顺治四年，1647年）十月，路振飞、曾樱（字仲寒，号二云，江西峡江人）等提议造并颁行"隆武四年戊子大统历"。黄宗羲《赐姓始末》记载："丙戌十二月朔，成功会文武群臣于烈屿，设高皇帝神位，定盟恢复。丁亥，仍称隆武三年，移于南澳，勤王者远近至，军声颇震。……十月，从大学士路振飞、曾樱议，颁明年隆武四年戊子大统历，用文渊阁印印行之。"[③]

关于造历之初衷，路振飞与曾樱的酬答诗文，有所表露。其诗《舟次柬曾二云》称：

避地相携入海滨，苍黄物态逐时新。
要从世乱昭奇节，须信囊空不是贫。
蠖伏龙飞无二致，尊王安夏匪他人。
穹窿自宰贞明运，纤翳行看风扫尘。

诗文感情真挚，充溢报国之志。其中"蠖伏龙飞无二致，尊王安夏匪他人"，表现了路振飞等提议造历，是出于稳定政治局面，继续抗清事业的考虑。

据黄宗羲的记载，当时颁行的"隆武四年历"上面钤有文渊阁之印。永历七年（顺治十年，1653年），顾炎武在苏州洞庭山路氏寓所见到此历，赋诗一

① （清）陈济生：《天启崇祯两朝遗诗》卷六《路见白诗》，第433—435页。

② （清）温睿临：《南疆逸史》卷二《绍宗纪略》，第18页。又，《南疆逸史》卷一八《张致远传》云："张致远，不知何许人也。上之见迫于汀州也，致远服帝服以脱上而死。路振飞有诗纪之。其后，郑成功屯兵鼓浪屿，有称帝存问故臣者，云上为僧五指山，然后人知其事，亦莫必其真伪云。"

③ （清）黄宗羲：《行朝录》卷一一《赐姓始末》，《黄宗羲全集》(2)，浙江古籍出版社1986年版，第195页。按：此事并见（清）徐秉义《明末忠烈纪实》卷一三《曾樱传》、（清）温睿临《南疆逸史》卷一七《曾樱传》以及（清）刘献廷《广阳杂记》卷四。然刘氏所记，虽得诸路氏曾孙路炜（字同文），仍不免传闻之误。如记建议造历事与首次闽粤之行前后颠倒，记永历帝即位时间亦有错误，是其尤甚者也。

首,抒发感慨。诗云:

夏后昔中微,国绝四十载。但有少康生,即是天心在。
历数归君王,百揆领冢宰。路公识古今,危难心不怠。
属车乍蒙尘,七闽尽戎垒。粤西已逾年,其岁直丁亥。
侵寻各自拥,迫蹙限厓海。厦门绝岛中,大泽一空礌。
新历尚未颁,国疑更谁待。遂命畴人流,三辰候光彩。
印用文渊阁,丹泥胜珠琲。龙驭杳安之,台星陨衡鼐。
犹看正朔存,未信江山改。在昔顺水军,光武战几殆。
子颜独奋然,终竟齐元凯。叔世乏纯臣,公卿杂鄙猥。
持此一册书,千秋戒僚采。①

顾炎武在诗中,不仅对"隆武四年历"的形制有所形容,"印用文渊阁,丹泥胜珠琲",而且对路振飞建议造历之举,给予了高度赞扬。

"隆武四年历"的制造与颁布,对于路振飞、曾樱等来说,意义非同一般,反映了隆武遗臣挽救故国的殷切期望。正如黄节所言:"隆武建元仅一年有余,而造历则称(隆武)四年,盖遗臣犹冀唐王之未死,题曰'上出狩不知所之',诗曰'犹看正朔存,未信江山改'。此文贞制历与亭林作诗之意也。"②

二 两次闽粤之行

《明史》本传记载路振飞的闽粤之行,仅有顺治四年(1647 年)一次,且误为奔赴永历帝之召。综合现存史料,尤其是路氏所作、存世不多的诗文,他取道海路的闽粤之行实有两次,而且目的不尽相同。

路振飞首次闽粤之行的目的,是为了寻找隆武帝的踪迹。如上所述,他深信隆武帝"蒙尘"之说。除上引《吊张公致远》诗之外,他还有《车驾》诗二首,

① (清)顾炎武:《亭林诗集》卷二《路舍人家见东武四先历》,中华书局 1959 年版,第 301—302 页。按:此诗原名为《隆武二年八月,上出狩,未知所之。其先,桂王即位于肇庆府,改元永历。时太子太师、吏部尚书、武英殿大学士臣路振飞在厦门造〈隆武四年大统历〉,用文渊阁印颁行之。九年正月,臣顾炎武从振飞子中书舍人臣路泽溥见此,有作》。潘耒为其师整理遗著时,有见于顾氏身处明清鼎革之际,所作诗文深中清廷"忌讳",在尽量不违背原诗文意的基础上,删为今名。

② 转引自王蘧常:《顾亭林诗集汇注》卷二,上海古籍出版社 2006 年版,第 365 页。

亦可佐证。其一云：

几番捧读御诗新，感遇篇中更怆神。
衮冕身能思袯襫，珍羞味觉让鲈莼。
共传载旆深荆阻，仍说吹笙入汉津。
肯讨老臣同杖履，追随负汲供樵薪。

其二云：

屣抛天下匿名逃，卓识堪同虞舜高。
携手渔樵睨造物，绕篱兰菊佐诗豪。
道心朗似瑶天月，世味淡如酾酒糟。
九庙宗祊亦重大，可怜海宇尚嗷嗷。

足见他对“蒙尘”一说，深信不疑，对隆武帝仍存于世抱有很大希望。这成为他首次闽粤之行的直接动因。

而当时岭南又有唐王政权。隆武二年夏历十一月初一日，苏观生等迎立南下避乱的唐王朱聿𨮁（隆武帝弟）即位广州，改元绍武。这实际上是应对永明王朱由榔监国肇庆之举①。十二月十五日，清兵攻入广州，绍武败亡。但是，因为路途遥远，传闻未确，路振飞或知为“唐王”，但不能确定是否是隆武帝。于是，他浮舟赴粤，踏上了追寻隆武帝的征途。

关于此次出行的时间，路氏所作诗文有明确记载。其诗《余于腊月十九日离中左南行，二十二日，泽溥儿即到中左寻余，不遇，大哭而还，因留家书一封。余回见书，不觉泪下，因口占一绝》云：

臣急君兮子急亲，干戈万里隔风尘。
粤闽空返无消息，说与途人也怅神。

此诗作于路振飞无功而返厦门之后。由此可知，他于永历元年（顺治四年，1647年）十二月十九日离开厦门南下广州，结果，到达之后方知为唐王绍武政权，却又败亡。他只好返回厦门。因此，诗中有“粤闽空返无消息，说与途人也怅神”之句。就在路振飞赴粤不久，其长子路泽溥从苏州洞庭山到厦门寻父而不遇。后来，归庄所撰《路文贞公行状》也称：“方公之在闽也，泽溥奉王夫人避

① (清)屈大均：《皇明四朝成仁录》卷九《前广州死难诸臣传·苏观生传》，《屈大均全集》本，人民文学出版社1996年版，第833页。

乱洞庭,已而数千里省公于厦门,不值。"[①]是其旁证。

据现存文献考证,此次随行人员,可知者有万年英、常寿宁等人。徐鼒《小腆纪传》称:"丁亥,有误传上在粤者,偕主事万年英泛海求之,抵虎门,始知为上弟聿鐭,已败死,乃回厦门。"[②]路振飞亦有诗《万祠部有"寒云一片石,黄叶数家村"之句,余喜而广之五首》,此"万祠部"疑即礼部主事万年英。而钱海岳《南明史》则云:"明年,有传上在粤者,偕万年英及锦衣指挥使常寿宁泛海至虎门,始知为上弟聿鐭,已败歿,乃回中左所。"[③]是则万年英之外,又有常寿宁其人。然文献缺失,无由详证。

他们一行来到了珠江口外的虎门。路振飞有《幞头门阻风步韵》诗云:

风打幞头雨正来,海门烟锁浪花开。
舣舟待息飞廉怒,停棹瞻消�莎或灾。
忧国心劳焦白发,筹时计就尽寒灰。
眼前潮汐昭玄运,仁爱天心尚可回。

诗中"幞头门",即虎头门,即今广东省东莞市新安虎门。

当他们继续前行至赤安时,才得知绍武败亡的消息。据他第二次赴粤时所作《腊月十八夜》诗云:

去年此夜北风高,带雨扬帆渡陆鳌。
船至赤安闻粤变,迄今遗恨涨寒涛。

按陆鳌,即六鳌,明洪武二十一年(1388年)在此置六鳌千户所,隶属镇海卫[④],在今漳州市镇海县。赤安,疑为赤岸,唐代在此置戍所[⑤],在今广东增城县西南。

永历二年(顺治五年,1648年)元日,路振飞作《戊子元日步韵》诗,述及此行。其诗云:

---

① (清)归庄:《归庄集》卷八《左柱国光禄大夫太子太师吏部尚书兼兵部尚书武英殿大学士路文贞公行状》,上海古籍出版社2010年版,第457页。

② (清)徐鼒:《小腆纪传》卷二四《路振飞传》,中华书局1958年版,第247页。

③ 钱海岳:《南明史》卷四〇《路振飞传》,第1989页。

④ (清)张廷玉等:《明史》卷九一《兵志三·海防》,第2244页。

⑤ (北宋)欧阳修等:《新唐书》卷四三《地理志七》,中华书局1975年版,第1095页。

万里飘零叶似身，幼从庭训识君臣。
乾坤整顿宁须我？节义坚持尚有人。
忝列鹓斑分鼎鼐，耻随渔父共丝纶。
济时未许优游办，岭外梅花又报春。

二月花朝日，路振飞在广东看到的是战乱之后一片残破凄凉的景象。其《花朝》诗云：

广省花朝日，何从得见花？颓垣堙败井，瓦砾溷泥沙。
衙署连荒草，荷池产怒蛙。森罗画戟外，长巷两三家。

隆武帝踪迹无由得知，路振飞等人只好沿原路返回厦门。此后，他流寓厦门、金门一带。在饱尝亡国惨痛之后，他与当地文人学士吟咏酬答，暂时过着一段宁静安详、世外桃源般的悠闲生活，无奈中或有些许快慰。诸如《夏日别墅即事》、《夏日同张弗如、吴拙孩、朱若水游虎溪》、《傅给谏九日馈酒并旒字韵诗，用韵和之》、《九日》、《金门寓王秀才家》、《赠林将军》等，即是这一阶段的诗作。但是，对于国家败亡，他忧心忡忡，感愤时事，优游之余，不禁悲从中来，以至诗篇中不自觉地流露出"愁思对酒易伤酒，酒欲消愁更动愁"、"不道幽栖无散地，山河举目倍愁人"的悲伤之音。

就在永历二年，明清战局有所变化，形势颇为壮观。本年正月，明叛将金声桓、王得仁在江西反正。闰三月，广东总兵李成栋以广东内附。荆襄十三家军连破全州、衡州，直抵汉水，进攻长沙，收复去年失地。一时间，南明抗清形势转变，闽粤之间，信息渐通。王夫之《永历实录》称："郑鸿逵、朱成功复福建沿海州县，奉表报闻。"①永历帝曾数次诏征路振飞，路振飞也不时荐举岛中同僚。如陈士京，"路公振飞亦自岛上致蜡书荐之，加公都御史"②。又如卢若腾，"永明王因阁部路振飞疏荐，召拜兵部尚书，路阻，不得达"③。于是，路振飞再次浮舟泛海，赴永历帝之召。这是他的第二次闽粤之行。

关于第二次闽粤之行的时间，路振飞诗文没有详细记载，而私史亦记载不

① （清）王夫之：《永历实录》卷一《大行皇帝纪》，上海古籍出版社1987年版，第7页。

② （清）全祖望：《鲒埼亭集内编》卷二七《陈光禄传》，朱铸禹汇校集注本，上海古籍出版社2000年版，第497页。

③ 《（民国）金门县志》卷一九《列传三·忠烈·卢若腾传》，《中国地方志集成·福建府县志辑》，上海书店出版社2000年版，第631页。

一。瞿共美《天南逸史》云："（戊子永历二年）秋八月，阁臣路振飞、锦衣卫康永宁、总兵汪某来朝，从闽航海至行在。"①鲁可藻《岭表纪年》则称："（永历二年）十一月，闽京大学士路振飞航海至广城，召入直，病笃不起。明年，遂卒。诏优恤之。"②然而，2005 年 11 月在厦门发现路振飞题写的"海天高隐"南明古碑，落款为"戊子秋大学士路振飞为明处士吴超晦题"③；加之漳州东山岛至今耸立的铜山风动石，上镌"铜山三忠臣：黄道周、陈宾、陈士奇"，末署"明永历戊子秋巡抚路振飞"。则永历二年秋，路振飞尚在厦门、东山一带逗留，其到达肇庆，可能性不大。不过，我们似乎可以这样理解：瞿共美所记永历二年秋八月，可能是出发时间；而鲁可藻所称当年十一月到达广州，则较为可信。识此待考。

此次赴粤同行者，据其自作诗文及上引瞿共美《天南逸史》，有康金吾、朱若水、蒋泰臣、总兵汪某等人。路振飞《舟过南澳，康金吾之舟遭风吹入别港，众泊表上山前以待之，与朱若水、蒋泰臣各出五韵》诗云：

帆饱风威骧过都，疑君竹叶泛瀛图。
陟岗望景云迷月，煎烛听潮雨满湖。
冷榻夜长空辗转，病身愁重怯支吾。
王程迫促故人意，伫待同时横槊驱。

康金吾，即锦衣卫康永宁。《天南逸史》记载，隆武元年十二月，"遣锦衣卫康永宁如安南，不克行"。下注云："遣永宁航海（日本）借兵，至明年五月回，云风逆不得泊舟，望崖而返。"④永历九年（顺治十二年，1655 年）九月，永历帝派掌前府事新安伯臣康永宁、左春坊左谕德兼翰林院侍读臣杨在，充正、副使持节即枢所册封亡儿朱慈炜、朱慈熠⑤。蒋泰臣，即蒋乾昌，福州晋江人。永历八年（顺治十一年，1654 年）死于"十八先生之狱"。然朱若水、总兵汪某失考，且荐举路振飞之"故人"，亦无从查考。是则随行人员多至永历朝廷为官，而路振飞不幸病卒途中。

他们一行经过珠江口外的零丁洋时，路振飞作《过零丁洋，吊文信国》诗云："砥节忠贞无二门，昭垂简册信公尊。朔天风起阵云黑，瀚海波沉白日昏。

---

① （明）瞿共美：《天南逸史》，《岭表纪年》外二种本，浙江古籍出版社 1985 年版，第 287 页。
② （明）鲁可藻：《岭表纪年》卷二，浙江古籍出版社 1985 年版，第 80 页。
③ 蔡宇青：《明末大臣路振飞在厦门、东山史迹寻踪》，《福建文博》2009 年第 1 期。
④ （明）瞿共美：《天南逸史》，第 256 页。
⑤ 贵州省安龙县志编纂委员会：《安龙县志》卷二四，贵州人民出版社 1992 年版，第 705—707 页。

一死国家识顺逆，千秋臣子重彝伦。零丁洋里潮声壮，犹是英英正气存。”此诗慷慨激昂，意气风发，作者以死报国的忠贞气节，昭然若揭。

至永历三年（清顺治六年，1649年）春，他在广州停留，与黎孝廉（疑为黎遂球族人）有所过从。其《不寐》诗云：

夜来无梦到天涯，寂寂孤帏更漏赊。
风弄瑟声鸣竹叶，月横瘦影印梅花。
一腔悲愤羞为客，万里烽烟敢问家。
破浪海天空自诧，三年两度泛星槎。

末句“破浪海天空自诧，三年两度泛星槎”，正是他自永历元年至三年之间两次泛海至粤，长途跋涉的真实表白。

但此时他已病入膏肓，幸与奉命招抚李自成农民军余部的少子路泽浓相遇于广州。当年他携少子奔赴福州，隆武帝“赐名太平，授锦衣百户。复改兵部职方司主事。寻升广西按察司佥事，复奉敕招抚”①。归庄《路文贞公行状》说：“太平则奉使入楚粤，而还侍公于广州。”又，金德嘉《封征仕郎翰林院庶吉士路君墓志铭》亦称：“已而，遇中丞公于广州之海上逆旅，人曰孝感也。方是时，闽、广已内附，中丞积忧愤，祈死成疾，疾甚，逾益愤，汤药不入口。君夜焚香祷北辰，蕲以身代，长跪奉药，药进，中丞稍稍尝之，然竟不起，遂卒。”②

对于路振飞的两次闽粤之行，归庄《路文贞公行状》概括道：“已而伯颜（笔者按：清征南大将军贝勒博洛）压境，刘整（按：郑芝龙）叛降，公于是将奔问官守，襄王（按：隆武帝）已不可知；欲更奉宗室，圣公复不可得。遂入鲸波，犯飓风，飘摇海外者久之，悲愤疾作。迨灵武（按：永历帝）正位，南粤归诚，道路渐通，敕书屡至，公乃奔赴行在，愿效驰驱，而病已革，遂卒于中途。”这是在当时特定条件下在野学者比较隐晦的叙述。

---

① （明）瞿共美：《粤游见闻》，《明季稗史初编》本，上海书店1988年影印本，第363页。按：瞿共美《天南逸史》在流传过程中，割裂为《东明闻见录》和《粤游见闻》二书。此记路泽浓史事，稗史本《粤游见闻》较《天南逸史》本为详。

② （清）金德嘉：《居业斋文稿》卷一四《封征仕郎翰林院庶吉士路君墓志铭》，《四库全书存目丛书》据清康熙间刻本影印本，齐鲁书社1997年版，第718—719页。

三　卒年卒地

《明史》本传称路振飞卒于顺治四年奔赴永历帝之召途中，所记时间既有错误，地点也不确切。这里，我们首先看看私史记载的几种说法。

其一，隆武二年（顺治三年，1646 年）隆武政权覆亡后，自缢于邵武山寺。

持此说者，首推陈燕翼。其《思文大纪》称："辅臣路振飞，追驾不及，自缢于邵武山寺。"①考陈燕翼为隆武史官，其记隆武朝章典故，因亲见目睹，皆有依据。至记隆武后事，因战争纷乱之际，不免依据传闻。此后，朱彝尊、曹溶、邵廷采等竞相剿袭其说。朱彝尊《明诗综》云："后入闽，自缢于邵武山寺。"②曹溶又依朱说，录入《明人小传》③。邵廷采《东南纪事》也说："大清兵至延平，王乘马奔，振飞追扈不及，缢邵武山寺。"④然所称邵武山寺，其名不详。

其二，永历五年（顺治八年，1651 年）厦门破时自缢于厦门。

此说以徐鼒义为主。徐氏《明末忠烈纪实》云："延平陷，振飞不获扈从，依郑成功于厦门。是时，成功与郑彩交恶。鲁王至闽，成功不欲奉之，仍称隆武。……昔官隆武者皆仕，独振飞与曾樱不出。辛卯二月，成功舟师入浙，厦门破，振飞与樱皆缢死。"下双行小注："此鄞人陈士京所记，当不讹。"⑤按陈士京为南明抗清人物，徐鼒义为清朝显宦，两人并不相接。

据黄宗羲《陈齐莫传》，陈士京，字齐莫，一字佛庄，浙江鄞县人。他原是南明鲁王监国的兵部职方司主事。隆武二年夏，他奉鲁监国之命出使隆武政权。当时，唐、鲁争名分事发，他遁之海上，与郑成功游，并得器重。十二月，郑成功烈屿"会文武群臣"，定盟恢复；次年移兵南澳，陈士京均参与其事。从永历二年开始，他定居鼓浪屿，并参加筹划军国大事；有些事情，郑成功还请他出马。如永历二年，派他到广东朝见永历帝；永历九年（顺治十二年，1655 年），准备派他去日本借兵而未果；永历十一年（顺治十四年，1657 年），郑成功以他和徐孚远为师，教授子嗣。永历十三年（顺治十六年，1659 年）三月，陈士京病卒。

---

① （明）陈燕翼：《思文大纪》卷八，第 289 页。

② （清）朱彝尊：《明诗综》卷七四《路振飞》，清康熙四十四年（1705 年）六峰阁刊本。

③ （清）曹溶：《明人小传》卷四《路振飞》，《孤本明代人物小传》第 4 册，全国图书馆微缩中心 2003 年版，第 250 页。

④ （清）邵廷采：《东南纪事》卷三《路振飞传》，上海书店 1982 年版，第 204 页。

⑤ （清）徐鼒义：《明末忠烈纪实》卷一三《路振飞传》，第 238—239 页。

又考全祖望《陈光禄传》,陈氏著有《束书后诗》一卷、《喟寓》七卷、《卮言》一卷、《海年集》一卷、《海年诗内集》一卷、《海年谱》一卷[①]。而黄宗羲在传赞中说:"余读君《海年录》而悲之,赐姓经略本年略具,不为删去,使知海外别有天地也。"[②]则《海年谱》或称《海年录》,黄宗羲据之而成《陈齐莫传》与《赐姓始末》。

徐秉义后来私撰《明末忠烈纪实》,与黄宗羲交往甚密,讲求颇多,其记路振飞事迹盖本诸黄《传》。但是,他不慎将路振飞误入"辛卯自缢"之列,而黄《传》仅称:"辛卯二月,泉州侦厦门单弱,袭破之,曾二云自缢。"至温睿临纂辑《南疆逸史》,袭取徐说。不过,温氏又兼取永历二年卒于赴召途中之说,"或曰永历二年赴召肇庆,卒于途"[③],以备存疑,但卒地不明。

其三,永历二年(顺治五年,1648 年)卒于广东顺德。

持此说者,以查继佐为代表。查继佐《罪惟录》云:"明年,南京不守,间关赴闽,旧恩拜太子太保、吏兵两部尚书兼文渊阁大学士。……明年八月,闽事败,振飞居厦门。二年,复窜,寓广之顺德,悲愤而卒。永历中,赠太傅,谥文贞。"且称:"振飞生平不以诗名,及流寓海上,始作韵语,曰《非诗草》。"[④]隆武败亡于隆武二年,两年之后,则为永历二年不误。

细考其说,则渊源有自,实取材于陈济生《启祯遗诗》所载小传。四库禁毁书丛刊本《启祯遗诗》载路振飞小传两种。第一《传》云:"明年八月,延平陷,公不获扈从。居厦门二年,复流寓广之顺德,悲愤而卒。赠太傅,谥文贞。公生平不以诗名,及流寓海上,始作韵语若干篇,名曰《非诗草》。济生从公长子中书舍人泽溥得而读之,有信国《指南》之遗风焉。"[⑤]由此可知,陈济生从路泽溥处得到路振飞诗集《非诗草》,并了解其生平行略,所记较为可信。但不知何故,陈济生既不能详其两次闽粤之行,又误系其卒于永历二年。

四是永历三年(顺治六年,1649 年)卒于广东顺德。

持此说者,有计六奇等。计六奇《明季南略》称:"及仙霞关溃,公失乘舆所在,航海趋广州,广州复陷。久之,航海至广州之顺德县,悲愤成疾而卒,乙酉后四年也。"[⑥]按乙酉为隆武元年(1645 年),"乙酉后四年"即永历三年己丑

---

① (清)全祖望:《鲒埼亭集内编》卷二七《陈光禄传》,第 496—498 页。

② (清)黄宗羲:《黄梨洲文集·陈齐莫传》,陈乃乾编校本,中华书局 1959 年本,第 80—83 页。

③ (清)温睿临:《南疆逸史》卷一七《路振飞传》,第 112—113 页。

④ (清)查继佐:《罪惟录·列传》卷一二下《致命诸臣列传·路振飞》,浙江古籍出版社 1986 年版,第 1959—1960 页。

⑤ (清)陈济生:《天启崇祯两朝遗诗》卷六《路振飞传》,第 432 页。

⑥ (清)计六奇:《明季南略》卷一《路振飞传》,中华书局 1984 年版,第 23—25 页。

(1649年)。惜未详“广州复陷”后路氏之行迹。而邹漪《启祯野乘二集》则称:“及仙霞关溃,公航海趋广州,广州陷,又航海至顺德,积劳成疾而卒。”①其史源或与计六奇相同,然其卒年不够明确。

综观以上四说,皆为清初学者所撰,其史源或有不同,在传写过程中,又或有疏漏,不免传闻失实之处。若得其实,必寻绎其家史记载不可。家史虽存在“人谀而善溢真”之弊病,但“其赞宗阀、表官绩,不可废也”②。

归庄所撰《路文贞公行状》,就是这样一份“家史”。归庄作为路氏好友,于路振飞卒后十年,据其子嗣口述,并参读奏疏而代撰《行状》,所记南明时期路氏史事,较清朝官修《明史》更为可信,是研究路振飞史事的一篇重要文献。这份《行状》记载路振飞卒年卒地云:

> 左柱国、光禄大夫、太子太师、吏部尚书兼兵部尚书、武英殿大学士路公,以己丑四月二十二日卒于广州之顺德。后十年己亥十月,公之子中书舍人泽溥扶公柩至苏州,与公之少子光禄寺少卿太平将状公之行。会公之原配一品夫人王氏,以十一月十二日卒于山中,泽溥等苦次哀荒,不能成文,略序公之世族、历官、行事,属其友归庄为之状。……泽溥、太平以庚子岁二月二十九日,葬公于洞庭东山法海坞之新迁,王夫人祔焉。……兹据公子所叙述,又读公奏疏,掇拾其概而论次之,以俟他年上之史馆。

由此可知,永历三年(顺治六年,1649年)夏历四月二十二日,路振飞于奔赴永历帝之召途中卒于广东顺德。因此,后人研究路振飞之生卒年岁,当以此为准。可惜,这份珍贵材料不知何故并未为官修《明史》所采纳。

(作者:吴航,男,讲师,淮北师范大学历史与社会学院)

① (清)邹漪:《启祯野乘二集》卷七《路振飞传》,《四库禁毁书丛刊》清康熙18年金阊存仁堂素政堂刻本影印本,史部第41册,第207—208页。

② (清)王世贞:《弇山堂别集》卷二〇《史乘考误·引言》,中华书局1985年版,第361页。

书评书讯

严校细证　后出转精

——读牛继清《唐会要校正》

剑　声

牛继清教授的《唐会要校证》已由三秦出版社出版。该书被列为国家古籍出版"十一五"规划重点图书，校证者历近十年甘苦，校勘严谨。义证精细，较前出诸本，超越之处显然。《书目答问略例》中有"知某书当读，而不得精校精注本，事倍功半"之语，可见是把精校本视为读书者之善本。《唐会要校证》在这个意义上称得上是《唐会要》的善本，嘉惠士林，功当非浅。其突出之点有四：

一　强烈的问题意识

"会要"作为一种政书，是专门分门别类纂集一代典章制度及其沿革的。《唐会要》是保存至今的我国最早的会要体史书。校证者对《唐会要》成书的历史了如指掌，内容烂熟于心。《唐会要》的修纂，从唐至宋，编非一时，成于众手，又经上千年传抄摹刻，错乱讹误，在所难免。正如校证者在《前言》中所论述的，《唐会要》从苏冕的初始四十卷，到崔铉的续四十卷，再到王溥的补充、整理，才形成了体例完善、作为后世"会要"定式的《唐会要》一百卷。大约在《永乐大典》修成之后，《唐会要》抄本出现了残缺，或卷帙失去，"杂以他书"；或"有错杂文字"；或数卷"全失"。更有"原书残缺，而后人妄摭窜入，以盈卷帙"。当然，辑补也有较好的，"采摭诸书所载唐事，依原目编类，虽未必合溥之旧本，而弘纲细目，约略粗具，犹可以见其大凡"。校证者深知此点，从而产生了强烈的问题意识。他高度评价了上海古籍出版社出版的点校本，"以江苏书局本为底本,校以武英殿本和上海图书馆所藏四种清代抄本,并参考两《唐书》、《通典》、《册府元龟》等,做了一定的他校,解决了不少问题,是最近二十年来最好的本子”。但是,“此本仍然存在很多没有解决的问题”,正如上古本点校者所言,“《唐会要》在记载史料的时间方面,错误特别多”,“如一概加以校改,则不胜其繁”。校证者又考查、梳理了上古本问世后关于《唐会要》校勘整理的情况,感到也“都是局部或零星的工作,远未能解决全局性的问题"。因此,他才认为:“对《唐会要》进行一次全面系统的整理,给研究者使用提供更加准确的资料信息,仍是非常必要的。”所以,他“十年一剑”之功,也就充分体现在了《唐会要》文本的更加完善上。

二　充分的学术积累

问题既明,则目标、方法即可因而确立。但目标、方法须有充分的学术积累与扎实的学术功力作为支撑。否则,正确的方法将难以施用,既定的目标也无法实现的。首先,校证者对唐代历史、文献非常熟悉,并进行过长期而深入的研究,成果丰厚。对两《唐书》的研究,尤其是对《经籍志》、《艺文志》的研究,堪称专家。其次,是对文献学,尤其是目录、版本、校勘有深厚的理论修养和丰富的知识,十余年在高校从事教学,版本目录之学为其长项,本科生、硕士生教学,均为主干课程。还有就是在长期的文献整理实践中,积累了扎实有效的经验。除著名的《十七史疑年录》外,还点校过多部古籍,如赵绍祖的《新旧唐书互证》等。同时,多年从事古籍整理与研究,涉猎既广,钻研亦深,于史学之外,更逐渐融进文学、哲学、社会学等理论方法,使本就善读多思的治学特点,增添了新的因素。这才使得他在复杂的校证工作中,显得成竹在胸,目光如炬,心细如发,得心应手。

如卷五十九“尚书省诸司下”之“工部尚书”条,“隋为起部尚书。武德元年,因而不改。三月,改为工部尚书。”校证者加按曰:高祖于义宁二年五月甲子即皇帝位,改国号为唐,建元武德。是武德元年无三月。高祖大改官名在武德三年三月,《大唐六典》卷七“工部郎中”条下云:“隋初为工部侍郎,炀帝除‘侍’字,又改工部为起部。皇朝因之,武德三年改为工部郎中。”疑“三月”为“三年”之讹。这里用确凿的事实与严密的推理,不仅否定了“三月”的可能,而且肯定了“三年”的不可移易。但又用“疑”字表明了审慎,避免了武断。而问题的发现,却又是从武德、龙朔、咸亨、光宅、神龙一顺而下的义例或者说行文的内在逻辑产生疑问,进而加以搜证解决的。可以想见,运用之妙,绝非偶然。

三 严细的校证功夫

《唐会要》据补的材料采自《大唐开元礼》、两《唐书》、《通典》、《太平御览》、《册府元龟》、《文苑英华》、《资治通鉴》、《通典》、《文献通考》等书。凡致力过文献校勘的人,对前人所说的校书如扫落叶,旋扫旋落;或校书如扫尘,旋扫旋生,无不有同感之叹。基于《唐会要》这种情况,又是在前修与时贤纷纷扫过落叶与尘土的地方,其难度可知。但校证者偏偏知难而上,更知难而进,于校正脱讹衍倒之外,又加以"义证"的功夫。他说:"本次校证,采用江苏书局本为工作底本,以武英殿聚珍本、文渊阁四库全书本对校,同时吸取上古本利用上海图书馆藏四种抄本的校勘成果;以两《唐书》、《通典》、《资治通鉴》、《太平御览》、《册府元龟》等文献进行充分的他校。对上述学者的校勘成果亦有一定的参考与借鉴。"他以严谨而细心的文献校证功夫,出校四千二百余条,总字数竟达三十万。

他对自己的校证理念与方法特别作了说明:"为了尽可能保持古代文献的本来面目,校证过程中,严格遵循不校校之的原则","一般不改动原文,只以校勘记的方式予以说明"。"校勘记的撰写,以实事求是为出发点,除少数必须有进一步说明者外,均客观列出异文或其他相关资料,不作定性,使用者自己判断是非对错"。不难看出,《唐会要校证》之"校证",实乃以校勘为体,以义证为用。西方有一门学科叫"文本发生学",又叫"发生校勘学"。就是通过草稿或准备性资料对作品进行诠释,观察其发展、变化,观察作品逐渐形成的过程。这是一种溯源方法,一种校勘的有效程序与校勘方法中值的注意的变革之一。其目标是文本生成的暂存的范围。如果作品在最终完成的情况下,仍是它历次变化的结果,这一作品的起源会留下"痕迹"。这一学科给我们的启示是,传统汉学的校、证、考、辨等方法,总难免贻人以烦琐之讥,就在于没有突出或没有认识到应以溯源求本为目的。《唐会要校证》在一定意义上,同时也在一定程度上,真实地再现了《唐会要》的资料来源状况与成书过程。

四 独具的疑年方法

校证者曾有《十七史疑年录》出版，是年代学研究与应用的专门著作，对正史中时误指摘之细，纠正之确，令人叹服。这次校证《唐会要》，也充分发挥了年代学理论与实践方面之长，对《唐会要》中让人感到“不胜其繁”的时误，逐一校正。如：卷九上“杂郊议”上：“十七年己卯，有事于南郊。”按语：贞观十七年癸卯，非己卯。《新唐书·太宗本纪》贞观十七年“十一月己卯，有事于南郊”。此条按语纠正“十七年”下漏“十一月”而致年序表述错误、月份则模糊不明的问题。卷三十五“褒崇先圣”：“三十一年二月十五日。”按语：“太宗贞观只二十三年，无三十一年。《旧唐书·太宗纪》系于贞观二十一年二月壬申。二月戊午朔，壬申十五日，是。”又，“至太极元年二月十六日，追赠颜回……曾参……”注引《旧唐书·睿宗纪》作二月“丁亥”云云；《新唐书·睿宗纪》作“二月丁巳”云云。结论道：“二月庚子朔，月内无丁亥，丁巳十八日”。按语纠正的是贞观“三十一年”为“二十一年”之误；注语则说明了《旧唐》“丁亥”日误，《新唐》“丁巳”十八日与正文“十六日”至少有一误，但两《唐书》丁日却未必皆误。则“十六日”可能有误。关于史书的时误及校勘问题，校证者曾专有《正史时误补校例释》一文，并作为《十七史疑年录》的代序，读者自可参看。我亦有关于《十七史疑年录》的专文评论，发表于《书品》2009 年第三辑，兹不赘述。

《诗》中沉潜勤"述学"　巨椽写就好文章

——评郭全芝教授《清代〈诗经〉新疏研究》

陈　才

清代学术特别发达,而清学又"以经学为中坚"①。经学经过汉学、宋学的积淀,在清代取得了巨大的成就,这无疑是清儒留给我们的宝贵财富。其实,从某种意义上来看,汉唐经学和宋明经学,更多关注的是"术"不是"学",其旨归也是"术"而不是"学",其中的"学"的成分也只是在为"术"服务——通经的目的是为了致用②。只有清代的经学才可以说是真正意义上的"经学":他们的经学研究虽然是在前人研究的基础上,取其长,补其短,正其谬,但是他们的学术路向较前人有所转变,他们更注重的是"学"——即梁启超先生《学与术》一文所说的"观察事物而发明真理者"。特别是被称之为"小学"的文字音韵训诂之学,本是经学的附庸,而清儒在其研究上取得了很大的成就,《说文》学、古音学在乾嘉后一直都是显学。清儒又将这些小学研究的成就反馈到经学研究中,从而极大地促进了经学的研究。从阮元编《清经解》和王先谦编《清经解续编》中,我们可觇清人经学研究著作数量多、质量高、成就大。仅就《诗经》学而言,两部书就收录了36种,若算上各类史志、目录中著录,包括一些已亡佚了的,总数应该会在七百种以上。

清代《诗经》学研究,一直是《诗经》学研究的重镇。翻一翻《诗经》注释翻译系列的图书即可知道,他们采用了清人的很多成果。这是对清儒训释成果的认同。对清代《诗经》学史的研究,也一直在进行。梁启超《中国近三百年学术史》等学术史著作、皮锡瑞《经学历史》等经学史著作、夏传才《诗经研究史概要》等《诗经》学史著作都有相关章节论述清代《诗经》学成就。近年来也有

---

① 梁启超著,夏晓虹点校:《清代学术概论》,中国人民大学出版社2004年版,第175页。

② 朱维铮先生《中国经学与中国文化》一文注意到,《史记》中有"文学"、"儒术",而没有"经学"一词;《汉书》"经学"、"经术"二词并存。并认为,"自西汉以后",经学"开始便重术轻学"。见氏著《中国经学史十讲》,复旦大学出版社2002年版,第10—12页。另外,我对"学"、"术"两个概念的区分,也得益于梁启超先生《学与术》一文,见氏著《清代学术概论》附,中国人民大学出版社,第271—273页。

一些学者如宁宇和陈国安等，撰写了相关专题论文，从不同角度作论析清代《诗经》学的发展和成就。又有何海燕博士、陈国安博士则有同名博士论文《清代诗经学研究》。以上这些著作在对清代《诗经》学研究上取得了很大成就，但是也存在一些小的问题。比如，有些学者受梁启超的学术史著作中清学分期观点的影响，认为清代《诗经》学经历了一个由关注宋学到关注古文经学再到关注今文经学的演进历程，那么关注宋学的《诗经》学者便属于“宋学派”，关注古文经学的《诗经》学者便属于“古文经学派”，关注今文经学的《诗经》学者便属于“今文经学派”。比如，陈寿祺父子著《三家诗遗说考》，当属今文学派。其实是有偏颇的。田汉云先生《中国近代经学史》已经指出[1]，不赘论。

以前的这种学派划分法，或有撰作者出于叙述方便的考虑，而并没有考虑到分类的逻辑性；但它表现出了无法弥合的局限性，值得我们再反思：这种分派，只是从表面来考察诸学派之异，没有从实质上来考虑，更没有考虑到诸家之同。其实，如果我们将冯登府《三家诗遗说》、陈寿祺父子《三家诗遗说考》、王先谦《诗三家义集疏》与胡承珙《毛诗后笺》、马瑞辰《毛诗传笺通释》、陈奂《诗毛氏传疏》比较起来，他们虽然立论有不同的地方，个人关注点也有不同，但是所用的基本方法还是一样的，都是运用了考据学的手段来治《诗》；其最终目的也是一样，都是为了寻求确诂，通达义理[2]。胡承珙因姚鼐读其《毛诗后笺》的相关篇章，赞赏其为“真读书人”，故致信姚鼐，作《寄姚姬传先生书》，坦陈自己治《诗》理念：

> 窃谓说经之法，义理非训诂则不明，训诂非义理则不当。故义理必求其是，训诂必求其古。义理之是者，无古今一也，如其不安，则虽古训犹宜择焉。[3]

他在《四书管窥序》也再次申明了这个理念，这时已经扩大到全经了：

> 治经之法，义理非训诂则不明，训诂非义理则不当，二者实相资，而不可偏废。自有谓汉学详于训诂，宋学断于义理者，遂若判为两涂。而于是

---

① 田汉云：《中国近代经学史》，三秦出版社1996年版，第286页。

② 我对“义理”一词的理解，取台湾学者张寿安先生的定义：切于人伦日用即为义理。张先生正在研究的课题即是关于乾嘉“新义理学”的，她采用的正是这个定义。从张先生定义“义理”的角度来分析，即使是马瑞辰、陈奂也是关注到了义理层面的。

③ （清）胡承珙：《求是堂文集》卷二，《续修四库全书》据清道光十七年刻本影印本，第1500册，第235b页。

讲训诂者拘于墟,谈义理者奋其臆。沿流而失源,骛末而忘本,党同伐异,入主出奴,护前争胜之习兴,几至以门户祸经术,而横流不知其所纪极。吾则谓治经无训诂、义理之分,惟求其是者而已;为学亦无汉、宋之分,惟取其是之多者而已。①

前人多将胡承珙归入“毛诗派”的做法,显然是不够合适的。也有些学者已经注意到马瑞辰《毛诗传笺通释》和陈奂《诗毛氏传疏》有采用到朱熹《诗集传》等宋儒《诗经》学成果的地方②,这也说明以前的学派划分,还有于事实未安之处。

其实,宋儒反对汉唐诸儒,其本初动因为了“回归三代”③,因为汉儒对“五经”的解释已经不能体会“圣贤本意”④,而是有所误解的。只有“回归三代”,才能得“圣贤本意”。《朱子语类》有朱熹之语:

只看《论语》一书,何尝有悬空说底话?只为汉儒一向寻求训诂,更不看圣贤意思,所以二程先生不得不发明道理,开示学者,使激昂向上,求圣人用心处,故放得稍高。⑤

可证我以上的那个说法并非虚言。朱熹承认只有二程才是能继承孔孟道统的人,而他则是对二程的继承。但是,他在学术上并不是唯二程是从。在《诗》学观上即是明证。二程《诗》学是尊毛郑的,而朱熹则不然。《朱子语类》中的这段话可以解释这个现象:

大抵前圣说话,虽后面便生一个圣人,有未必尽晓他说者。……且如伊川解经,是据他一时所见道理恁地说,未必便是圣经本旨。要之,他那个说,却亦是好说。⑥

因为程明道、程伊川的解经并不一定是能得经之“本旨”的,所以虽是“好说”,朱熹也必有所纠正。那么,乾嘉道时期的《诗经》学家纠正清初诸儒的关注宋

---

① (清)胡承珙:《求是堂文集》卷二,第273b页。

② 比如檀作文:《朱熹诗经学研究》,学苑出版社2003年版,第263—264页;郭全芝:《清代〈诗经〉新疏研究》,安徽大学出版社2010年版,第143—171页。

③ 余英时:《朱熹的历史世界》,三联书店2003年版,第460页。

④ (南宋)黎靖德编,王星贤点校:《朱子语类》,中华书局1986年版,第1512页。

⑤ (南宋)黎靖德编:《朱子语类》,第2748页。

⑥ (南宋)黎靖德编:《朱子语类》,第2625页。

学,而去关注西汉古文经学;嘉道以降的《诗经》学家再回归到关注东汉今文经学,而对所谓的“古文经学派”有所纠正,也正是出于当初宋儒反对汉学的同样目的。这也是他们的经解中总是不惜笔墨去罗列大量材料去论证每一个字每一个词的意思的原因,他们正是想通过这种方式以期探明经典原意。虽然“过度诠释”和“诠释不足”是《诗经》解读过程中无法避免的必然现象,但是,他们经过不懈努力,力争使“误解”降低到最小限度。前贤已经注意到清学重考据,其实发端于宋儒。从我以上的分析中,我们还可以看出清学对宋学在学理上有所绍承,而不是一味反对。林庆彰先生认为中国经学史“发生过好几次”“回归原典的现象”,“并不止明末清初这个阶段才有,唐中叶至宋初、清末民初都发生过,可说是经学史上时常发生的事”①。林先生所说的“回归原典”与我所谓的“追寻圣贤本意”是一个意思。只不过他认为这种现象是一种“每隔数百年就会有一次”的“运动”②,而我认为这是一种常态:每一个解经者,其实都是在“追寻圣贤本意”。朱维铮先生的《中国经学与中国文化》一文否认了中国经学有一以贯之的传统,作者认为:

> 可是,从另一角度来看,这个事实——各时代有各时代的假孔子,并且都用各自的主观的假孔子否定那位客观的真孔子——的存在,便否定了一种说法,即中国经学存在着一以贯之的传统。③

如果我们再换另一个角度去考虑,各个时代的经师儒生,虽然都是以“假孔子”的身份出现,但,这不正是证明了他们都是在试图去追寻孔子的足迹,探求圣贤的本意吗?只是他们没有也不可能追寻到而已。从这个角度来看,汉学、宋学、清学是一脉相承的。

回到刚才的话题,为什么如梁启超、皮锡瑞等大家在相关著作中会出现这样的缺陷呢?我觉得,其中一个最重要的原因,就是相关书籍的研读还不到位。学术史撰写,是要建立在每一部书都有了详细研究、达到了科学认识的基础上的。这就是是胡适所谓的“述学”功夫④。当然,学术史的撰写者不可能把每一本书都认认真真地研读一番,我们不能苛责。这还得学界的共同努力,需要一部分学者从专书、专家入手,先形成一个相对科学的认识,然后在此基

---

① 林庆彰:《中国经学史上的回归原典运动》,载《中国文化》第30期,第1页。
② 林庆彰:《中国经学史上的回归原典运动》,第8页。
③ 朱维铮:《中国经学与中国文化》,见氏著《中国经学史十讲》,第13页。
④ 胡适:《中国哲学史大纲》,上海古籍出版社1997年版,第7页。

础上集腋成裘，综合融会。郭全芝先生的大著《清代〈诗经〉新疏研究》正是这样的一部从专家（专书）入手的著作，主要对皖派朴学家戴震、胡承珙、马瑞辰、陈奂①四家《诗经》学做了深入而独到的分析；另再附有其他几篇专论，其中也有对欧阳修《诗本义》的专论。其中部分篇目曾以单篇论文的形式发表，在学界有广泛影响。

该书第一章为概论，以所谓的"毛诗三大家"为切入点，分两节。第一节为清代《诗经》新疏述略，概述三家新疏的情况，点明其撰著原因、内容旨归以及学术成就。第二节为清代朴学家的《诗》疏困境，通过对三家试图调和《诗经》文本和《诗序》直接的差异，结合清儒治学的矛盾性，揭示出清儒自构困境的原因。

第二章是针对皖派的开山祖师戴震的《诗经》学的专门研究。戴震遍注群书，所以作者并没有把眼光仅仅局限在戴震的《诗经》学上，而是先从戴氏注解群书入手总结出其训释特色，再在此基础上探析戴氏对《诗经》及其主旨的解读。

第三章是针对所谓"毛诗三大家"的研究。既有对胡承珙《毛诗后笺》和马瑞辰《毛诗传笺通释》的专论，也有对陈奂和胡承珙之间的比较研究，还有将陈奂《诗毛氏传疏》与朱熹《诗集传》以及《诗经》宋学之间的研究。

附录部分收录八篇专题论文，包括《〈诗〉作为喻体》、《〈毛诗后笺〉整理略说》、《〈诗〉、〈骚〉句法传承》、《汉四家著录〈诗经〉异字浅说》、《〈说文〉引〈诗〉考论》、《也谈〈诗经·卷耳〉诸"我"》、《欧阳修〈诗本义〉的经学立场》和《传统〈诗〉学与当代日本学者的〈诗经〉研究》。

郭先生治《诗》有年，尤其是对清代《诗经》学用力尤深，曾经校点胡承珙《毛诗后笺》这部皇皇巨著，可见其学养之厚之深。她的这部大著不乏睿见卓识，也正是其学养深厚、见解深刻之证。总的来说，本书值得称道处有以下几点：

一、专家专经的深入研究，可以推动《诗经》学向纵深发展。正如前文所提及的，郭先生大著中最值得关注的就是对皖派四家——戴震、胡承珙、马瑞辰、陈奂已经宋代欧阳修五家的《诗经》学专著的个案研究。这些个案研究立论有根有据，见解平实可信，对于《诗经》学史的改写有参考价值。

---

① 简泽峰先生硕士学位论文《胡承珙〈毛诗后笺〉析论》（台湾暨南国际大学，2001年）提出胡承珙属吴派，黄忠慎先生《清代中叶毛诗学三大家解经之歧异——以对〈诗序〉、〈毛传〉、〈郑笺〉的依违为考察基点》（台湾《国文学志》，2002年第6期）提出胡承珙、陈奂属皖派，二人立论皆有根据。但是，本文仍从传统看法，因胡、马为皖人，陈奂为戴震再传弟子，姑且认为三人均属皖派。关于吴派和皖派学术异同不作考虑。

作者花了较多篇幅来研究戴震的《诗经》学。吾皖学术在有清一代独树一帜，戴震有开山之功，对于他的研究，自是必不可少。作者知人论世，在对戴震生平及学术有深入充分了解的基础上，通过文本分析，揭示了戴震《诗经》研究的重要个性特征：一是戴震解《诗》将字义与经义相结合。而这正是戴震自己论其学术路向为“由字以通其词，由词以通其道”[①]，“由文字以通乎语言，由语言以通乎古圣贤之志”[②]的具体体现。二是戴震不盲从汉宋，而是以孔子的“思无邪”为依据来解《诗》。我以为这正是出于儒者对自己的身份认同所作出的必然选择。宋儒治《诗》者，无论传统认为的存《序》派和废《序》派，都是出于这个身份认同，才努力试图去“回归三代”、追寻“圣贤本意”。三是大胆怀疑批判，又尽可能吸取前人合理因素。戴震作为一代宗师，他无疑是能作到这一点的。作者还对戴震的学术精神作出评价：“兼有汉学的努力务实与宋学的大胆怀疑，同时又剔除了前者的胶柱固执与后者的说无根柢。”[③]洵为的论。

作者作为胡承珙《毛诗后笺》的点校者，对《毛诗后笺》用功尤甚。早在1994年，作者就发表相关论文，这是学界对胡承珙这位被遗忘已久的大儒的研究之始。该书所收关于胡承珙《毛诗后笺》的研究结论，为学界广泛接受，相关研究论文论著也都征引其观点，这一点即可看出其学术价值之高，毋庸本文赘论。

作者对马瑞辰《毛诗传笺通释》的语言学研究倾向的揭示，有助于总结清代《诗经》学训诂方法和理论，从而点明其成就，并为今人《诗经》注译工作提供有效借鉴。

学界关于陈奂《诗经》学的专题研究已有不少，而作者另辟蹊径，将陈奂《诗毛氏传疏》与胡承珙《毛诗后笺》、朱熹《诗集传》和宋人《诗》学分别加以对比研究。通过郭先生的研究，我们可以知道，学界以往认为陈奂单遵毛传，治学偏狭的观点，是有失偏颇的。

郭先生以清代《诗经》学为主攻方向，也涉及宋代《诗经》学，比如对欧阳修《诗本义》的专题研究。作者通过自己的研究，证明欧阳修《诗本义》将《诗经》定性为儒家经典，是据《诗序》解《诗》，“目的不在于探讨其文学性，不是要自立新说，也不曾停留在对诗人创作之意的探求上，而是要借这种创作之意的探讨来寻求真正的圣人之志”[④]，所以学界以往“对欧说过分拔高”[⑤]。

---

① (清)戴震:《戴震全书》第6册，黄山书社1995年版，第370页。

② (清)戴震:《戴震全书》第6册，第376页。

③ 郭全芝:《清代〈诗经〉新疏研究》，第81页。

④ 郭全芝:《清代〈诗经〉新疏研究》，第237页。

⑤ 郭全芝:《清代〈诗经〉新疏研究》，第235页。

二、论题涉及面广泛。郭先生大著中既有对《诗经》文本的文学性的论析，也有文字训诂之学的局部探研，还有学术史的总体观览，这充分反应了作者的深厚学养。

《诗经》虽然一直被视作经典①，但它必竟以文学文本的形态呈现，其文学性是不容忽视的。历代经学家对此也有关注，但是总的来说，还是不够的，他们都是在《诗经》是“经”的前提下来研究的。郭先生从先秦时期诗和散文的两类不同解读的事实入手，证明了“春秋时期诗与文的分野”②。郭先生又认为，“在句法上，《楚辞》对《诗经》的继承，其表现是多方面的”③。这些见解都是在脱离了经学眼光的角度下得出的真知灼见，可成一家之言。郭先生对四家诗异字以及《说文》引《诗》的分析，足见其深厚的文字学功底；对戴震、胡承珙、马瑞辰、陈奂四家训诂特色的分析，特别是对马瑞辰《毛诗传笺通释》中语言学研究倾向的揭示，又可见其深厚的训诂学功底。治《诗》者能精于此道，必有创获。作者学有根柢，可作为我们后生小子治学之楷范。再有，作者对专家专经的分析不是仅仅局限于分析其优缺点，更重要的是能站在学术史的高度，从宏观视角来考察。比如对戴震《诗经》研究在《诗经》阐释史上的特殊意义的辨析，又如对所谓“毛诗三大家”治学的局限性及其原因的考察，均是从将其放在清代学术史发展的脉络中予以分析的。作者将陈奂《诗毛氏传疏》和朱熹《诗集传》作对比研究，也是出于学术史的考虑。而作者将陈奂《诗毛氏传疏》与宋人《诗》说作对比研究的时候，提及这样一个观点：

> 所以汉宋之争可能更多地体现于对待古人的态度，而非经义的理解。……两者都有追求真理的精神，都希望探究出经典原意。

这与作者在欧阳修《诗本义》的研究中，得出欧阳修治《诗》目的是“达圣人之旨”是一以贯之的。前文提及的戴震的经学研究是希望“通乎圣贤之志”，这一点也被郭先生的研究所注意，所以郭先生在这里下的这个结论必定也考虑到这一点的前提。而这个结论和我前文所言及的汉学、宋学、清学是一脉相承的观点正相合，虽然我们采用的论据并不相同。郭先生这里所说的汉学，是包含我所说的汉学与清学的。郭先生用了统称，我是兼顾朝代而分开来称呼的，二

① 关于《诗经》在先秦时期被视作经典的事实，可参阅董治安：《两汉文献与两汉文学》，上海古籍出版社2005年版，第37—38页。

② 郭全芝：《清代〈诗经〉新疏研究》，第191页。

③ 郭全芝：《清代〈诗经〉新疏研究》，第205页。

者并不矛盾。而且这两种提法,是学界都接受的。

三、积极关注海外《诗经》学研究动态。郭先生曾赴东洋访学,对日本《诗经》学界的学术研究情况有相当了解。她的大著中两篇文章与日本《诗经》学有关。她将《诗毛氏传疏》与宋人《诗》说作对比研究,副标题就是"从种村和史先生的有关论文谈起"。另一篇是对戴震《诗经》学与日本当代学人家井真先生《〈诗经〉原意研究》的对比。家井先生的这篇博士论文,已经由陆越翻译,凤凰出版社于2011年年初出版。我拜读后,深深佩服,书中出色地运用了古文字材料和文化人类学的方法来论证。当然,对于家井先生对《诗经》中一些词语的观点我不能完全接受,比如我认同他将"夙夜"的训释,而他对"王事靡盬"的解读,我则不能认同,而是倾向于认同姜昆武先生《诗书成词考释》中的观点,认为相当于"王事多艰"。对于家井先生书中将《小雅》,以及《国风》的部分篇章也认为与巫术、神灵、祭祀之类相关,我也不敢苟同。周人礼乐文化不断繁荣,西周晚期这种巫术的存在肯定不会与西周初年相同。当然,这非本文所关注的对象,缺而不论可也。

四、关注解《诗》者的经学立场。"五四"以来,经学废除,众家多以文学角度来说《诗》。但是,近年来学界渐渐认识到,光以文学的角度来说《诗》,总是会嫌其单薄。我们不能忽略《诗经》作为一部两千馀年的"经典"的事实存在。正如郭先生大著中论及前贤论欧阳修关注《诗经》的文学特色有矫枉过正之嫌一样,时至今日,我们是否应该反思:我们以往对《诗经》作为经学著作的批判是否有矫枉过正之嫌?今天已经有不少学者,如王承略先生、赵敏俐先生、黄忠慎先生等,认为《诗经》不仅仅一部文学作品总集,也是一部"经典"。但还鲜有学者研究旧注中的经学立场。郭先生大著中对胡承珙、欧阳修的经学家立场有所关注,揭示其积极意义,显明其不足之处;这显然具有拓荒的意义。当然,这部分的研究的理论性还有待加强:经学作为维持中国运行了两千年的哲学基础和思想武器,我们不能仅仅简单地去"肯定优点,批评缺点"。虽然我们今天不能再以经学的目光来看待《诗经》了,但是在《诗经》学领域,我们是否可以持一种经学研究的态度,把作为"经"的《诗经》作为我们的研究对象呢?我前文已经提及,儒生有"身份认同",那么把《诗经》等作为"经",正是这个"身份认同"存在的基础。他们认为《诗经》是一部经学作品,我们的研究能对这一点视而不见吗?所以我以为,从经学研究的角度来研究《诗经》以及其他经典,是必要的,也是我们的研究领域正缺少的。

该书可称道处尚不止此。书中的结论可靠,达到了胡适先生所说的"述学"的目的,为治《诗经》学史、经学史,乃至整个学术史与思想史提供了重要的参考资料。当然,郭先生大著中也有一些不足之处,比如郭先生认为朱鹤龄

《毛诗通义》主毛，于事实未安，其实是汉宋兼采。此虽无关宏旨，亦不可不辨。此外，大著对清代四家，特别是戴震的治《诗》成果之不足处亦宜作适当辨析。我们期待郭先生在她的新的研究成果中涉及这些方面，这必将嘉惠学林。

（作者简介：陈才，男，华东师范大学古籍研究所博士研究生）

资 料

安徽文獻總目·元代

編者按:安徽是文獻大省,可歷史上安徽文獻的總量究竟有多少?存留及收藏情況如何?在全國古代文獻寶庫中所占分量怎樣?一直都没有準確而權威的説法。雖然安徽文獻目録編著早受關注,但先後成書的《安徽文獻書目》、《皖人書録》、《安徽省館藏皖人書目(—1949)》等均存在明顯闕漏,未能反映皖人著述的整體面貌和現存皖人著述的實際情況,極大地影響了安徽文獻的研究與利用。

有鑒於此,淮北師范大學安徽文獻整理研究中心成立之初,我們就在科研規劃中提出了摸清安徽文獻家底及整理、研究狀況的計劃,設想編纂《安徽文獻總目》與《安徽文獻整理研究論著目録索引》兩部大型工具書,為安徽文獻整理與研究提供比較準確全面的信息。經多年的艱苦努力,《安徽文獻總目》初稿已完成,但著録仍有疏漏,部分文獻之典藏及版本信息尚需覈實,體例亦待完善。為了廣泛徵求專家學者的意見,特借《安徽文獻研究集刊》版面,先行刊出元代部分,敬請提出寶貴意見,以便我們修訂完善。

王天與

王天與,元 婺源人。生平不詳。

容安文集　　　　新安名族志後卷

王幼學

王幼學(1275—1368),字行卿,别號慈湖,宋、元間望江人。幼罹兵禍,被俘掠至河南,陳氏得之,養以為子。元大德三年(1299)至延祐五年(1318),撰成資治通鑒綱目集覽五十九卷,七易其稿。後至元二年(1336)歸宗,絕意仕進,講道不輟。

資治通鑑綱目集覽五十九卷　　千頃堂書目卷五

明 洪武二十一年梅溪書院刊本(國家圖書館藏)　明 景泰元年魏氏 仁實書堂刊本(國家圖書館藏)　明 嘉靖三十九年楊氏 歸仁齋刊資治通鑑綱目本(國家圖書館藏)

又資治通鑑綱目集覽五十九卷(王幼學撰 陳濟正誤)

明內府刻本(國家圖書館藏)　明 弘治十一年慎獨齋刻正德十六年改刻本(上海圖書館藏)　明 嘉靖十四年潁川 張氏刊本(國家圖書館藏)　明經廠刻本(國家圖書館藏)　明 萬曆二十一年蜀藩刊本(國家圖書館藏)

王良金

王良金,號梧庭,元 婺源人。生平不詳。

雙溪書傳解　　新安名族志後卷

王埜翁

王埜翁(1240—1300),字太古,號太古遺民,婺源人。宋遺民,辟鎮江路學正,棄歸,隱居教授,從學者甚衆。工詩詞,通經,尤嗜易,吳澄善其說,匾其室曰行易廣。

見易篇　　經義考卷三十九
周易分注　　經義考三十九

王國瑞

王國瑞,生卒年不詳,字瑞菴,徽州 婺源(一說浙江 蘭溪)人。元代醫學家。傳其父王開之業,以針灸治病傳人。

扁鵲神應针灸玉龍經一卷　　四庫全書總目卷一百四

四庫全書 子部　四庫全書珍本初集本　珍本醫籍叢刊本　新安醫籍叢刊本

又玉龍經

清 乾隆 摛藻堂四庫全書薈要本

王偁

王偁,生卒年不詳,字伯武,號絶埊居士,元代 婺源人。師胡炳文,博極羣書,休寧 朱升素號該博,凡制度疑難不通者,必曰:"將以問伯武。"所著書凡二十餘帙,兵燹後多不存。

惇叙圖 新安文獻志卷七十一汪幼鳳王伯武先生傳
天象考 新安文獻志卷七十一汪幼鳳王伯武先生傳
坤象考 新安文獻志卷七十一汪幼鳳王伯武先生傳
諸經傳注 新安文獻志後卷
格物編 新安文獻志卷七十一汪幼鳳王伯武先生傳

王開

王開(1278—1347),字叔啓,又字啓元,號鏡潭(一作鏡澤)。徽州 婺源(一説浙江 蘭溪)人。元代醫學家。幼好讀書,以家貧改習醫,於大都就竇默習針灸之學,盡得其傳。後至元(1335—1340年)初,授揚州醫學教授,後告老歸家。

增注醫鏡密語一卷 千頃堂書目卷十四
增注針經密語一卷 貝瓊清江文集卷十醫鏡密語序
重注標幽賦 浙江通志卷二百四十七

王善慶

王善慶,生卒年不詳,字仕積,號秋齋,元代 歙縣人。力學善書,隱居不出仕。

秋齋野趣稿 新安文獻志卷五十五
又秋齋野趣集 千頃堂書目卷十七

王勝一

王勝一,生卒年不詳,元 歙縣人。有隱德。

敦睦錄 新安名族志後卷
尚義稿 新安名族志後卷

王儀

王儀,生卒年不詳,字仲履,號菟庵,元代 婺源人。延祐元年(1314)鄉貢進士,授本州學正,轉池州教授。

菟庵文集 新安文獻志 先賢事略上

王翰

王翰(1333—1378),字用文,號時齋,初名那木罕,廬州人。其先西夏人,元初從下江淮,鎮廬州,因家。翰初除廬州路治中,改福州路治中。至正二十二年(1362),為福州路同知,升理問官,遷江西福建行省郎中,陳友定留居幕府。二十五年(1365),表授潮州路總管,兼督循、梅、惠三州。陳友定敗,屏居永福之觀獵山,著黃冠服者十一年。洪武十一年(1378)前,辟書再至,翰以幼子偁託其故人吳海,遂自引決。

友石山人遺稿一卷附錄一卷 四四庫全書總目卷一百六十八

清鈔本(國家圖書館藏) 四庫全書 集部 民國八年 吳興 劉氏嘉業堂叢書本 民國 張氏 適園鈔本(上海圖書館藏)

又友石山人遺稿一卷 四庫全書簡明目錄卷十七

明 弘治八年刊本(丁丙跋 南京圖書館藏) 清 康熙三十三年長洲 顧氏 秀野草堂刊元詩選本 清 味書軒鈔本(國家圖書館藏)

王霖

王霖,生卒年不詳,號梅磵,元 祁門人。官本路副使。

梅磵集 新安名族志後卷

王壎

王壎(?—1367),字致君,一字仲肅,元代 婺源人。以薦授袁州路經歷,轉台州判官。至正二十七年(1367),明軍下台州,死。

雲中稿 雍正江南通志卷一百九十三

雲屋稿 雍正江南通志卷一百九十三

方天與

方天與,號清隱,約元、明間歙縣人。生平不詳。

清隱集 新安名族志前卷

方用

方用,生卒年不詳,字希才,元 望江人。少負逸才,與揭傒斯、朱公遷、歐陽玄同遊許白雲(許謙,號白雲山人)之門,時稱"許門四傑"。精研理學,選授陳州學正,學士黃晉卿嘗稱其為理學正宗。

先儒宗旨 雍正江南通志卷一百九十二
茗谷叢說 雍正江南通志卷一百九十二

方回

方回(1227—1305),字萬里,別號虛谷,徽州 歙縣人。元代著名理學家、詩人、詩論家,江西詩派殿軍。南宋 景定三年(1262)進士,提領池陽茶鹽。初以梅花百詠獻於權臣賈似道,後似道勢敗,又上似道十可斬之疏,遷知嚴州。元兵南侵,倡死守封疆之論,及元兵至,則望風迎降,授建德路總管。後罷官,往來杭、歙間,以賣文為生。其學宗朱子,通五經。晚年肆意於詩,吟咏最多。

讀易釋疑(或作讀易析疑) 雍正江南通志卷一百九十
易中正考 雍正江南通志卷一百九十
尚書考 雍正江南通志卷一百九十
儀禮考 雍正江南通志卷一百九十
曆象考 雍正江南通志卷一百九十
衣裳考 雍正江南通志卷一百九十
玉考 雍正江南通志卷一百九十
宋季雜傳 雍正江南通志卷一百九十一
歷代經世詳說六卷附錄一卷
　明鈔本(山東省圖書館藏)
建德府節要圖經 浙江通志卷二百五十三
先覺年譜 千頃堂書目卷十
皇極經世考 雍正江南通志卷一百九十
古今考二十卷 千頃堂書目卷十二
續古今考三十七卷 四庫全書總目卷一百十八
　明 萬曆十二年王圻刊本(國家圖書館藏) 明 崇禎九年謝三賓刊本(國家圖書館藏) 明刻秘笈叢刊本 四庫全書 子部 民國 掃葉山房刊本

又續古今考三十八卷 天祿琳瑯書目卷九

虚谷閒鈔一卷 千頃堂書目卷十二

明刊宋人百家小說本　明 嘉靖二十三年雲間 陸氏 儼山書院古今說海本　清 順治 委宛山堂說郛本　清 道光元年苕溪 邵氏 酉山堂說纂本　清 宣統三年上海 國學扶輪社古今說部叢書本　民國四年上海 文明書局說庫本

桐江集六十五卷 戴表元剡源文集卷八桐江詩集序

又桐江集

清鈔本不分卷(國家圖書館藏)　清 康熙三十三年長洲 顧氏 秀野草堂刊元詩選本一卷　清鈔本四卷(鮑廷博校跋 國家圖書館藏)　清 阮元輯宛委別藏本八卷　民國二十四年上海 商務印書館選印宛委別藏本八卷　叢書集成三編

又桐江續集五十卷 千頃堂書目卷二十九

又桐江續集四十八卷 郘亭知見傳本書目

清 乾隆鈔本(孔廣栻校跋 國家圖書館藏)　清 小山堂鈔本(北京大學圖書館藏)

又桐江續集三十六卷 四庫全書總目一百六十六

四庫全書 集部　四庫珍本初集

虚谷集 千頃堂書目卷二十九

碧流集 雍正江南通志卷一百九十三

文選顏鮑謝詩評四卷(輯本) 四庫全書總目卷一百八十六

鈔本(南京圖書館藏)　四庫全書 集部

虚谷評五謝詩一卷

明鈔本(國家圖書館藏)

瀛奎律髓四十九卷(輯) 四庫全書總目卷一百八十八

元 至元二十年刊巾箱本　明 成化三年紫陽書院刊本(國家圖書館藏)　清 康熙四十九年長洲 陳士泰校刊本　清 康熙五十一年吳之振 黃葉村莊刊本　清 康熙五十一年蘇州 綠蔭堂刊紀昀評本　四庫全書 集部　清 嘉慶五年侯官 李光垣刊紀昀瀛奎律髓刊誤四十九卷　朝鮮刊活字本(浙江省圖書館藏)　清 光緒六年懺花盦叢書本紀昀瀛奎律髓刊誤四十九卷　清末民國初掃葉山房刊本　叢書集成續編本

又律髓輯要七卷

雲南叢書初編 集部　叢書集成續編本

又刪正方虚谷瀛奎律髓四卷(紀昀刪正)

清 乾隆鏡煙堂十種本　叢書集成三編本

名僧詩話五十四卷 桐江續集卷三十三清渭濱上人詩集序

方志華

方志華，生卒年不詳，號竹庵，元 祁門人。隱居不仕。

竹庵稿　　　　同治祁門縣志卷三十五

方伯鑒

方伯鑒，字德新，號鑒泉遺老，元代 婺源人。隱居不仕，所題三閭廟有“耻随三姓拜秦宫”之句。

德新詩稿　　　　雍正江南通志卷一百九十三

鑒泉詩集　　　　新安名族志前卷

方振文

方振文，生卒年不詳，字尚質，元 婺源人。有德操，好施與，屢徵不就。

積善字訓　　　　萬姓統譜卷四十九

方德潤

方德潤，生卒年不詳，元、明間歙縣人。元末義保鄉里。

耕南集　　　　新安名族志前卷

左德道

左德道，生卒年不詳，字以中，元 涇縣人。與兄震道俱為劉青田器重，鄉居不仕，吟詠自娱，學者稱陋庵先生。

陋庵集　　　　嘉慶寧國府志卷三十一

呂枋

呂枋，生卒年不詳，字汝芳，元 旌德人。辟紫陽書院山長，辭不受。後以文行舉采石書院山長，士皆悦服。

桂芳家集　　　　雍正江南通志卷一百九十三

采江吟稿 嘉慶寧國府志卷二十九

呂賓卿

呂賓卿,生卒年不詳,號南山居士,元 歙縣人。呂午之後,避亂居虹良山莊。

南山吟稿 新安名族志後卷

江砢

江砢,字石卿,號巢枝書室,宋、元間婺源人。江愷族弟。方回評其詩曰氣勁律嚴。

古瓢詩丸一卷 新安文獻志 先賢事略上
得一文稿 宋詩紀事卷七十七

江雷

江雷,生卒年不詳,壽當八十以上,字天澤,宋、元間婺源人。咸淳七年(1271)進士,授蘭溪縣主簿,晚嗜酒,自號陶陶翁。

陶陶翁文集 雍正江南通志卷一百九十三

江濬

江濬,生卒年不詳,字順德,元 婺源人。江愷弟。方回云:"順德之文古而奇。"

先天說 新安名族志後卷
徽風 新安文獻志 先賢事略上
江氏文集 新安名族志後卷

江賓陽

江賓陽,生卒年不詳,宋、元間婺源人。上書請復朱熹田宅,門人私謚孝友先生,汪叡稱其"窮極本原"。

蔡氏釋疑　新安名族志後卷

朱達道

朱達道,生卒年不詳,字升高,號雲谷散人,元 婺源人。元末御紅巾,保鄉里。

為善報應錄　新安名族志後卷
雲谷詩集　新安名族志後卷

李道純

李道純,生卒年不詳,字元素,號清庵,又自號瑩蟾子,元 臨濠(一說都梁)人。全真南宗道士,白玉蟾再傳弟子,精于內丹,住金陵 中和庵。

道德經注一卷　千頃堂書目卷十六
道德會元　雍正江南通志卷一百九十二

元 至元二十七年刊本(上海圖書館藏)　明 宣德十年刊弘治十年補版本(上海圖書館藏)　四庫全書存目叢書 子部　中華再造善本影印本

又道德會元二卷序例一卷

明刊正統道藏本　民國 上海 商務印書館道藏舉要影印本　民國 上海 商務印書館影印正統道藏本

太上昇玄消灾護命妙經注一卷　道藏目錄詳注卷一

明 正統十年刊道藏本　民國 上海 商務印書館影印正統道藏本

太上大通經注一卷　千頃堂書目卷十六

明刊玄宗內典諸經注本(國家圖書館藏)　明 正統十年刊道藏本　清 康熙二十一年刊道書全集本　清 光緒三十二年成都 二仙庵刊道藏輯要本　民國 上海 商務印書館影印正統道藏本

太上老君說常清靜經注一卷　道藏目錄詳注卷三

明刊玄宗內典諸經注本(國家圖書館藏)　明 正統十年刊道藏本　清 康熙二十一年刊道書全集本　清 光緒三十二年成都 二仙庵刊道藏輯要本　民國 上海 商務印書館影印正統道藏本　民國 無錫 丁氏鉛印道藏精華錄本

無上赤文洞古經注一卷　道藏目錄詳注卷一

明 正統十年刊道藏本　民國 上海 商務印書館影印正統道藏本

周易尚占三卷　四庫全書總目卷一百十一

明 萬曆 泰昌間刊重修寶顏堂彙秘笈本　清刊尚白齋鐫陳眉公訂正秘笈本　民國十一年上海 文明書局石印寶顏堂彙秘笈本

中和集三卷後集三卷(李道純撰 蔡志頤編) 四庫全書總目卷一百四十七

明 宣德十年刊弘治十年補版本(上海圖書館藏) 明 正統十年刊道藏本 清鈔本(丁丙跋 南京圖書館藏) 民國 上海 商務印書館影印正統道藏本 四庫全書存目叢書 子部 四川人民出版社諸子集成續編本

又中和集七卷

清 康熙二十一年刊道書全集本

又中和集一卷

清 光緒三十二年成都 二仙庵刊道藏輯要本

三天易髓一卷(李道純撰 王玠校正) 道藏目錄詳注卷一

明 正統十年刊道藏本 民國 上海 商務印書館影印正統道藏本

全真集玄秘要一卷 道藏目錄詳注卷一

明 正統十年刊道藏本 民國 上海 商務印書館影印正統道藏本

新刻全真活法一卷

明刊玄宗博覽本(國家圖書館藏)

道教五派丹法精選

民國十二年上海 涵芬樓影印本

瑩蟾子語錄 道藏目錄詳注卷四

又清庵瑩蟾子語錄六卷(李道純述 柴元皋編)

明 正統十年刊道藏本 民國 上海 商務印書館影印正統道藏本

清庵先生詞一卷

民國六年歸安 朱氏刊彊村叢書本 民國三十七年重印彊村叢書本 叢書集成續編本

李慶

李慶,生卒年不詳,元 歙縣人。讀於歙南李田山中,與胡炳文等友善。

易學玩辭 新安名族志後卷

李鵬飛

李鵬飛,生卒年不詳,元後至元(1335—1340)間人,自稱九華澄心老人,當為池州人。

三元參贊延壽書五卷 四庫全書總目卷一百四十七

明 胡氏 文會堂刊格致叢書本 明 正統十年刊道藏本 民國 上海商務印書館影印正統道藏本 四庫全書存目叢書 子部

吴以寧

吴以寧(1284—346),字寧之,元 歙縣人。鄉居惠施,里人稱善。

去病簡要二十七卷　　千頃堂書目卷十四
近體詩若干卷　　新安文獻志卷九十二上虞集撰墓志

吴虬一

吴虬一,生卒年不詳,號虬山,元 休寧人。國學上舍。

虬山集　　新安名族志後卷

吴浩

吴浩,生卒年不詳,字義夫,號直軒,宋、元間休寧人。吴錫疇子。博學工詩,篤意理學,隱居不仕。

大學口義一卷　　千頃堂書目卷二
直軒稿　　新安名族志後卷
養浩詩一卷
清 嘉慶三年南沙 席氏重修元詩選癸集丙集本

吴訥

吴訥(1331—1357),字克敏,元 休寧人。吴禮子。少能詩,學兵法,善騎射。至正末,授建德路判官兼義兵萬戶,守徽州。明兵至,戰敗不屈,自刎死,年二十七。

吴萬戶詩集五卷　　御選元詩 姓名爵里二
又萬戶集一卷　　元詩選三集庚集
清 康熙五十九年長洲 顧氏 秀野草堂刊元詩選本
又吴克敏集五卷　　雍正江南通志卷一百九十三

吴彬

吴彬,生卒年不詳,字仲文,號古墩,元 休寧人。少師舅陳櫟學,身耕不仕。

性理問答一卷 新安學系錄卷十三
古墩集三十卷 新安學系錄卷十三

吴珷

吴珷,生卒年不詳,字韓中,元 休寧人。幼聰穎,從余鏞、汪叡、朱升、趙汸等學,以薦授平陽縣簿,有政績。

松蘿稿 新安名族志後卷

吴程

吴程,生卒年不詳,字伯章,元 婺源人。其四書集注音義後至正三年(1343)成書,朱升為更名作四書經傳釋文。

四書經傳釋文 新安文獻志 先賢事略上
又四書集注音義 新安文獻志卷二十四題四書集註音義
通考 識小編卷下

吴夢炎

吴夢炎,生卒年不詳,字文英,號南窗,元 歙縣人。後至元(1341—1368)中為紫陽書院山長。

補周易集義 千頃堂書目卷一
朱文公傳二卷 千頃堂書目卷十

吴夢龍

吴夢龍,生卒年不詳,號霜崖,元 休寧人。任本府都倉官。

霜崖集 新安名族志後卷

吴瑞

吴瑞,生卒年不詳,字瑞卿,休寧(一作海寧)人。

日用本草八卷 千頃堂書目卷九

吴新

吴新，生卒年不詳，號潛庵，元 歙縣人。經財尚義，建汪王廟門屋。

宗譜　　新安名族志後卷

吴滳

吴滳，生卒年不詳，字萬頃，元 休寧人。師汪炎昶。

白雲集　　新安學系錄卷十六

吴禮

吴禮，生卒年不詳，字和叔，休寧人。為江浙行省令史，調江西行省掾，轉静江路經歷。至正十年(1350)，除廉州推官，以功陞欽州總管、海南海北道元帥，守欽州。

野航集　　新安文獻志 先賢事略上
和叔先生詩一卷
清 嘉慶三年南沙 席氏重修元詩選癸集己集本

吴霞舉

吴霞舉，生卒年不詳，字孟陽，號默室，宋、元間歙縣人。吴龍翰之子。曾任歙縣教職。

筮易七卷　　雍正江南通志卷一百九十
易管見六十卷　　雍正江南通志卷一百九十
太玄潛虛圖說十卷　　千頃堂書目卷十一
一章圖　　新安學系錄卷十三
皇極經世書說　　新安學系錄卷十三
四圖混一論　　新安學系錄卷十三
觀物待採　　新安學系錄卷十三
文公喪禮考異　　雍正江南通志卷一百九十
講義百篇　　新安學系錄卷十三

吴鵬舉

吴鵬舉,生卒年不詳,宋、元間歙縣人。吴龍翰之子。曾任本郡學録。

丹泉集　新安名族志後卷

吴瓊

吴瓊,生卒年不詳,號梅谷,元 休寧人。習儒,七試不舉,講理學於紫陽書院。後為婺源巡檢、江潭副使。

吴氏家録十九篇　新安名族志後卷
廬墓詩　新安名族志後卷

吴觀萬

吴觀萬(一作觀望),字亨壽,宋、元間休寧人。生平不詳。

閏月定四時成歲議　雍正江南通志卷一百九十
夏小正辨一卷　雍正江南通志卷一百九十
潮説　雍正江南通志卷一百九十二

余宗益

余宗益,生卒年不詳,字允欽,元 績溪人。工聲律,歌行尤麗。

翬山樵唱集　千頃堂書目卷十七

余闕

余闕(1303—1358),字廷心,一字天心,色目人。世居武威,以父官合肥,遂家焉。元統元年(1333)進士第二,累官淮南行省左丞,分守安慶,陳友諒陷城,自剄死。贈行省平章,謚忠宣。元史有傳。

青陽集四卷　四庫全書總目卷一百六十

明 萬曆十六年張道明刊余忠宣公集四卷(國家圖書館藏)　清 康熙三十三年長洲顧氏 秀野草堂刊元詩選初集庚集一卷本　四庫全書 集部

又余忠宣公青陽山房集五卷

清 康熙刊本(國家圖書館藏) 清 綠蔭堂刊本 清 康熙三十六年古燕 張氏刊五名臣遺集本 清 嘉慶八年刊余忠宣公青陽山房集四卷 清 道光二十八年涇縣 潘氏刊乾坤正氣集 青陽先生文集五卷本 清 光緒元年合肥 張氏 毓秀堂刊廬陽三賢集青陽山房集五卷附錄一卷本

又余忠宣集六卷

明 嘉靖三十三年雷逵 洪大濱刊本(國家圖書館藏) 清 道光四年刊本 清 同治六年李鶴章 皖臬署刊本

又青陽先生文集六卷附錄二卷 千頃堂書目卷二十九

明 正德二年安慶知府顏氏刊本(上海圖書館藏) 明 正德十五年胡汝登刊六卷本(南京圖書館藏) 明 嘉靖十七年鄭錫麒刊本(國家圖書館藏) 清刊本

又青陽先生文集九卷

明 正統十年高誠刊本(國家圖書館藏) 明 弘治三年徐傑刊青陽先生文集九卷附錄二卷(南京圖書館藏) 明 正德 沈俊刊青陽先生文集九卷附錄二卷(清 丁丙跋 南京圖書館藏 民國二十三年四部叢刊續編本

余竹窗詩集二卷(余闕撰 潘是仁輯)

明刊宋元四十三家詩本 明 萬曆四十三年潘是仁刊宋元詩六十一種本

思兩軒稿 文淵閣書目卷二

佘仲懸

佘仲懸,生卒年不詳,號新齋,元、明間歙縣人。從鄭玉遊,不仕元,明初以年老不出。

新齋稿 新安名族志後卷

汪九成

汪九成,生卒年不詳,字又善,元 婺源人。少從胡炳文學,曾任鉛山州 宗文書院山長。與汪會、許飛、滕叔野俱擅名當時,時人目為“四雋”。

四書類編二十四卷 千頃堂書目卷三

汪元相

汪元相,生卒年不詳,字子相,祁門人。為徽、池等州倉庫大使,元順帝 元統元年(1333)撰祁閶志,為祁門縣首部方志。

祁閶志 新安文獻志 先賢事略上

汪文龍

汪文龍,生卒年不詳,字濟卿,自號東山雲友,元代 太平人。曾任旌德、銅陵文學掾,常州、湖州、鉛山州教諭,以臨安簿致仕。能詩文,為歐陽玄、虞集所嘆賞。

汪友雲集 雍正江南通志卷一百九十三
韻書撮要 嘉慶太平縣志卷六

汪可孫

汪可孫,元 績溪人。生平不詳。

雲宮法語一卷 千頃堂書目卷二十九
明 正統十年刊道道藏本 民國 上海商務印書館影印正統道藏本

汪幼鳳

汪幼鳳,生卒年不詳,字路教,元 婺源人。至正元年(1341)鄉貢進士,出為衢州學正,轉采石書院山長。

星源續志 雍正江南通志卷一百九十二

汪汝舟

汪汝舟,生卒年不詳,元 祁門人。有儒行,元季不仕。

歷艱記 新安名族志前卷

汪均信

汪均信,生卒年不詳,號樵牧子,元末祁門人。趙汸門生。曾以薦任新昌教諭,後任歙縣 紫陽書院山長。

敬義箴 同治祁門縣志卷三十五
樵牧子卷 新安名族志前卷

道隱詩集　　同治祁門縣志卷三十五

汪克寬

汪克寬(1304—1372),字德輔,又字仲裕,號環谷先生,祁門人。汪應新之子。元 泰定三年(1326)舉人,元亡不仕,聚徒講學於宣、歙間,其學以朱子爲宗。明 洪武二年(1369),徵修元史,書成,以老疾辭歸,卒於家。事跡具明史儒林傳。

周易程朱傳義音考二十六卷　　千頃堂書目卷一

經禮補逸九卷　　四庫全書總目卷二十

清 乾隆 摛藻堂四庫全書薈要本　清 乾隆三十七年祁門 汪起璐刊本　四庫全書 經部

又經禮補逸九卷附錄一卷

明 洪武刊本　明 弘治十年程敏政校刊本(國家圖書館藏)　明 嘉靖 姚溏刊本　清 康熙十九年通志堂經解本　清 乾隆五十年重修通志堂經解本　清 同治十二年粵東書局重刊通志堂經解本

周禮類要　　千頃堂書目卷二

詩集傳音義會通三十卷　　明史卷九十六藝文志一

春秋胡傳附錄纂疏三十卷　　四庫全書總目卷二十八

元 至正八年建安 劉叔簡 日新堂刊本(國家圖書館藏)　日本宮内廳書陵部藏宋元版漢籍影印叢書本　四庫全書 經部

春秋作義要訣一卷　　明史卷九十九藝文志四

春秋諸傳提要　　經義考卷一百九十九

左傳分紀　　經義考卷一百九十九

春秋尊王發微八卷　　千頃堂書目卷二

四書音證十卷　　居易錄卷九

六書本義　　千頃堂書目卷三

元史(與修)

通鑑綱目凡例考異　　千頃堂書目卷五

明 嘉靖十四年潁川 張鯤刊本(國家圖書館藏)　明 萬曆 楊氏 歸仁齋刊本(國家圖書館藏)　明 萬曆二十一年蜀藩刊本(國家圖書館藏)

環谷集八卷　　四庫全書總目卷一百六十八

清 康熙 祁門 汪氏刊本清 康熙四十一年長洲 顧氏 秀野草堂刊元詩選本一卷　四庫全書 集部

又環谷集八卷附錄一卷

清 康熙刊本 清 康熙十八年雙芝堂刊汪懋麟輯汪氏三先生集本

汪紹奇

汪紹奇,生卒年不詳,字正心,號石田,又號松壽,以號行,元代 新安人。仕為紹慶路學教授。

汪氏淵源錄十卷 千頃堂書目卷十

明 正德十三年重修本(國家圖書館藏)

姚江集 雍正江南通志卷一百九十三

清 康熙刊本 清 嘉慶 汪元昇鈔本

汪炎昶

汪炎昶(1261—1338),字懋遠,宋、元間婺源人。於學無所不窺,尤得程、朱性理之要。宋末,嘗從太學生孫嵩遊,入元不仕,自號古逸民,學者稱為古逸先生。

四書集疏(未成稿) 經義考卷二百五十五

汪炎昶詩集五卷 千頃堂書目卷二十九

古逸民詩集三卷 新安名族志前卷

清 法氏 存素堂鈔本 清宛委別藏本

汪周

汪周,生卒年不詳,字子文,號素隱,元、明間婺源人。從族祖汪炎昶學,洪武十六年(1383),往戍西安,道卒。

愚齋集 新安文獻志 先賢事略上

汪珍

汪珍,生卒年不詳,字聘之,元代 太平人。隱居黃山,博學工詩,汪澤民一見心服,每稱南山先生。

南山詩集 雍正江南通志卷一百九十三

又南山先生集一卷

清 康熙五十九年長洲 顧氏 秀野草堂刊元詩選三集丙集本

汪俊德

汪俊德,字自明,元 歙縣人。少從鄭玉學,玉臨死,託孤於俊德。

禮義林四十卷　千頃堂書目卷十二
覆瓿集　新安名族志前卷

汪時中

汪時中,生卒年不詳,字天麟,又字德卿,元、明間祁門人。汪克寬族弟。早年從吳師道學,歸與克寬講學中山書堂。隱居楂山,建書堂,從學者甚衆,稱楂山先生。

經傳發明　新安名族志前卷
讀史漫記　新安名族志前卷
三分稿　萬姓統譜卷四十六
楂山別集　新安名族志前卷

汪逢辰

汪逢辰,生卒年不詳,字虞卿,元 歙縣人。仕宋為嘉興縣主簿。入元,調鄱江書院山長,轉崇德州學教授,卒年七十有七。

七經要義　雍正江南通志卷一百九十
忠孝集　雍正江南通志卷一百九十一
稽古編　雍正江南通志卷一百九十二
太平要覽　雍正江南通志卷一百九十二
鳴球集　雍正江南通志卷一百九十三

汪斌

汪斌,字以質,元代 婺源(一說績溪)人。生平不詳。

雲坡樵唱集　雍正江南通志卷一百九十三
壬辰稿　新安文獻志 先賢事略上

汪巽元

汪巽元，生卒年不詳，字稱隱，號退密老人，元 休寧人。汪一龍之子，與方回、陳櫟等相友。歷漳州、饒州二路教授，安仁縣、錢塘縣主簿，建康鈔庫提領，仕至建康路總管府判官。

退密老人詩八卷　　雍正江南通志卷一百九十三

汪夢斗

汪夢斗（约1259—？），字以南，號杏山，績溪人。南宋 景定二年（1261），以明經發解江東漕試，授江東司制幹。咸淳（1265—1274）初，遷史館編校，與葉李等議上書劾丞相賈似道，李等坐罪，夢斗亦遁歸。宋亡後，元尚書謝昌言薦夢斗於元世祖，特召赴京，授徽州路儒学教授。後讲於九峰书院、紫阳书院等。

北遊集一卷　　四庫全書總目卷一百六十五

四庫全書 集部

又北遊集二卷　　千頃堂書目卷二十九

又北遊詩集一卷　　四庫全書總目卷一百九十三西園遺稿提要

明 隆慶三年汪廷佐刊環谷杏山二先生詩稿本（國家圖書館藏）　民國 李之鼎 宜秋館宋人集五十六種本

雲間集　　千頃堂書目卷二十九

西園遺稿（汪晫、汪夢斗詩，明 汪茂槐編）　　四庫全書總目卷一百九十三

明 嘉靖二十年汪茂槐刊本　明 嘉靖二十年汪茂槐刊隆慶印本

環谷杏山二先生詩稿六卷杏山摭稿一卷

明 隆慶三年汪廷佐刊本（國家圖書館藏）

北遊詞一卷（朱祖謀編）

民國十一年歸安 朱氏彊村叢書本

汪德鈞

汪德鈞，生卒年不詳，字叔達，號東湖，元 婺源（一說休寧）人，汪庭桂之孫。

東湖遺稿　　雍正江南通志卷一百九十三

汪德馨

汪德馨,生卒年不詳,元 婺源(一説休寧)人,汪庭桂之孫。受業于同邑陳櫟,與朱升、倪士毅等相友善。曾中漕舉,授蒙古學錄,以母老辭歸不仕,隱於眉山,學者稱谷隱先生。卒,汪叡為之志墓。

谷隱文集　新安名族志前卷

菊坡集　雍正江南通志卷一百九十三

編者按:新安名族志未言德馨有菊坡集,黟縣 汪漢卿號菊坡,疑誤。

汪漢卿

汪漢卿,生卒年不詳,字景良,自號菊坡,黟縣人。宋末,以祖父戶部侍郎汪綱之蔭,起為龍泉主簿,歷浙東運幹,除知青陽縣(一説貴池)。入元,任黟縣丞。國史館開,以薦授國史編修官、同知制誥,轉翰林修撰。博聞强記,在翰苑十年,凡中朝討論典故,衆不能識者,叩之立應。至大三年(1310),以國子監丞致仕,卒年八十一。

遼史(與修)

宋史(與修)

金史(與修)

養浩集二十卷　千頃堂書目卷二十九

汪澤民

汪澤民(1273—1355),字叔志,號巢深先生,婺源人,後遷宣城。元代學者。仁宗 延祐五年(1318)進士,授承事郎、同知岳州路 平江州事。歷南安、信州兩總管府推官,以母憂歸。服除,補平江路總管府推官,調濟寧路 兖州知州。至正三年,召爲國子司業,與修遼、金、宋三史。書成,遷集賢直學士,尋以禮部尚書致仕。居宣城,自號堪老眞逸。十五年,長槍軍叛,陷寧國,被執,不屈而死,贈江浙行中書省左丞,追封譙國郡公,謚文節。元史有傳。

春秋纂疏　雍正江南通志卷一百九十

編者按:疑涉汪澤民為汪克寬春秋胡傳附錄纂疏作序而訛。

遼史(與修)

金史(與修)

宋史（與修）

巢深稿　千頃堂書目卷二十九

燕山稿　千頃堂書目卷二十九

宛陵稿　千頃堂書目卷二十九

宛陵遺稿一卷

清 康熙五十九年長洲 顧氏 秀野草堂刊元詩選本三集庚集

宛陵群英集十二卷（與張師愚同編　輯本）　四庫全書總目卷一百八十八

四庫全書 集部　清鈔本（南京圖書館藏）

汪應新

汪應新（1259—1338），字元美，宋、元間祁門人。從饒魯學，居家教子，構中山書堂，人稱中山處士。

便民要務　新安名族志前卷

汪顓

汪顓，元 歙縣人。生平不詳。

汪氏流芳集　新安名族志前卷

汪疇

汪疇，生卒年不詳，元 績溪人。至正（1341—1368）間為本路醫學學錄。

分經條證傷寒書　新安名族志前卷

杜道堅

杜道堅（1237—1318），字處逸，號南谷，宋、元間當涂人。武康 計籌山 昇元觀道士。宋度宗（1265—1274 在位）賜號輔教大師，元 大德七年（1303）授杭州路道錄，皇慶元年（1312），授隆道沖真崇正真人。

文子纘義十二卷　四庫全書總目卷一百四十六

清 乾隆刊木活字武英殿聚珍版叢書本（國家圖書館藏）　清 乾隆四十二年福建刊武英殿聚珍版叢書本　四庫全書 子部　清 道光二十七年重修武英殿聚珍版叢書本　清 光緒三年浙江書局刊二十二子全書本　清 光緒九年湖南 傳忠書局刊

本　清 光緒十九年鴻文書局石印二十二子匯函本　清 光緒二十三年上海圖書集成局鉛印子書二十二種本　清 光緒二十五年廣雅書局刊武英殿聚珍版叢書本　清 光緒二十七年浙江書局重修二十二子全書本　清 宣統三年上海集成圖書公司鉛印子書二十八種本　民國 中華書局四部備要鉛印本　民國三年育文書局石印子書三十二種本　民國九年上海 五鳳樓石印子書四十八種本　叢書集成初編本　叢書集成續編本

又通玄真經纘義十二卷釋音一卷

明鈔本(國家圖書館藏)　明 正統十年刊道藏本(國家圖書館藏)　民國 商務印書館道藏舉要影印本　民國影印正統道藏本

又文子十二卷(徐靈府、朱弁、杜道堅注 徐鑛評)

明 天啓 梁傑刊本(南京圖書館藏)　續修四庫全書 子部

道言十二卷(徐靈府、朱弁、杜道堅注 鍾惺評)

明刊合刻五家言本(國家圖書館藏)

道德玄經原旨四卷　道藏目錄卷三

明 正統十年刊道藏本(國家圖書館藏)　明鈔本(南京圖書館藏)　民國 商務印書館道藏舉要影印本　民國影印正統道藏本　續修四庫全書 子部

玄經原旨發揮二卷　道藏目錄卷三

明 正統十年刊道藏本(國家圖書館藏)　明鈔本(南京圖書館藏)　民國 商務印書館道藏舉要影印本　民國影印正統道藏本　續修四庫全書 子部

關尹子闡玄三卷

清 乾隆四年曹炎鈔本(國家圖書館藏)　續修四庫全書 子部

玄元子十圖一卷　雍正浙江通志卷二百四十五

范宗

范宗,元 休寧人。生平不詳。

柳川吟稿　新安名族志後卷

周原誠

周原誠(?—1371),字彥明,號石泉,又號滄如老人,元 歙縣人。與朱升、唐元等友善唱和。至正(1341—1368)間,縣令潘擇可舉充學職,不就。

先天圖　新安文獻志 先賢事略上
太極圖　新安文獻志 先賢事略上
河圖洛書論　新安文獻志 先賢事略上
春秋王正月辨　新安文獻志 先賢事略上

歙縣方氏譜 篁墩文集卷四十八義官方君墓誌銘

孟祺

孟祺(1231—1281),字德卿,元 宿州人。擢國史院編修官,遷從事郎、應奉翰林文字,兼太常博士,一時典冊多出其手。至元七年(1270),以出使高麗功,授承事郎、山東東西道勸農副使。至元十二年(1275),以承直郎、行省諮議隨丞相巴延伐宋,遷郎中。宋亡,陞授少中大夫、嘉興路總管。至元十八年(1281),擢太中大夫、浙東海右道提刑按察使,疾不赴,卒。贈魯郡公,謚文襄。元史有傳。

農桑輯要七卷(題元司農司撰) 四庫全書總目卷一百二

元後至元五年刊大字本明修本(上海圖書館藏) 明 萬曆 胡氏格致叢書本(胡文煥校) 明 崇禎 吳震元等刊本 清 乾隆木活字武英殿聚珍版叢書 清 乾隆 江南書局 浙江書局刊巾箱本聚珍版叢書 清 乾隆四十二年福建 陳氏刊武英殿聚珍版全書 摛藻堂四庫全書薈要 子部 四庫全書 子部 清 道光十年福建刊本 清 同治十三年江西書局重刊武英殿聚珍版叢書 清 光緒二年刊本 清 光緒十四年南高 世德堂刊本 清 光緒二十一年桐廬 袁氏刊漸西村舍叢刻本 清 光緒二十一年福建刊武英殿聚珍版叢書 清 光緒二十四年時宜書局石印本 清 光緒二十五年廣雅書局刊武英殿聚珍版叢書 清 光緒三十一年鉛印本 民國二十五年上海中華書局四部備要本 叢書集成初編本 中國農書叢刊本 續修四庫全書 子部

孟漢卿

孟漢卿,生平不詳,約元世祖 至元(1264—1294)間在世,亳州人,元雜劇作家。

張孔目智勘魔合羅一卷 錄鬼簿

元刊古今雜劇三十種 新刊關目張鼎智勘魔合羅一卷(日本 京都大學文科大學藏) 明刊古今雜劇二百四十二種本(國家圖書館藏) 明刊新續古名家雜劇本(國家圖書館藏) 明 萬曆 吳興 臧氏 雕蟲館刊元曲選辛集本(國家圖書館藏) 明 崇禎刊新鐫古今名劇酹江集本 民國 上海中華書局四部備要本 日本 大正三年(1914)京都帝國大學 文學部刊本 古本戲曲叢刊本

孟漢卿雜劇 中國文學珍本叢書第一集

馬肅

馬肅,生卒年不詳,字叔敬(一作彥敬),號敬齋,元 婺源人。以儒業醫,為虞集、揭傒斯所重，與貢師泰友善。初為三山路醫學教授，遷江西醫學提舉，曾官翰林待制。

竹莊吟稿　新安文獻志　先賢事略上

彦敬先生詩一卷

清　嘉慶三年南沙　席氏重修元詩選癸集庚集本

胡一桂

胡一桂（1247—?），字庭芳，號雙湖，宋、元間婺源人。幼從父胡方平修業。南宋　景定五年（1264）中舉，試禮部不第。好讀書，尤精于易，教授鄉里以終，元仁宗　皇慶二年（1315）尚在世。元史　儒學有傳。

易本義附錄纂疏十五卷　四庫全書總目卷四

摛藻堂四庫全書薈要　經部　　四庫全書　經部

又周易本義附錄纂疏十五卷

清　康熙十九年通志堂經解本　　清　乾隆五十年重修通志堂經解本　　清　同治十二年粵東書局通志堂經解本　日本　文化十一年（1814）出雲寺　萬次郎覆刻通志堂經解本

易學啓蒙翼傳四卷　四庫全書總目卷四

摛藻堂四庫全書薈要　　四庫全書　經部

又周易本義啓蒙翼傳四卷

元刊本（上海圖書館藏）　　明　正德十四年刊本（上海圖書館藏）　　明　范氏　天一閣鈔本

又周易發明啓蒙翼傳三卷外篇一卷

清　康熙十九年通志堂經解本　　清　嘉慶十七年慶餘堂刊本　　清　乾隆五十年重修通志堂經解本　　清　同治十二年粵東書局通志堂經解本

詩集傳附錄纂疏二十卷　愛日精廬藏書志卷三

元　泰定四年建安　劉氏　翠嚴精舍刊本（國家圖書館藏）　　中華再造善本

詩傳纂疏附錄八卷　千頃堂書目卷一

語錄輯要一卷

元　泰定四年建安　劉氏　翠嚴精舍刊本（國家圖書館藏）　　中華再造善本

詩傳綱領附錄纂疏一卷

元　泰定四年建安　劉氏　翠嚴精舍刊本（國家圖書館藏）　　中華再造善本

詩序附錄纂疏一卷

元　泰定四年建安　劉氏　翠嚴精舍刊本（國家圖書館藏）　　中華再造善本

十七史纂古今通要（又名史傳通要）十七卷　四庫全書總目卷八十八

元刊本(與董鼎史纂通要後集三卷合刊 國家圖書館藏) 四庫全書 史部

歷代編年 千頃堂書目卷四

人倫事鑒 千頃堂書目卷十

雙湖先生詩一卷

清 光緒十四年重修元詩選癸集甲集本

胡子俊

胡子俊,生卒年不詳,約元 婺源人。性至孝,建思本堂。

思本堂集 新安名族志前卷

胡初翁

胡初翁,生卒年不詳,字成性,號存庵,別號敬存,元 婺源人。以能詩舉授本路考試官。

存庵吟稿 新安文獻志 先賢事略上

史論 胡一桂史纂通要引

胡初翁詩一卷

清 嘉慶三年南沙 席氏重修元詩選癸集癸集本

胡孟成

胡孟成,自號石丘生,元 婺源人。生平不詳,有文集,鄭玉為之序。

胡孟成文集 師山集 遺文卷一胡孟成文集序

胡炳文

胡炳文(1250—1333),字仲虎,號雲峰,婺源人。父斗元,從朱子從孫得書、易之傳。炳文一生篤志家學,又潛心朱熹之學,致力於教育和著述,與陳櫟同時提倡儒學,並號東南大儒。至元二十五年(1288),任江寧教諭,大德五年(1301)任信州路學錄,嘗爲信州 道一書院山長,再調蘭溪州學正,不赴。武宗 至大(1308—1311)間,族子淀為建明經書院,以處四方來學者,儒風之盛甲東南,世號雲峰先生,追謚文通。元史 儒學傳附胡一桂傳後。

周易本義通釋十二卷 四庫全書總目卷四

明 嘉靖元年潘旦 鄧杞刊周易本義通釋十三卷易義一卷(國家圖書館藏) 明刊胡珙輯本(清 丁丙跋 南京圖書館藏) 清 康熙十九年通志堂經解本 清鈔本(國家圖書館藏) 四庫全書 經部 清 乾隆五十年重修通志堂經解本 清 同治十二年粵東書局通志堂經解本 日本 享和二年(1801)出雲寺 萬次郎覆刻通志堂經解本

又易本義通釋十二卷

擒藻堂四庫全書薈要 經部

又周易本義通釋十三卷(按:含附輯錄雲峰文集易義一卷)

增訂四庫簡明目錄標注卷一

又周易本義通釋十卷(自繫辭以下俱佚,取大全所輯一桂説補之)

千頃堂書目卷一

周易啓蒙通釋 千頃堂書目卷一

編者按:此書疑為其父胡方平所作。

書集解 經義考卷八十五

詩集解 經義考卷一百十一

禮書纂述 元儒考略卷二

春秋集解 雍正江南通志卷一百九十

五經會意 千頃堂書目卷三

四書通二十六卷 四庫全書總目卷三十六

元 泰定 建陽坊刻本 元 天曆二年崇化 余氏 勤有堂刊本(國家圖書館藏) 擒藻堂四庫全書薈要 經部 四庫全書 經部 清 乾隆五十年重修通志堂經解本四書通四種 清 同治十二年粵東書局通志堂經解本

四書通三十四卷 千頃堂書目卷三

論語通十卷

清 康熙十九年通志堂經解本 清 乾隆五十年重修通志堂經解本 清 同治十二年粵東書局通志堂經解本

孟子通十四卷

清 康熙十九年通志堂經解本 清 乾隆五十年重修通志堂經解本 清 同治十二年粵東書局通志堂經解本

大學通一卷

清 康熙十九年通志堂經解本 清 乾隆五十年重修通志堂經解本 清 同治十二年粵東書局通志堂經解本

中庸通一卷

清 靖江 朱勳刊本 清 康熙十九年通志堂經解本 清 乾隆五十年重修通志堂經解本 清 同治十二年粵東書局通志堂經解本

四書辨疑 雍正江南通志卷一百九十

大學指掌圖一卷 千頃堂書目卷二

爾雅韻語 千頃堂書目卷三

純正蒙求三卷 四庫全書總目卷一百三十六

明刊本(清 丁丙跋 南京圖書館藏) 清刊本 四庫全書 子部 清 光緒間王氏木活字牖蒙叢編本 清 光緒二年蔡氏三餘書屋叢書刊重刻純正蒙求讀本一卷本

啓蒙五贊通釋 雍正江南通志卷一百九十

性理通 千頃堂書目卷十一

雲峰筆記 雍正江南通志卷一百九十

文公感興詩通一卷

明刊本(國家圖書館藏) 明 成化二十三年熊繡刊本(國家圖書館藏)

雲峰集二十卷

又雲峰集十卷 四庫全書總目卷一百六十六

明 正德二年何歆 羅縉刊本(國家圖書館藏) 清 康熙三十三年長洲 顧氏 秀野草堂刊元詩選初集丙集一卷本 文淵閣四庫全書 集部(總目十卷,著錄八卷) 文津閣四庫全書 集部

又雲峰胡先生文集十四卷附錄一卷

明 弘治二年藍章刊本(國家圖書館藏) 清鈔本(六卷 國家圖書館藏) 清鈔本(四卷 國家圖書館藏) 清 道光十一年胡續城刊十卷本(國家圖書館藏) 北京圖書館古籍珍本叢刊本

雲峰詩餘一卷

民國十一年歸安 朱氏彊村叢書本 叢書集成初編本

胡聖臣

胡聖臣,生卒年不詳,元 婺源人。師胡一桂,明易。

易語錄八卷 新安名族志前卷

俞元膺

俞元膺,生卒年不詳,字元應,元 婺源人。治春秋,至正(1341—1368)間進士,授翰林學士。嘗編邑志,長於詩,有二李家數。

婺源縣誌(俞元膺纂)

俞光弼

俞光弼,元 婺源人。官崇明州學正。

欽刑錄　　新安名族志前卷

俞師魯

俞師魯(1269—1333),字唯道,號水村,元 婺源人。大德十年(1306),以薦為龍興路儒學教授。丁外艱,家居十年,至治(1321—1323)中,授廣德路儒學教授,改松江府知事。

易注說　　新安文獻志 先賢事略上
春秋注說　　新安文獻志 先賢事略上
俞知事詩一卷
清 嘉慶三年南沙 席氏重修元詩選癸集丙集

俞皋

俞皋,生卒年不詳,字心遠,元 婺源人。從趙良鈞受學,通春秋。

春秋集傳釋義大成十二卷附綱領一卷諸家傳序一卷春秋世次圖說一卷
四庫全書總目卷二十八
摛藻堂四庫全書薈要 經部　四庫全書 經部
春秋集傳釋義大成十二卷首一卷
清 康熙十九年通志堂經解本　清 乾隆五十年重修通志堂經解本
春秋世次圖說一卷
清 乾隆五十年重修通志堂經解本

洪焱祖

洪焱祖(1267—1329),字潛夫,號杏亭,歙縣人。從方逢辰遊,學問博洽,其詩有范成大、陸游風格。與唐元、俞趙老合稱"新安三俊"。元世祖 至元二十九年(1292),為平江路儒學錄,歷長薌書院山長、紹興路儒學正、衢州路儒學教授,擢遂昌縣主簿。天曆元年(1328),以休寧縣尹致仕,卒於家。

爾雅翼三十二卷(羅愿撰,洪焱祖音釋)　　四庫全書總目卷四十
明 萬曆三十三年刊本(國家圖書館藏)　明 天啓刊本(國家圖書館藏)　明 崇

禎六年重修本　四庫全書 經部　清 嘉慶十年虞山 張氏 曠照閣學津討原本　清光緒十年洪氏晦木齋叢書本　民國十一年上海 商務印書館學津討原本　叢書集成初編本　叢書集成續編本

杏亭摘稿十卷(一作五十卷)　千頃堂書目卷二十九

又杏亭摘稿一卷　四庫全書總目卷一百六十七

清 法氏 存素堂宋元人詩集八十二種本　四庫全書 集部　清 洪氏 揖石山房刊本　清末洪氏晦木齋叢書本　清鈔本(國家圖書館藏)

續新安志十卷　千頃堂書目卷八

貢性之

貢性之,字友初(一作有初),元 宣城人。貢師泰從子。元季以胄子除簿尉,後補閩省理官。洪武初,徵錄師泰後人,大臣以性之薦。性之避居山陰,更名悅。其從弟仕於朝者迎歸金陵、宣城,俱不往,躬耕自給以終其身。工詩,善畫梅、竹。以世家宣城之南湖,因號南湖先生,門人私謚貞晦先生。

理官集　雍正江南通志卷一百九十三

南湖集二卷　四庫全書總目卷一百六十八

清 康熙四十一年長洲 顧氏 秀野草堂刊元詩選二集辛集一卷本　清 乾隆四十一年刊本　四庫全書 集部　元代別集叢刊 貢氏三家集

又南湖集七卷　續通志卷一百六十二

又貢南湖詩集七卷

明 萬曆四十三年潘是仁刊宋元詩六十一種本(國家圖書館藏)

又南湖詩集六卷　八千卷樓書目

清初鈔本(上海圖書館藏)　清鈔本(傅增湘校 國家圖書館藏)

貢奎

貢奎(1269—1329),字仲章,元 宣城人。初為齊山書院山長。大德九年(1305),議行郊祀禮,大臣以奎薦,授太常奉禮郎,兼檢討。奎定上之,朝廷多採其說,遷應奉翰林文字,纂修成宗實録。後出任江西等處儒學提舉,轉任翰林院待制,編修仁宗實錄。延祐(1314—1320)、至治(1321—1323 年)間,累官集賢直學士。追封廣陵郡侯,謚文靖。

元成宗實錄(與修)

元仁宗實錄(與修)

南州紀行 續文獻通考卷一百九十五
南湖紀行 雲林集原陳皚序
聽雪齋記 雍正江南通志卷一百九十二
上元新錄 雍正江南通志卷一百九十二
雲林集十卷附錄一卷 四庫全書總目卷一百六十七

明 萬曆 貢靖國刊本(國家圖書館藏) 清 乾隆四十一年宣城 貢氏刊本 四庫全書 集部 清 王氏 十萬卷樓刊本 北京圖書館古籍珍本叢刊 元代別集叢刊 貢氏三家集

編者按:文淵閣四庫全書總目十卷附錄一卷,著錄六卷無附錄。

又雲林集六卷附錄一卷 續文獻通考卷一百九十五

明 弘治三年天台 范吉刊本(國家圖書館藏) 明鈔本(南京圖書館藏) 清 曹氏 倦圃鈔本(國家圖書館藏) 清 康熙三十三年長洲 顧氏 秀野草堂刊元詩選初集丙集一卷本

雲林小稿六卷 千頃堂書目卷二十九
青山漫吟 雲林集原陳皚序
倦遊集(倦遊草) 雍正江南通志卷一百九十二
豫章稿 雍正江南通志卷一百九十三

貢師泰

貢師泰(1298—1362),字泰甫,宣城人,貢奎之子。號玩齋,學者稱為玩齋先生。少在太學,師吳澄。泰定四年(1327),以國子生中江浙鄉試,除泰和州判官,薦充應奉翰林文字。出爲紹興府推官,復入翰林,遷宣文閣授經郎。至正十四年(1354),擢吏部侍郎,除浙江都水庸田使,尋拜禮部尚書,調平江路總管。張士誠據吳,師泰戰之不勝,避於海上,江浙行省丞相承制授參知政事。二十年(1360),改戶部尚書,命督海運。二十二年(1362),召爲秘書卿,行至海寧,得疾卒。元史有傳。

詩經補注 千頃堂書目卷一
玩齋集十卷拾遺一卷附年譜一卷 四庫全書總目卷一百六十八

明 天順 沈性刊嘉靖十四年徐萬壁重修本(國家圖書館藏) 明 祁氏 澹生堂鈔本(國家圖書館藏) 清鈔本(清 黃騫跋 國家圖書館藏) 清 辨志書塾鈔本(殘本 上海圖書館藏) 清鈔本(浙江圖書館藏) 清 康熙三十三年長洲 顧氏 秀野草堂刊元詩選初集戊集一卷本 清 乾隆四十年南湖書塾刊貢尚書玩齋集十卷卷首一卷 擒藻堂四庫全書薈要 集部 四庫全書 集部 元代別集叢刊 貢氏三家集

又玩齋集十二卷 千頃堂書目卷二十九

又貢玩齋詩集三卷

明 潘是仁刊宋元詩六十一種本

玩齋拾遺一卷

清 康熙三十三年長洲 顧氏 秀野草堂刊元詩選初集戊集本

東軒集 雍正江南通志卷一百九十三

友迂集 雍正江南通志卷一百九十三

湨 集 四庫全書總目卷一百六十八玩齋集提要

閩南集 四庫全書總目卷一百六十八玩齋集提要

蠙竅集 宛陵群英集卷六

編者按:以上四種為玩齋集的最初來源。其門人謝肅、劉欽類爲一編,總名曰玩齋集。

重修南鎮廟碑(至正四年)

拓本(浙江圖書館藏)

貢師濬

貢師濬,元 宣城人,生平不詳。

春秋正義 光緒宣城縣志卷三十五

夏弘毅

夏弘毅,生卒年不詳,元 休寧人。至元二十一年(1284)舉人,以文章稱。

放翁詩集 新安名族志前卷

倪水西

倪水西,生卒年不詳,元 涇縣人,"水西"疑為地名。曾任江南東路教授,有名於詩壇。

水西詩集 光緒重修安徽通志卷三百四十三

倪士毅

倪士毅(1303—1348),字仲弘,元 休寧人。潛心求道,嘗學於陳櫟、朱敬輿。教授於黟縣凡二十三年,黟人化之,學者稱道川先生。與趙汸、汪克寬朝夕講學,時稱"新安三君子"。

易鏡 新安名族志後卷

書義斷法六卷(陳悅道 附倪氏作義要訣一卷)

元刊本(北京大學圖書館藏) 四庫全書 經部 四庫全書珍本初集 中華再造善本

書義要訣一部 文淵閣書目卷一

四書輯釋四十三卷(程復心章圖 王元善通考)

明初刊本 明 正統十年詹氏 進德書堂刊四書輯釋章圖通義大成四十五卷 明刊本四書集注重訂輯釋章圖通義大成四十卷 四庫全書存目叢書 經部 續修四庫全書經部

四書輯釋四十卷 雍正江南通志卷一百九十

四書輯釋三十六卷 千頃堂書目卷三

元 至正二年日新書堂刊本(存十一至二十卷 上海圖書館藏) 日本 文化九年(1812)據元 至正二年日新書堂刊本影刻本

重訂四書輯釋四十三卷(倪士毅輯釋 程復心章圖 王元善通考)

明初刊本(南京圖書館藏) 明 正統五年詹氏 進德書堂刊本(上海圖書館藏) 續修四庫全書 經部 四庫全書存目叢書 經部

重訂四書輯釋二十一卷 續文獻通考卷一百五十七

重訂四書輯釋二十卷 四庫全書總目卷三十七

歷代帝王傳授圖說 雍正江南通志卷一百九十一

道川集 千頃堂書目卷二十九

尚書作義要訣四卷 千頃堂書目卷一

作義要訣一卷(輯本) 四庫全書總目卷一百九十

元刊本(北京大學圖書館藏) 四庫全書 集部 清 繆氏 雲自在龕刊本 清 光緒八年歸安 陸氏刊十萬卷樓叢書本 清 光緒二十四年河南刊本 清 光緒二十七年宛南書院刊本 四庫全書珍本初集 叢書集成初編本 中華再造善本

徐文中

徐文中,生卒年不詳,字用和,元 宣城人。善針灸,鎮南王妃患風,文中診脉,按曲池,而針潛入焉,妃不覺,移時足并舉,次日起坐。

加減十三方一卷 稗史集傳

神驗胎動方 證治準繩卷六十六

徐杜真

徐杜真，元 休寧人。家世業醫，杜真承家學，精於內科。

方書　道光休寧縣志卷十九

徐驥

徐驥，生卒年不詳，字伯驥，元 婺源人。學於胡宏，深造邵雍先天象數之學。

皇極經世發微　雍正江南通志卷一百九十
羲易圖解一卷　雍正江南通志卷一百六十九

唐元

唐元(1269—1349)，字長孺，一字本初，號筠軒，又號葦杭子，元 歙縣(一作姑蘇)人。泰定四年(1327)，以文學授平江路學錄，再任建德路 分水縣教諭，陞南軒書院山長，以徽州路學教授致仕，卒。

易傳義大意十卷　千頃堂書目卷一
見聞錄二十卷　新安文獻志杜本撰墓志銘
筠軒集十三卷　四庫全書總目卷一百六十七
　四庫全書 集部
筠軒集八卷
　清 法氏 存素堂宋元人詩集八十二種鈔本
詩文五十卷　新安文獻志杜本撰墓志銘
唐氏三先生集二十八卷附錄三卷(唐元 唐桂芳 唐文鳳撰 程敏政編)
　四庫全書總目卷一百九十一
又唐氏三先生集三十卷附錄三卷
　明 正德十三年張芹刊本(內筠軒詩稿八卷文稿五卷 國家圖書館藏)　北京图书馆古籍珍本丛刊
葦杭子詩一卷
　清 嘉慶三年南沙 席氏重修元詩選癸集辛集本
敬堂雜著　四庫全書總目 筠軒集提要
思樂雜著　四庫全書總目 筠軒集提要
吳門雜著　四庫全書總目 筠軒集提要

分陽雜著　四庫全書總目　筠軒集提要
金陵雜著　四庫全書總目　筠軒集提要
老學叢稿　四庫全書總目　筠軒集提要
易大義　四庫全書總目　筠軒集提要

唐徐卿

唐徐卿(1290—1356),字敏仲,號見梅居士,元 歙縣人。唐元長子。曾為紫陽書院訓導。

見梅集　新安名族志後卷

唐貞一

唐貞一,生卒年不詳,元 歙縣人。唐元之女。

孝女集　新安名族志後卷

海弜

海弜,元 廬州人(千頃堂書目謂廣州僧)。生平不詳。

古梅禪師語錄二卷　千頃堂書目卷十六

孫延瑞

孫延瑞,生卒年不詳,字芝田,宋、元間休寧人。淹貫經史,邃於理學,尤精篆隸。從曹涇遊,涇奇其才,妻以女。

譜系十卷　新安名族志後卷

陸仲達

陸仲達(康熙江南通志卷一百七十一作陸仲遠),元 青陽人。生平不詳。

千金聖惠方　千頃堂書目卷十四

陳平

陳平,約宋、元間休寧人。生平不詳。

省齋詩集　　新安名族志後卷

陳宜孫

陳宜孫(1231—1297),字行可,號弗齋,宋、元間休寧人。南宋 開慶元年(1259)進士,官江州 瑞昌縣主簿,常州州學教授。元初權知休寧縣事,安輯鄉里。江東憲使奥屯希魯任命他充徽州路學教授。元世祖 至元十八年(1281),任開化縣令。成宗 元貞元年(1295),遷通州判官,卒於官。

弗齋集　　雍正江南通志卷一百九十三

陳柏

陳柏(1279?—1339),字新甫,號雲嶠,元 泗州人。嘗為侍儀舍人,遷太常院太祝。後至元五年(1339),為餘姚州同知,九月,卒于杭州。性豪宕不羈,人以"陳顛"稱之。

雲嶠集

清 康熙四十一年長洲 顧氏 秀野草堂刊元詩選二集己集一卷本

陳德壽

陳德壽,元 休寧人。生平不詳。

克明詩集　　新安名族志後卷

陳櫟

陳櫟(1252—1334),字壽翁,號定宇,元 休寧人。宋亡之後,隱居著書達三十八年,發明朱熹之學。至延祐元年(1314),陳氏年已六十三歲,為有司所強,復出應試,中浙江鄉試,以病不赴會試,教授於家。越二年,上書干執政,不報,遂終於家。晚號東阜老人,學者稱定宇先生。揭傒斯為墓誌,將其與吳澄並稱,曰:"澄居通都大邑,又數登用于朝,天下學者四面而歸之,故其道遠而章、尊而明。櫟居萬山間,與木石俱,而足跡未嘗出鄉里,故其學必待其書之行天下,乃能知之。及其行也,亦莫之禦,是可謂豪傑之士矣。”元史 儒學有傳。

東皐老人百一易略一卷　　經義考卷四十四

讀易編　　雍正江南通志卷一百九十

尚書集傳纂疏六卷　　四庫全書總目卷十二

明 范氏 天一閣鈔本(上海圖書館藏)　擒藻堂四庫全書薈要 經部　四庫全書經部

又書集傳纂疏六卷

元 泰定刊本(汲古閣舊藏)　清 通志堂刊本　清 康熙十九年通志堂經解本　清 乾隆五十年重修通志堂經解本　日本 文化八年(1811)刊昌平叢書本　清 同治十二年粵東書局通志堂經解本

讀尚書綱領一卷

清 乾隆五十年重修通志堂經解本書集傳纂疏六卷附

書序集傳纂疏一卷

清 乾隆五十年重修通志堂經解本書集傳纂疏六卷附

孔氏序纂疏一卷

清 乾隆五十年重修通志堂經解本書集傳纂疏六卷附

書解折衷　　千頃堂書目卷一

堯典中星考一篇　　經義考卷九十三

詩大旨　　千頃堂書目卷一

讀詩記　　千頃堂書目卷一

詩經句解　　經義考卷一百十一

禮記集義十卷　　千頃堂書目卷二

禮記集義詳解十卷　　經義考卷一百四十三

深衣說一卷　　千頃堂書目卷二

禮記詳解　　授經圖義例卷二十

春秋三傳節注(三傳節注)　　經義考卷一百九十四

論語訓蒙口義　　經義考卷二百二十

論孟訓蒙口義　　千頃堂書目卷三

中庸口義一卷　　經義考卷一百五十三

四書發明三十八卷　　千頃堂書目卷三

四書考異十卷　　千頃堂書目卷三

爾雅釋　　雍正江南通志一百六十四

爾雅翼節本　　四庫全書總目卷四十爾雅翼提要

程蒙齋小學訓注　千頃堂書目卷三

歷代蒙求一卷　千頃堂書目卷三

清 雍正刊小四書本　清 光緒 南清河 王氏木活字牖蒙叢編本　清 光緒八年宏道堂刊小四書本

資治通鑑精節　雍正江南通志一百六十四

歷朝通略四卷　四庫全書總目卷八十八

明 崇禎八年袁應兆刊本(南京圖書館藏)　四庫全書 史部　民國 廬江 劉氏 遠碧樓鈔本(上海圖書館藏)

又歷代通略三卷　千頃堂書目卷四

又增廣通畧　千頃堂書目卷四

六典撮要　千頃堂書目卷九

定宇先生年表一卷

清 康熙三十五年刊本陳定宇先生文集附

希姓略一卷　千頃堂書目卷十

姓氏源流一卷　光緒重修安徽通志卷三百四十二

勤有堂隨錄一卷　四庫全書總目卷一百二十二

四庫全書 子部　清 道光十一年晁氏活字學海類編本(國家圖書館藏)　清鈔本　叢書集成初編本　叢書集成續編本

感應經一卷(陶宗儀輯)　說郛卷一百九

明刊宋一百四十名家群賢小說本　明刊宋人百家小說本　明刊正續太平廣記本　明刊百川學海本　清 順治 宛委山堂刊說郛本　清初鈔說郛本(浙江圖書館藏)　民國十五年掃葉山房五朝小說大觀本

定宇集十六卷別集一卷　四庫全書總目卷一百六十七

清 康熙三十三年長洲 顧氏 秀野草堂刊元詩選初集丙集一卷本　清 康熙三十三年刊本(國家圖書館藏)　清 康熙三十五年陳嘉基刊本(國家圖書館藏)　四庫全書集部　臺北 新文豐元人文集珍本叢刊本

又陳定宇集十六卷　國子監志卷五十一

又陳定宇先生文集十四卷

清 汪氏 裘杼樓鈔本(國家圖書館藏)

定宇詩餘一卷

清 光緒三十四年繆荃孫 藝風堂鈔宋金元明人詞本(國家圖書館藏)　民國十一年歸安 朱氏彊村叢書本　叢書集成續編本

葉朱

葉朱，字孔陽，一字宗晦，號梅嶠，元 休寧人。生平不詳。

葉朱集 新安文獻志 先賢事略上

葉天應

葉天應，生卒年不詳，號水雲，元 祁門人。葉林四世孫。潛心理學，教授鄉塾。

古埠錄 新安名族志後卷

葉原傑

葉原傑，生卒年不詳，元 祁門人。葉天應之子。曾官黟縣教諭。

逸庵遺稿 新安名族志後卷

葉龍

葉龍，生卒年不詳，元 休寧人。少從陳櫟學，主青陽教職。

魯論發明四卷 新安名族志後卷
家規十二條 新安名族志後卷

曹仲埜

曹仲埜（？—1313），元 歙縣人，曹涇次子，先父卒，馬廷鸞為哀文。

通鑒日纂二十四卷 千頃堂書目卷二
曹仲埜詩文講義二卷 千頃堂書目卷二十九

曹伯啓

曹伯啓（1255—1333），字士開，碭山人。至元（1264—1294）中薦，除冀州教授。歷仕為蘭溪主簿、尉，遷常州路推官、河南省都事、台州路治中御史。累遷集賢侍讀學士，進御史臺侍御史，出浙西廉訪使。泰定（1324—1328）初，以年老告退。天曆（1328—1330）初，復起為淮東廉訪使、陝西諸道行御史臺中丞,辭疾不起。卒,追封魯郡公,贈河南行省左丞,謚文貞。元史有傳。

大元通制二千五百三十九條(與修) 曹伯啓神道碑

曹文貞詩集十卷後錄一卷 四庫全書總目卷一百六十六

四庫全書 集部

又漢泉曹文貞公詩集十卷後錄一卷

元後至元四年曹復亨刊本(國家圖書館藏) 明 祁氏 澹生堂鈔本(上海圖書館藏) 清鈔本(國家圖書館藏) 北京圖書館古籍珍本叢刊本 中華再造善本

又漢泉曹文貞公詩集七卷附錄一卷

清鈔本(國家圖書館藏)

漢泉漫稿十卷 千頃堂書目卷二十九

清 康熙三十三年長洲 顧氏 秀野草堂刊元詩選初集丙集一卷本 民國十五年涵芬樓秘笈第十集據清 金侃鈔本影印五卷本

漢泉漫稿十卷續集三卷 元史 曹伯啓傳

漢泉漫稿詞一卷 詞綜卷二十九

又漢泉詞一卷

清 光緒三十四年繆荃孫 藝風堂鈔宋金元明人詞本(國家圖書館藏)

又漢泉樂府

民國六年歸安 朱氏彊村叢書本 叢書集成續編本

又漢泉曹文貞公詩集樂府一卷

民國 武進 陶氏 涉園影刊宋金元明本詞四十種本

曹涇

曹涇(1234—1315),字清甫(清父),號弘齋,宋、元間休寧人,遷歙縣。文學與方回齊名,南宋咸淳四年(1268)進士,授昌化縣主簿。入元不仕,創建紫陽書院並為山長,研窮經學,是宋、元間新安理學傳承的關鍵人物。為文典古有法,馬端臨其弟子也。新安文獻志有傳。

讀書記 雍正江南通志卷一百九十二

講義四卷 千頃堂書目卷三

書稿五卷 雍正江南通志卷一百九十三

文稿五卷 雍正江南通志卷一百九十三

韻稿五卷 雍正江南通志卷一百九十三

儷稿五卷 雍正江南通志卷一百九十三

過庭錄 新安文獻志 先賢事略上
服膺錄 千頃堂書目卷十一
雜作一卷 雍正江南通志卷一百九十三
管見一卷 雍正江南通志卷一百九十三
泣血錄 新安文獻志 先賢事略上
曹氏家錄 新安文獻志 先賢事略上
古文選 新安文獻志 先賢事略上
三場管見 新安文獻志 先賢事略上
課餘雜記 新安文獻志 先賢事略上
蘇氏萬年全斷 新安名族志後卷

梅致和

梅致和,生卒年不詳,字彦遠,元 宣城人。梅堯臣之後。從汪澤民受春秋,隱居不仕。

春秋編類十二卷 雍正江南通志卷一百九十
太湖十義刻象 雍正江南通志卷一百九十二
梅徵士詩一卷
清 嘉慶三年南沙 席氏重修元詩選癸集戊集本

馮勉

馮勉,生卒年不詳,字彦恩,元 建德人。至順元年(1330)進士,官韶州路推官。

土苴集 雍正江南通志卷一百九十三

許通

許通,生卒年不詳,約元、明間休寧人。博學,有隱德。

覽翠集 新安名族志後卷

許飛

許飛,生卒年不詳,字仲鵬,號小山,元 婺源人。許月卿季子。

小山集 新安文獻志 先賢事略上

許汻

許汻,生卒年不詳,字元思,號小山,元 婺源人。許月卿從孫,從月卿學。

鄉善錄 梧溪集卷二題程員外撰汪夫人傳後

許壽

許壽,生卒年不詳,元 休寧人。能詩。

伯莊集 新安名族志後卷

清谷居士

清谷居士,元 石埭隱士,史失其名。

清谷居士集一卷 雍正江南通志卷一百九十三

張用誠

張用誠,生卒年不詳,元 婺源人。有隱德。

安義家訓 新安名族志前卷

張存中

張存中,生卒年不詳,字德庸,元 新安人。主要活動於泰定(1324—1328)、天曆(1328—1330)間。

四書通證六卷 四庫全書總目卷三十六

明鈔本(上海圖書館藏) 摛藻堂四庫全書薈要 經部 四庫全書 經部 清 康熙十九年通志堂經解本 清 同治十二年粵東書局重修通志堂經解本

又四書集注通證六卷

元 天曆二年 余氏 勤有堂刊本(國家圖書館藏)

又論語集注通證二卷

清 康熙十九年通志堂經解本(乾隆、同治重修本)

又孟子集注通證二卷

清 康熙十九年通志堂經解本(乾隆、同治重修本)

又大學章句或問通證一卷

清 康熙十九年通志堂經解本(乾隆、同治重修本)

又中庸章句或問通證一卷

清 康熙十九年通志堂經解本(乾隆、同治重修本)

題辭 新安名族志前卷

詩文集 新安名族志前卷

張伯謙

張伯謙,生卒年不詳,元、明間休寧人。與朱升、趙汸、汪叡等友善。

梅谷集 新安名族志前卷

張起校

張起校,元 婺源人。生平不詳。

醫證心法

張師曾

張師曾(一作師魯),生卒年不詳,字叔輿,元 寧國人,師愚季弟。

梅堯臣年譜一卷 四庫全書總目卷五十九

清 道光十年山右 梁中孚刊本

又宛陵先生年譜一卷

清 道光十年夜吟樓刊本 北京圖書館藏珍本年譜叢刊

二梅公年譜二卷(與梅洵年譜合編) 四庫全書總目卷五十九

清初鈔本(進呈四庫館本 上海圖書館藏) 四庫全書存目叢書 史部

四書集注音考 經義考卷二百五十五

張師愚

張師愚,生卒年不詳,字仲愚(一作仲淵),元 寧國人。好學工詩,曾兩領延祐(1314—1320)、天曆(1328—1330)鄉薦。從汪澤民遊,與弟師曾並稱"二張"。

宛陵群英集(汪澤民 張師愚編) 四庫全書總目卷一百八十八

四庫全書 集部 民國 廬江 劉氏 遠碧樓鈔本(上海圖書館藏)

張渥

張渥(? —約1356),字叔厚,元 淮南人。博學明經,累舉,不得志於有司,遂放意為詩章,自號貞期生、江海客。博學而多藝,尤工寫人物,又能用李龍眠法為白描,前無古人,雖時貴亦罕能得之。與顧瑛友善,繪玉山雅集圖,會稽 楊維楨為作序,傳者無不嘆美。

玉山雅集圖一卷 六研齋筆記三筆卷二

三徑圖 佩文齋書畫譜卷八十六

太乙真人畫像 佩文齋書畫譜卷八十六

水墨梅圖十七 繪事備考卷七

謝安圖 方洲集卷四

淵明小像 式古堂書畫彙考卷四十九

李太白像 家藏集卷二

三教圖贊 梧溪集卷六

湘妃鼓瑟圖 南邨詩集卷四

嬴女吹簫圖 希澹園詩集卷三

空谷幽居 御製詩集三集

雪夜訪戴圖 御製詩集三集

乘鸞月仙 吴都文粹續集卷二十五

白描觀世音像 名蹟錄卷六

九歌圖 清江詩集卷五

香港 商務印書館名家大手筆本

壽陽公主梅妝圖 草堂雅集卷三

白描麻姑像 草堂雅集卷三

描琵琶士女 草堂雅集卷六

素雲小像 玉山紀遊

貞期生稿

清 康熙五十九年長洲 顧氏 秀野草堂刊元詩選三集庚集一卷本

黄一清

黄一清(1263—1337),字清夫,號秋江處士,元 休寧人。以孝行稱,年四十遊京師，為李孟、虞集等所重，薦為杭州路教授，以母老不願仕。

節孝錄　　　　雍正江南通志卷一百九十一

黄樞

黄樞，生卒年不詳，字子運，元、明間休寧人。少從趙汸、朱升學，後隱居教授。洪武（1368—1398）初被徵，以躄免。鄉人稱為後圃先生。

後圃存稿　　　　千頃堂書目卷十七

後圃集四卷（附黄維夫嚮明齋詩文一卷）

清鈔本（清 丁丙跋 南京圖書館藏）

後圃先生存集四卷（附黄維夫嚮明齋詩文一卷）

明 嘉靖二十九年黄氏 古林山房刊本（上海圖書館藏）　　續修四庫全書 集部

黄德清

黄德清，生卒年不詳，字廉政，號古田，元 祁門人。元末從戎禦紅巾，屢有戰功，元亡隱居不出。性喜山水，長農桑、地理之學。

農桑備要

地理契心條

葛聞孫

葛聞孫（1285—1345），字景元，元 合肥人。嘗出為頓文學，旋歸，不復出仕，結環翠山房，以延來學。執政薦其學行於朝，召為翰林，辭不赴。及卒，余闕表其墓。

環翠山房集　　　　雍正江南通志卷一百九十三

游藍玉

游藍玉，生卒年不詳，約元 婺源人。游克敬族孫。善譜學。

歷代蒙求注　　　　新安名族志後卷

程子敬

程子敬,字和一,號敬所,元 歙縣人。生平不詳。

事文摘奇一集　　新安文獻志 先賢事略上

程文

程文(1289—1359),字以文,元 婺源人。與修元經世大典,書成,借注黄竹嶺廵檢,任滿,調懷孟路教授。再為臨清漕運萬戶教授,拜監察御史,彈劾不避權貴,官終禮部員外郎。後避亂於兩浙,卒於杭州。

黟南生集三十八卷　　千頃堂書目卷二十九

清 嘉慶三年南沙 席氏重修元詩選癸集庚集本

師意集　　千頃堂書目卷二十九

蚊雷小稿四卷　　千頃堂書目卷二十九

程以文詩集　　文淵閣書目卷二

程文海

程文海(1249—1318),字鉅夫,以字行,號雪樓,又號遠齋,祖籍休寧,遷郢州,再徙家建昌。少與吳澄同學,宋亡,從季父入元,遂留宿衛,授宣武將軍管軍千户。元世祖試以筆札,改授應奉翰林文字,尋進翰林修撰,累遷集賢直學士,兼秘書少監。至元三十年(1293),出為閩海道肅政廉訪使。大德四年(1300),遷江南湖北道肅政廉訪使,八年(1304),召拜翰林學士、商議中書省事。卒,贈大司徒,追封楚國公,謚文憲。元史有傳。

元成宗實錄(與修)　　元史 程文海傳

雪樓集四十五卷　　新安文獻志 先賢事略上

又雪樓集三十卷附錄二卷　　四庫全書總目卷一百六十六

明 洪武二十八年程湣 與耕書堂刊本(國家圖書館藏)　清 康熙三十三年長洲 顧氏 秀野草堂刊元詩選初集乙集一卷本　四庫全書 集部　清影明鈔本(上海圖書館藏)　清 藕香簃鈔本(繆荃孫校 重慶圖書館藏)　清 觀稼樓鈔本(南京圖書館藏)　民國十二年盧氏 慎始基齋刊湖北先正遺書本　叢書集成續編本　臺北"國立中央圖書館"元代珍本文集匯刊本

又楚國文憲公雪樓程先生文集三十卷附錄一卷

民國十四年陽湖 陶氏 涉園影刻明 洪武二十八年與耕書堂本

雪樓樂府一卷

清 光緒二十一年湖南 思賢書局刊宋元名家詞本　　民國 武進 陶氏 涉園影刊宋金元明本詞四十種本楚國文憲公雪樓程先生文集樂府一卷

楚國文憲公雪樓程先生年譜一卷

民國十四年陽湖 陶氏 涉園影刻明 洪武二十八年與耕書堂本附錄　　民國十八年海寧 陳乃乾 慎初堂刊本

何瑋神道碑（延祐四年）

拓本（國家圖書館藏）

雍古氏家廟碑（至元十四年）

拓本（浙江圖書館藏）

裕公和尚碑（延祐元年）

拓本（浙江圖書館藏）

程可紹

程可紹（1296—1356），字致和，人稱孝則居士，婺源人。幼從伯父程復心及胡炳文學，精通易學。立義學以教宗族子，造就頗多。紅巾軍起，避居建寧，卒於德興。

程氏世譜（與程復心合撰）　　趙汸東山存稿卷七孝則居士程君可紹墓表
程可紹詩集　　光緒重修安徽通志卷三百四十三

程存

程存，生卒年不詳，字伯順，號澹成，元 休寧人。程恕之子。承家學，又從陳櫟學，博通經典。

易說　　新安學系錄卷十六
太極圖說一卷　　新安名族志前卷
論語說三卷　　新安名族志前卷
讀書漫錄五卷　　新安名族志前卷
澹成集四卷　　新安名族志前卷

程汝清

程汝清，生卒年不詳，字正子，元 婺源人。善太素脈，疾無久近，應針輒愈。

醫學圖說　雍正江南通志卷一百九十二
醫方圖說　新安文獻志卷一百下

程全

程全,元 休寧人。生平不詳。

泉所吟稿　新安名族志前卷

程宏濱

程宏濱,元 歙縣人。生平不詳。

傷寒翼　中國醫學大辭典

程克紹

程克紹,生卒年不詳,號傳巖,元 休寧人。師汪宗臣,方回薦為遂安縣主簿。

傅巖集　新安名族志前卷

程直方

程直方(1251—1325),字道大,號前村,宋、元間婺源人。讀書十年不下樓,尤邃於易,為時碩儒。入元,絶意仕進。

易啓蒙　新安文獻志 先賢事略上
易傳　新安文獻志 先賢事略上
觀易堂隨筆　千頃堂書目卷一
四聖一心　千頃堂書目卷十一
蔡傳辨疑一卷　千頃堂書目卷一
學詩筆記　千頃堂書目卷一
春秋諸傳考正　千頃堂書目卷二
春秋旁通　千頃堂書目卷二
續玄玄集　新安文獻志 先賢事略上

前村吟　　雍正江南通志卷一百九十三

程松

程松,生卒年不詳,元 黟縣人。從汪叡受業,有名於時。

雲隱樓記　　新安名族志前卷

程時登

程時登(1249—1328),字登庸,宋、元間歙縣人,其先移居樂平。自少慕義理之學,聞董銖得朱熹之傳,因往師之。搜探幽微,會博於約。咸淳十年(1274),合江東九路試,時登首舉。宋鼎移,歸鄉,杜門謝客。四方請益之士輻輳盈席,一時名流多出其門。元訪遺才,終不仕。學者稱述翁先生。

周易啓蒙輯録　　千頃堂書目卷一
禮記補注　　千頃堂書目卷二
深衣翼　　千頃堂書目卷二
大學本末圖說　　千頃堂書目卷二
中庸中和說　　千頃堂書目卷二
律吕新書贅述　　千頃堂書目卷二
太極圖說一卷　　千頃堂書目卷十一
西銘補注一卷　　千頃堂書目卷十一
孔子世系圖三卷　　千頃堂書目卷三
宣圣世系年表辯證三卷
　明刊本(南京圖書館藏)
臣鑒圖　　新安文獻志卷七十許瑤撰行狀
八陣圖解　　千頃堂書目卷十三
閫法贅語　　千頃堂書目卷十三
感興詩講議　　新安文獻志卷七十許瑤撰行狀
古詩訂義　　新安文獻志卷七十許瑤撰行狀
文章源委　　新安文獻志卷七十許瑤撰行狀
述翁稿三十卷　　新安文獻志卷七十許瑤撰行狀

程峴

程峴(1290－1354),字和卿,號見山居士,元 休寧人。

程氏世譜三十卷　　千頃堂書目卷十
程譜提要二十篇　　新安文獻志卷八十八管瑾撰墓志銘

程逢午

程逢午(1237—1303),字信叔(一作伸叔),元 休寧人。程若庸從子。南宋寶祐(1253—1258)、咸淳(1265—1274)中,兩舉進士不第,即棄去舉子業弗為,家居教授。元成宗 元貞二年(1296),以薦授紫陽書院山長,轉海鹽州教授,命下而卒。

中庸解義三卷　　千頃堂書目卷二

程恕

程恕,生卒年不詳,字以忠,號桂巖,元 休寧人。師黄智孫,深研理學。與方回、汪宗臣等為詩友。

敬說三卷　　新安名族志前卷
桂巖集五卷　　新安名族志前卷

程翊夫

程翊夫,生卒年不詳,號月友,元 休寧人。家傳易學,創月友書院,與趙汸、倪尚誼、朱升等同肄業其中。

同聲錄　　新安名族志前卷
月友詩集　　新安名族志前卷

程象賢

程象賢,生卒年不詳,元 休寧人。程大昌從孫。官海康教諭。

本棲宗譜　　新安名族志前卷

程達原

程達原，生卒年不詳，字徽庵，宋、元間休寧人。

增廣字訓

程達道

程達道（1326—1381），字彦達，元 婺源人，程可紹子。貢舉累試不利，值世變，侍親避亂山中。

歷年紀實　　新安文獻志卷九十程達道行狀
程氏孝則堂家教輯錄一卷　　千頃堂書目卷十一
又孝則堂家教輯錄二卷　　光緒重修安徽通志卷三百四十

程復心

程復心（1257—1340），字子見，號林隱，宋、元間婺源人。皇慶二年（1313）江浙行省以所撰四書纂釋進於朝，授徽州路學教授致仕，給半俸，終其身。

周禮注釋（程復心、程擇撰）　　光緒安徽通志卷三百三十六
四書章圖檃括總要發義二卷　　千頃堂書目卷三
　明刊四書章圖檃括總要四卷（國家圖書館藏）
又四書章圖總要　　續通志卷一百六十六
四書纂圖釋二十二卷　　四書圖考吳應箕序
四書章圖纂釋二十卷　　新安文獻志 先賢事略上
四書輯釋四十三卷（倪士毅輯釋、程復心章圖、王元善通考、王逢通義）
　明初刊本（國家圖書館藏）　明 正統五年詹氏 進德書堂刊本（國家圖書館藏）　明 正統十年詹氏 進德書堂刊（國家圖書館藏）　明刊四書集注重訂輯釋章圖通義大成四十卷本（南京圖書館藏）　續修四庫全書 經部　四庫全書存目叢書 經部
又四書集注章圖纂釋二十卷
　元刊本（國家圖書館藏）
又四書章圖　　雍正江南通志卷一百九十
又四書纂釋二十卷　　千頃堂書目卷三
四書語錄纂釋　　雍正江南通志卷一百九十
大學章圖纂釋一卷　　千頃堂書目卷二
大學纂說一卷　　授經圖義例卷二十

孔子論語年譜一卷(舊題程復心撰) 四庫全書總目卷五十九

清 道光十一年晁氏活字學海類編本 叢書集成初編本 叢書集成續編本 四庫全書存目叢書 史部

孟子年譜一卷(舊題程復心撰) 四庫全書總目卷五十九

清 道光十一年晁氏活字學海類編本 叢書集成初編本 叢書集成續編本 四庫全書存目叢書 史部

程遠甫

程遠甫,生卒年不詳,號貞齋,元 休寧人。從趙汸學。

鄉會錄 新安名族志前卷

家訓 新安名族志前卷

貞齋集 新安名族志前卷

程夢麟

程夢麟,生卒年不詳,元 休寧人。貢生,依伊川家法約族人會。

率水集 新安名族志前卷

程鼎新

程鼎新,生卒年不詳,字煒文,元 婺源人。官京學諭。

學稿 雍正江南通志卷一百九十三

復稿 雍正江南通志卷一百九十三

隨筆稿 雍正江南通志卷一百九十三

程端學

程端學(1278—1334),字時叔,號積齋,元 歙縣人,先祖遷居鄞縣。著名春秋學家。端禮之弟,與兄齊名,號稱"小二程"。至治元年(1321),舉進士第二,官國子助教,遷翰林國史院編修官。元史 儒學有傳。

春秋本義三十卷 四庫全書總目卷二十八

元 至正 浙東官刊本(存七卷 浙江省圖書館藏) 摛藻堂四庫全書薈要 經部 四庫全書 經部

又春秋本義三十卷首一卷

清 康熙十九年刊通志堂經解本　清 乾隆五十年重修通志堂經解本　清 同治十二年粤東書局刊通志堂經解本

春秋或問十卷　四庫全書總目卷二十八

元刊本（南京圖書館藏縮微膠片）　清 康熙十五年刊通志堂經解本　四庫全書 經部　清 乾隆五十年重修通志堂經解本　清 同治十二年粤東書局刊通志堂經解本

春秋三傳辨疑二十卷（輯本）　四庫全書總目卷二十八

明鈔本三傳辨疑二十卷（國家圖書館藏）　清 杜氏 知聖教齋鈔本（丁丙跋 南京圖書館藏）　四庫全書 經部　清 丁氏 八千卷樓鈔本三傳辨疑二十卷（南京圖書館藏）

春秋傳人名氏一卷

四庫全書 經部（附春秋本義三十卷後）

春秋綱領一卷　千頃堂書目卷二

四庫全書 經部（附春秋本義三十卷後）　清 乾隆五十年刊重修通志堂經解本（附春秋本義三十卷後）

春秋本義通論一卷

四庫全書 經部（附春秋本義三十卷後）

春秋本義問答一卷

四庫全書 經部（附春秋本義三十卷後）

積齋集五卷（輯本）　四庫全書總目卷一百六十七

四庫全書 集部　清 乾隆翰林院鈔本（國家圖書館藏）　民國 傅氏 藏園鈔本（國家圖書館藏）　民國二十一年四明 張壽鏞 約園刊四明叢書本　叢書集成續編本

程端禮

程端禮（1271—1345），字敬叔，號畏齋，元 歙縣人，先祖遷居鄞縣。少從史蒙卿學，得朱子學宗旨。以薦爲建平教諭，歷教六州，為時碩儒。官終台州路儒學教授。元史 儒學有傳。

集慶路江東書院講義一卷

清鈔本（國家圖書館藏）　清 道光十一年晁氏活字學海類編本　清 道光 咸豐間宜黃 黃氏木活字遜敏堂叢書本

讀書分年日程三卷附綱領一卷　四庫全書總目卷九十三

明刊本（國家圖書館藏）　清 康熙二十八年陸隴其刊本　四庫全書 子部　日本 文化七年（1810）刊昌平叢書本　清 嘉慶二十一年經正堂刊本　清 道光三年毛式郇刊本　清 道光二十七年北平 文英堂刊教學五書本　清 咸豐八年刊本　清 同治五年錢塘 丁氏刊當歸草堂叢書本　清 同治五年福州 正誼書局刊

正誼堂全書本　清 同治七年湖北 崇文書局刊本　清 同治八年江蘇書局刊本　清 同治十年山東 尚志堂刊本　清 光緒八年津河廣仁堂所刻書本　清 光緒二十三年西京清麓叢書外編本　清 光緒二十五年吉林探源書舫叢書本　日本 明治四十一年(1908)東京 吉川弘文館影印本　四部叢刊續編影印本　叢書集成初編本

又程氏讀書分年日程三卷

元 元統三年甬東家塾刊本(國家圖書館藏)

又程氏家塾讀書分年日程四卷附綱領一卷

清 咸豐五年蓬萊書院刊本

畏齋集十卷　新安文獻志 先賢事略上

畏齋集六卷(輯本)　四庫全書總目卷一百六十六

清 乾隆翰林院鈔本(國家圖書館藏)　四庫全書 集部　清鈔本(國家圖書館藏)　民國二十一年四明 張壽鏞 約園刊四明叢書本　叢書集成續編本

又畏齋集四卷

清 法氏 存素堂鈔本宋元人詩集八十二種(國家圖書館藏)

程養全

程養全(1299—1354),字子正,號正齋,元 歙縣人,遷居德興。至正二年(1342)進士,歷寧國錄事、龍游縣丞、鉛山州判。至正十四年(1354),死於兵亂。

白粥齋稿　新安文獻志 先賢事略上

清 嘉慶三年南沙 席氏刊元詩選癸集戊集一卷本

程榮秀

程榮秀(1263—1333),字孟敷(一作孟父),元 休寧人。幼學於方回,及回以睦州附元,因辭去,從許月卿受易。延祐(1314—1320)中,以薦授建康路 明道書院山長,升平江路儒學錄,再調嘉興路儒學教授,仕至江浙儒學副提舉。於諸經子史悉有記錄,以家禮出朱子歿後,中多未定之論,復取朱子言行有涉於禮者,為翼禮以傳。年七十卒。

翼禮　千頃堂書目卷二

景行錄　新安學系錄卷十三

程肇甫

程肇甫，約元代婺源人。生平不詳。

萬雲吟稿　　新安名族志前卷

程壽卿

程壽卿，生卒年不詳，元 歙縣人。仕東陽等縣幕官。

刑統賦解惑問　　新安名族志前卷

程樞

程樞（1297？—？），字伯機，元 婺源人。程龍從子。先后從程龍、江磹學，年弱冠為館師。

雲樓野稿　　雍正江南通志卷一百九十三

程質

程質，生卒年不詳，字仲文，元 婺源人。師事胡炳文，以舉授山陰儒學教授。

大學釋旨　　新安學系錄卷十六

程龍

程龍（1242—1322），字舜俞，初名淵，號苟軒，又以仕元非本志，自號不不翁，婺源人。南宋 咸淳元年（1265）進士（程樞撰家傳云登咸淳七年即1271年進士第），歷黄陂縣主簿、安慶府教授，仕至睦州推官。臨安歸元，除永嘉縣尹，除松江府判官，轉湘陰知州，以徽州路同知致仕。卒後，追封新安郡伯。

詩傳釋疑　　雍正江南通志卷一百九十

書傳釋疑　　經義考卷八十五

尚書傳釋疑　　雍正江南通志卷一百九十

三分易圖一卷　　千頃堂書目卷一

易圖補一卷　　經義考卷四十三

禮記辯證　　雍正江南通志卷一百九十

春秋辯證 經義考卷四十三
弄環餘說 經義考卷四十三
筮法一卷 新安文獻志卷九十五程樞撰家傳
歸田錄 新安文獻志卷九十五程樞撰家傳

程應鼎

程應鼎,生卒年不詳,元 旌德人。隱居不仕。

論語發明 嘉慶寧國府志卷三十一

程璹

程璹,新安人。生平不詳,所著易學啓蒙類編,虞集為之序。

易學啓蒙類編 經義考卷四十五

程顯道

程顯道(1247—?),字元吉,號松谷,元 婺源人。與陳櫟同門,以孝道稱,嘗刲股救親,執喪水漿不入口三日,哭哀於墓。

孝經衍義 陳櫟序、四庫全書總目康熙御制孝經衍義

舒遠

舒遠,生卒年不詳,字仲修,號北莊,元、明間績溪人,頔弟。嘗與弟遜隨兄頔奉親避寇巖谷,被擄執,頔正色叱賊,言甚厲,欲殺害之,弟兄執手爭死,賊衆皆感泣,俱釋以全。

北莊遺稿一卷 四庫全書總目卷一百六十八

四庫全書 集部著錄貞素齋集八卷附錄一卷又北莊遺稿一卷 清鈔本貞素齋集七卷附北莊遺稿一卷可庵搜枯集一卷(南京圖書館藏)

舒遜

舒遜,生卒年不詳,字士謙,號可庵,元、明間績溪人,頔、遠弟。工詩,洪武中辟舉,不就。

可庵搜枯集一卷　　千頃堂書目卷十七

清鈔本貞素齋集七卷附北莊遺稿一卷可庵搜枯集一卷（南京圖書館藏）

可庵詩餘一卷

民國六年歸安 朱氏彊村叢書本

舒頔

舒頔（1304—1377），字道原，元、明間績溪人。後至元三年（1337），江東憲使辟爲貴池教諭，秩滿，調丹徒。至正十年（1350），轉台州路儒學正，以道梗不赴，歸隱山中。明興，屢召不出，名所居曰貞素齋，著自守之志也，學者稱貞素先生。

貞素齋集八卷附錄一卷又北莊遺稿一卷　　四庫全書總目卷一百六十八

清 康熙四十一年長洲 顧氏 秀野草堂刊元詩選二集辛集一卷本　四庫全書 集部　清 道光十八年刊本　清 道光二十九年舒氏刊本

又華陽貞素齋集八卷

明鈔本（上海圖書館藏）　清鈔本（國家圖書館藏）　中國公共圖書館古籍文獻珍本匯刊 叢部

又華陽貞素齋集七卷　　千頃堂書目卷十七

清鈔本華陽貞素齋集七卷附錄一卷（浙江圖書館藏）　清鈔本貞素齋集七卷附北莊遺稿一卷可庵搜枯集一卷（南京圖書館藏）

道原詩稿　　雍正江南通志卷一百九十三

古淡稿　　貞素齋集附錄卷一行狀

貞素齋詩餘一卷

民國六年歸安 朱氏彊村叢書本　叢書集成續編本

湯垕

湯垕（1255？—1315？），字君載，號采真子，元 淮 泗間人，大德五年（1301），官紹興路蘭亭書院山長。轉都護府令史，卒於任。畫鑒云天曆元年（1328 年）湯垕在京師與柯九思有交往，極可能是後人假託之作。

畫論一卷　　說郛卷九十二下

明刊唐宋叢書本（國家圖書館藏）　明刊百川學海（重輯）本　清 順治 李氏 宛委山堂刊說郛本　民國四年神州國光社鉛印美術叢書本　民國十年讀書坊刊百川學海本　民國二十六年中華印書局鉛印畫論叢刊本

畫鑒一卷(舊題湯垕撰)　四庫全書總目卷一百十二

明刊唐宋叢書本(國家圖書館藏)　明 沈氏 野竹齋鈔本(國家圖書館藏)　明萬曆四十三年刊程氏叢刻本(國家圖書館藏)　明 崇禎三年虞山 毛氏 汲古閣刊群芳清玩本　清 順治 李氏 宛委山堂刊説郛本　四庫全書 子部　清 道光二十五年翁同書鈔本(南京圖書館藏)　民國十一年如皋 冒廣生刊楚州叢書本　民國十六年商務印書館鉛印説郛本

又古今畫鑒一卷

清 道光十一年晁氏活字學海類編本(國家圖書館藏)　民國十二年盧氏 慎始基齋刊湖北先正遺書本　民國四年神州國光社鉛印美術叢書本　民國 上海 涵芬樓影印學海類編本　叢書集成初編本

續雲烟過眼錄一卷　雍正浙江通志卷二百四十四

論畫水火　佩文齋書畫譜卷十二

記畫蘭　佩文齋書畫譜卷十二

論界畫　佩文齋書畫譜卷十二

記高昌國畫　佩文齋書畫譜卷十二

記高麗國畫　佩文齋書畫譜卷十二

詹珏

詹珏,生卒年不詳,元 婺源人。以薦授紫陽書院山長,歷郡博士。

竹逸文集　新安名族志前卷

詹察

詹察,宋、元間婺源人。生平不詳。

保墓戒約　新安名族志前卷

楊少愚

楊少愚,生卒年不詳,元 青陽人。少好學,博通羣書,隐居不仕。

讀孝經衍義　千顷堂书目卷三

孝經衍義　雍正江南通志卷一百九十

孝經衍孝編　山堂肆考卷一百二十三

九華外史　千顷堂书目卷八

秋浦類集　　千顷堂书目卷八

秋浦集　　雍正江南通志卷一百九十三

楊處士稿一卷

清 嘉慶三年南沙 席氏重修元詩選癸集戊集

楊公遠

楊公遠(1228—?),字叔明,宋、元間歙縣人。以善畫山水、能詩,名著於徽,入元未仕。

野趣有聲畫二卷　　四庫全書總目卷一百六十六

清 康熙三十二年楊氏 知白亭刊本　四庫全書 集部　清鈔本(鮑廷博 勞權校 國家圖書館藏)　民國 傅氏 藏園鈔本(國家圖書館藏)

又野趣有聲畫一卷

清 乾隆五至六年嘉善 曹氏 二六書堂刊宋百家詩存本

楊復

楊復,生卒年不詳,號初庵,宋、元間歙縣人。與曹涇日相講論,所著宋末毁於兵燹。

初庵文集十二卷　　新安名族志後卷

蔣師文

蔣師文,生卒年不詳,號雲巖,元 歙縣人。潛德不仕。

詩一卷　　新安文獻志 先賢事略上

趙仲然

趙仲然,生卒年不詳,字勉耘,號雲阿,元 婺源人。師吴澄,仕至松江府判官。

意言圖辨五十卷　　新安學系錄卷十六

趙汸

趙汸(1319—1369),字子常,元 休寧人。師事黄澤,受易象、春秋之學。又從臨川 虞集遊,獲聞吴澄之學。於諸經無不通貫,而尤邃于春秋,作東山精舍,隱居著述,學者稱東山先生。洪武二年(1369),召修元史,書成,不願仕,乞還,未幾卒。明史 儒林有傳。

周易文詮四卷　　四庫全書總目卷四

四庫全書 經部　清 咸豐八年倚桐仙館刊大易類聚初集本　民國 上海商務印書館四庫全書珍本初集　民國 廬江 劉氏 碧遠樓鈔本(上海圖書館藏)

大易文銓八卷　　雍正江南通志卷一百九十

周易正訓童子便不分卷

清鈔本(上海圖書館藏)

序卦圖説　　雍正江南通志卷一百九十

乾坤屯三卦解　　雍正江南通志卷一百九十

春秋集傳十五卷(趙汸撰　門人倪尚誼補)　　四庫全書總目卷二十八

元 至正二十四年休寧 商山義塾刊本(國家圖書館藏)　明 正德 汪克錫刊本　明 嘉靖三十四年金氏刊藍印本(南京圖書館藏)　清鈔本(國家圖書館藏)　清 康熙通志堂刊本　清 康熙十九年刊通志堂經解本　摛藻堂四庫全書薈要 經部　四庫全書 經部　清 嘉慶十六年刊本

春秋師説三卷　　四庫全書總目卷二十八

明 弘治六年太平 黄倫刊本　四庫全書 經部　民國三十三年四川 復性書院刊群經統類本

又春秋師説三卷附録二卷　　千頃堂書目卷二

元 至正二十四年休寧 商山義塾刊明 弘治六年高忠重修本(國家圖書館藏)　明初刊本(上海圖書館藏)　清 康熙十九年刊通志堂經解本　清 康熙 新安 趙氏刊本

又春秋師説一卷附録二卷

民國三十三年四川 復性書院刊群經統類本

左氏師説　　雍正江南通志一百九十

春秋左氏傳補注十卷　　四庫全書總目卷二十八

元 至正二十四年休寧 商山義塾刊本明 弘治六年高忠重修本(丁丙跋 南京圖書館藏)　清 康熙十九年刊通志堂經解本　清 康熙 麗正堂刊本　清 康熙 新安 趙氏刊本　日本 享和元年(1801)刊昌平叢書本

春秋金鎖匙一卷　　四庫全書總目卷二十八

清 乾隆 孔繼汾家鈔本(國家圖書館藏)　四庫全書 經部　清 乾隆 曲阜 孔氏微波榭刊戴孔叢書本　清 紅櫚書屋刊本　清 嘉慶十年照曠閣刊學津討原本　清

同治 番禺 李氏鈔反約篇本　　民國二年張氏榕園叢書本

又春秋金鎖匙三卷

清 嘉慶九年王氏刊本　清 道光十一年晁氏活字學海類編本(國家圖書館藏)　清 光緒十六年新會 劉氏藏修堂叢書本　民國五年翠瑯玕館叢書三卷本　民國二十四年南海 黄氏 芋園叢書三卷本

春秋屬辭十五卷　　四庫全書總目卷二十八

元 至正二十至二十四年休寧 商山義塾刊明 弘治六年高忠重修本(國家圖書館藏)　清刊本　清 康熙十九年刊通志堂經解本　清 康熙 新安 趙氏刊本　摛藻堂四庫全書薈要 經部　四庫全書 經部

春王正月辨　　千頃堂書目卷十五

元史(與修)

趙氏葬說一卷　　千頃堂書目卷十三

葬書問答二卷　　雍正江南通志卷一百九十二

又葬書問對一卷

清 光緒 歸安 陸氏十萬卷樓叢書本　民國十三年永康 胡氏 夢選廔續金華叢書本

杜五言律注四卷　　千頃堂書目卷三十二

又杜律五言注解三卷

明 萬曆十六年吳氏 七松居刊本(國家圖書館藏)　明 萬曆十六年書林 鄭氏刊本(國家圖書館藏)　清 康熙間刊本

又杜工部五言律詩二卷(趙汸注)

明 嘉靖 龔雷刊本(上海圖書館藏)

又類選杜詩五言律三卷(趙汸注)

明 正德九年鮑松刊本(上海圖書館藏)

杜律七言注解七卷(虞集、趙汸集注)

明 嘉靖二十六年熊氏刊本(安徽省圖書館藏)

須溪批點選注杜工部詩二十四卷(虞集、趙汸批注)

明 雲根書屋刊本(國家圖書館藏)

杜工部五七言近體合刻六卷(趙汸注五言三卷虞集注七言三卷)

清 查弘道 亦山草堂刊本

劉須溪杜選七卷(增趙東山五言類選一卷)

明 方升刊本(國家圖書館藏)

杜詩遍覽

明刊本(存下卷 安徽省博物館藏)

東山存稿七卷附錄一卷　　四庫全書總目卷一百六十八

明 嘉靖刊本(安徽省博物館藏)　清 康熙間刊本　清 康熙四十一年長洲 顧氏

秀野草堂刊元詩選二集辛集一卷本　四庫全書 集部　清 法氏 存素堂鈔宋元人詩集八十二種一卷本(國家圖書館藏)

又趙徵君東山先生存稿七卷附錄一卷

清刊本　清 康熙二十年新安 趙氏刊本

東山文集十五卷　千頃堂書目卷十七

又東山趙先生文集十二卷詩補一卷文補一卷附錄一卷

明鈔本(國家圖書館藏)

東山趙先生文集補遺

鈔本(國家圖書館藏)

趙然明

趙然明,元 婺源人。生平不詳。

意言圖辨五十卷　雍正江南通志卷一百九十

趙彌忠

趙彌忠,生卒年不詳,字資敬,號雲屋,元 休寧人。力學窮理,廉使薦以官,不就。

雲屋集　光緒安徽通志卷三百四十三

鄭玉

鄭玉(1298—1358),字子美,元 歙縣人。覃思六經,尤邃於春秋,絕意仕進,而勤於教學者。學者稱師山先生。至正十四年(1354),朝廷徵拜翰林待制、奉議大夫,玉辭疾不起,家居日以著書為事。十八年(1358),明兵入徽州,守將欲致之,玉自縊而死。元史 忠義有傳。

周易大傳附注　千頃堂書目卷一

程朱易契　千頃堂書目卷一

周易纂注　元史 忠義 鄭玉傳

春秋經傳闕疑四十五卷　四庫全書總目卷二十八

明 師山書院鈔本(國家圖書館藏)　清鈔本(國家圖書館藏)　清刊本　清 康熙五十年新安 鄭于蕃校刊本　摛藻堂四庫全書薈要 經部　四庫全書 經部　清 天遊堂刊本

春秋經傳闕疑三十卷　千頃堂書目卷二
春秋闕疑八卷　授經圖義例卷十六
師山文集八卷遺文五卷附錄一卷　四庫全書總目卷一百六十八

明遞修本(國家圖書館藏)　四庫全書　集部　明　嘉靖十四年刊清重修本(附鄭燭濟美錄四卷　南京圖書館藏)　清　汪氏　裘杼樓鈔本(附鄭燭濟美錄四卷　丁丙跋　南京圖書館藏)　清　道光二十三年刊本

又師山文集八卷遺文五卷

明　祁氏　澹生堂鈔本(國家圖書館藏)　明刊本(國家圖書館藏)

又師山集八卷附錄一卷　千頃堂書目卷二十九
又師山集八卷
明遞修本(國家圖書館藏)
又師山文集|一卷

元　至正刊明修本(國家圖書館藏)　清　擒藻堂鈔本(國家圖書館藏)

又師山先生全集十二卷

清鈔本(翁同龢跋　國家圖書館藏)

又師山先生文集九卷

清　道光二十八年涇縣　潘氏乾坤正氣集本

又師山集一卷

清　康熙三十三年長洲　顧氏　秀野草堂刊元詩選初集庚集本

遺文六卷　千頃堂書目卷二十九
餘力稿五卷　千頃堂書目卷二十九

鄭時雨

鄭時雨,生卒年不詳,元、明間歙縣人。洪武(1368—1398)初以人才辟,不就。

豐溪漁唱　新安名族志後卷

劉光

劉光(1228—?),字元輝,号晓窗,宋、元間歙縣人。生於宋末,幼孤力學,授徒五十餘年,郡守許楫深敬之,請主鄉邑文學。行省差充寧國路學正,不赴。喜诗,与方回等常相唱和。

曉窗吟卷　宋诗纪事卷七十七
晓窗吟稿　新安文献志　先賢事略上

劉宗敏

劉宗敏,生卒年不詳,號太古,元 歙縣人。長於詩琴。

太古集 新安名族志後卷

潘純

潘純,生卒年不詳,字子素,元 廬江 合肥人。少有俊才,嘗著輥卦,諷切當時。晚居淮浙,後為行臺御史大夫納琳之子安安所殺。

子素集

清 康熙五十九年長洲 顧氏 秀野草堂刊元詩選三集庚集一卷本

擬卦辭 千頃堂書目卷十五

輥卦 經義考卷二百七十二

潘榮

潘榮,生卒年不詳,字伯誠,號節齋(一作陽節),元 婺源人。學長於史,著通鑒總論,反覆數千言,該括古今興亡大要,學者稱節齋先生。

歷代史要通論 新安名族志後卷

通鑒總論 雍正江南通志卷一百九十一

小學史斷二卷續集一卷附通鑒總論一卷(宋 南宮靖一撰 附潘榮著)

四庫全書總目卷八十九

明 隆慶二年龔碧川刊本(上海圖書館藏) 明 嘉靖二十六年趙瀛刊本(上海圖書館藏) 明 隆慶二年龔碧川刊重修本(國家圖書館藏) 四庫全書存目叢書 史部

鮑元康

鮑元康(1309－1352),字仲安,號燕齋,元 歙縣人。勤於讀書,後從鄭玉問學。自經籍外,諸子、諸史以及山經、地志、岐 黄醫書、孫 吳兵法佛氏經典、神仙家延年長生之說,無所不究。

燕齋存稿 新安名族志前卷

鮑同仁

鮑同仁,生卒年不詳,字國良,元 歙縣人。泰定元年(1324),試蒙古翰林院,授全州學正,屢轉巢縣、南康縣簿。至正七年(1347),升邵武路 泰寧縣尹,以會昌州同知致仕。通針砭之術,治無不中。

通玄指要賦注二卷　　雍正江南通志卷一百九十二
經驗針法一卷　　雍正江南通志卷一百九十二

鮑雲龍

鮑雲龍,生卒年不詳,字景翔,號魯齋,元 歙縣人。博通經史,易學尤精,居鄉教授,入元不仕以終。

大月令一卷　　千頃堂書目卷二
天原發微十八卷
明 椒山書院鈔本(國家圖書館藏)　明 正統十年刊道藏本　民國 上海商務印書館影印正統道藏本　民國 上海商務印書館輯道藏舉要本據明本影印
天原發微五卷天原发微各类图一卷篇目名义一卷问答节要一卷(鮑寧輯)
四庫全書總目卷一百八
元 元貞間刊本(存二、三兩卷 南京圖書館藏)　明 天順五年鮑氏 耕讀書堂刊本(國家圖書館藏)　明 嘉靖二十九年秦藩刊本(清 丁丙跋 南京圖書館藏)　日本 寛永九年(1632)田中清兵衛覆明 耕讀書堂本　清初鈔本(南京圖書館藏)　四庫全書子部
天原發微七卷二十五篇　　四庫全書簡明目錄卷十一
明刊本(國家圖書館藏)
筮草研幾經義考一卷　　雍正江南通志卷一百九十

龍仁夫

龍仁夫(1253—1335),字觀復,元 廬陵人(吉安府志作永新人)。官湖廣儒學提舉。晚年僑居黄州,又避亂卜居望江,隱居著述,學者稱麟洲先生。元史 儒學附劉詵傳後。

周易集傳八卷　　四庫全書總目卷四
四庫全書 經部　清 道光十七年海昌 蔣氏別下齋叢書初集本　清 道光 蔣氏別下齋叢書初集咸豐重印本　清 咸豐八年倚桐仙館大易類聚初集本　叢書集成初編本

又周易集傳八卷補遺一卷考證一卷校正一卷

清 同治七年永新 尹氏 鼎吉堂刊鼎吉堂全集本

周易集傳十八卷 千頃堂書目卷一

龍仁夫文集 千頃堂書目卷二十九

戴焴

戴焴,生卒年不詳,字晉翁,號瑶山,元 婺源人。弟熠,字召翁,號蒼山;炯,字恕翁,號絜矩。父卒,與二弟熠、炯廬墓三年,朝夕奉盥上食如生,客至,兄坐弟立,老而不懈,世稱"三戴"。

歷代人臣正邪龜鑒録二百卷 雍正江南通志卷一百九十一

謝俊民

謝俊民,生卒年不詳,字章甫,號適齋,元 祁門人。元季隱居不仕,與汪克寬為友,講明道學。

玉泉詩 雍正江南通志卷一百九十三

寓意稿 新安文獻志 先賢事略上

謝景章

謝景章,生卒年不詳,號樵隱,元末祁門人。官提領浙右田賦,辭歸。

樵隱俚語 同治祁門縣志卷三十五

入陇琐记

许承尧撰　　周生杰整理

许承尧(1874—1946),字际唐,号疑庵,晚号芚叟,安徽歙县唐模村人。21岁中举后,从汪宗沂治学。光绪三十年(1904年)中进士,入翰林院为庶吉士。次年返回歙县,创办新安中学堂、紫阳师范学堂;又在家乡唐模协助祖父创办敬宗小学、端则女学,开徽州新教育之先河。光绪三十二年(1906年)与同盟会志士陈去病、汪律本、黄宾虹、陈鲁德、邓实等一齐组织"黄社",以研究学问为名,开展反清活动。在黄宾虹家中为黄社私铸铜元事发,幸安徽巡抚恩铭被徐锡麟刺死,许承尧才化险为夷。光绪三十三年(1907年)秋复入京,授翰林院编修,兼国史馆协修。民国建立后,许承尧由京返歙,皖督柏文蔚聘为筹建芜屯铁路总办。民国二年(1913年),受甘肃督军张广建之聘,先后任甘肃省秘书长,补甘凉道尹,代理兰州道尹,调署省政务厅长。民国十年(1921年)随张广建返京。民国十二年(1923年)再赴甘肃,任渭州道尹,翌年辞返北京闲居,不久即南归故乡,从此息影家园,久居唐模。

许承尧一生爱好广泛,多有建树。他嗜好古玩,收藏名人字画、旧版书逾万。精鉴别,考古名家罗振玉自叹弗如。在唐模修葺"檀干公园",发起并修复西干渐江墓;对于保护文物古迹,特别是保护歙县太平桥作出了一定贡献。他还设立"檀干书藏",遗命子孙集体保管,不得分散,解放后归博物馆收藏。许氏工隶书,善诗文,一生著作不辍,诗集印行的有《疑庵诗》4卷本、6卷本、10卷本、14卷本及《疑庵游黄山诗》。许承尧对地方文献整理尤为热心,编纂印行《西干志》7卷,遗稿有《歙故》、《疑庵文集》、《里乘》等,民国二十二年(1933年)年,许承尧倡议重修县志,并不顾60高龄,自告奋勇任总纂,民国二十六年(1937年)《歙县志》16卷出版,该志资料详备,颇受好评。

《入陇琐记》是民国三年(1914年)许承尧前往甘肃任职的旅途日记,始于正月十八日,止于四月四日,前后历时77天。该书记载了沿途所见所闻所感，收录了途中创作诗作多首，记述了豫西、陕西和陇东南一带的社会状况、民俗文化，尤有价值者是钞录了多份甘肃农业、矿产、财政等的资料，是研究近代西北边省经济文化的重要文献依据之一。中央编译出版社2011年出版的《中国边疆研究资料文库·边疆史地文献初编·西北边疆》第一辑、第二辑，《中国边疆研究资料文库·边疆史地文献初编·北部边疆》第三辑，以及边丁编，蝠池书院出版有限公司2009年出版的《中国边疆行纪调查记报告书等边务资料丛编》（初编）都没有收录。该书成书于民国三年，不分卷，为许氏手钞稿本，此后一直跟随许氏辗转南北。新中国成立后，由许氏子孙连同许氏所藏其他典籍一同捐献给安徽省博物馆。今为之校点整理，以飨读者。文中漫漶不清难以辨认之字以□替代。

民国三年，合肥张勋帛上将任陕甘筹边使，以龚雨苍、蒯若木二君介绍，招余从事，因与偕行，于正月十八日（即癸丑十二月二十三日）下午，附京汉专车西发。送我者：汪佩玖、胡仲楷、王敬仲、汪允中、罗殿平、洪铸生、陆荫生、龚佛平、石寅生、胡冕之、路孝植及稚成浣、萱伯龙等；话别于家者：程斗山、程龄孙、洪寿之、吴检斋等。王君补山由沪入都，伴余偕行。携书箧二、衣筐一，御寒之物甚具，将行，尼（泥）之者甚众。

余二年落拓，终为陇西之行，道远天寒，终老迷雨，祖母八十，讵忍绝裾？所以行者，亦缘世艰迫促，非鬻力奉生，无以自谋。又勋老笃诚肫厚，能用善言，而若木复为十年来素交，或尚可稍试所学耳。临行，允宗为余摄影志别，得七律二章：

往兰州将发汪君允中为予摄影作二诗

出门惘惘别离色，留影置君怀抱间。
西去青牛关世变，南来玄鹤语天寒。
昌黎自诧从军乐，敬礼新签侍从官。
十载看人蓬脚转，黯然无语是西山。

逾济逾淮未可知，相逢劳燕漫然疑。
房星未必生西极，越鸟居然绕北枝。
尚有小才供笔札，坐看上将树旌旗。
黄山云与宣南月，一样迷离有梦归。

兰州为程斗山旧游地，斗山为诗四章，备述途次景物，附志于此：

仓皇燕市附骊歌，握手难禁涕泪沱。
万里云山归梦远，间关风雪客愁多。
商彝汉瓦增行箧，秦柏周棠入醉哦。
胜日名山两何极？及时游釗莫蹉跎。

华阴楼阁丽朝暾华阴庙门对太华，势极闳壮。庙中古刻甚多，汉碑残阴数种尤妙，满地烟花不掩门市中多流伎。前路待寻姜尚宅渭南城东有钓台遗址，后车谁吊始皇坟骊山麓始皇墓尚存。集灵台畔温池暖，堕蹇桥边石础蹲陈抟坠驴处桥址尚存。此去奚囊得新句，尺书鱼腹早相闻。

访碑人倦渡丰涝西安碑祠存四百馀种，多经剜刻，沙膴腥馀战血膏一路多古战场。走马邠岐思亶父，掘陵沟壑剩黄巢乾陵在乾州，唐高宗葬此，曾经黄巢所发。前有沟曰黄巢沟，翁仲极多，皆无首。屯仍细柳军容壮道经细柳亚夫所屯兵处，石泐明岨梵像高明岨大佛像约十丈，就岩石凿成，唐尉迟恭监造，在邠州。竹近黄河莫相讶，乱流皮艇不须篙黄河中，土人以牛皮羊皮去头尾缝作囊形，泛河流中，人坐其中，绝可笑。

瑶池西望遇冈山泾州冈山中顶有王母宫，瑶池在焉，九折盘山夕照红六盘山因回环曲折为赴甘第一大山，九折盘山夕照红六盘山因回环曲折为赴甘第一大山。回藏五方民气驳兰省汉回杂处，抚之以德，尤必临之以威，流沙千里水源空矿垦行军皆非水不可，甘地雪山之水多流入沙碛，赤地千里，咸以是故。巡边渐入蛮荒国，女俗应怜踊钜风边民多有烟癖，种者尤多。至女界，裹足如锥，二十以后无不患腰腿疼痛者，良属可慨。宣治知君有成竹，敢因愚蠢惜先容。

车夜行不能寐，作诗写怀：

车中作

飞车碾离梦，夜半出幽燕。地迥天如幄，星寒树似烟。
销魂惟有别，顾影此何年？残月如相慰，零丁不忍圆。

十九日，出直隶省界，入河南，驻郑州，即宿于车上。专车反不如寻常客车之速，以停滞多也。晚邀蔡晓舟、王补山饭于小肆，为直殊廉。勋老邀谈法，与雨苍、若木、王绍庵、孔少轩、徐遂初偕。

余向以为《诗》之佳者，莫若《郑》、《卫》，不必皆狡童、荡妇之所为也。《论语》言郑声淫者，过甚之意，谓其乐音流靡，往而不返，非谓其词之媟渎也。即或作男女相悦之词，然以喻朋友，喻君臣，或夫妇静好，岂皆淫奔？又其时郑、卫人必皆盛文采，知礼节，讲交际，侈游宴之乐，工被服之饰。吾于其词之绮丽温柔知之，今凋敝至此，可见社会文化不进则退，最为可惊也。为五言一章纪之：

过郑州作

昔读郑人诗，三复季在辅。盎然芳草气，婉约文字古。
春秋游冶时，惟彼士与女。艳艳芍药枝，投赠亲尔汝。
溶溶洧水波，照影供仰俯。如闻香口声，夫妇道不苦。
风人怀好音，刻画到眉妩。因应被服都，兼复娴歌舞。
如今苏沪间，嫭色妙言语。君子知博物，何渠愧邹鲁。
犒师尤权奇，教泽及商贾。用小能捍大，坛坫张侠武。
即云俗稍漓，纵决败彭祖。终竟富且庶，精宏上腰府。
勾践奖生聚，毋乃规此土？魏人赋《洛神》，咫尺接梦雨。
有宋图上河，鈢履略摹抚。恫哉胡尘昏，蹂躏失闲圉。
荒芜遂至今，凋敝永难补。山川已非昔，风物复何许？
平畴千里直，离离只稷黍。版筑无百堵，穴居同鸟鼠。
地瘠人亦媸，市女但工龋。今昔足惊嗟，三叹车下怃。

二十日，车行过洛阳、磁涧、新安县、铁门、石河，至渑池止。洛潼铁路方在营设，工事未半，故行车止于渑池。白狼虐焰未已，沿途居民颇有谈虎色变之意。过洛阳时，见城上悬人首百馀，累累罗列，皆匪馘也。洛阳为东周旧都，闻城中尊古阁所藏金石繁夥。出南门十五里关帝陵至闵广，龙山、伊阙相距十馀里，北邙拥其北，龙山石室碑碣丛列，世所传龙门二十品，为北碑之精者是也。裴景福记其壁门佛像大小不等，累至数千，穷工极妙，为城中之大观，惜以车行未得往游。铁门东南棋盘山，旧传为王质炼柯处，车中望见微坡逶迤，大半负山而孕石已耳。所见居民皆居涧底，巩墙用土，一带皆同，景象至为凋敝。渑池县城内尤湫隘，车不方轨，道路芜秽倾畸。东关至西关，还不过里许，余以行馆尽为同行诸人所居，乃与遂初居勋老行辕之前间，行辕为曹先生祠，明儒曹月川也。夜饮。

二十一日，因车辆未备，住渑池县。午后，偕补山同游东关外，入一初等小学校参观，已散学，无所睹，惟设备苟简，并几席无之。询之教员，云彼县初等小学八十所，全县公费以二十八里划分，每里一百千钱，每校计十馀千，宜其名实不相副也。汴陕本旧日文明奥区，今观于市，但见铁木粗器，有一书摊杂陈《论语》、《孝经》、《百家姓》等书并各种戏曲，馀无他物。城中亦无富室大家，盖苦窳至极矣。城西南里许为秦赵会盟处,嘉庆时立碑记之。补山往观,一崇丘耳。发京信二。夜饮。

二十二日,仍住渑池。早起,构一书甫半。午后,诣若木谈,并观泮宫,圣像零落,楹牖不完,荒碑峙立,人迹久绝,其地之文化可知已。补录前日过偃师所作诗。

过偃师作

曼衍鱼龙忆偃师,丹青歌舞出人为。
《山经》明记奇肱国,绝迹乘尻系我思。

勋老出示《岱游唫草》,奇思壮采,气象万千,浩气鼓铸,非推敲雕琢而成者所可同语也。录其警句数联,云"放眼真教天下小,举头只见日光圆"、"黄河南走纤于线,沧海东环小若田"、"瀑布接天晴注雨,松声拂地海翻涛"。又《观日出》句云"天边雾霭容凝雪,大地河山气走虹"。又《三登岱顶》句云"路转峰回天渐近,地平海立日高悬",又"捧来东海初升日,窥到中原以外天",皆奇辟也。

又记夜饮作北邙山诗

万仞盘中景象奇,排分胜境谱新诗。
白波王母池中水,红锦玉皇顶上曦。
无字硕碑冲岭表,慕经巨石压山坻。
壶天阁迥摩崖峻,一路鸣泉到险巇。
飞云高阁控晴空,穿过仙楼斗姆宫。
松拜大夫馀古树,碑开万丈见神工。
一帘倒泻天门雨,四面凉生柏洞风。
迎驾飞来奇有石,夜游月观画封中。
登封台上瞰青齐,势压恒嵩四外低。
望海不长头拱北,丈人峰峭面朝西。
岭名迴马歧难陟,峰号观吴迹可跻。
盘路穿云接天阙,下临天池露烟迷。
天门南耸出重霄,铁索牵栓亘两条。
瞻斗台崇临圣殿,舍身崖险接仙桥。
试心片石高于岭,观日奇峰朗在朝。
一览中华真觉小,卜居愿向岱岭侨。

北邙山

迢迢北邙山，百里缘洛城。下俯涧瀍水，宿草年年青。
帝子昔卜兆，会葬皆公卿。珠襦与玉匣，锥凿岩其扃。
金凫夜半飞，文兽千春横。遥遥时代迁，朽骨荒无名。
功德记立石，高邱闷穷冥。人生坠露晞，冉忽还太清。
遗蜕终委藏，贤哲难为更。胡以征古谚，于兹独屏营。
故知有生恋，惟重轩冕情。

二十三日，十钟行，无驼轿，仍坐驿车，震荡殊甚，风亦至烈。行二十五里，宿英豪镇，居民亦蕃市，荒瘠与渑池等较，渑池为洁。市门奉观世音菩萨像，又西有关帝庙，居户鳞次，均在市后。勋老建节而过，军乐浑浑，市民聚观。车夫为言，去岁陕兵指北时，一战于渑池东，死伤数百人；再战于渑池，死伤千馀人。渑池被围，和议成乃解。今战场均已不可复省，恨无杜老诗笔为一呼吁也。夜饮，作《石壕村》诗，石壕村在陕州东七十里，今不能确指其地矣。

石壕村

我过石壕村，三复石壕行。杜老呕血语，呜咽如闻声。
斑斑天宝泪，照眼襟上明。父老为我言，老睫犹自莹。
去岁造共和，此地鏊甲兵。一战崤陵东，再战渑池城。
人类自相残，大宇但晦暝。旷野撑枯骴，乌鸢日飞鸣。
奇事怵心目，千馘排纵横。龙蛇既已兴，鸡犬安得宁。
摧夷六气尽，何时复升平？于今乡里间，两日一食并。
我闻父老言，恍立心怦怦。述之为歌谣，以俟仁者听。

二十四日，七钟行。二十里至观音堂，二十五里过硖石岭，巅西为硖石镇，又三里，宿庙沟，皆小村落。途中土可崎岖，山势陡峻，依山为关，颇扼险要。或云即古崤陵地，晋败秦师于此。裴伯谦则言诸陵在渑池东硖石镇，疑即古壕村，不及详证。龚雨苍行李车覆，役夫伤胫甚重，道险可知。若值泞雨，则车行尤艰，有滞七八日不能进者。至庙沟时，日才过午，人多不能更行。与晓舟、补山游山庙，并观一穴居之家，高略及丈，深丈馀，中亦清洁，有火炕，有木器，并黏画图对句为饰。一媪年七十馀，自言孙曾已十馀人，有店屋数十间在此地，可称巨室。风俗敦厚，出炒面饷客，给百馀钱，强而后受。妇女年少者皆处室中，不出窥客，惟妇女皆左衽，询之则男女有别，此古礼也。穴则另于上壁高处凿小天梯，可升，中空无有。问其何用，则云如遇意外，可藏妇女及重器于中，撤梯则不能上，以避难也。语至愚稚可笑，非亲见闻，必以为诞。补山言此间盗贼之知亦幼稚，故处高穴即无如何。余与穴主人张某握手为别，其人竟至欣喜亲厚。沿途有庙皆祀关帝或观音，与南方同。剪发者甚稀，市中无米，皆食面。车经硖岭，为诗一章，又感老子事，为诗一章。

硖石镇

汉高神剑挥鸿沟，蜿蜒千里如蛇修。
彭亨大腹孕庐舍，有时窄颈才容輈连日俱行鸿沟中。
平原苍莽出沟脊，时值腊昼风飕飕。
二陵猝起尤逼仄，剑戟淬历森砭眸。
土肤赧赭不衣缕，纵纹直理疑雕镂。
穷山坐想古风雨，附疏先后姬文游。
料应朝觐返京国，羑里新脱天王囚。
茫茫谁是夏皋墓？崎岖荦确不可求。
羊肠九折称极险，秦晋此地修戈矛。
潜师设伏恣阴鸷，如虎入阱鹰神韝。
谁云斗穴勇者胜，轻锐蹈坎嗟无谋。
皤皤黄发善侦敌，地势指掌私持筹。
往收汝骨语痛绝，耳际犹觉声咿嗳。
千年遗民守巢窟，蛰居饱食依山丘。
畏途长此不开辟，负辕骏马如疲牛。

将近函谷关感老子事作

孔子西行不到秦，柱下先生径函谷。
千里间关识紫气，尹喜何人目睩睩。
雄鸡破曙第一声，祥凤雏鸾尽孵育。
五千精捍植骨干，蔓义枝词付芟劚。
《三坟》《八索》中秘书，窃钥启扃从太祝。
盗彼圣术传人间，翠妫苍姬灵鬼哭。
衰周群彦骋妍丽，如关万花同苑囿。
大师功德绍苍圣，尼山下拜貌斋肃。
固应范被踞觚象，熏沐香花比天竺。

奈何老作忍辱仙，翻恨神州太拳局。
诗书礼乐九鼎陈，咀之味乃同苜蓿。
大年阅世机械审，赤手何堪犯蛇蝮。
游羿彀中免者幸，星夜脂车恐不速。
强梁谁是教父才，任彼耶回各张纛。
振衣直上昆仑巅，花国西瞻旧邦族。
或传作佛或化胡，遗经犹在敦煌麓。
玄玄上帝号荒诡，鼠坏馀蔬事纤黩。
无为清净托传衣，炉火参同乞残馥。
杳冥荒远不可知，我来独扣关门宿。
狰狞关吏不我瞋，痛饮犹能倾浊醁。

二十五日，六钟行。十五里至张茅，又二十五里至磁钟，饭，又三十里至陕州城。沿途皆行沟中，逼仄如衖，车不并行，路尤诘曲。自东至西，此二日之所见，皆险隘深岩，利于坚守。鸿沟东缘郑、洛，西讫灵宝，荒土赤立，令人睇之不欢。磁钟居民三百家，因山而屋，贸易蕃盛。陕州城约大于渑池三倍，户口亦蕃，豫西观察使驻此。寓张老行辕，乃假诸中学校者，规模亦不甚大。若木寓铁公祠，祀铁珊，前河陕汝道。城北有召公祠，与补山往观，枯棠尚存，护以砖石，但剩细干，围不盈尺，疑非周时物也。有鼎一，圆径尺馀，高不及二尺，古色盎然，陕人甚宝之。然文字漫灭，亦不知何代物。祠中有池曰瑞莲池，有碑绘瑞莲状，而不书其事。池中有亭，但沽涸无水。祠宇亦荒圮，立石十馀方，凡清碑，皆漫不可读。壁间有数诗，惟明正德间李元书“在昔召公去，国人爱棠树，于今树已空，时复吹清风”四十字为超隽。夜与王补山、周阅凡饮。今日为阴历除夕，乡思郁勃，为诗二章：

陕州除夕

除夕一尊酒，明灯饮陕州。飞凫梦京国，疲马度鸿沟。
关塞新诗料，轮蹄古别愁。十年江水约，今夜白人头。

召公祠

停车才日午，言拜召公祠。尚有甘棠在，悠然系我思。
千秋蘋藻意，一卷女郎诗。为问摽梅实，倾筐剩几枝。

二十六日，阴历元旦，住陕州，早起。为诗二章赠勋老：

元日陕州呈张节使

上将西行万骑屯，熊熊丽日射辕门。
临淮壁垒精神肃，分陕山河气象尊。
椒酒吉祥成旅酌，桃符迤逦遍前村。
岁朝春色弥天地，军士皆歌挟纩缊。
昆仑天际下黄流，百二秦关据上游。
充国屯田行按垒，赞皇筹策独登栖。
葡萄紫塞销兵气，杨柳金城倚壮猷。
驼笔尚惭从事愈，雕镂万象待卢牟。

午后偕遂初、补山及徐君谊甫（名仁录，豫西观察使幕府，甲午同年）、周君阅凡仕游羊角山，在城之西北，一拳土耳。而耸峭横出，逼临黄河，渡河即晋界。群山重叠，缘河委蛇，隐见庐舍，则平陆县也。黄河一白，天际远睇，不可穷尽，冬令水涸，坚冰棱之。西南望太华山，如屏如带，蔓延数百里，间与河北中条光彩激射，隐隐相对，城堞低微，萦绕足下，开山楼窗牖，酌酒独立，兴致极佳，因为诗一章：

元旦登陕州羊角山

客中岑寂逢元日，作健登高更赋诗。
横岭眉端青似雨，长河襟底白如丝。
岩疆秦晋中分地，小饮苍茫独立时。
西去丸泥函谷险，传书灵秘最相思。

羊角山壁间有道光中杨兆李记，言："陕州表里皆山，画陕之西北，依山为城；复画城之西北，依山为衙，署外即城堞，堞外即黄河。渡河尺寸皆晋地，而羊角山耸其间，扼河中流，终古不圮。"又有光绪中杨懋源记，言"陕右太华、熊耳，陕左嵩岳、伊阙群峰，隐辚缭绕，而结束于陕州"云云，颇悉地势。山楼为黄小宋官陕时重修，余谓唐人诗"三晋云山皆北向，二陵风雨自东来"，二语真能状物也。

又城中鼓楼下有联云"四面云山三面水"，下联遗失，不知作何语。

又羊角山楼有桐城张万钟楹联云："小山承盖，大河前横。"黔南景其濬联云："青山如龙入云去，黄河之水天上来。"江夏何金寿联云："无边景色在楼头，猛忆江乡浑莫辨，汉口夕阳，晴川烟树；此地人文归眼底，快逢胜境正不独，二陵风雨，三晋云山。"何、景皆清学使也。陕州中学有胡祖谦联云："人传洛学宗风，师哲种专长，多士各应勤蛾术；地是峭陵旧壤，看黄河远上，他年不少化龙才。"附记于此。

补山《独游鸡足山》云："山在城外东南，秦水经其前，谯水绕其后。有摩岩洞，人传为铁拐李拗成道之所。又有迎祥观，为汉文帝问道于河上翁之处。"按《郡志》："河上翁不知姓氏，汉时暂居此山，结庐著书。文帝好黄老之言，尝颂《道德经》，有不晓之义，遣人问于翁。翁曰：'道德尊贵，非可遥问也。'于是命驾往访翁，即授《素书》、《道德经》二卷。帝受经，翁即乘云去。遂筑台而望之，名其台曰望仙；建观而奉之，名其观曰迎祥云。"又陕东三里许，有魏野草堂故址，堂已圮，仅数碑林立。魏野，宋真宗时人，屡征不出，殆延陵一流也。

二十七日，早起行，渡黄河，至南关，关离城二里许，略有商店。四十里至曲沃，将至曲沃时，有地名温塘，泉温可浴，出山即冷，同人有浴者。曲沃镇亦有城堡，市廛甚寥落。又二十里，至灵宝县，宿南关外。是日车行或入沟中，或出沟脊，路窄处甚难行，风极大，被面黄尘，昏暗不见天日。灵宝为汉宏农郡地，杨太真产于此邑。其地离县城六十馀里，曰岳渡口村。岳渡口村至今村人皆杨姓，甚繁。灵宝地势开展，背负黄河、中条，西带瀫水，近临函谷、秦岭诸山，如龙翔凤翥，环绕左右，秀斌入画，宜其产美人也。观于市舫，直新年，偶见幼妇少女，貌皆端好，眉目各有雅致，惟衣饰荒陋耳，是宜张之，俾与明妃村并美也。又将近县城，道旁见丰碑七八，皆许氏墓道，一书"明太保兵部尚书许恭让公"，一书"明太保许庄敏公"，一书"明少师许文简公"，一书"亚中大夫长芦转运使柳溪许公"，一书"工部主事南野许公"，许氏于此地亦昌炽矣。按，明许进抚甘肃，颇著名誉，灵宝人，不知其谥，存以俟考。下午游函谷关，拜老子像，像已毁圮，关上楼壁枪□痕斑斑然，光复时纪念也。关门有联，云："不许田文轻策马，愿逢老子再骑牛。"关内路极隘，关外近横瀫水，气象雄奇，今日途中为诗一章：

灵宝道中

大道黄尘飞，老骥辕下悲。深深古车辙，洼下如沟溪。
地寒草木瘦，风急乌鹊稀。北睇中条山，重叠张旌旗。
横岭绵以修，隐见无端倪。中间夹河水，白龙来逶迤。
低凹见孤堡，古市临荒馗。歌墙土剥面，破榻茅为衣。
晨兴拾马矢，麦屑粗疗饥。自是无怀民，秦汉岂复知。
但喜节序改，妇孺同熙熙。裁红被木石，辛苦相娱嬉。
终古塞见闻，羡尔能自怡。下车揽明镜，愧我朱颜非。

二十八日，八钟行。渡澉水，入函谷关，关内土山嶙立，只容一车，凡四五里。山势均逼仄，若巷山。昼北见黄河、中条如龙，形势壮绝，真有一夫当关万夫莫开之险，乃知守函谷关必守黄河也。西行所见，皆土山，惟硖石及函谷乃石山。自陕州以西俱沿黄河北岸行，至潼关，河始北转，秦晋在潼关东，以河之东西为界；在潼关北，以河之南北为界。函谷四十里至稠桑驿，又二十里至阌乡县，宿高等学校。"阌"，古闻字，此六十里路甚长，俗称每十里加四里，皆行沟中，谚谓之"胡同路"，乃知陕之所以称陕也。沟上多居民，车过老幼聚观，但少妇女，想率古教也。秦禁淫佚，独严见于各刻石，故其俗与齐楚迥别，帝王之威，愚民之愚，二三千年如昨，可为骇叹！沟中尘土被面，殊不可堪。稠桑居民颇繁，阌乡、灵宝、陕州诸城虽小，较渑池为胜，惟妇女仍以大布为饰，如吾乡二十年前装束耳。函谷以西尚古桃林地，其南为荆山，《记》称黄帝铸鼎于荆山之阳，今有铸鼎原，在县南二十五里，千峰回亘，徒劳伫望而已。函谷山顶有老子祠、龙逢墓，亦以险峻未得往观。由阌乡西南望，一带委蜒，皆为秦岭，其最尖峰为阌山、夸父山，峰峦均秀绝。阌山在城西南五十里，计地适当潼关之东南。夸父则在阌城东南，与荆山接，俱为华岳支峰。阌乡城北有大王庙，面河背城，中条排闼，旧称佳处。停车后往游，庙有光绪十七年县令孙叔谦碑，言《水经注》引《郡国志》云："宏农湖县有阌乡，世谓之阌乡水，其水北流入河。"自后魏至今，河流迁徙，旧县地不可考，或云即今阌底镇。光绪十七年，河水为患，城北被湮，灾甚烈，请朝帑，发漕款十二万筑堤，苦无石，督办堤工铁公珊忧悸致疾。六月，忽天大雷雨，有声如怒霆，阌底南山水发，山崩，水高于岸二丈许，不损居民。水退，得石长十馀里，横二里馀，有大石如屋，成文曰"工石"。铁大喜，夸以为瑞，因取石为堤十二，今尚巩固，得以无患。铁以老致疾，未竟工而卒，今陕州及阌乡皆有铁公祠。大王庙道士又盛称修堤时大王之效，顺得之目睹，周阅凡证成之，亦云亲见灵征，并能指其年月事实，谓金龙四大王为吴越钱王化身，其他皆以死勤，事之尽辅，生而为英，死而为灵，乃假物以示现，则事之不可解者。居民又言，前岁光复时，陕兵东下，豫兵西攻，潼关凡七失而七得，俱以火器优劣多少为胜负。于地势殆无与焉。战守之机今古异，宜诚不可以隅守矣。夜饮。

二十九日，六钟行。四十里憩阌底镇，又称瓮底，匆匆啖麦饼。登车又二十里，至金堤关，关署"第一关"三字，为潼关之外廓，形势略同函谷关。自发阌乡后，大半皆行沟中，将抵金堤，沟尤逼仄，高下崎岖，直至关门。入关二里许，沟尽乃见黄河，更数折见潼关。潼关面河，形势又别，重堞回门，故称四扇。此关或云因潼水得名。按《水经注》云："河流潼击关山，故谓之潼关。"《通典》云："潼关一名冲关。"是又非以水名矣。关外土沟古称黄巷，潘岳《西征赋》：

"溯黄巷以济潼。"《匡谬正俗》云:"潼关之外深道如巷,土色正黄,谓之黄巷,车徒辐辏,所以极深。"陶葆廉言:"函谷、潼关俱非天险,因彼沟道,但阻车行,沟上马足,固可四达。"其说固是。然函谷内乃石山,非可与黄巷并论。潼关临河,轩起城垣,至雄壮坚整,闻系新修固,甚利扼守,但不解光复之战争何以旋得旋失,易于反掌?岂两军皆儿戏耶?关内逢旧兵,为指前岁攻城时开花炮弹伤毁民居遗迹,乃知弹及关中,即难坚守也。又近代兵事,视潼关较重于函谷,其故在潼关可屯兵储粮,而函谷不能屯多兵,运粮亦不便耳。潼关旧为所治,缘山而城,北扼河,南扼山,山势颇峻,城堞因之为高下。又南北俱有水闸,上为三层高楼建筑,颇固。余偕补山、遂初等登南城凤凰山,石级峻绝,壁立百馀丈,及半而止。闻其上炮楼已圮,余游南北闸楼并衢市而归。居民颇繁,市肆亦夥,酱菜尤著名。得诗一章。又凤凰山稍北为麒麟山,上有钟楼,钟为金大定二十有九年铸,今已毁圮。又有大佛殿,有碑记潼关形势甚备,补山往游见之。

登潼关凤凰山

凭临苍茫潼关道,访古双城迹已湮。
蔀屋千家比鳞甲,长河一白化云烟。
北横尚见中条尾,西挹微瞻太华尖。
想见相公平蔡返,曈曈天半日高悬。

是日车中补作二诗:

灵宝县杨妃故居

杜陵艳说明妃村,题诗吊古张荆门。
我来灵宝宿孤驿,荒唐梦雨摇羁魂。
有唐国色钟此土,夫人秦虢俱绝伦。
夭桃当春泫明露,芙蓉在槛鲜朝暾。
丰容盛鬋想图画,意秾态远征旧闻。
美人必产佳丽地,因应山水淑且温。
奈何童濯无所有,惊沙眯目黄河昏。
纵观徐览识形势,文鸾翠凤西南蹲。
昔时佳木与奇草,或托培植滋灵根。
蓬莱扬尘水清浅,芒萝桑柘难重论。

言询父老究谱牒，水涯老屋遗族存贵妃生岳渡口，离县城六十里。

朝来歧路脸波掠，婉妩尤见蛾眉痕。

风后陵土人谓为风陵堆。

世事远悠谬，诚伪难可稽。咄咄风陵堆，驾说尤恢奇。
天宝十三载，夜半风雷飞。凌晨失弓剑，浩淼黄河湄。
乾元夏六月，又见惊霆驰。平沙墓涌见，巨石悬嵌奇。
石上有双柳，披拂含风攲。斑斑见《唐书》，于理安足知。
我观古石刻，图被娲与羲。人身而蛇尾，举手擎圆规。
读书观其通，智者能致疑。女娲彼仅人，扑朔雌雄迷。
何时不周缺，补天生是非。圣帝有神绩，乃被愚儒訾。
南睇夸父山，曾哉日能追。郁郁邓林杖，嗟彼杖所遗。
黄帝鼎中药夸父山铸鼎，原俱在风陵南。渺渺升天梯。
小臣独乌号，不及淮南鸡。放言扫败壁，惝恍倾一卮。

三十日，八钟行。三十五里宿华阴庙中，经杨桥，有杨震墓，有坊曰四知，又曰关西夫子。又经泉里，为杨震讲学处，风化为漓，故遗址未湮。转至华阴庙，道中望岳，已如蓬蕊盛开，盖集蓬台以下三峰及旁数峰恰如蓬瓣也。左右辅峰□□□□，愈见中峰秀迥。岳庙远望如名城，近即之则最前为三门，后为五门，又谓五凤楼。更近，苍柏参天，丰碑林立，中有秦柏一株，在东院中；汉柏五六株，在正园中。奇古葱郁，有畸夫逸士之气。视京都天坛古柏又□□风标矣。有大鼎，已毁。有大树极古，俗谓老子□牛处。二门内有坊曰“尊严”，楹联云：“职方纪豫州，控楚连秦拱冀；月令司秋序，生春长夏藏冬。”有碑亭六，中极大，碑壁尽勒石，吾手遍抚之，而不能记其词。柏林葱郁，古色滴衣袂。又进为第三门，有坊有石人，正殿曰灏灵殿，祀岳神，案设希夷睡像。旁有碑亭二，又旁诸碑甚繁数，莫能详，盖祀岳必勒碑也。又进为坊，署曰“太皞之都，辱收之府”。有放生池，文石郁然，为清乾隆时御书《岳莲灵澍碑》，以殿覆之，背有阮云(芸)台奏稿。又进为万寿阁，三层，最上层望莲峰，呼吸可通，岚蓉如画，审睇所谓仙掌者，乃水流石剥。在右高峰下即莲台，三峰之右一峰，其东为白云峰，右高峰下为玉女盘，远睇已不可悉。西岳极秀曼，全山如河流，所谓莲花特其中之一波折耳，以平耸如司寇冠，又莲蕊特异，在众峰中略高，故推为西岳主峰。岳庙即正对峰址，相去尚四十馀里，未得往观。然吾观华岳之奇，较之吾乡黄山亦仅伯仲。入黄山须百里始见山址，而西岳半之。黄山亦石质，记从汤池望天都似较西岳莲花尤不可即，而西岳列秩祀，赫然名震全国。黄山以僻陋不章，游者甚鲜，故知山之幸不幸，与人同也。购唐碑二，又购陈希夷书一，奇古可爱，又山图、庙图各一，将以寄都中，使知远人之所游览如此是也。旧传陕产丽人，华阴最甚，欲往观之，皆以避兵他去。实则此次西行，兵律甚肃，彼殆惩于光复之豫兵而远行也。守庙者言豫兵至时，偏将赵某馆庙中，削秦柏供炊，毁碑房为兵室(庙两庑为碑房，唐碑尚在中)，今庙屋一带瓦砾中尚藏断碑甚多，此与美人头入俎飨客何异？可叹恨。华庙幽奥崇奇，历朝崇祀。清康熙时，以阮元请发(按:阮元乾、嘉时人，上距康熙甚远。)帑金十二万修之，毁于回乱。今所见者，乃乱后重修，不及昔时之半。此亦如黄山慈光寺，观者骇其崇宏，而不知尚不及旧观十之三四也。物力之厚薄，今不如古，则退化之确征，可不惧耶。夜诣若木谈，饮醉，倚醉作诗：

华阴庙望太华

十里见岳庙，翠笔如金城。入门敬瞻礼，古柏参天青。
老子手扪树，幻作苍虬形。先秦遗枯株，扣之声铿铿。
诏祀世所重，光彩飞空冥。巍然帝王制，雉应开九楹。
尊岩建西极，震动通真诚。丰碑若林立，系赜难具名。
天章写灵液，雄丽张银屏。三陟跻其巅，有楼独峥嵘。
平视莲花峰，射眼仙掌明。端拱弹峨冠，肃穆涵金精。
剑锷富秋气，天衢此司刑。了了玉女盆，积雪凹中莹。
欲蹑千仞冈，苦旷三日程。我无昌黎泪，啮齿洒绝径。
又无卫公笔，呵遣鬼物惊。呼吸帝座迩，有章上天庭。
为言黟山秀，与华为弟兄。胡彼独寂寂，无人予褒旌。
山运有否泰，了不殊人情。耿直狂者言，放歌訾山灵。

三十一日，五钟行。五里至华阴，三十里至敷水，二十里至柳子，饭，二十里宿华州高等小学校。出华庙后，天未曙，望岳，为宿霭所遮。裴景福所谓过潼关，道旁即柳阴披拂，今昨二日所经，其言诚信。道宽可容五轨，至此皆易长轴，从容驰骋。华山修容曼睐，以娱行客，朝日赫煊，田水已融。入关情状迥与豫异，丛树迷离，绮壤沃腴，山泉渍瀑，平原朊朊，稻麦俱可种植。家多中赀，不似豫西荒瘠，所见村堡皆坚整，有用砖石者，神祠辄铸铁为杆，镂石作狮，庙貌宏壮，户外储稻茎，峙如峿嵝，颇类江南。若更有石道砖屋，则吾乡耶矣。华山北皆平楚，弥望数百里，为关中之膏腴。敷水俗传为秦罗敷地，非也。敷水、柳子户口不大盛，而皆齐洁。将至华州，有陈希夷坠驴处，云希夷将出山，闻宋已受禅，大喜，谓天下已定，吾不须复出，可回华山高卧，因狂笑坠驴。又有郭汾阳故宅，郭氏今凌(陵)夷，惟人口尚众。华州正对少华，城外旧有庙，祀少华山神，今已圮，碑尚存。小学校操场有墩，可望远临睇少华，毫发可见，莲台高耸于后，峰断而意仍连。少华奇肆不及太华，而嫣然娟秀，抚之可观，不似太华峻厉。车夫言自渑池至磁钟，此二日程中多盗，行稍早，宿稍迟，即不免，孤行者颇栗栗，过磁钟即无他虞。又言光复时，赵军住华阴庙，全军出攻土匪，而管带三人及兵士十馀人独留，土匪乃间道攻庙，同死于难共十七人。华州旧城甚大，田畴纵横，弥目荒冷，近乃另筑新城，仅旧城之一隅耳。夜饮，勋老示《太华诗》一章，附录于后：

华阴雄峙接昆仑，百二雄关气已吞。
仙掌半空张羽扇，莲峰上界拥金盆。
天颜咫尺昂头见，日影升腾出手扪。
今与岳神留后约，转来展谒到云门。

和勋老太华山诗原韵

嵯峨白帝拥天门，拂袖星辰近可扪。
留掌巨灵云绕指，洗头神女瀑翻盆。
千寻碧落花开合，九曲黄河影吐吞。
勒马题诗更西去，待携奇句上昆仑。

遂初为和诗，甚佳，附录，云：

万山发脉自昆仑，华岳参天气吐吞。
西顾陇云张似盖，东升海日小如盆。
黄河横卧如肱曲，碧汉高骞待手扪。
此去勋名同博望，巍峨铜像铸关门。

二月一日即阴历正月初七，八钟行，二十五里至赤水镇，又二十五里至渭南，宿西关外。途次二桥，俱坚壮，高如巨埠，柳株夹道，与昨日同。赤水旧传为周处斩蛟处，周固宜兴人，与此无涉，附会可笑。经寇莱公故里，道旁有碑。渭南城北有吕尚钓台，城俯渭水，溶溶委蜒，冬间尚文波漾碧，若在春夏时，柳阴相映，田水瀰瀰，当不减南中矣。沿途风景，丛书云山，豫西所无，渭南城尚大，西关外民居尤宏富，有万里桥，石工亦佳。此外建筑如文庙、城隍庙、文昌阁、马王庙、县署等俱壮丽，当西来所仅见。闾肆栉比，市中陈纸灯甚繁，惟制造古朴耳。余等行馆假一肆中,高厦广峻,屋制亦稍异于北方,颇与南近。居停,主人待客至谨。蒲富临潼四大邑,诚关中之上腴,秦人即闭关亦可自给,恃地利沃也。又,余行迹所至,见树木葱蔚之处,必不甚贫,若濯濯童山,则民多惰游穷困,殆屡验不爽者。补山独游城南外,余作钓台诗:

渭南观太公钓台

驱车渭城北,犹见太公台。浊水千年在,晴云二华来。
垂纶人已远,结网我非才。不遇姬文圣,多应没草莱。

若木和勋老诗绝佳,附录于后:

乘槎博望到昆仑,云梦胸中八九吞。
文似奇峰莲放蕊,泽如灵树雨倾盆。
妙颜玉女能长住,高掌仙人孰可扪。
凭眺追随一俯仰,华阴北顾是龙门。

二日,六钟行。四十里至零口,饭,又十五里至铁河,有蔺相如墓。又十里至新丰城,城东里许有残堡,为古鸿门,有碑书"楚霸王宴高祖处"。新丰乃高祖所筑,以娱太公者。城中多酒肆,有以"新丰美酒斗十千"句为春联者,上联"汉皇创业岁四百",不知是否成语。城甚荒陋而小。又十里,越土岭,骊山岪嵂在望,山麓有秦始皇墓,巍然大冢,惜仅远望,未至墓下。又十里,至临潼县城,亦甚小,道路不修,尘土蔽天,较渭南相去远甚。公园为华清池旧址,昔为环园,即辛丑行宫,近抱骊山之麓,因山为园,其形如环,疏温泉为池,池中复起亭馆,四周绕以回廊,廊可通山,山崖仍耸楼阁,或面山,或背山,面城望山,则玲珑苍翠,挹之咫尺,望城则蔀屋鳞次。城外十里为渭河,绮壤延绵,远及天际,华清旧池已不可考,惟左侧一大池,前后分为二水,至清澈。后池正方上有楼,题曰"华清池上",夕佳楼前池作椭圆形,甃以文石,池外墙壁石刻甚多,皆明清人题诗,佳作殊少。此外,复有三池,皆在室中,为地甚狭,仅容一二人浴,亦有石级,但水较浊,一曰御池,一曰贵妃池,一曰天子池,谓即明皇、贵妃、肃宗浴所,亦附会耳。余浴贵妃池中,令人神往于华清赐浴时,池水较黄山汤泉为深,亦较暖,但不如黄山之清,气味亦恶。裴景福谓骊山佳景全在夜,明月循山髻,逡巡而下坠,至山腰为岚影所蔽,而清光熠熠,如在皂罗帐中,斜露回波,令人静穆,当日翠华莅止,殿阁被山,不知更若何清艳,其语至佳,夜色迷濛,弥觉幽静,因拥其意为诗:

临潼县城南游古华清池

税驾骊山下，晞发华清池。征尘快一涤，芗泽怀所遗。
念昔天宝日，避暑宫玉妃。缘山起楼阁，文栋纷参差。
长生与集灵，阑楣临水湄。徘徊白凤羽，骖驾真龙飞。
有花如颊红，有柳如黛眉。冥蒙花柳气，温润沾宫衣。
山椒盛嘉木，照水成碧漪。娟娟明月来，如入疏罗帷。
闪烁盆中珠，岚影摇漾之。穿廉复窥闼，幽辉波迟迟。
此境最清艳，私语良独宜。况有冰簟凉，反侧安凝脂。
嬉娱足良夜，牛女光迷离。奈何鞞鼓作，遂歇鸾笙吹。
频迦不并命，今古同所悲。断肠此水声，呜咽何终期？

骊山上有神庙，俗所传骊山老母也。由山麓上山，纡曲五里许，路甚峻，补山独登之，云见一大镬，委山半，甚重，人不能举，岂烹太公之高俎耶？是日得诗数章：

渭南早发

灯火催人起，萧萧马在门。星光微上树，野色远涵村。
造曙天际白，禁寒霭欲分。怀人心上暖，残梦续温存。
久晴天净碧，晓日照平芜。树色蒙如画，山岚远欲无。
九州膏沃土，中古帝王都。前路温泉近，何须怨道途。

过蔺相如墓

千年壮士惟馀垅，易代文人敢并名？
我过渑池三宿去，当筵击缶似闻声。

过新丰

汉皇筑城娱太公，移民辟地称新丰。
十千美酒工酿术，浮杯潋滟珍珠红。
我来口渴不能饮，满衣尘土歌大风。
鸿门遗堡手扪抚，独立三叹斜阳中。
丈夫睥睨万乘贵，捐弃骨肉如飘蓬。
吞声战栗登俎上，危哉一发烹而翁。
晚年虽复享玉食，拥帚未免忧忡忡。
史公微语诚婉绝，大书舜禹双重瞳。

昨过渭南时，县知事以军士过境，酌定物价，标揭于市，录之可知西北物力也。自渑池以西，鹰圆及北洋银币俱不可适用，贸易仍用生银，故此单首揭银价：银每两易旧制钱一千六百五十枚，合当十铜币一百六十枚，银圆每枚易制钱一千一百五十枚，合当十铜币一摆一十五枚；麦面每斤值制钱四十五枚，挂面每斤值制钱七十二枚，料瓣每斗值制钱五百五十枚，莞豆每斗值制钱七百枚，麸子每斤值制钱二十枚，麦草每斤值制钱九枚，谷草每斤值八枚，木炭每斤值二十八枚。制钱南中已久不用，乃尚盛行于西北，开化之难如此。

若木言，闻华阴县知事云，昔毕秋帆登太华，跻绝顶，苦不得下，百计求之，仍无策，最后乃不令毕知，饮以纯醪，使极醉，冥卧，乃裹以重毶，用壮夫数十人缒之下。昌黎痛哭，此再现矣。又言前清陕抚升允，足力健绝，直跻绝顶，如履平地，不须扶掖，并至人迹不至之地，华阴令追随于后，蹶不能从，屡被呵斥去。

三日，六钟起，浴于大池，天甫曙，微寒，水则较贵妃池尤温，以地大而水深，又自山出经此为第一池耳。余不惯池浴，初下震慑，心荡足浮，急欲上，补山固止之。少待，觉可耐，乃久泳而出，骨节和暖，较昨晚尤甚。七钟半行，仍入南门，出西门，土人以温泉灌韭，极肥白。行二十里地，至地窑子，又十里至灞桥。自地窑子至灞桥，旧称铜人原。秦铜人十二，董卓毁其九为钱，明帝徙其三于洛阳，重不可致，留之灞上，故名铜人原。后石虎又移之邺宫，苻坚又徙之长安，毁其二，其一未至，适乱作，民弃之河。临潼东西门缘城五里许，皆乱石碍轮，疑古殿阁遗址瓦砾之馀也。先秦记始皇作阁道，至骊山八十里，人行桥上，车行桥下。杜牧之云“骊山北构而西折，直走咸阳，二川溶溶，流入宫墙”是也。古人财力之雄，意气之娇汰，可谓至极，而项羽不惜一炬，阿房火三月始熄，皆别具肺肠。比较汉阳三日之火，又将何如？灞桥长三百步，宽二十馀步，吾所见石桥此为最长。西安老柳四五株，髡矣，而古干盘郁，坚如松柏，真唐时物也。唐又谓此桥为销魂桥，送别于此。又八里过浐桥，桥上二坊，一曰长乐要津，一曰辋川胜境，华子岗、斤竹岭、辛夷坞诸胜已不可即，但见东南蓝天平衍如伏龙，西北一带丛树历落，微波成致，水复沦涟淡沱，若在春夏时遇之，亦不下江南矣。又十里至省城东郭门，入郭二里许，入长乐门，即西安城东门也。东大街新修驰道，宽十馀丈，气象至雄壮，两旁市门俱新造，街长五里，市肆如一，俱低楼板扉，并有人行窄道，门檐覆之，尚未竣工，街尽处为鼓楼，城正中也。西街即旧式石路，略隘。觅行馆不得，甚困，最后乃饭于吴霖生处，馆于若木处，即泾阳会馆。是日作诗五首：

过灞桥唐称销魂桥

折尽长条与短条，西风斜日柳飘摇。

迷蒙尚有唐时泪,自古销魂是此桥。
日暮河梁古别难,紫骝万里出门嘶。
最怜呜咽磨刀水,又照征人过陇西。

过辋川

幽篁明月世谁知?想见空山独坐时。
一自辋川人去后,桥边风雪更无诗。
蓝田山势似龙眠,夙昔称诗梦辋川。
竹岭华冈何处是,只馀丛树与寒烟。

过灞陵及邵平种瓜处

短衣射虎李将军,夜出翻遭醉尉嗔。
何似瓜田生计好,得钱沽酒不忧贫。

陶葆廉言,今东郭门外六里地名金华落,在大道南里许,即唐南内兴庆宫,东金花落为卫士所居,其东南隅即春明门故地。唐京城东门三:中曰春明,北曰通化,南曰延兴。今东郭门,迤北近唐之通化门,迤南八家巷,南有景龙池,即唐兴庆殿之龙池也。南曰五龙坛、龙堂,又西南曰勤政务本楼、花萼相辉楼,故址已不可访。又东门大街即唐皇城东门之景风街、崇仁坊也。唐皇城东门二:南曰景风,北曰延喜。今满城即唐皇城。城东偏地校场,即明秦王府,南大街即唐安上门也。唐皇城南门三:中曰朱雀,左曰安上,右曰含光。今湘子庙街尚唐太常寺地,其东府学为唐太庙地,旁即碑林,经始于宋龙图学士吕本中也。

清庚子辛丑间,有献建都关中之议者。今观关中实非建都之地,以地处险僻,较他梗滞,控御不易。又火器发明,地利已失,非恃山川便可巩固国圉,况守在四夷,非闭关高卧之时,岂能画地自蛰也?

初四日,阴,住西安。闻人言东门内之驰道并新造市屋昔为满城,光复时,满人屠戮殆尽,童稚无免者,庐舍亦焚毁,故重构市场。怨毒之积甚久,其发甚烈,此固遣发驻防时所不及料也。此事主之者为秦中第一师师长张某字凤冈。

初五日,阴,早起作诗:

和勋帛上将浴华清温泉诗原韵

地精喷薄几经年,阴火煎熬出玉泉。
肺腑温馨春在抱,脂肤冰雪道能仙。

无言共领阳和泽，离垢如生自在天。
我识西风功德水，至人润物本无偏。
兴亡遗迹感华清，擫笛宫墙记曲名。
冰簟夜凉归缓缓，银河秋迥望盈盈。
冢寻鹦鹉埋香久，井访胭脂载酒行。
一洗缠绵儿女恨，惠风华月更题楹。

下午偕孔少轩、蒯若木、张季鸿观碑林，在城东南隅府学宫。汉碑无，有晋唐碑，如《圣教序》、《家庙序》、《玄秘塔》、《和尚碑》皆在，名碑不下数十种，唐石经俱存，缺者后人另补于他壁，又摹刻《淳化阁帖》亦完好。唐碑螭头雄古，高约丈许，标题尤佳。碑旁刻花纹，佛像及碑首龙纹，穷工极巧，光彩动人，肃穆渊古之气，照耀襟袖。自唐以下至清初不下数十石，近时名人楹帖手迹亦附丽其中。孔子像二，其小者为吴道子笔；观音像、达摩像四，小坐像尤佳。遍历数楹，目眩神骇，可谓极宇内之奇观。唐人原石，童时所昼摹而夜梦者，得手自抚扪，亦云厚福矣。有古碑帖肆数间，云唐碑，西人争购。余购《汉中碑》全帙十三本，直银帑四；又购《淳化阁帖》全帙、《家庙碑》一、达摩像二、《景教流行中国碑》，一共直银帑二，值亦廉矣。夜与同人共觞雨斋。见徐州流使，客中闻乐极，令人悲□□□□不灭都城。孔君少轩敦厚稳健，与谈至洽。

由渑池至西安，大车每乘价银三十五两；轿车每乘价银十六两；骆驼每头七两，驿轿每乘三十二两。坐驿轿，众以为安，实摇荡，辕车但震撼耳，厚布五六重，展布得法，可高枕而卧，驿轿则未能也。秦人喜种柏，唐人喜种槐。于西安南市见古槐数株，犹唐物也，唐人诗多言槐，如“青槐夹驰道”、“落叶添薪仰古槐”之类。

唐宫殿遗址无存，闻城北有太湖石一方，犹唐物。石上有手印痕，相传杨妃抚此而立，掌印宛然留石上。后人过者辄加抚摩，今其印已深逾指许矣，以道远未往观。适市见未央瓦筒二枚，长尺馀，半圆形，前端有字，后渐尖锐，市估琢其阳面为小砚，形殊为斫，方竹漆，断纹矣。初六日，雪。早诣孔少轩处，冒雪偕补山游雁塔。雁塔有二，先至小雁塔，在城南里许，唐荐福寺也。塔十三级，高三百馀尺，方形，四角完好，惟南北裂一缝，中空，而梯已坏，不可登，佛像亦剥落。塔为唐麟德年间宫人醵钱所为，武后时度僧四百人守寺，历代修葺，其中裂缝曾裂而复合，碑志称为灵奇。又曰荐福寺为唐时译经地，西域僧伽居之。又有碑刻临济宗派，并标一偈云：“真如若太虚，□照圆明性。清净恒湛然，本来无体用。隐显蕴玄宗，心融万法通。一乘宏大教，道德日兴隆。”明僧古梅居此，与秦藩康王有夙世，因隆礼备至。二塔皆唐人题名处，世所传雁塔题名者也。近代效颦，文武乡试得隽者，俱树一碑，碑林立，其词多郑俚可笑。寺尚存大殿二，规模宏壮，而其中则荒凉万状，与大雁塔同。大雁塔在城东南八里许，近临曲江，为唐慈恩寺，窥基大师驻锡地，佛殿三层，较荐福略完，经始于唐中宗时，历代重修，清康熙间更增饰之。后经回乱，佛殿尽毁，惟孤塔存。光绪间，陕抚叶伯英重造。题名碑尤多。塔七级，在殿后，褚书《圣教序记》二碑分丽塔址最下重，甚黑暗，壁间碑甚多，惟塔门石柱题字甚古。又见一经幢卧地，已残缺，殆唐物，馀皆明清人题诗，而杜陵及高适二名作反无为镌刻者。余秉烛登第二重，豁然开朗。有地藏佛像，贾勇□□直跻其巅，上供释迦、文殊、普贤像，以雪霾，远望混茫一白，东所见骊山，南所见曲江，终南、太白皆不可见，城中尤不能辨。□诵高、杜二诗，神往久之，觉二公精神犹在。塔亦方形，东南西北开四户，馀皆砖砌成，下博上锐，乃知"四角碍白日，七层摩苍穹"，字字有据。又分四方写景，亦与情事相合。塔较小雁塔高倍许，然较百乡岩市塔嘉靖时造，仍颇见逊，结构精巧亦不如，但觉古朴耳。补山言计其高殆与上海之楼外楼等，较河南铁塔尚稍差。然在唐时已为杰构，故诸文人皆极力张二塔。除梯楯外，一砖一瓦皆唐遗制，因可宝也。又荐福寺为隋炀帝分藩时故宅，在唐为城内开化坊地，可见唐时城制之大，当倍于今城，证以顾亭林言，唐时街道、房舍俱广，大胜今日，殆不诬也。又唐时宫人能醵钱造此巨塔，可见其富侈。若清时宫人则甚困穷，有倚秀工自给入肆售之者，谓之宫秀，此亦今昔之不同。证以《阿房宫赋》，当知帝王之侈汰，自秦以降，实古胜于今，历代递杀，令人舌挢。颐和园及三海营造，吾皆亲往游览，殆不及古人十之一，即周官备物，一人之奉，何尝不穷奢极精？以茅茨土阶，尧之所以为圣也，然其半亦时代为之耳。寺有《黑番投诚图》、《红苗归化图》，皆作清时衣冠。又有叶伯英一联云："览古兴怀，野畤花明唐苑月；集贤修禊，旧陂水满曲江春。"寺门一览，民居圮败，咏龚定庵"新蒲细柳"之句，令人黯然。入城后，与补山重游碑林，补昨日所未见，其中碑石以唐明皇所书《孝经》为最宏壮，四面镌字，四石合成，碑首为二石合成，刻镂精丽，亦为诸碑冠。以余所见，惟北宋北海佛寺清帝一碑略及其三之二。碑林中又有清果亲王刻石，诗、字俱雅饬，及清帝御赐诸碑，碑制雄特，碑首亦精，但较唐碑只得半耳。碑之厚薄亦今不比古，殊可异。石经纵列一庑，横列二庑，洵属大观。观毕，复游博古斋，购孔子像、观音菩萨像、王右军《圣教序》、褚河南《圣教序》、《孔庙碑》各一分，直银帑一圆。归，已午后三钟。雪甚，未出。明日，仍不能行，登慈恩浮屠，不敢作诗，亦犹昌黎有《南山诗》，后人遂不能复赋终南也。

初七日，住西安。陕督张凤翽在湖广会馆设筵，召男女二班演戏，邀勋老饮，并及余等，辞之不获，因偕雨苍、若木、绍庵、遂初、季鸿、阅凡等同往。与都中堂会略同，戏剧衣饰及排演俱异，演蛮王阅操，诙诡百出，写出男女相悦意，较京作为佳，女使乃由京师来，仍用南曲。馀则双琴，琐碎悠扬，与羯鼓竹肉繁音并会于靡靡之中，露激抗之意，乃本地土乐，真秦声也。惟唱白与俗人态状俱鄙俚耳。武戏极有精神，伶人之饰妇女时，其行动必摇荡以尚冶，则裹足恶俗之表示也。席半，忽闻枪声，乃陕兵误触枪机而发，闻已为卫兵拘获候讯，未知有无他意。勋老闻声时尚能镇静不惊。夜至勋所，属为书与陕长官，告将营数椽于华清公园之旁，与雨苍、若木商，三易稿而始完，已夜半后三钟矣。脑力疲极，强就枕，辄震动而醒。

初八日，早六钟起，收检行装。八钟，装车，九钟行。自渑池至西安本与勋老偕，因人多，宿舍少，不能容，折被挤于败屋中，辛瘁殊甚，故改与孔少轩偕，早一日行。少轩任行营，营务处携有行厨，饮食亦便，允相提挈，羁旅之惠也。处陕西西门，愀然不欢，昨失睡，人亦少疲，北望久之，复南望久之，付之一叹，吾遂行矣。二十里至山桥镇，饭，又二十里至咸阳，宿营务处行台。出西安城五里为金胜寺，《景教碑》所自出也。现已移至碑林。金胜为唐波斯胡寺，唐贞观九年阿罗本始传景教至中国，唐谓之袄祠寺。东北二里为唐休祥坊，西北半里许为唐京城开远门故址，唐城之大可知。山桥镇南十里为秦阿房宫故地，汉细柳营亦在此处。东北五里为未央宫故地，又东北二里为汉京城西南隅之章城门，镇东有泬水。《水经注》："泬水入渭之下。"又东有渭桥，燕太子丹求归，秦王为机发之桥，欲以陷丹，可知机械之工，秦时已甚精巧，乃能施之于桥也。离镇十里为丰桥，丰水所经也。桥长十馀丈，以石为址，而被以土石，琢为圆形，裴氏谓即泾水，非也。镐水在三桥之东，与此相去不远，桥旁有村，尚整齐，文王之灵台、灵沼即在此处，遗迹已湮。又十里，渡渭河，即咸阳城。渭河滨，俗传为文王造舟为梁处。渭水甚大，河宽百馀丈，冬时可浮舟为桥而渡，夏时则必以舟济，盖关中之水以渭为宗，《禹贡》言"泾属渭汭，漆、沮既从，沣水攸同"，曰属曰从曰同，均归束于渭，然则泾清之不能敌渭浊，以泾小而渭大耳。渭水时亦泛滥为患，居民祀张飞，谓以张飞神鞭投水中即平，迷信可笑。咸阳为王季旧都，文王初亦居之秦，自孝公至始皇皆都于此。始皇于渭北作咸阳宫，于渭南作长乐宫，为桥通二宫，间以道里记之，其工尚不及骊山复道十之一也。文王陵在县北十五里，武王陵在后，成王、康王陵在前，周公、太公墓在文王陵东，姬姓后裔仍居陵旁。然考据家谓此乃秦惠文王、悼武王墓，非周墓也。周文、武王墓在终南山西北之毕原，今反无所考，遂不得不以此当之。世传墓上蒿草可为蓍，登高望之，不可得见。下午，偕孔少轩等登城中凤凰阁，乃一道观耳。拾级而上，可瞰半城。阁后为安国寺，内有隋智照和尚碑，唐时所立，段成式撰文，石尚完好，字类柳诚悬，或谓即诚悬书也。寺中佛像极古穆，庄严端坐,神气如生,殿中佛像三,后殿中亦佛像三,旁设诸罗汉像。殿后有如来卧像,大丈许,旁像诸菩萨,有立、有跪、有泣者,意如来涅槃时像也。合掌瞻礼,流连不能去,令人生一家眷属之意。此次旅行,为尘事所羁,道心不笃,未知堕落何所,吾如来何时怜而拯之耶?又见小铜佛像数尊,长方石造像一,皆古物也。寺制亦古朴,雕饰极精,屋顶瓦筒尤古,文采粲然,居民不知宝爱,墙壁渐圮,导者言不知何时所造,乾隆时重修,迄今未修葺,佛像仍完好如常。与所见荒凉佛寺,当以此为极古者矣。有一木联云:"禅机如云绕山头,行到山头云更远;妙道似月浮水面,拨开水面月还深。"余谓得尺即尺,得寸即寸,且行到山头再说可耳。夜饮土酒,味甜。

初九日,早六钟行,四十里至店张村,饭,又三十里,宿醴泉县店张村之南三十里,为兴平县,周懿王曾居此。醴泉为秦之谷口地,有周醴泉宫,因名醴泉,今遗址已不可考见。城北为九嵕山,唐太宗昭陵在县东北十八里五床山,郭汾阳陪葬于此。途中望终南山,连翩耸峻,山尖积雪,白色皑皑者约五六峰,以天阴不能细睹。九嵕山较低平,而其中主峰高耸,作方形,宛如端冕,奇秀殊绝,远望略似太华山。咸阳西门有二途:一向西,沿渭河达甘肃秦州大路;一向西北,沿泾河直达泾州原,即余等所行之路。裴氏误丰水为泾水,实则水由南入渭,泾水由北入渭,截然不同。咸阳、醴泉城俱完好,道亦修洁。醴泉行馆借罗姓别业,堂宇极宏壮,庭前有亭,楹牖皆施雕饰,西行以来所仅见也。屋脊陶瓦尤佳,堂有宋伯鲁联,宋,清御史,戊戌党人,亦醴籍,其居与罗临,门树棹楔,亦精丽。秦人石工最佳,随处所见刻镂俱细,非南中所及,岂唐碑工人之遗传技耶?罗姓为醴泉巨富,光复时为甘军掠劫,家业一空,壮丁久死,仅馀孤寡,所开典肆,亏公款万金,质肆被掠,而款追迫甚急。商之孔少轩,为白勋老,少彰公道。兵灾即无抚恤,亦应免责偿也。秦人灶上俱设风箱,所用皆木炭,不要煤,屋宇亦与北中略异,高堂为北所无,楹外宏敞与北同,住室则光气不足,愈华丽之宅愈甚,时见楼房,不似北中绝无仅有,盖南山多木植也。今夕为旧历元宵,作诗二章:

元夕宿醴泉县罗氏宅

故家尚有亭台在,元夕虚堂银烛红。
樽酒为欢留梦影,唐时明月醴泉宫。

望九嵕山唐昭陵

城闉北睇九嵕山,端冕庄严识玉颜。
日暮昭陵何处是,《兰亭》传写遍人间。

初十日，早八钟行。出西门，八里至三十里西堡，其东里许曰东堡，此地有二途：官道俱由杨洪庙、好畤村、安驾寺达乾州。好畤村有新老二堡，老堡即秦汉好畤县地。新辟小道则由杨家庄入山，经铁佛寺、新店子出醴泉境，至永寿之监军镇达官道，不经乾州，较官道为捷，少十里程，而平坦。同治初，回匪往来、官军进剿多由此道，电线则仍循乾州城，余等亦由小道行。又三十七里至铁佛寺，寺固无有，虚存其名，道中可望昭陵屹然九嵕山之巅。又可望乾陵，高宗及金轮葬所也。温韬发唐诸陵，独至此陵，辄为雷雨所止，因未发。冢上番王来朝石像至多，壮丽为唐诸陵冠，以远望未得见。又三十五里至监军镇，杜陵有《乾州诗》，惜未展读一印证。梁山自西而东，跨岐山、扶风、麟游、永寿、乾州五邑，太王自豳迁岐时所逾者也，今则荒凉万状。自醴泉启行后，愈行愈高，至监军镇，左右则纯为高原，车行高原沟中，乃岁久辙深，风吹雨溜而成，幸微雪浚，天晴无风，尘土不扬，所经墟落不睹瓦屋，至华丽者，亦无脊之泥垣，其中皆为土穴，穴中亦深曲，辟户牖，居此者熙熙安之。又民居俱在洼下，四周屏蔽山原。昔读杜老"邻人满墙头"句，辄疑邻人何以能至墙头，今至秦中始知墙低而倚山，故人得跨而俯瞰，如坐墙头也。鄜州离此不远，计风景当同。监军镇夹沟而市，居民颇繁，夜中略有灯鼓，同人以银帑一市烛灯燃之，一市聚观，此间本不用银帑，只用生银，以军过，通融互市，而银帑仍须选择。余携墨西哥造币，竟不适用，盖北洋所造，勉适用耳。妇女深居不出，以暖炕为终身游息之所。偶一见之，则缠足才二寸许，行则蹒跚，无论如何嫫陋，双钩皆新月也。乾州西四十里有苏武故居，不及访问苏武牧羊旧地在今镇番县，以今道里计之，不过以陕西人久居甘肃耳。补记咸阳诗：

咸阳作

落烟斜日古咸阳，徙倚危楼瞷女墙。
败壁涡延久石古，空门鸽羽衲衣凉安国寺有唐碑佛像，亦古旧。
雪凝几点终南白，脂腻千年渭水黄。
我望灵台与灵沼，只馀城背万鸦翔咸阳城中鸦最多，巢学宫，翔集时，屋瓦俱黑。

改作昨日望昭陵诗：

醴泉县望唐昭陵

醴泉北望九嵕山，石马春游夜未还。
玉弩效灵威域外，兰亭传写遍人间。

云连终华楼台耸，地界泾邠草木寒。
今日关中王气歇，模胡城郭忍重看。

望乾陵作

乾隆石像郁嵯峨，重叠云山泼黛螺。
春沁珠襦寒锁骨，夜飞金碗出荒坡。
驾天蜃怒雌霓见，蛰蛇龙醒暴雨过。
能译遗经归大法，独嗟镜殿误淫魔。

监军镇阴历正月十六夜

零丁羁旅监军镇，箫鼓春灯夜色迟。
东望京华独搔首，最怜明月正圆时。

读陶葆廉辛卯侍行记

风流倜傥陶公子，旅邸张灯证古书。
徙宅岐豳工驭马，用兵秦晋匪鏖车。
轩辕自是周千国，井地何尝泥四隅。
新莽谈经房琯战，扣盘扪烛一嗟吁。

十一日，早九钟行。四十里，宿永寿县。本应宿泰峪，因前途水苦且路仄，故宿此。出监军镇后，坡冈起伏，经数村落，俱整齐。永寿地形至高，东来每数里必经一坡，上一坡后即一平原，故虽峻而不觉其险。永寿凭山为城，小仅里许，居民百家，才及一村落，较渑池尤劣。城中无一整齐房舍，文庙、城隍庙、县署俱圮，尚有一刘猛庙，碑志称其驱蝗有功。城外四山如瓮，城在瓮中，万无可守之理。此城西扼泾、邠，亦一隘口，不解何以如是草草。地瘠民贫，穴居与土垣相错，偶入一穴，其家一夫一妻数子女，并蓄一驴，眠食、炊爨、杂作，并驴磨麦、止宿、供刍，俱在此数尺地中，腥气棘鼻。生事焦苦，童稚著红绿衣，贫者乃无裤。见一人持红毡导，一人披红绸跪拜于道，仆仆不恤，询之，则新婚而谢客者也。市中一无所有，并逊昨宿之监军镇，令人念南中富家巨室，安坐无事反悒悒不乐者，诚可云心理苦乐绝无标准矣。遍观市中所用器具，陶器得古之朴，而无古之精，木器有方无圆，竹器绝无。旧疑俗所绘魁星持方斗，云以盛钱，未免太陋。今此间固以此器盛钱也。衣帛者百中仅一二，剪发者百中并无一二。穴居之民较多于屋居者，食惟麦，并无如北平之馒，仅锅魁耳，如饼而厚,亦麦质,啮之则齿敝而唇焦,闻静宁州所为最佳。午后,复偕少轩等缘城一游。城中有一高等小学,校略整齐,城外有塔,穴居者蜂房罗列,高下不一,穴居尚吾国之耻,然以生齿繁而民食艰,如此荒山弥目,不知开垦,范土为砖瓦,民惮其劳,反以蛰居处为适,此俗殆未易革也。其土质亦与南北殊异,道中见各土山雨淋日炙,裂若龙鳞,崛奇万状,畸倚不倾,危墙半堵,四无依倚,有数年如故者,可知其质黏也。穴中亦无水湿,若在南方必病湿或患渗漏矣。居民质朴殊甚,阖邑殆无通人。城中一巨绅方新丧,固居瓦房者也,其门榜乃误"月惨云棲"为"月惨云楼",他可知矣。然闻讼事亦少,耕凿相安,犹有无怀、葛天之风。昨借居盐肆,居停主人亦许姓,奉客至有礼仪。少轩今日居学宫,余居县丞署,皆土垣二三间而已。县有陆贾墓,不知在何处。

十二日,早七钟行。残月在天,霜痕被野。出永寿北门约里许,即盘旋入山,过分水岭巅,又名泰峪岭,地势甚峻,稍上,徐家车圈回环曲折,有似车轮;下岭,沟水侵辙,碎石碍轮。地名底窖沟,又名结角沟,石滑,马蹶良久,始过峻坂,斜下长三四里,马已疲极,益以沟水,宜其蹶也。所见俱土山,奇诡万状,其峻绝者,乃如石笋,直纹古剥如篆籀然。裴氏谓土山之奇,此地最盛,不诬也。四十里至泰峪镇,四面皆山,蜂房林列,人行山上,望之如童稚。饭后,复经窄沟,名泰峪胡同。又上峻岭,岭巅望群峰环绕,皆在足下,划山如鳞,以种麦菽,与吾邑之南乡略同。空穴甚多,想经兵燹,逃亡未返也。三十里渡小河,入邠州南门。邠,古豳地,夏为戎狄国,不窋窜此,蔚起姬周。邠亦压山而城,城南为豳山,又名凤凰山。土人云,太王居豳时,有凤集此,翔于岐下,太王因徙从之,故名凤凰山。城南山上有井名御井,土人云太王所汲饮者。有塔七层,八角制,甚古,唐开元时造,惜梯坏不能登。城西有范文正公祠,西门外道左有范文正旧治碑,东北十里有姜嫄墓,在水北村。山谷中有师旷墓,在司空山,即《地理志》之"师旷山"。又城东八十里土陵村有公刘墓,城西三里许有陶谷墓,城东隅有后稷祠,云是隘巷故里,姜嫄产后稷于此。又有履迹坪、狼乳沟等处。按《史记正义》引毛苌说"后稷生于邰",在今武功县境,今武功亦有姜嫄陵,往古遗迹不易证实。邠州较永寿为大,然城之西隅荒芜,民居闻被毁于明末李自成。李毁西城时,东城居民焚香顶礼迎之于路旁,乃仅得免。旧历新年已过月半,商肆尚未营业,询之则云避军用不换纸币之累也。西来各地皆驻秦兵,兵饷辄给纸币,故商人苦之。邑人某君又诉苦,言去年甘兵攻陕时,蹂躏甚苦,被掠甚众,居民畏兵如虎。民俗愚朴,词讼少极,县中几至刑措。窃谓古公大略,郁郁居此,久思东行,乃因兵事,尽室以去,瘠土本不足恋也。枣林至密,令人怀《豳风》之诗。是日得诗数章:

过泰峪岭

卓立土山秀，斜冈峻阪长。圆弧如石皱，鳞甲似松苍。
断脊施朱狭，重苔点墨凉。斑然古时锦，尺寸未能量。
峰转连龙脊，岩悬露虎颜。青冥梯百尺，碧涧玉三环。
细镂螭文巧，深镌鸟迹蟠。马瘏车脱辐，徒步自跻攀。

泰峪

纵辔高冈下，濡轮曲涧旁。乱山衔日紫，衰柳带烟黄。
疲马思投枥，鸣鸡兢上墙。青冥梯百尺，天壁又开张。

邠州

崎岖车百析，落日见邠州。城堞依山石，古人家剥枣。
秋浪传鸣凤，艳说乳儿沟。后稷留遗庙，凝尘黯冕旒。
荒城馀古俗，卜宅占高原。柿叶红如锦，桑枝绿到门。
井泉留亶父，塔影梦开元。野老萧间甚，行歌负日暄。

后稷庙有二联云："立我烝民，莫匪尔极；播厥百谷，念昔先人。"又："时维姜嫄，诞置隘巷；思文后稷，克配彼夫。"

城中有《醴泉铭》及《万年宫碑》，未及寻访。前闻友人言《醴泉》已拓损失真，《万年》则确系原石，且完好。土人则言《醴泉铭》在麟游县。

十三日，早七钟行。出西门，缘泾水而西，地势忽开展，四山如屏，中为平原，枣树万株，照耀初日。山腰平衍，划成重级，万穴罗列，风景至佳。泾河河道亦甚阔，冬涸仅丈许。行十里至水帘洞，下车往观，其山上土而下石，纯紫光洁，无半瑕，面积可半里许，本一石耳，忽化为千户万牖，玲珑中空，如栋、如梁、如柱、如臼、如馒首、如大腹、如肱、如筐、如枥……繁不能名。其石三层递上，琢木为梯而登，共三梯，中龛供佛，左右前后小石室甚赜。石边复有横径，以木为栏，石中鼓钟声闻于道左，最高洞三五洞门，上有小窦无数，春夏间山泉滴出，故名水帘。石质为水成岩，近临泾河，而地势颇高，当是古洪水时波涛激撞所成，然如此灵奇殊为仅见，真秦中胜境也。又十里为明岨山大佛寺，即唐庆寿寺，贞观二年尉迟敬德建，明正德重修。大佛洞口题"觉路"二字，其中依山崖凹凸，凿壁为如来坐像，高八丈五尺，旁二善菩萨像略低。壁间佛像甚众，皆唐制也，小佛像面目已不可尽辨，惟形饰特古。佛像左，高揭郡守宋原仲一诗云："蒲萄蔽野果连山，荡漾泾流自一川。陈迹到今惟石刻，画图隔岸有人烟。来游苦记元和日，访古重寻正德年。薄晚渔樵伴归去，夕阳筛影荻林边。"下书

“辛丑闰五月”，不知何时人也。洞中多鸽巢，佛身旁上露天光如井，石气逼人，甚寒，不能久立，瞻礼而出。拾级登寺，亦依山为之，正面泾流，群山拥护，气象雄壮。正殿前有砖地，外环石栏，俯临山下。殿亦累石为之，分三洞，中洞正对大佛面，使人瞻礼，由殿北窦俯窥，佛崖甚悉。殿左复有古洞二，右亦有古洞一，皆满壁凿佛像，像小大不一，小仅数寸，大不及丈，千形万状。石隙题名极多，唐宋人占十之一二，馀尽明清人所为。僧拓以售客，云共有八十馀纸，以石质嫩，古题字时有圮落，故渐少。余欲购数纸，适值其罄，诸洞皆略露天光，寒气使人凛冽，加以古像林立，曲折至深处，尤觉森然逼人。闻左洞有后周磨崖，复有范文正磨崖，俱圮败。其右为僧房，亦雅洁，又有鄂公生祠，清鄂山凿崖所为，今为僧室。正殿上为飞阁三层，愈上愈小。余跻其巅，当佛崖之顶，仰眺，复有石室，须缘梯扪石而升，中凿有履迹，不敢更穷其胜。又右方有石龛，须缒而登，亦不敢往。凭眺一小时许，乃登车行。迤西有数小龛，亦设佛像，极西一龛，有佛立像，高丈许。沿山西行，经河滨复上长坂，路甚险窄，盘旋久之，马又蹶，几覆车。二十里，渡河抵亭口，河即黑水，一名宜禄水，至此与泾水合流。亭口略有居民，亦荒瘠。饭后，复升高坂，上有平原，为长武原。车时行，沟中人家亦穴居沟侧。行四十里，抵长武县，平原中时见深坑，宽数十丈，极深峻，居民以垣缭之，防失足也。将近长武，尤荒莽无垠，城沟深至二三十丈，沟外时有凸凹，此为古大战场，疑战事之遗迹。入长武南门，馆小学校。长武为古义渠戎地，县南十里有宜山，北十五里有神龙山，唐李华《吊古战场文》即为此地作。余幼时好此文，今亲至其地，殊自幸也。城有隋牛宏、明景清故里碑。邑宰高炳晨仙亭送酒菜，夜饮。

大佛寺有张世英集《诗经》一联云：“匪居匪康，古公亶父；攸介攸止，西方美人。”是日得诗三章：

邠州水帘洞

石室何玲玲？千户复万牖。纵横肖梁栋，凸凹若杵臼。
因形为方圆，巧俪互奇偶。疑古洪水时，施彼锥凿手。
青光寒荧荧，龛灯照林薮。细窦乳泉飞，深隙尖风吼。

明岨山大佛寺

万佛飞花雨，如来示法身。镜中光满月，物外国长春。
暗壁青莲见，阴崖白鸽驯。扶窗成远眺，泛水自鳞鳞。
大乘西来后，初唐建寺年。名侯知护教，国手擅神镌。
贤劫沙尘数，须弥指爪尖。法华今未散，趺坐看桑田。

十四日，六钟行。出长武西门，微月迷濛，晓气较寒，十里至十里铺，北有浅水原，为唐太宗破薛仁杲处。又五里至白杨坡，过此入甘肃泾州界，自潼关至此，行陕西境七百三十五里。又五里窑店，蒸肉与馍俱佳。又三十里至高家凹，饭。又三十里至十里墩，西南曰太平关。自长武东，道俱平坦。长武原至是始尽，曲折下坡，其旁有山，曰天镜山、笔峰山。又十里至泾州，经凤翔坡、七里台、三里台，坡甚陡，馀雪甫融，泞泥被道，碎石磊磊，马易蹶。将近泾州东关，益险峻，土山数十丈，壁立左右，上露天光一线，阴森逼人。入南关时，离关咫尺，始见关门。关内道仍险滑，令人魂悸。泾州为甘肃门户，宋讨西夏，倚此为重镇，韩、范诸帅悉屯此。南关尤为天然锁钥，奥折峥嵘，不减函谷，但函谷为石山，而此土山耳。土山剥肤赤裸，能森森剑立，绝无依附，亘古不仆，固是一奇。至其形状诡异，或上突下凹，或东畸西耸，怵目不穷，深壑大沟，近临足底，两山离立，通以土桥，固南方所无有也。窑店以西，杨柳夹道，延绵不断，道亦平阔，树为左文襄公所种，由此直至新疆，万里浓阴，春风披拂，伟人毅力，竟能转移造化，此亦为吾国所无。张文襄江宁种柳，视此如小巫见大巫矣。其禁盗伐官柳之榜立词甚雅，云："昆仑之险，积雪皑皑，杯酒阳关，马嘶人泣。谁引春风，千里一碧，勿剪勿伐，左侯所植。"连日道中见明驼结队行甚多。泾为商阮国，《诗》"侵阮徂共"，即此地，秦为义渠地。同治七年，回匪由庆阳围城，道员黄鼎击却之。城西南里许为弇山，南二里为嵩山，北五里为兼山，西北二里许为回山，即共山，汭水出西北，于回山侧与泾合流。今日早阴，午晴。夜饮，知事张文泉馈晚餐。

十五日，进泾州南门，渡汭水，过回中山，三十里饭王郙，又四十里宿白水驿，属平凉境。泾州城小，有南北门，无东西门，缘山而城，道路之不洁与渑池相伯仲，而畸侧过之。泾昔为直隶州，今为二等县，疲敝如此，吏治之弛可知矣。初出泾州城门，渡汭水，见一山居泾汭之中，岿然独秀，即回山也。群山环绕，二水襟抱，冥濛晓日，微烟乍销，馀雪犹白，形胜佳甚。有碑云古瑶池降王母处，周穆王、汉武辙迹所经，秦始皇亦曾过此。《志》称山有大佛洞，中架飞阁，万花回护，稚桃乔木，掩映成阴。上为王母宫，瑶池在山之阳，泉出石窦，滴沥如雨。其傍峭壁，色黑如铁。余游大佛洞，佛像亦凿崖而设，与庆寿寺同，亦作趺坐状，金容已剥。缘壁右转，复得一巷，曲折，入其中，两壁黯黑，微露天光，阴森欲绝，细审之，皆佛像也。转至大佛壁后亦然，更左转，则瓦砾填塞，《志》所云绝阁已圮，不可登。佛像亦荒朽断缺，有仅取佛像首嵌壁间者，然皆古朴，疑亦唐制，与庆寿同时也。出洞后，视其上尚有二层，无路不可登。补山独游王母宫，余停车候之。至二钟许始下，云上山时路陡绝，攀援几蹶，乃循小径，不知此外固有坦途也。瑶池乃山泉流注，甃石为方池状，与《志》合。王母宫因回乱被毁，今仅馀神庙数间，碑刻犹存，宋僧梦英小篆工雅，称最有（此处有阙文）。平回时张守备挈一妻二女，贫老居此。烹瑶池水饷补山，饮之甘冽。张云昔有降真树一株，奇绝，由根分二干如二指骈立，皮黑而里青，无枝无叶无花，不知何代物，同治五年亦因乱伐去。兼山有共池，山下海印寺一名水泉寺，《志》称密康公侍周共王游此，有三女奔康公，康公纳之，不以献王，其母曰："兽三为群，人三为众，女三为粲。粲，美物也，汝何德以堪之？"康公不听，未一年而王灭密。又，陈平墓亦在此间，余以道远不及登眺。至王村时，值庙市期，人颇繁盛，然皆见男不见女，不解何故，疑其民男多于女也。风气固陋，与秦豫同。白水驿市民尤繁，竟见仿西式制造房舍，云学校也。沿途坦平，远山渺绵。平凉县知事徐培华遣人至此，饰行馆，馈晚餐。今日行七十里，实有九十里。

发泾州

泾州斗大城如瓮，尘外迷濛万柳红。
泾汭双流回报处，共山如鹤弁如龙。

冈山王母宫

青鸟去不返，黄竹古堪哀。骏足周王倦，铙歌汉帝来。
弥弥池水活，岁岁野桃开。谁问长生术，繁霜鬓上催。
惝恍仙灵事，寰中竟未知。美人鸣佩玉，清昼下灵旗。
地志昆仑略，山经思物疑。西方遗族古，佳字证戎夷西王母疑古族名，戎夷皆美称也。
我游共阮国，最爱古回中。水气嘘微白，山肤剥嫩红。
濛濛烟欲散，皑皑雪方融。别有苍茫意，明驼负峭风。

回山大佛洞

空山阒寂无人声，危岩峭壁撑穹青。
俯身侧足乃得入，蹊径徙绝横荆榛。
金容朽剥缨络委，蹴踏龙象无完形。
枯藤纠缠鬼臂窘，细雨润滑蛟涎腥。
盘旋数折更幽异，荧荧一隙嘘纤明。
手扪不复辨点画，阴墟炳烛谁题名？
飞瓮架阁已颓谢，瓦砾梗塞荒鸡行。
大法千年有兴废，唐人重道翻真经。
一时造像臻绝妙，元魏石刻留模型。

中原无事物力富，雉飞凤举腾空冥。
昙花遽落劫火至，遗制兴得瞻荒陉。
悄然出窦自愁绝，深壑更听鸺鹠鸣。

夜有演影戏者，往观之。剪纸为人物，蔽灯，幕中取影，能作止，佐以丝肉，亦洋洋可听，此固中国之影戏也。妙在兼色与声而有之，劣在纸像粗小不肖，又不易变换耳。

十六，早六钟行。三十里至四十里，饭，又行四十里，至平凉府，宿行馆。沿途柳林犹多，道更阔，绝似沪上之驰道。道旁远山如龙，矫绕不绝，自空同与回中相接。平凉为古泾阳，昔为府，今改县。唐贞观三年浑瑊与吐蕃会盟被劫处。东关市廛最繁，为全城精华，所聚约四千馀家，城中居民三千家，陇东观察使驻此。现观察使为王学伊，字半山，山西人，辛卯举人，壬辰进士，以士事改直隶州，来陇迨二十年，甚悉陇事。午后来寓谈，王君言甘省陇东一带汉民七而回民三，陇西一带汉民六而回民四，南北各路错居不等，亦有县分纯为汉民居留，无回民阑入者。回民悍鸷，以禁食猪肉，与汉民不相能，故彼此不通婚姻。回族中之教师名阿浑，其族听命至谨慎，有大兴革，官府文告不能动者，得阿浑一语立办。去年禁种鸦片，稍收效，亦得阿浑力。惟阿浑类竺，旧不知新政学为何物，殊不易得其力，官于甘者以能调和汉回为才，回之自获其族团体至圣也。又言前岁军兴时，升允在此募军甚亟，有言能成军攻西安者，即命以行，号数十营，尤重视回军。其时库款仅百馀万，尽出以供饷，不给则百计搜括，然甘素贫，巨款不易集，故欠饷甚多，沿至今日，全省所入不足以供饷，欲裁军必须先补发欠饷，欲发饷非二百万不可。此所以甘肃都督所以告不敏而求退也。又言军署中汉回各半，势力尚相当，然欲改练陆军，汉军人尚有赞同者，回军人绝反对，此亦掣肘之一端。余意调和汉回必以开回民文化为急，长官必不容稍有畛域，一视同仁，开诚布公，积渐既久，乃能泯去前隙，用其猛鸷耐劳之习，驱之于实业，牖导其知识，未始不可跻于大同。若推波助澜，或容忍委靡，将来皆可酿成大患也。

勋老捐六百金于华清池，建精舍数间，为拟数联云："宫烛话骊山，水石精灵，犹留得唐代花魂、秦时月影；春风回陇坂，湖山润色，应记取将军读书、幕府传杯。"又云："往事一吁嗟，何处寻天半飞虹，犹省识秋来明月；名泉八功德，且留得几间精舍，待归来再浣尘襟。"又云："烟月太模胡，往事已随流水去；林泉新点缀，此心犹是在山清。"又云："罥火炊珠，空潭泻玉；轻阴贮榭，媚月窥帘。"夜微雪，王观察招饮，炮鸭甚佳，久不饮南酒，倾觞称快。王赠《黄龙碑》及《渑池五瑞图》，云得之成县山峡中，石壁高陡，不易锥拓。又赠所撰《董福墓碑》拓本。积劳疲倦,怯寒类疟,服金鸡纳霜。

十七日,阴。住平凉,由陕西来之车夫,渑池人,极陈困苦,愿早回豫,其马亦瘏,前阻六盘山,驴蹶踬,因函请王观察转求平凉县知事徐培华为易车,由吾等自给值。徐已允矣,余与遂初等因属车夫回渑,乃为县衙役所扣留,往返数次终不令行。王观察又与手书放行,终为县衙门丁所阻,后其门丁来见,目肆而言狡,再三与言,乃幸见许。顷车夫又来言,车肆仍奉门丁谕不准行。不得已乃以一兵护之出城,门丁如此,我等之见厄且如此,其民之呼号无告,当不知更何如。闻此次县中扣车二十馀辆,得贿则释放,无贿则驱以应客,多肌(饥)马敝车,山程危仄,客之生命固非所计也。

王观察言甘省素为受协省分,未光复时协饷约四百万,新疆得其七,甘肃得其三,年约一百四十万。光复以后,此款停止。计全省地丁每年只二十九万,关税每年八十馀万,粮每年二十馀万石,此粮乃存常平仓,合计常苦入不敷出。去岁,定县知事公费,以称馀归公,于是各县上缺,如秦州等每年可入四五万金者,亦涓滴入,省库每年增进款三十万,仍不敷也。故官俸皆七成发给,官吏甚困。其实甘省利源甚多,如皮毛一宗每年商人可十馀万洋,洋商藉半口子税执联单入境采办,津商、陕商争附之,值由彼定,漏卮甚多,若设一大公司,翕合以对外,为利甚巨。如西宁之猞猁狲,有葡萄嵌者为最上品,在西宁只售银二十馀两。一件寻常羊皮直只五六两,较之北货已甚佳矣。宁夏滩皮最为奇异,滩皮即羊皮,因有特殊之水草饲,亦有旧法多饲草,少饮水,赋之细沙上,不令见泥滓,制皮须用牛乳,手工甚细,毛长六寸,皮薄如纸,一裘之需,卷之可由窗孔出入。皮以十三道纹为最佳,纹为中品,极为轻暖,值亦止三四十金,此为甘省特产,他处无之,购求者至众,殊难得也。此外,狐貉多不可计,毛亦大宗,恨无人纠集此种公司耳。又言甘地每亩只纳制钱六七十文不等,甘地共分三级,隐匿极多,山地隐十分之七,坡地隐十分之六,川地隐十分之四,清丈不易。若加收附加税,每亩十钱并不病民,而巨款立集。其言如此,存之以俟参考。陶葆廉《辛卯侍行记》言,同治二年春,陕回由汧陇小道入甘,甘回四应。二月,围平凉。四月,总督熙麟遣军来援,中途失利,知府和英等死焉。八月,平凉陷,先是教谕王汝揆议尽撤城外民居,为绅士所□,贼果伏屋内掘地道陷城。汝揆与知府田寿增等并陶二年、雷正绾复平凉,四、三两年再陷再复。回乱时杀戮极酷,今居民言之犹栗栗也。笄头山为泾水之源,过空同山,□诸水于瓦亭,然瓦亭水小,故泾源必属之笄头。空同在城西三十里,为黄帝问道于广成子处,张伯魁《崆峒辨》云:"宇内有七崆峒,汝州、蓟州、肃州、狄道、西和及平凉也。"以为黄帝、广成之迹者,惟蓟、汝与平凉,蓟无前证,《庄子》言黄帝游襄城,问道于空同,后人遂以汝之空同为真,不知《史记》言黄帝西至崆峒,登笄头。

汉武帝慕黄帝之事，西登崆峒，出萧关。笄头、萧关皆平凉境，则遗迹宜在平凉也。陶葆廉言黄帝迁徙往来无常处，无论汝、蓟、平凉，皆其辙迹所经，不足深论，可谓达矣。今山香火极盛，春间居民祈福者麕至。补山极陈空同之胜，云为陇山之最奇者，欲往观，为雨阻。

昔年，陇中物价甚廉，平凉米四十斤为一斗，售银一两五六钱，兰州米一百二十斤为一斗，售银五两馀耳。挈家住兰州者能俭饬，每人每月只须银三四两，食用已足。麦粉每斤值只三十钱一斤，各物俱廉，惟绸缎洋货较贵，近数年来乃迥不侔矣。《平凉府志》称民风俭朴，好驰射，能耐劳，讼狱甚少，耻为盗贼，故虽道路遥远荒漠，无杀人越货之警，此可嘉也。

王君又言，省中通文学者，首推前翰林刘尔炘，字晓岚，腹笥甚富，近为中学校教习。又慕寿祺，字少棠，骈散俱佳，近为都督府秘书。又财政科长郑贤焆，字彤阶；前省议会议长杨思，字慎之，俱本省淹雅之士。财政最熟悉者郑锡鸿，字云阶，以资格低，近为科员，有综核才。又四川人傅宝书，字玉森，亦能文，名甚著。又宗室善某（余忘其名），前清知府，今独居空同山，赋诗饮酒，胸次殊佳。陇东观察使署财政科科长徐宗铎芰舟，浙江人，来言前年光复时，升允为陕西巡抚，长庚为陕甘总督。升字吉甫，人称吉帅。长字少庚，人称少帅，皆旗人。陕西响应湖北，最先杀旗人，亦最酷。升乃来与长谋，招募回兵并率甘省练军，分三路出师攻陕，升允督师，从中路行，陆洪涛、张行志分将二路兵初出泾州，与陕将张云山兵相拒于长武县东七里之冉店桥。长庚气已馁，为书致军中，云设战败，即坚守泾州之夹道关。夹道关即泾州关门之隘道，甘肃门户也。陕军发长武时，即断桥梁，绝军士反顾。陕七营，甘三营，众寡亦不敌，初以为陕必胜，甘必败，乃甫一接而陕军溃，甘军乘胜力攻陕七营，歼马尸骸人山，尽以填土沟。升允进军时踏尸过，马悸不前，乃用浮土掩尸，陕军遂锐退。后知陕所以败，因被取募七营皆哥老会匪，未经训练，募至即驱以西，并不解发枪，而甘军则练卒也。后升屡攻乾州不克，乃严令陆鸿（洪）涛剋期发醴泉，时陕兵屯乾州、凤翔，互为应援。甘军拔醴泉，则可出隆武县之马嵬坡，断乾、凤交通，截其饷道，而醴泉城守亦严。陆鸿（洪）涛者，由学生出身，精炮术，既至醴泉，周观形势，侦知城中火药贮东门城楼，乃于二里外客店驻兵，洞墙二孔，于墙内测量，置开花炮，阴勒兵伏西南门，令俟东门火发，城兵赴救时，潜梯城而登，陆乃亲燃炮，果一发中城上火药，城遂破，陕兵乃益不支。甘军抵咸阳，购皮船，将渡渭，而其时共和久成，甘军亦不欲战，回军将领马安良至乾州，后复阴受张云山书，虽随行，颇观望，不力战。长庚见北电日数至，知不可终压蔽，乃电召升允回甘，尽撤诸军退。授印赵维熙，与升同赴西宁，长入京，而升至库伦，战事遂罢。去年，升复致书甘省，图煽动甘军，亦无应者。陆克醴泉，乃阴历十二月三十日定谋,正月初一拔城,将略甚优,惜以饷拙不能止劫掠,故咸阳以西一带被蹂躏至苦,今陆仍在甘统兵,张行志任陇东护军使,驻平凉。甘省护军使二:一驻宁夏,兼宁夏将军,现任者为马福祥,回族也。

前财政司长今被逮,入都之。田骏丰,甘肃人,以受知于岑春萱,入岑幕府,得知县。离岑后需次于某省,郁郁不得志。光复后回甘,乃彼举箢财政人甚刻酷,综核极密,又与周务学等首倡排外风,大逐外省人之游宦于甘省者,以故今甘人官于本省者较多。

十八日,微雨,住平凉。早,孔少轩招饮,谈析甚快,即在孔处候勋老。午后,勋老到行辕,将夜,再往勋老处,并候雨苍、若木,出示《大佛寺诗》,甚倾服。

十九日,微雨,住平凉,夜雪。平凉烟禁极弛,城内鬻烟者数十家。泾州禁种则较严,甘民以烟为命,骤难禁革,闻今护都督张炳华前在甘省任知府时,其属金县烟患尤烈,乃请于总督长庚,亲出乡,以严法禁治,乡民匿其丁壮,萃老弱妇女数千人,环其舆哀诉,一家恃此一亩地温饱,若禁种,全家槁毙。张不听,拘其壮丁,将杖之,群妇女大噪,捽张下舆,大捶击,张受重伤返。今年,张护都督金县,州之民大惧,乃合境不敢留一烟苗,亦一快事也。合计全省罂粟最多之地,惟武威、张掖、古浪县之大靖镇及碾伯、靖远县、宁夏中卫等处,陇东出较少,故禁种亦较易,最难者,惟甘、凉。欲禁种必先教令植他物有厚利者,惟种麻,利最大用最多,且不惧烟毒,似最相宜也。革种烟之地,骤改种他物,多枯瘠不蕃,越岁乃复初。

甘省物产最著名者,兰州产棉烟、青烟;中卫产枸杞;镇番产苁蓉;甘州产头发菜;循化产大黄;河州产当归、黄芪;固原六盘山产党参、野术;甘州及高台产大米,高台之乌江堡大米尤佳;西宁产鹿茸、麝香、猞猁、狐皮,鹿茸不如关茸佳,高数尺许,亦以毛龟微黄者为上品,全省以西宁为最富;宁夏产滩皮及红花、破故纸,又产牛乳皮,俗名奶饼。至羊皮则东西北三路皆产出,但其利专于洋商。又甘肃产褐布,用羊毛绒织成,以作雨衣,甚佳。又产毡毯,毡甚贱,土人以之代棉毯,产青海、宁夏,青海尤佳。余见一大者纵横丈馀,华美不减欧制造也。全省金矿曾经开采者,肃州之全佛寺、甘州之梨园镇、碾伯之药草台,及大通县大通矿尤富,不专一地。又固原云梦山之卧羊川、小红岘有银矿,亦曾开采,以攘夺杀人封闭。以上或采未得法,或用非其人,只见小效,若整理之,俱不难致厚利。西宁蕃部金银矿犹多,以蕃民惑于风水多未开采,须临之以威,导之以利,乃可从事。蕃民喇嘛极多,其聚处曰喇嘛招,其首领曰昂锁、曰勘布,一群之事奉之,权力极大,有拉不朗寺者集喇嘛至数千人,亦皆听昂锁、勘布之一言也。

甘肃之青海直可谓封闭,至今尚未开辟者。青海办事长官日安坐无事,亦无策可以兴作。余谓甘省患兵多，裁撤不易，何妨驱之屯垦于青海耶！又青海岛中有海心山，四面阻水，中居喇嘛数千家，不用舟楫，不事耕植，冬季冰合则履冰出海，尽输其皮革易麦豆入山，以供一年之食，春夏秋则不与外人交通，安居而诵经，是亦一世外桃源也。闻之令人神往。夜雪。

若木见示《次勋老韵游大佛寺诗》，序云："无明业海，自起波涛，罪性本空，放下即是，人身难得，正法难闻。因用前韵，赋赠勋老。登山临水，未始非助道因缘也。"诗云：

原无来去去还来，不滞山隈与水隈。
过眼浮云皆有漏，自心明镜本非台。
何愁白业重重峻，闻说玄关处处开。
旷大劫成生死事，莫教容易再徘徊。

若木深佛学，雅好苏诗，随缘说法，遂俊逸如许，真长公入室弟子矣。和若木诗一首：

和蒯若木大佛寺诗用原韵

顿圆五教阐如来，稽首慈航弱水隈。
一切有情皆性海，本来无碍是灵台。
眼前法雨纵谁见，心上祥莲乃自开。
现宰官身由夙行，大功利物莫迟徊。

二十日，阴，住平凉。护军使张君云亭行老招饮，馔甚丰。夜，走别王平山。张君席间极陈其战功，云在甘省近四十年，去年陕西冉店桥之战最烈，大小二十馀战而至凤翔，以旧械敌十倍之众，亲立战线督攻扼要，不轻发枪炮，发必命中，乃能制胜也。夜不得寐，非常劳瘁。此次战事诚属一大劫，中炮者俱火发焚衣，乃向来所未有。又言光绪二年从征新疆时，竟日奔驰，夜宿必掘水乃得饮。其时一碗泉新道未开，尚行十三间房旧道，经风洞，遇危险万分，风之小者亦能驱斗大巨石，飞击马首。有某参赞赴新疆，带眷属、从官、兵役，共车一百馀辆，经风洞被宰，杳无踪迹，仅一小婢得免，已吹至八站以外。又有饷银十数车，亦吹灭无踪。十三间房者，其地有石房十三间，以一夕吹去，故以此名其地也。张诚为□健，年六十二，精悍之色犹见眉宇间。

二十一日，晴。早七钟行，出平凉西门，望空同山积雪连连，其西峰平入冕□，蜿蜒而东，连山崇峻。住平凉四日，乃以雨雪未得往游，殊以为憾。途中柳枝枯秃，于树隙枝凹窥见积雪，景物至佳，雪后无尘，尤为爽朗，但晓寒殊甚，狐裘重袭，手指不温。四十里，饭安国汎，又□安口镇，美山□析，竟日俱行山中。三十里至萧关口，即古佛峡，又名三关口，有吴清卿八分书碑，古意渊穆，有汉人摩崖意，而去其畸斜，加以质朴，洵属高手，近人中不易见也。碑言光绪中魏光焘驱兵役开道，共四万馀工乃成，望旧道乃在山半，险阻可知。萧关口又有碑书“董少保故里”，董近家固原金佛，陕亦固原镇，树碑于此，殆董福祥微时故居也。又有杨延昭庙，即剧曲中之杨六郎，香火颇盛。出三关口，两山回抱，重岭叠扼，一水泠泠，然山皆石质而戴土，北山有佛龛二，又石壁上有“峭壁奔流”四大字，又有“山水清音”四大字，此种境在吾徽数见不鲜，而在西北则为奇特，因石山少耳。又吾徽以清芊腴秀胜，此陕则更觉幽寂雄奇，石色纯青，千状万态，皆具古色。又行十里许，过一小岭，下车步行，少轩借马，令骑马背看山，至为清迥。望六盘浩浩一白，如在天际，山石碎纹，近逼沟涧，如颓垣败墙。夕阳熹微，约五里许抵瓦亭泛，瓦亭为唐与回纥分界处，墟市尚繁。夜宿左文襄公故堡，旁驻有防军，董福祥之孙名恭字子敬来见，年才十七，风貌甚都，已加陆军少将衔，统领甘肃威武军补用观察使矣。六盘山实不止六盘，约十八盘，洪北江日记作“乐盘倭”，文端谓即古之终盘，《山海经》称“高山”，《汉志》谓之“都庐山”，《三秦记》：“陇西其坂九回，不知高几里，欲上者七日乃越。”其上有清水四注，俗歌云：“陇头流水，鸣声幽咽。遥望秦川，心肝断绝。”殆即今六盘山也。瓦亭，古称陇坂阨塞，《水经注》：“陇水出陇山，一西流，经瓦亭南；一东南流，经瓦亭北。二水合流为瓦亭川。”隗嚣闻略阳陷，使牛邯守瓦亭。欧阳修为《尹源墓志》，载源遗大将葛怀敏书云：“元昊攻定州，不宜救，宜守瓦亭。”南宋吴璘使子吴挺破金兵于瓦亭。古来置守备战，皆扼此寸土，亦诚据天险足为藩蔽耳。平凉以西至此为一大关键，或言牛邯所守为秦州，非此地，因秦州即古略阳也。夜饮。瓦亭属固原，固原县赠饮，马背得诗一绝：

瓦亭

荒凉古驿晚停鞭，薄霭衔山落日圆。
欲丐倪迂残墨写，乱鸦寒树瓦亭川。

又《寰宇记》引《水经注》云：“泾水经都庐山，内有弹筝之声，因名弹筝峡。”或谓在萧关口东五里许，蒿店左近，未知孰是。

二十二日，晴，早八钟行。瓦亭出西门有大道。由固原过海子沟至静宁州，当六盘山路未开以前，往来皆经此路，较六盘山路远五六十里，但海子沟山水交汇，屈曲作之字形。积年冲塌，车行时有覆蹶，近已废而不由。余等启行时,孤车稍后,误出西门,行三里许至和尚,饭。天寒甚,狐裘不温。春初而室有炉火且如是,彼严冬鏊兵旷野者,真须堕指裂肤矣。和尚铺有湘人鬻米饭,得饱餐。此辈皆是从左文襄来,退伍不能归,遂营业于此。和尚铺左近并无鸣泉声,知弹筝峡当在蒿店也。出铺即六盘之麓,纡徐而上,路甚平,以雪融泥滑,余马屡箠不前,只得与补山下车行,愈进愈陡,积雪弥目,众峰森森露秀。扶杖强进,可四里许,抵庙完坪小憩。登山之程只及半,更上则盘曲愈仄,迎面陡立,绝似吾乡之新岭、若(箬)岭,高度胜新而逊箬,但彼乃石级不滑,虽不通车,人行可徐徐而登,绝无危险。此则浮土覆石无级,若晴霁土干,马蹄著力亦非甚难,一经水滑即寸步难上。同行各车合并,以十骡曳一大车,以四五骡曳一轿车,车夫五六人持箠夹立,号呼一声,鞭策两下,骡马则数步一踬,颠倒洼中,跛蹣以行,仍数十步一息。遇陡绝处,十马蹶其五六,则车即倒曳马而下坠,车夫必先以小横木妨轮以免此险,然极陡处横木亦不可尽恃。每遇一盘,其回旋处车轮踞崖端只尺许,令人心悸。余疲不能步,只得附一大车行,心胆欲裂,有时瞑目伏坐而过。又四里,抵山顶,大车无幕,得纵观瓦亭诸山,雪消及半,微云漾之,如群龙戏海,中翘矫起灭,诚一大观。盖六盘山为陇山北干,北接贺兰,南通积石,余等所经,非其极高之峰,前后左右奇峰耸立,故登高一望,魁奇皆见也。山顶有木坊二,题“六盘古寨,陇干锁钥”,陶勤肃建,旧有“峰高华岳三千丈,险据秦关百二重”一联,今已无有,有屋数间,题壁诗甚多,虽不工,皆怀其父母家室,述羁旅之情,观之怦然心动。补山由小道上山,与王魁元偕。魁元言,至峭壁旁,下临无极,不能驻足,几欲痛哭,幸得横径通大道乃免。补山则冒险由小道至绝顶,足力胆力俱胜矣。山顶小憩,已下午。余车尚未至,留补山待之,扶杖下山,里许,滑极难行,适一土人来,佣之扶曳。又里许,即扶曳亦不能行,正旁皇无措间,幸炮队书记官陈君国钧以车至,让余坐车行,下山路较上山路尤峻,至山麓,宿杨家店。是日,名三十五里,实只二十馀里,而同行之车得过山者尚未及半。孔少轩坐骡轿,云上山误循小道,轿覆,幸为柳树所阻,不致坠涧底,此当追谢左文襄也。下山时,骡轿一步不能行,用兵役十馀人舁之,并步行,始脱险。盖上山宜骡轿而下山宜骡车,细较之,终是骡轿较险,过水时骡轿尤极险,吾谓与用轿宁用车也。夜深,补山始乘坐车至,肌(饥)疲交迫。六盘山顶为固原、隆德交界处,史称元主因征西夏避暑此山,今唐六盘关及元安西王清暑楼遗址皆不可考。杨家店表里皆山民,甚瘠苦。

二十三日,早九钟行。十五里至隆德县,宿行馆,休息一日,途中数渡涧水,其北为红庄子山,其南为状元山,莲台山有莲花池,温泉也,不甚著名。陇山旧称多风穴,盖虫蚀土裂而风入之,遂成穴。隙积久或至崩推,若在道旁为车辙所经,尤为危险,稍不留意,每致覆车,以余日内所经,此险尚未多见。惟陇山一特色，则土石青红斑驳，间有黑黄色，残雪饰之，五色相鲜，最为可观。六盘乃石骨，石甚嫩，覆土亦厚，馀则土山居多，俱宜种植。旧称避暑，林木必繁，乃连日所见，各山皆童童然，不垦不植，民惰而弃地，宜其贫也。又其妇女缠小足二寸许，终日居暖炕，倦则眠炕上。车行过苹窦，数见妇女乳儿昼眠，偷怠如此。此亦其致贫之一因。暖炕不习易致病，同行人有眠暖炕者，辄不适。隆德古城戎地，秦属北地郡，汉为月氏道，属安定郡，明属平凉府。城北有好水河，西至静宁州，汇于苦水河。宋庆历初，夏人入寇，任福等御之，大败于好水川，即此地。城旷其半，居民只二百馀家，与永寿等，无志书，地极贱，每亩只值千钱，羊一只亦只值千钱。县知事某君云月俸只百馀元，佣一人供书写，公文皆自办，清苦可知。《辛卯侍行记》言庆阳府交通不便，移粟出境，运价倍于粮价，谷贱伤农，民重钱轻谷，用以饲豕，不知储积，一遇岁歉，外米不来，相率饿殍，至可伤悼。余谓陇右一带盖情形略同，必须速筹交通，以舒其困也。

隆德县抄来《甘省岁入岁出约数表》

入款

——地丁杂赋二十九万馀两；

——茶厘五六万两；

——各项统捐七十馀万两（无定额盐捐二十万，大布二十万，烟□七八万两，百货九万，其馀均属零星收入）；

——盐税、矿税、当牙、契税等项四五万两（无定额）；

——粮草变价十馀万两（无定额，此系征草变卖）；

——官业、磨课、生息等项十馀万两（无定额）；

——牲畜税包规十三四万两（无定额）；

——各项盈馀十四五万两（无定额，即州县银粮所馀）。

通计岁入约一百六十馀万两。

出款

——行政费减成支给五十馀万两（行政公署、各观察使、各县知事）；

——军政费一百六七十万两（经营旗营、防军、新军）；

——统捐各局卡经费二十馀万两；

——教育经费六七万两（各学堂）；

——巡警费十三四万两；

——官业支出十万馀两（如织呢局、劝工厂、公报、石印、官银、钱局之类）；

——工程费二万馀两（各街门局所岁修）；

——司法经费一万二三千两；

——零星杂支约十馀万两（如邮电、喇嘛、土司、赈邮及西宁办事长官之类）。

通计岁出约二百七八十万两。

出入相抵不敷百万左右。去年有土药罚款、契税，藉资弥补，今此两项已归乌有矣。

二十四日，晴，住隆德县。因车辆未齐，不能行。余另换三套骡车一辆，言明五日可到兰州，因与遂初、阅凡同行，改为六日，定明早起行。午，偕少轩等缘城一游，午后二时分见白虹如环，适当天中，其西南端欲贯日而过，日周有青红雪气拥护，似相格拒，至四十分时之久，始渐稍散。旧传荆轲刺秦政，白虹贯日。古人迷信殊不足道，此为雪霁之征，虹乃日光水汽与空气激射之作用，断无休咎可言也。

俄国台车之法，每四十里一台，台蓄良马十二匹，三马驾一车，车四轮，与京沪马车仿佛，可坐三人，容行李三四百斤，每一钟行二十里，到台换马不换车，彻夜可行，一周时二十四钟能行三百里至四百里，内留有饮食时间，以利邮政及行人，极为简捷。朱君清华建此议，于新疆已变通仿行。甘肃省城循黄河之宁夏，由宁夏至包头，旧议通浅水小轮以接京张铁路，包头抵归化只三日程，京张火车已至归化。甘省前年曾办有小轮一艘，由兰州装造下水，将至宁夏，即不能行，细询甘人，乃知黄河诘屈，险阻百出，沙游无定，断难行轮，似宜仿俄国台车办法直达归化，只十馀日可抵京，交通上之第一要策也。

西北有军事时，运量全恃驼，遂初言不如驴佳，驴日可行百二十里，能负百三四十斤，所食亦少，较马殆减半。余谓沙漠之地非驼不能行，自以驼为佳，若内地驼负亦较多。遂初言驼行不如驴速，存以俟考。

《辛卯侍行记》言：大员过境，自己约束仆存，已费心神，加以地方官派兵役迎送，却之不可，约束至难，大为苦事。此次勋老西来，迎者至众。

前日闻壮凯军二人在六盘山劫一旅客，得银两馀并些少零物，为护兵侦知拿获，送壮凯军统张君行志惩办，张即将二人枪毙。又余等此次西来，在豫西因覆车，伤兵役一人，折胫。在泰峪岭伤车夫一名，越日即死。六盘泥泞未伤人役，固万幸也。今日隆德知事雇骡马三十馀匹往六盘闻后站，又在瓦亭添雇骡马数十匹，行李大车始全数过山。

二十五日，晴，早六钟行。三十里至沙塘铺，夹道皆小山柳林，或断或续，戕贼特甚。林间驰道以久不修治，亦崎岖不平，有陷为深沟者。十五里神林堡，居民略繁，堡南有甜水河，出六盘山，经上峡口至静宁城南，汇长源河苦水。又二十里至司家河，过此入静宁州界。又十五里上峡口，一名东峡口，乱山回叠，甜水河经其中，低深至五六丈。车队缘山岸行，俯瞰河水坚冰未泮，磷磷一白,有如玉环。山岸曲折,犬牙相错,俗称七里十三弯,渡以土桥,径窄而险。宋新安王吴璘命子挺筑堡御金人,即在此地。又十里至静宁州,饭。将至静宁,山势开展,河亦深广,东关三里许有三忠祠,祀宋吴玠、吴璘、刘锜,道左有碑,书"三将军故里"。吴、刘皆陇干人也。祠有左文襄公一联,云:"力捍蜀秦,东浙犹延汉历;功在桑梓,西贼敢犯吾乡?"静宁城市修洁,居民当数倍于隆德,汉为河阳县,唐为渭州,宋景德初,曹玮筑陇干城,在今城东。玮,曹彬仲子,年十七知渭州,治军严明。元废陇干,改静宁州。城东二里旗鼓山,宋刘沪驻兵于此,防西夏,是在宋时称要塞,盖皆因东峡口之险也。今城则在山凹中,殊不可守,历观泾州以西各城,皆山城居多,甚者乃如在瓮底,以今日炮火之利,凭高下击,皆无能守之理。设有兵事,非扼险不足以置防,入陇所见,如夹道关、金佛峡及东峡口,皆为要地,六盘反不足言,因固原有间道,可舍之而他趋也。饭后出静宁西门,过长原河,横木覆土以渡,乃近日新设者。河出固原须弥山,俗名苦水,由北峡会城南甜水,下流,值秦安,会瓦亭川为陇水。三十里至孙家沟,中经祁家大山,过河后下一陡坂,极险,即渐升坂,经四长坂而至官道岔,为祁家山顶。复下二长坂,纡徐曲折,两旁土壁夹立,车行壁中,耸峻不如六盘,而绵远过之。辕驹亦疲喘竭蹶,幸晴霁泥干,不然其艰困不下六盘也。下坂即孙家沟,有食物、车店。复行十五里至高家堡,宿行馆。将至堡,日已落于柳树外,见炊烟溶溶浅白,缭绕山脚,绝似吾乡风景。今日共行一百三十五里,无风无尘,亦不甚寒。静宁锡(锅)魁味佳,能贮半月不败,大如盘,直五十钱耳。堡有响河,出会宁青家峡,过界守铺东南为排龙川,又东入长原河。途中见驼数百,又屡见风穴,大小不等,小者如盘如碗,口圆而润,在峭壁间,旁无痕迹,决非人兽所为也。六盘附近乃石山,无穴居者。隆德以西复见窑穴,闻隆德高家堡一带俗佚荡,有土妓,与豫西贫瘠同,而风俗不同矣。今日所见土山多顽钝不洼,补山戏字之曰"骆驼山",言其拙也。夜,补山外出,待久始归,心殊焦闷。

二十六日,早阴,午后雪,七钟行。十五里界守铺为静宁、会宁分界处。又五里石嘴岭,十里礶子峡,十三里清水河,五里倒回沟,即五里桥,沟水倒回,故名。又五里青家驿,饭。因雪,拟不行,以急欲抵兰,恐滞误,冒雪就途,二十里过太平店,即名饽饽铺。过桥即阎王佹。又二十五里至翟家所,宿行馆。今日所行,皆经山峡,虽不甚峻陡,而升坡下坡为数至繁,缘山以行,右依高埠,左临深壑,窄处仅容一车,如入画图中,俨然绝壁横行矣。道左时有缺口,去辙迹不能盈尺,万一逸轨,必堕涧底,行者俱有戒心。壑中倾侧畸斜,千状万态,有深至数十丈者,古称邱壑之美,又言高岸为谷,深谷为陵。东南平坦,有山无壑,陇山土质,故谷壑尤奇,呀然中□,土笋土壁,如墙如塔,其行迹变迁,亦较石山为易,此西行一大观也。途中复经土桥数处,皆左文襄公所遗,所见各山,亦有已经垦治者，复有数山，丛台错秀，如鳞甲，如水波。沿途村落萧条，惟青家驿、翟家所两处民居繁盛，俱有行馆，所用器具，较豫、秦乡僻，似反胜之。青家驿即古寒林关，旁有莲台、文陵、陡嘴三山，形势尤胜，历观此途，因山凸凹为盘曲，高下靡定，或深入山腹，或横度山肩，固节节可守，设关于此，盖居险隘之中也。夜微不适，因被雪风，且水苦病腹。今日为旧历二月二日，忆童时侍大父酌酒，为之黯然。是日作《寒林驿》诗并补六盘山诗：

寒林驿

陇头流水咽离心，旅梦迷茫不易寻。
偏是邮亭微醉后，满天风雪过寒林。
劳人心事忖杨枝，漫道春归两不知。
看到天涯三月暮，未分春早与春迟。

过六盘山

迢迢络盘道，曲曲泾水源。泠泠弹筝峡，清音一何喧。
呜咽不可听，离客肝肠翻。况复九回阪，凿云为闺门。
三朝复三暮，谁能为攀援。皑皑弥天雪，阳乌噤无温。
行者困泥泞，乘者忧掀辕。百蹶卧棰下，马喘无语言。
既怜我马瘏，亦悯役夫烦。出险自慰劳，馀悸犹镌魂。
作书报亲爱，破驿荒灯昏。

寄给女素雯

弱女亭亭偏肖父，蔼然温厚复权奇。
昏灯驿壁峭寒夜，梦汝涂鸦寄小诗。

二十七日，晴，五钟行。明星在天，尚不甚寒。入山峡升降，度土桥三，均名平政桥。最后一坡以冰滑并骖乃度。二十二里张成堡，其东北为金时西宁县地，下一陡坂入涧底，俗名会宁河滩，即汉祖厉河之上流，源出太平店山中，自翟家所来，河阔处十数丈，窄处丈馀，两岸土壁高峙，纡回盘曲，束河于中。冬春河流浅涸，水宽仅二三尺，作之字形，纵横于平滩中，车行乃与水争道，遇即涉之。涧长二十里，涉水至二十馀次，冰雪滑轮，泞淖没蹄，马力甚疲，谚称“七十二道脚不干”，两壁水痕高至丈许，想山洪大发时所留。车夫言夏秋间最危险，猝遇水至，时有覆没，山腰别有路，因土桥倾圮，前数岁每年由县知事拨银三千两修之，不久复圮，近二年无人过问，水涨即停车以待。此甘新通衢，任民政者似须留意。出涧三里，入会宁县南关，关外道旁有碑曰“麒麟冢”，明天启间所为也。会宁亦山城，汉安定郡祖厉县境，隋改会宁，金改西宁县，明复隋旧称，隶巩昌府。城中市廛尚整齐，惟尚未开市，不解何故。此间银圆易铜币只八十三枚。饭后复出北关，颇平坦，白杨甚多，行客多泐字题姓名。五里王家坡，五里杨家沟，十里鸡儿嘴。下坡入沟，沟宽十馀丈，左右皆高原，二十里二道沟口，入安定县境。途遇湖北饥民二十馀人，一女孩潘姓，年十二，足疲甚，哀求附载至西巩，许之。颇聪慧，沿途县名、山名，问之皆详对，并言父设蒙塾，以五年不登，随其母兄同出，父独留。心怜之，给以百钱。二十里宿西巩驿，行馆陈设颇完。安定县知事李连庆来谒。李字子珠，湖北黄安人。是日计行一百有五里。会宁以东山水凶顽，窑堡零落，其西略开展。至西巩又见大壑，壑中土壁尚峙败垣，盖本民居，因水冲塌也。二日水俱咸苦，途中见居民敲冰负以行，乃窖藏冰雪以待售者，封之以泥，水即不坏，每壶售钱数枚。

二十八日，晴，早六钟行。十里下陡坡，为宋家沟，有王公桥，乾隆时造，咸丰时修，横跨山涧，下石而上土，高数丈许。过桥即青岚山，又名大凉山，俗称清凉山。盘折而上，与六盘山相似，二十里登其巅，地名周家凹。余等托安定县知事雇牲畜三，得一牛一驴一马，余驾牛乃不须并骖，间以步行，不久已到，视六盘难易迥殊，犒以银币一枚。青岚为陇山正干，登巅一眺，积雪璀然，殆其主峰由此西行。循山脊二十里至坡头，山最高处也，山坡甚多，俱一升一降。车夫作俚歌云：“王公桥，不算桥，清凉山顶尚有二十四个马鞍桥。”谓山上下如马鞍。坡头略有居民，过此下山入山峡，三十馀里，曲而至平地，十里安定县，入东关。饭，未入城。安定为汉天水郡勇士县獂道地，唐为渭州西贸马之所，五代沦于先零，宋绍圣中泾原经略使章楶筑安西、通西、定西三城，属通远军。金大定中改为安西县，属巩州。元因地震，改为安定州，后为吕显所据。明洪武元年徐达帅师至，显归附，遂改为安定县。市廛颇类会宁县，不如静宁。饭后循葫芦川行十八里至十八里铺，又二十二里已昏黑，宿巉口镇。葫芦川为宋卢秉知渭川(州)遣将姚麟、彭孙袭败夏人之地。又刘石祚亦出此以败夏人。明洪武三年元将王保保据兰州攻安定，徐达、常遇春败之于沈儿峪，在城北三里，又大败之于车道岭。今城北三里有中山垒，能容千人屯万骑，遗址尚在。是日共行一百里。巉口镇荒僻殊甚，旅店主至不能具高几，其设食宴客皆设短几，于暖炕上为之，余等只得席地而饭。巉口镇外一河，夜渡之，甚险。

三月一日，晴，早五钟(行)，二十里至秤钩驿，居民数十户，屋制尚修洁，此地俗佚，土谚可证。出驿下坡，土山奇绝，尖如笋甲，离立如雁行，土肤如宜兴陶器，数日所见土山以此为最奇。过此即车道岭之麓，车道岭即小凉山，俗名大凉山子，亦陇山之一枝。有桥曰丰桥，余循小径步而登，赖一兵士扶掖，跻其半。五里打狼嘴，五里平滩岘，五里景家泉，为小凉山之巅，陡峻与大凉同，大凉、小凉微异于六盘者，六盘纡回而此径直，高度亦稍逊。登山一望，亦层叠皆山，但较大凉，逊其雄深。西望横巅亦戴雪，余等所经六盘、二凉皆于其平坦处辟路，非峰巅也。二凉风景较六盘为妍，山腰皆已垦治，如鳞、如舌、如布、如棋局。有平坡突陷一二圆窟，车夫云下有窑屋，通灶烟也。有平畦中独存数尺荒土者，冢也。过此亦循山脊行，亦一上一下，如大凉，所谓马鞍桥者独较少，仅十馀耳。而沿途民居较繁，有数村落，曰魏家窑，曰下岘子，曰高家聚，俱居山凹，畜牧为业，居民无老少，皆手捻羊毛为绳曰绒线，南方用以制手套紧衣者，此物也。二十里至白土窑，入金县界，下陡数百丈，质直不纡回，殊不甚险。十二里至甘草店，饭，甘草店居民甚蕃，为兰州一大镇，铺户百馀家，而精巧物品绝少。仍行，甘草镇至兰州二站，余等破驿，四十里宿夏官营，日已西没。大风，尘土扑鼻，至不可堪。尘起十步外不见人，中经屯军镇，为赵充国屯军处。车道岭为明徐、常大胜元人之地。今观其崎岖盘曲，马难并行，仰攻不易制胜，必别有间道袭围，否则积胜之威慑也。元兵善骑射而不能守险隘，诚两鼠斗穴中，将勇者胜矣。夏官营属皋兰境，亦无几无餹餹，出囊米，买水就炉火炊，席地食之，俨然行营风味。

二日，晴，早五钟行。下坡入河滩中，曲折渡水，与会宁河滩同，河道甚阔，乃西流入黄河。共行河中，四十里至响水。登岸离响水，十里许，水流入石峡中，石质槎枒，水缘之成十馀折，甚为幽异。久不见石山，得之豁目，石亦藏土中，得水刷始见。车行疑在岩滩放舟，而马则疲甚，《辛卯侍行记》言“大路循山麓”。经郭店子、梁家湾、金家崖、上官营等处，仍属金县界。可避去河道，询之车夫，乃坚执舍此无他道，并云春夏水涨时，峡中车行极危，殊不解其故。饭后复行，十里至桑园子，明肃藩种桑处。右崖下即黄河，为众山所束，深不可测。二里上坡燕儿湾，八里下坡东港镇，二十里至兰州城外，望见五泉山，道旁有理学名臣段容思先生故里碑。段名坚，景泰初请罢天下佛老。历任府县，俱改寺观为书院者也，他无甚表见。据《辛卯侍行记》，陕省至此一千四百三十二里，内自泾州白杨坡至此，行甘省境一千有七里，与余所记微有出入，则以里数长短实无标准也。入东关，折进南门，宿东升街祥泰店。由京至此计行四十三日。得父书一，伯龙书一二，叔良书三，素雯书一，仲楷书一，贯夫书一。发京信一，徽信一。

三日，晴。午后出游，也不甚适。伯龙自京寄《国权报》，阅之。得汪本楹审斋书。

四日，晴。迁内务司衙门，见司长尧城，诣吴霖生处。夜，叶文珏、裕唐、陈永煦、普仁来。

兰州城北黄河铁桥长七十馀丈，五段四墩，津浦铁桥约得二十分之一。闻用款六十万，以外报部三十万，外销三十馀万，可谓费矣。桥北登坡望东南山，积雪一白，如玉龙张爪，鳞甲灿然，山上有寺庙亭阁。下午，前教育司长马临翼振吾来，马湖南人，言三原大布捐，其敝甚大，岁可三十万，只报二十万耳。又言甘省吏治太窳败，亲民官太不肖，收税官尤甚，非极力整治不可。又言羊毛为甘省出产大宗，如设公司筹款可巨获，愈于他罗掘多矣。

甘省旧制八府六州，兰州府为省治所在，治皋兰县，县东门为金县、狄道州、渭源县，西南为河州，西北为靖远县，靖远县辖境最大。巩昌府在兰州之东南，治陇西县，县东南为宁远县、西河县，西南为岷州，东为伏羌县，西为洮州厅，北为通渭县、安定县，又北为会宁县。平凉府在巩昌之东，治平凉县，县南为华亭县，西为隆德县及化平川厅，化平川厅，直隶厅也，又西为静宁州。平凉府壤地甚狭，较兰州、巩昌尚不逮其半，惟平凉县为东来孔道，称繁盛焉。泾州又在平凉之东，州南为洼台县，西南为宠信县，北为镇原县，尤狭小而瘠，然为甘省东方门户。秦州在平凉之南、巩昌之东，州北为秦安县，西为清水县，东南为两当县、徽县，西南为礼县。阶州更在秦州之南，为甘省极南界，与四川接壤，其南为文县，其北为成县，地小而贫，山深箐密，南出阴平，即邓艾伐蜀之道。西和之仇山，绝壁峭拔，山中有池百顷，煮水为盐，晋末氐酋杨氏累世所据者也。固原州在平凉之北、兰州之东，其北为海城县、平远县，壤地反略大于平凉。庆阳府在泾州之北、固原之东，治安化县，县南为宁州，东南为正宁县，东为合水县，西北为环县，环县辖地最大，全府亦极瘠贫，较泾州为甚。宁夏府在固原、兰州之北，孤悬全省北隅，形如长舌，东北西三方皆界蒙古，河流贯其中，与兰州、西宁同，治宁夏县，县北为宁朔县，又北为平罗县，东南为洼州花马池，产盐最富。西南为中卫县，全府称富殖，贸易甚盛，以羊皮为大宗。西宁府在兰州之西，为青海门户，昔西羌所居，今青海办事长官驻此。青海额鲁特蒙古及阿里克等四十姓土司通市于府城，贸易亦盛，欲经营青海必以此为要地也。治西宁县，县东为碾伯，县北为大通县，全府辖地之广不减兰、巩也。凉州府在西宁之北、兰州之西北，治武威县，民物殷蕃，土地肥沃，为陇右河西诸县之冠，县南为古浪县，又南偏东为平番县，西为永昌县，北为镇番县。甘州府更在凉州之西，地形锐长，南界青海，北界蒙古，在全省地中可喻为长颈，以肃州为喉，以安西州为大首，以凉州、西宁为肺部，以兰州为心房，以宁夏、巩昌为左右胁，以固原、平凉、秦州为大腹，庆阳、阶州颇似左右两足趺坐，但无手耳。甘州治张掖县，县东为山丹县，肃州更在甘州之西，州东为高台县，极西则嘉峪关在焉。甘、肃二州地俱狭小，惟为出关孔道耳，安西州居甘省之极西，在嘉峪外，辖地甚大而尤荒漠，治安西县，东为玉门县，西南为敦煌县，敦煌唐经所出，玉门闻有石油矿，甚佳。旧制府、州今悉改县，划七道疆域，县制亦略有易。甘省各山脉，大积石山入西宁界后，别名小积石山。西倾山在黄河之南，山脉较积石山为短。岷山更在西倾山之南，起四川北界，江水所自出，山脉较积石山尤长。其东干入甘境，经甘州之北，洮州、秦州之南延绵入陕西秦州界，后别名朱圉山。朱圉山之东别出一枝为嶓冢山，更东乃接秦岭。又阴平山亦岷山之南枝，在阶州南，此甘省南界诸山也。祁连山西干南界青海，北界甘州、肃州、安西，延绵入新疆，其东干入凉州，南界为雪山，入兰州，北界为兴坦山，更循黄河之西向北行，东界宁夏，西界蒙古，为贺兰山脉，最长，此甘省西北诸山也。陇山在甘省之东，起兰州之南、洮河之北，为鸟鼠山，延绵东趋为二凉山，大凉山更东为六盘山，六盘分二干，南干经平凉复分二枝，一入邠州，一入秦州为岍山，北干经萧关，复于萧关北别出一枝东南行为桥山，此甘省东界诸山也。

水道则六盘以西诸水，如西宁之清水河、大通河、湟水，兰州之大夏河，洮州之洮河，皆入黄河。六盘山以南，岷山以北水皆入渭河，六盘以东桥山以南水皆入泾，泾、渭下流复汇于河。岷山以南水皆入江，岷山固江、河之分岭也。

六日，晴。叶司长尧城来看《国故论衡》，下午往看同年栾守网笑髯，未遇，见马司长振吾。

七日，晴。行李车来，照片亦取来。寄徽信一，内附四面碑照片，又孔子像、观音像。孔像送学校，观音像送报本庵。发京信二，附照片。发蔚文、荫森、冕之、子年、佩玖、检斋、仲楷、实夫、起群信各一。下午至财政司衙门外孔寓候少轩，尚未到，久坐而返，迁居后间屋。

由西安至兰州，车价伸缩无定，余等所赁大车三十三两（辆），轿车二十二两（辆），驼轿四十四两（辆）。兰州米价九两馀一石，合一百二十斤，兰人谓之一斗，馍馍每斤值钱五十六枚，银每两只易制钱一千一百八十枚，银币每圆易制钱八百八十六枚，当非足数，乃九二钱，每百钱只九十二耳。物价奇贵如此，殊可骇叹。询之土人，则云向本不如是，今遽贵者，以有地十亩八亩种罂粟，烟日多，谷日少耳。其他各物乃皆不贱，洋货、南货尤奇贵，市皆论钱，加以银价过低，生活正复不易，不至其地，无从知也。

八日，晴。勋老到省，军民迎候者至众，适得大总统电，令任民政长兼都督。甘省吏治久弛，民怨沸腾，命下，群情尤为欢跃。边省风俗质朴端厚，知爱重长官，尚易尚治也。夜饮。

九日，晴。得玉信、稚萱信、伯龙电。

十日，晴。发京一号信。至吴霖生处饭，诣少轩未遇，遇陆洪涛军统。诣雨苍、若木，未遇。栾笑髯来久谈。

十一日，勋帅接印，往贺。午后诣雨苍、若木处，栾笑髯处夜饮。汪承杰冠英送烧小猪二,不得已收其一。汪,黟人也。

十二日,晴。早诣孔少轩,饮醉,登五泉山。夜,雨苍、若木招饮。

十三日,晴。拟电至叶宅、蒯宅,霖生见招。

十四日,发家信一、京信二、芜信二。得京书,云芜事可望告成,一慰。马振吾招饮。草禁烟禁、缠足文告二。

附录:《调查甘肃矿产概略》

省会皋兰县,分会狄道县一、会宁县一、安定县一、漳县一、礼县一、伏羌县一、通渭县一、秦安县一、两当县一、西固县一、华亭县一、化平县一、环县一、安化县一、灵台县一、循化县一、酒泉县一。

公立农业试验场

皋兰县二、狄道县一、安定县一、陇西县一、徽县一、成县一、固原县一、张掖县一、山丹县一、宁夏县一。

官设工厂

皋兰县有省立织呢局一所、劝工厂一所、贫民工场一所,他县皆无。又省城有商品陈列所一处。

商会

分咨部立案及批令暂缓两种。咨部立案者,总会在省城,分会天水县一、西固县一、成县一、固原县一、静宁县一、平凉县一、西宁县一、碾伯县一、循化县一、武威县一、古浪县一、抚彝县一、张掖县一。

批令暂缓者,靖远县一、金县一、陇西县一、武都县一、中卫县一、金积县一、大通县一、贵德县一、巴戎县一、湟源县一、平番县一、酒泉县一。

金矿

靖远县一处,试采;金县三处,二处停一处开;西宁县四处开;大通县九处,开六处停三处;碾伯县九处,开一处,停八处;循化县一处,停;贵德县三处,停;巴戎县二处,开;张掖县一处,开;酒泉县一处,开;敦煌县四处,开;玉门县七处,二处试采,五处停。

银矿

狄道县一处,停;金县五处,一处开四处停;徽县一处,停;成县一处,停;安西县一处,停。

铜矿

皋兰县二处,停;会宁县三处,停;金县一处,停;徽县一处,停;碾伯县三处,停;会宁县三处,停;武威县二处,停。

铁矿

皋兰县一处,停;临漳县一处,试采;武都县十三处,开;两当县一处,开;西固县一处,开;成县四处,开;二处停;平番县一处,停。

铅矿

成县一处,停;碾伯县一处,开;循化县一处,停;湟源县一处,停;敦煌县一处,停。

煤矿

皋兰县五处,开;狄道县一处开,一处停;沙县一处,停;会宁县一处试采,一处停;靖远县一处,停;金县一处开,一处停;渭源县一处,试采;定县一处,试采;岷县一处,停;漳县一处,试采;天水县一处,开;清水县四处,开;伏羌县一处,停;武都县三处试采,三处停;华亭县八处,开;崇信县一处,停;海城县一处,停;平罗县二处,停;灵武县一处开,一处停;中卫县一处开,六处停;平远县一处,开;大通县一处,开;碾伯县一处,开;循化县三处,停;贵德县一处,停;武威县三处,开;镇番县一处,开;古浪县三处开,一处停;抚彝县四处,开;山丹县一处,开;东乐县二处,开;酒泉县一处,开;高台县一处,开;玉门县三处,试采。

石油

玉门县一处,试采。

硫矿

皋兰县一处,停;玉门县二处,停。

十五日,晴。游督署后圃烈妃祠,观左文襄公种菜处。登拂云楼,楼峙城堞,大河前横,四山环拱,气象雄阔,盖城中第一胜处矣。诣雨苍处谈。得星晓、运雯书。夜作《与星晓、蝶卿、运雯书》,不能眠。

十六日,晴。请吴霖生,宋之琛来见。夜雨,至雨苍处。

十七日,偕马振吾游金山寺,寺在黄河北,依山构造,飞阁周遭,曲折细碎,颇为幽异,层叠耸起,俯瞰黄流,群山罗列,俱在槛下。金城如斗,椽瓦可数。东阁为老子祠,西阁为神禹祠,有古刻岣嵝碑,佛像亦庄妙,惟糅以道家之说,诡怪杂陈,殊乖正法。马君指示城西高堡,云花梨营,回乱时,全恃此营扼守山口,堵塞西路,甘城势居瓮底,不足守也。今犹驻游击于此。河流怦湃有声,白云在天,生人乡思。夜草《禁缠足令》文。

十八日,早诣少轩,饭。午后诣雨苍谈,晚饭归。

十九日,晴。赴若木饭。

二十,晴。看《文史通义》。王舍棠招饮,未往。栾笑髯来,言甲辰同年之宦于甘省者有邓德舆名隆,河州人;阎简斋名士璘,住陇右公社;杨济舟名巨川、苏本如名源泉、祁少昙名荫杰、其兄樾门名荫甲,现任本省征收局。二祁俱佳士，苏，吾旧交也。游城隍庙，见数石，甚奇，一石润碧，似蕴文翠云，自新疆贡京师，中道委于此者，其人谓城隍为汉纪信之神，东庑壁绘纪信诓楚故事，甚古穆，惜半已圬毁。

二十一日，寄诗一章。午后，同来诸人开垦亲会于城西北隅八旗会馆，计共八十馀人，摄影、演说、宴乐。赴会后，便道观工业出品所制革织呢，皆佳，漆亦好，惜花样颜色太旧，价亦太昂，革履一值三两馀，上色呢一尺值一两二钱，故销路不甚广。现制木场已停办，所出漆器尚不甚贵，文具箱、菜箱值一两至二两强。

登城北山寺临河小阁感赋

徙倚北山寺，流览皋兰城。四山沓然合，日暮河流声。
征云澹将去，丛书寒木青。羁人望归鸟，摇落馀孤情。
身世太苍茫，举念付友生。中岁跳荡减，铅刀愿弢精。
时哉试一割，万方今念兵。

二十二日，杜静轩宝善来，托为其侄谋小位置，殊无以应之。栾笑轩告省议会撰联之人为四川陈莲波，名濂，前充教育司科员，人颇耿直，记之以俟寻访。午后，江南会馆同乡假左公祠开会欢迎，演戏醵饮，往观。夜始回，殊疲，戏甚劣，不如陕西。得伯龙电一，函一。

二十三日，晴。祁樾门荫甲来，叶司长招饮未往。复伯龙函一，支配还谦甫、履平款，并发家用，致芜电一，梦介、超实函各一，托梦还超款。又发家信一，告汇款事。发京信一。夜闻兰，喜歌，作二绝：

一曲清歌乐佳夕，周生徐子共癫狂。
老夫兴致年来减，檀板银筝况异乡。

陇头流水断肠声，激楚伊凉怨调成。
偏是离人听不得，华灯照梦更分明。

二十四日，晴。

二十五日，晴。

二十六日，晴。马安良、陈仲文、焦大聚、黄静余、栾笑髯、廉兴、王南轩、叶尔衡等开欢迎会，到。

二十七日，晴。迁都督署，二堂东之虚舟，谭钟麟所署也。夜饮孔少轩处，醉。决托补回南。发电一。

二十八日,晴。心绪不适。

二十九日,晴。至笑髯、本如、若木处。夜,勋老为补三饯行,并赠护照、半票致赆,情至可感。

三十号,晴。补三别去,宿旅舍,准明日早行。

三十号,晴。补三动身。陆军门鸿(洪)涛、张军门行之、焦军门大聚等邀赴东门营内洗澡吃饭。夜拟和杨某诗,得电一、京信一、家信二。

四月一日,晴,考试各科科员。

二日,晴。

三日,清。得芜电,复芜电。又得京电,函复。

四日,晴,迁参谋厅南屋。

(整理者:周生杰,男,副教授,淮北师范大学文学院、安徽文献整理与研究中心)